广视角·全方位·多品种

权威·前沿·原创

皮书系列为
"十二五"国家重点图书出版规划项目

总　编／张京成

无锡文化创意产业发展报告（2014）

WUXI REPORT ON CULTURAL AND CREATIVE INDUSTRIES (2014)

主　　编／谭　军　张鸣年
副 主 编／周及真　吴文勤　王志丹

社会科学文献出版社
SOCIAL SCIENCES ACADEMIC PRESS (CHINA)

图书在版编目（CIP）数据

无锡文化创意产业发展报告．2014/谭军，张鸣年主编．—北京：社会科学文献出版社，2014.10
（创意城市蓝皮书）
ISBN 978-7-5097-6547-0

Ⅰ.①无… Ⅱ.①谭… ②张… Ⅲ.①文化产业-产业发展-研究报告-无锡市-2014 Ⅳ.①G127.633

中国版本图书馆 CIP 数据核字（2014）第 224888 号

创意城市蓝皮书
无锡文化创意产业发展报告（2014）

主　　编／谭　军　张鸣年
副 主 编／周及真　吴文勤　王志丹

出 版 人／谢寿光
项目统筹／恽　薇　高　雁
责任编辑／高　雁　林　尧

出　　版／社会科学文献出版社·经济与管理出版中心（010）59367226
地址：北京市北三环中路甲 29 号院华龙大厦　邮编：100029
网址：www.ssap.com.cn
发　　行／市场营销中心（010）59367081　59367090
读者服务中心（010）59367028
印　　装／北京季蜂印刷有限公司

规　　格／开　本：787mm×1092mm　1/16
印　张：22　字　数：358 千字
版　　次／2014 年 10 月第 1 版　2014 年 10 月第 1 次印刷
书　　号／ISBN 978-7-5097-6547-0
定　　价／79.00 元

皮书序列号／B-2013-312

《创意城市蓝皮书》总序

张京成

城市是生产力发展到一定阶段的产物，并随着生产力的发展而不断升级。时至今日，伴随着工业文明的推进和文化的提升，以及服务业的大力发展，经济增长方式的转变和产业结构的调整正在推动一部分城市向着一个前所未有的高度迈进，这就是创意城市。

创意城市已经为众多有识之士所关注、所认同、所思考。在全球性竞争日趋激烈、资源环境束缚日渐紧迫的形势下，城市对可持续发展的追求，必然要大力发展附加值高、渗透性强、成效显著的创意经济。创意经济的发展实质上就是要大力发展创意产业，而城市是创意产业发展的根据地和目的地，创意产业也正是从城市发端、在城市中集聚发展的。创意产业的发展又激发了城市活力，集聚了创意人才，提升了城市的文化品位和整体形象。

纵观伦敦、纽约、东京、巴黎、米兰等众所周知的创意城市，其共同特征大都离不开创意经济：首先，这些城市都在历史上积累了一定的经济、文化和科技基础，足以支持创意经济的兴起和长久发展；其次，这些城市都已形成了发达的创意产业，而且能以创意产业支持和推进更为广泛的经济领域创新。最后，这些城市都具备了和谐包容的创意生态，既能涵养相当数量和水平的创意产业消费者，又能集聚和培养众多不同背景和个性的创意产业生产者，使创意经济行为得以顺利开展。

对照上述特征不难发现，我国的一些城市已经或者正在迈向创意城市，从北京、上海到青岛、西安、无锡等二线城市，再到义乌、丽江等中小城市，我们自2006年起每年编撰的《中国创意产业发展报告》一直忠实记录着它们的创意轨迹。今天，随着创意产业的蔚然成风，其中的部分城市已经积累了相当丰富的实践经验以及大量可供研究的数据与文字资料，对其进行专门研究的时机已经成熟。

因此，我们决定在《中国创意产业发展报告》的基础上，逐步对中国各主要创意城市的发展状况展开更加深化、细化和个性化的研究和发布，由此即产生了《创意城市蓝皮书》，这也是中国创意产业研究中心"创意书系"的重要组成部分。希望这部蓝皮书能够成为中国每一座创意城市的忠实记录者、宣传推介者和研究探索者。

是为序。

Preface to the *Blue Book of Creative Cities*

Zhang Jingcheng

City came into being while social productivity has developed into a certain stage and upgrades with the progress of the productivity. Along with the marching of industrial civilization, cultural development, the growth of the service industry, the transformation of economic growth and the adjustment of industrial structure, cities worldwide have by now entered an unprecedented stage as of the era of creative cities.

Creative cities have caught the attention from various fields these years. While the global competition for limited resources gets heated, sustainable development has become the only solution for cities, which brings creative economy of high added value and high efficiency into this historic stage. Creative industries is the parallel phrase to creative economy, which regards cities as the bases and the core of the development, and cities is also the place where creative industries started and clustered. On the other hand, creative industries helped to keep the city vigorous, attract more talents and strengthen the public image of the city.

From the experiences of world cities such as London, New York, Tokyo, Paris, and Milan, creative economy has been their common characteristic. First, histories of these cities have provided them with certain amount of economic, cultural and technological resources, which is the engine to start and maintain creative economy; second, all these cities have had sound creative industries which can function as a driving force for the innovation and economic growth of the city; finally, these cities have fostered harmonious and tolerant creative ecology through time, which conserves consumers of creative industries, while attracting more creative industries practitioners.

It can be seen that some Chinese cities have been showing their tendency on the way to become creative cities, such as large cities of Beijing and Shanghai, medium – size cities of Qingdao, Xi'an, Wuxi and even small cities of Yiwu and Lijiang, whose development paths have been closely followed up in our Chinese Creative Industries Report started in 2006. By now, some cities have had rich experiences, comprehensive data and materials worthy to be studied, thus the time to carry out a special research has arrived.

Therefore, based on Chinese Creative Industries Report, we decided to conduct a deeper, more detailed and more characteristic research on some active creative cities of China, leading to the birth of Blue Book of Creative Cities, which is also an important part of Creative Series published by China Creative Industries Research Center. We hope this blue book can function as a faithful recorder, promoter and explorer for every creative city of China.

《无锡文化创意产业发展报告（2014）》
编　委　会

厉无畏　（十一届全国政协副主席、民革中央原第一副主席，著名经济学家、博士生导师）

王国中　（中共无锡市委常委、宣传部长）

曹锡荣　（无锡市人大常委会副主任）

华博雅　（无锡市人民政府副市长）

孙志亮　（无锡市政协副主席）

叶建兴　（无锡市文化广电新闻出版局党组书记、局长）

贺　军　（无锡市文化广电新闻出版局副局长、市动漫办主任）

花　建　（上海社会科学院文化产业研究中心主任、研究员）

施　雯　（无锡市文化创意产业协会会长）

蒋　星　（无锡市文化广电新闻出版局文化产业处处长）

沈晓平　（中国创意产业研究院助理研究员）

恽　薇　（社会科学文献出版社经济与管理出版中心主任）

郑皓华　（江苏省留学生创业园——北仓门生活艺术中心董事长）

合作机构：

中共无锡市委党校

无锡市文化广电新闻出版局

无锡市文化创意产业协会

主编简介

谭　军　男，中共无锡市委党校教授，博士，江苏省第四期“333人才培养工程”培养对象。主要研究方向：产业经济、文化产业等。公开发表CSSCI论文20多篇，主要论文：《第X休闲：变迁、效应与竞争优势》，《中国工业经济》2007年第12期；《GME服务模式下的中介组织专业市场集聚》，《财贸经济》2007年第4期；《我国科技税收政策优化思路》，《科技进步与对策》2004年第12期；《艺术产业集聚区：效应、制度变迁与创意南京》，《南京社会科学》2007年第9期；《转轨经济、双边市场与文化市场一体化》，《江海学刊》2009年第5期；《文化市场一体化：以长三角地区为例》，《现代经济探讨》2009年第6期。

主持国家、省级课题数十个，其中：主持国家社科基金艺术学项目“文化生产方式创新与新业态培育研究：制度和技术变迁视角”，2009年；主持江苏省社科规划长三角课题“长江三角洲地区文化市场一体化研究”，2008年；主持江苏省文化厅课题“江苏文化与休闲产业发展研究”，2008年；主持江苏省委党校课题“苏南文化市场一体化研究”，2007年；主持无锡市社科课题“无锡文化创意产业成长机制研究”，2009年；主持江苏省“333人才培养工程”课题“江苏文化生产方式创新与新业态培育研究”，2011年；主持江苏省社科规划课题“江苏现代休闲产业发展研究”，2013年；等等。

张鸣年　男，中共无锡市委党校、无锡市行政学院教授，环太湖经济社会发展研究中心研究员，中国行政学会、中国现代史研究会、江苏省科学社会主义研究会等会员。研究方向：马克思主义与当代中共现实、文化理论与实践。独著、主编、参编著作10多部，包括《无锡文化创意产业发展报告（2012）》（主编）、《无锡文化创意产业发展报告（2013）》（主编）、《中国社会主义现代化建设战略研究》(独著)、《多维视野下的无锡现代化发展研究》(主编)、《新世纪中国的发展战略》(副主编) 等著作。参编著作有《新时期共产党人的风采》《新编政策学概论》《廉政文化读本》《吴文化与区域文化》等。在《安徽大学学报》《理论界》《理论建设》《党政论坛》《当代经济》《发展》等期刊上发表论文70 多篇。主持参与课题20 多项，主要包括“中国特色社会主义道路在无锡的成功实践”(全国党校系统重点课题)、“马克思主义理论创新规律性问题研究”(教育部哲社课题，第二负责人)、“加强文化建设，构建和谐社会——无锡市文化建设的调查与思考”(全省党校系统重点工程项目“构建社会主义和谐社会”调研课题子课题)、“无锡社会主义新农村文化建设研究”(无锡市“社科应用研究精品工程”课题)、“促进科学发展的体制机制保障研究”之子课题“发达国家社会管理体制、机制变迁对我国实现科学发展的启示”(全国党校系统重点课题) 等。

主要编撰者简介

（按出文顺序排列）

李湘云　女，江苏江阴人，中共无锡市委党校行政学教研室教授。研究方向：文化与伦理学。

郁彩虹　女，江苏泰州人，中共无锡市委党校市情研究中心副教授。研究方向：政治与行政。

华　蕾　女，江苏无锡人，无锡市文广新局产业处。研究方向：文化产业管理。

王志丹　男，贵州德江人，土家族，法学博士，中共锡山区委党校讲师。研究方向：社会学。

姚忠伟　男，江苏无锡人，中共无锡市委党校市情研究中心主任，副教授。研究方向：区域发展、政治学。

吴菁菁　女，江苏无锡人，无锡市文广新局产业处，统计师。研究方向：文化产业统计。

徐　丹　女，江苏无锡人，无锡市文广新局产业处。研究方向：文化产业管理。

周及真　女，江苏无锡人，政治经济学博士，中共无锡市委党校科研处讲师。研究方向：产业经济学。

许　蕾　女，江苏无锡人，无锡文广新局产业处。研究方向：创意设计。

吴文勤　男，江西抚州人，中共无锡市委党校科研处副处长，副教授，江苏省第四期“333 高层次人才培养工程”第三层次培养对象。研究方向：政治社会学与政治哲学。

摘　要

本报告以2013年无锡市文化创意产业的融合发展为主线，以行业、要素、专题、板块等为基本内容，较全面地回顾了一年来无锡市文化创意产业发展的基本情况，重点发布无锡市创意产业发展的相关数据。本报告最大的特点是理论与实际相结合，以理论为统领，考察文化创意产业发展的成绩与不足，同时，通过总结提炼无锡文化创意产业发展的内在规律，来充实相关理论，以此提出深化发展的具体对策建议。

全书主要分为六个部分，第一部分为全面分析篇（总报告），第二部分为行业篇，第三部分为要素篇，第四部分为专题篇，第五部分为板块（区域）篇，第六部分为附录。

总报告以2013年“融合发展”为主线，简要梳理了融合发展的理论渊源、发展过程与内涵界定和国家、江苏省及无锡市关于文化产业融合的有关政策，对无锡文化产业日趋完善的“政策+科技+金融”融合模式、新媒体与传统媒体融合、文化产业与旅游及设计产业融合等进行了较全面的分析，最后提出了推进无锡文化创意产业深度融合的对策建议。

行业篇主要针对无锡的影视产业、新媒体产业、动漫网游产业与文化产业融合及文化旅游产业发展的现状、存在的问题进行全面介绍与分析，并对进一步发展提出了对策建议。

要素篇主要分析了最具无锡特色的文化科技体系建设、文化金融体系建设的相关问题，分析了文化产业人才、创意产业园区（基地）及协同发展等相关问题，梳理了国际国内文化产业和文化贸易的统计范畴；在此基础之上，全面分析了无锡市对内对外文化（产业和服务）贸易总量、内部结构、市场竞争力、市场开拓能力等各个方面的成绩和经验，对企业核心文化产品出口总量和内部结构进行了剖析，对无锡市文化产业“走出去”以及文化交流的成果和经验进行了总结。

专题篇主要对文化体制改革与文化产业政策发展进行了全面的介绍与分析。报告首先回顾了无锡文化体制改革的脉络，总结了改革政策的特点与取向，提出了深化改革的政策建议；分析了无锡小微文化企业发展状况，总结了无锡文化企业商业模式的实践与探索，并研究了无锡历史文化资源的保护和利用等问题。

板块（区域）篇对无锡两市七区文化创意产业的发展成绩、成绩取得的原因及下一步发展进行了全面分析与介绍。

附录主要收录了 2013 年无锡出台的两个文化产业与金融融合的文件以及市政府支持国家数字电影产业园发展的政策文件。

本报告不只是对无锡文化创意产业进行简单的介绍，而且较全面地梳理了无锡文化创意产业发展的理论依据与脉络，体现作为发达地区的无锡地方政府与企业对文化创意产业发展探索的典型做法。基于此，本报告还可以为学术界提供鲜活的研究样本，为政府管理部门探寻文化创意产业发展的路径提供参考，也可以为广大文化创意企业投资决策提供重要依据。

Abstract

With the integration and development of Wuxi cultural and creative industry in 2013 as the main line, with industries, elements, subjects, plates, etc. as the basic contents, this report has comprehensively reviewed the basic situation of the development of Wuxi cultural and creative industry for the last year, and has released related data on the development of creative industry in Wuxi. The outstanding characters of this report is the combination of theory and practice, with theory as a guide, and studying the achievements and shortcomings of the development of cultural and creative industry; at the same time, with the inherent law of the development of Wuxi's cultural and creative industry, through summing up, to enrich the relevant theory and put forward specific suggestions on deepening development.

The book is divided into seven parts, the first part is an article of comprehensive analysis (general report), the second part is the report of elements, the third part is the report of special articles, the fourth part is the report of plates (regions), the fifth part the sixth part is the appendix, finally is the references.

With the "integration development" in 2013 as the main line, the General report briefly reviews the theoretical origin, process and the connotation definition of the integration development, and the relevant policies concerning cultural industry integration of Jiangsu province and Wuxi City, comprehensively analyzes the increasingly perfect "policy + technology + finance" integration model, the integration of new media with traditional media, the integration of cultural industry with tourism and design industry, and finally put forward the countermeasures of promoting the integration of Wuxi's cultural industry in depth.

The report on industry mainly gives a comprehensive introduction and analysis on the present situation, the existing problems of Wuxi film's industry, new media industry, animation and online game industry, cultural tourism industry.

The report on elements mainly analyzes the problems related with the construction of the cultural science and technology system and the cultural financial system, which are the most characteristic problem in Wuxi, analyzes the culture industry talents, creative industry parks (bases), collaborative development and other related issues, cards the statistical category of international and domestic cultural industry and trade; on this basis, comprehensively analyzes the achievements and experience of the total internal and external cultural (industry and services) trade, internal structure, market competition, market development ability and other aspects in Wuxi City, analyzes the total exports and internal structure of core products of cultural enterprises, proposes the countermeasures and suggestions to further promote the development, and studies the protection and usage of Wuxi's historical cultural resources.

The report on special articles mainly gives a comprehensive introduction and analysis on the cultural system reform and cultural industry development policy. The report first reviews the context of Wuxi cultural system reform, summarizes the characteristics and orientations of the reform policy, puts forward the policy proposals to deepen the reform; analyzes the developing situation of Wuxi's small and micro cultural enterprises, sums up the practice and exploration of business model innovation of Wuxi's cultural enterprises, and studies the protection and usage of Wuxi historical cultural resources.

The report on plates (regions) gives a comprehensive introduction and analysis on the achievements and future development of the cultural creative industry for the two cities and seven districts of Wuxi.

The appendix mainly includes two files on the integration of cultural industry with finance in Wuxi, 2013, and the policy document of municipal government supporting the development of national digital film industrial park.

Except for learning Wuxi's cultural and creative industries, through this report, we can have a comprehensive understanding on the theory basis and the context of development of Wuxi cultural and creative industry, experience the typical approach of exploring the development of cultural and creative industries of the local government and enterprises as the developed region of Wuxi. Based on this, this report can provide fresh samples for academic research, provide references to find the path for development of cultural creative industries for government departments, and can also provide an important basis for investment decisions of the majority of cultural creative enterprises.

目录

𝔹Ⅰ 总报告

𝔹Ⅱ 行业篇

𝔹Ⅲ 要素篇

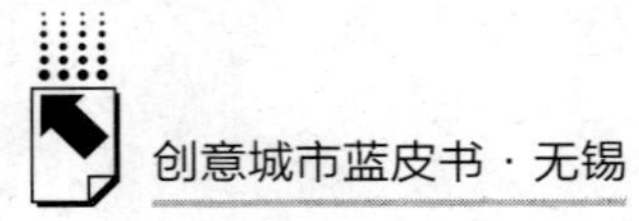

ⅣB Ⅳ 专题篇

B Ⅴ 板块篇

B Ⅵ 附录

皮书数据库阅读**使用指南**

CONTENTS

B I General Report

B II Industrial Reports

B III Elements Reports

B IV Special Reports

B V Plates Reports

B VI Appendix

总 报 告

General Report

B.1 融合发展——文化产业发展的主旋律

张鸣年

2013 年，无锡文化产业增加值实现 321.47 亿元，比 2012 年增长 8.9%，高于 GDP 增速 2.3 个百分点。文化产业增加值占地区生产总值的比重为 4%，比上年提高 0.1 个百分点。全市年产值超 5 亿元的文化企业有 16 家；年产值 1 亿元到 5 亿元的文化企业有 97 家；年产值 5000 万元到 1 亿元的文化企业有 79 家；年产值 3000 万元到 5000 万元的文化企业有 91 家。2013 年是无锡的项目建设提升年，无锡高度重视文化项目招商，共引进注册资本超 2000 万元的文化企业 24 家，投资额超过 5000 万元的重点文化项目 39 个，总投资超过 700 亿元，新引进大项目万达文化旅游城总投资超 360 亿元。无锡文化产业多年保持快速发展态势，其中，党委政府重视、政策引领、项目推进和融合发展是重要经验。近年来，无锡着眼于城市转型发展、建设文化强市，坚持以科技和创新为动力，推进文化产业结构调整，在文化与科技、金融、旅游等融合发展上进行了积极有效的探索和实践。

一　融合发展是无锡文化创意产业发展的必然选择

文化与产业融合诞生了文化产业，文化产业的内涵是文化，外在形态是产业。文化产业的发展史是一部不断融合的发展史。复制技术的发展催生了传媒业、唱片业，音像技术的发展催生了影视业、现场表演业。可以说，没有文化与科技的融合就不会有文化产业。20 世纪 70 年代后，西方国家纷纷推出城市再生计划（Urban Regeneration），实施大型文化旗舰项目，推动文化与旅游融合，文化旅游业获得快速发展。到了 20 世纪 90 年代，文化的创意化、数字化得到快速发展，文化经济、创意经济成为许多国家和城市的新增长点，文化开始在城市层面、产业层面和产品层面得到全方位融合发展，融合发展也成为现代文化产业发展的主要特征。融合发展也得到我国政府的高度重视，2014 年 2 月，国务院《关于推进文化创意和设计服务与相关产业融合发展的若干意见》提出，各地要“统筹各类资源，加强协调配合，着力推进文化软件服务、建筑设计服务、专业设计服务、广告服务等文化创意和设计服务与装备制造业、消费品工业、建筑业、信息业、旅游业、农业和体育产业等重点领域融合发展”。

无锡正处在工业化的后期、城镇化的加速期、信息化的跨越期，2013 年人均 GDP 已超过 2 万美元，相关产业发展也达到了相当程度，如制造业。长期以来，无锡经济增长主要依靠来自制造业的贡献，制造业增加值占 GDP 比重最高时超过 2/3，产出规模位居全国前列，并形成了一批优势特色产业。以无锡的城市地位、特点和产业基础而言，制造业是根是魂，是拉动就业和消费的原动力，是服务增长的依靠，是城市经济安全的保障。同时，在传统产业普遍增长乏力的形势下，无锡战略性新兴产业释放出转型红利，集成电路、光伏、软件服务外包、动漫、工业设计、影视等已形成商业化、规模化的转型产业类型。据统计，2013 年，无锡市八大新兴产业实现总产值 8073.73 亿元，同比增长 14.1%。在城市发展方面，无锡的综合能力及潜力都非常强。新型城市化水平位居全国第十。现代农业也已进入高效发展阶段，实现了特色化、集约化组团发展模式。这一切都表明，无锡经济已步入转型发展的关键阶段，

不仅现有产业本身面临转型升级的艰巨任务，实体经济也亟待文化创意产业为它提供强大支撑。基于这些，以融合发展推进无锡文化创意产业发展既是国家层面的要求，也是无锡经济社会发展和文化创意产业自身发展的必然选择。

近年来，无锡高度重视文化产业发展，也在文化产业融合发展方面进行了大量探索与实践，融合发展成为无锡文化产业发展的最强音符。文化与旅游融合催生了文化旅游业，清名桥、惠山古街、荡山古镇等一批文化旅游项目风生水起；文化与数字技术发展带动了数字出版、新媒体、数字电影发展，一批企业、园区快速成长；文化与金融融合，出政策、育平台，化解了发展瓶颈，优化了发展环境，吹响了无锡文化产业大发展大繁荣的集结号。融合发展成为无锡文化产业发展的新常态，正是通过融合发展，无锡文化产业呈现量质并举的良好态势。

二　融合发展理论依据与政策引领

（一）理论依据

从字面上讲，融合是指将两种或多种不同的事物合成一体。在经济领域，社会需求的变化、管理的创新、技术的进步、政策的调整等都会促进同一产业内部相关产品和业务、不同产业之间业务与市场的相互渗透，也会带来不同产业之间的融合。因而，融合成为产业发展的一种常态。

对产业融合的研究最早是从技术视角展开的。美国学者 Rosenberg（罗森伯格）早在 1963 年把同一技术向不同产业扩散的现象定义为“技术融合”（Technological Convergence）。1978 年牛津英语词典记录了融合（Convergence）一词的最初应用。学术界对产业融合的讨论，开始于 20 世纪 70 年代麻省理工学院媒体实验室的创始人 Negreouponte（尼古路庞特）关于数字技术的出现导致产业之间交叉的开创性思想，Negreouponte 形象地描述了电子计算机、印刷和广播业三者间的技术融合，并指出这三个产业的交叉处将是成长最快、创新最多的领域。

以此为起点，各方学者不断以信息与网络传输产业为基础，尝试界定产业融合。除了发生在信息通信领域，产业融合还广泛存在于其他领域，因而还须从广义角度加以揭示。如日本的植草益，2001 年从动因的角度把“产业融合”定义为通过技术革新和放宽限制来降低行业间壁垒，加强各行业企业间的竞争合作关系，并提出产业融合不仅出现在信息通信业，金融业、能源业、运输业的产业融合也在加速之中。他还进一步预测，产业融合在制造业中也将得到进一步发展。

随着中国学术研究与世界的接轨，中国学者如上海市政府发展研究中心主任周振华、南京大学商学院的马健等，近年在产业融合研究方面也颇有建树。此外，还有一些学者从创新视角、模块理论、产业分离与融合的关系、系统自组织理论等方面定义产业融合①。

总之，产业融合作为一种经济现象，最初引起人们关注的是从信息通信业领域的产业融合开始的，就是所谓的 3C 融合，即计算机（Computer）产业、通信（Communication）产业和消费类电子产品（Consumer - Electronic）产业的融合，以及电信产业、传媒产业与信息产业的融合。后来的研究进一步扩展到经济服务化过程中制造业的服务化和硬件产业的软件化，以及高新技术产业与传统产业各自内部和相互之间的融合等方面。不仅信息通信业，实际上，金融业、能源业、运输业（特别是物流）、制造业的产业融合也在加速进行之中，从而大大拓宽了产业融合的研究视野②。

文化产业的内涵是文化，外在形态是产业，在各种产业中，文化产业与多个产业存在天然的耦合关系，具有融合的深厚基础和广阔空间，产业融合成为其本质特征之一。不仅文化产业内部存在融合发展的趋势，而且文化产业与其他产业融合的趋势也日益明显。英国、美国、新加坡、日本和韩国成功的事例都表明，在世界产业融合发展潮流中，文化产业扮演了先锋角色，也为自身发展增加了活力和竞争力。融合是天道，不融合发展，文化产业就无法生存、无法成长。一方面，通过多措并举，特别是文化产业与相关产业融合发展，可以推动文化产业实现跨越式发展，使之成为国民经济支柱性产业；另一方面，文

① 本部分参考梁怡：《产业融合研究：边界模糊化和经济服务化》，《上海证券报》2007 年 7 月 30 日；马健：《产业融合理论研究评述》，《经济学动态》2002 年第 5 期；百度百科等。

② 韩小明：《对于产业融合问题的理论研究》，《教学与研究》2006 年第 6 期。

化产业与相关产业融合，能够使文化价值、文化理念、创意等向相关产业渗透，镶嵌于相关产业的研发、设计与品牌营销等高端价值链环节，提升相关产业的附加值，推动相关产业转型升级。

（二）政策引领

为了推动文化产业融合发展，无锡出台了一系列政策举措。2011 年 3 月出台的《无锡市“十二五”文化发展规划》，提出要“推动文化与科技融合”，要“推进现代信息技术、数字技术和网络技术与文化融合对接，提升文化产业创新能力和整体水平。大力发展全新广电网络，加快建设江苏下一代广电网物联网研究中心，研究数字技术、物联网技术与文化传媒的融合，研发适应‘三网融合’趋势、有线无线相结合、全程全网的下一代广播电视网络（NGB），‘十二五’期间建设全国一期 NGB 示范网，实现广播电视网络跨行业互通、交换和节目资源共享，引领下一代广电网络建设潮流。加快文化产业与 WEB 3.0、云计算、智能移动终端等高新技术的融合”。政策在三个方面明确提出了“融合”。

2011 年 8 月，无锡出台了《无锡市文化振兴行动计划》，提出了实现文化振兴目标要实施的四大重点工程、锁定的五大发展战略与搭建的六大发展平台，清晰地描绘了无锡文化发展的“路线图”。在“科技提升战略”中又一次强调提出，要“推动文化与科技的有机融合，以科技进步促进文化产业优化升级。大力发展文化科技和科技文化，提升文化产品和服务的科技含量，扩大文化的辐射力和覆盖面，增强文化的表现力和吸引力”，还具体进一步强调，要“加快文化产业与 WEB 3.0、云计算、智能移动终端等高新技术的融合”。

经过包括无锡在内的各地的积极探索，2011 年 10 月召开的党的十七届六中全会进一步明确提出：“推动文化产业与旅游、体育、信息、物流、建筑等产业融合发展，增加相关产业文化含量，延伸文化产业链，提高附加值。”党中央做出的推动文化产业与相关产业融合发展这一战略部署，既是加快发展文化产业、推动文化产业成为国民经济支柱性产业的必然要求，也是转变经济发展方式、实现相关产业升级的迫切需要，为各地文化产业进一步发展指明了方向。

借着党的十七届六中全会的东风，2011 年 12 月，无锡出台了《关于加快文化产业发展的政策意见》，从文化产业核心技术研发以及产学研资合作、构建公共技术平台、知识产权保护等方面，明确予以配套资助或奖励扶持。在“培育新兴文化业态”部分，根据无锡实际，为发挥无锡优势，提出了“鼓励文化企业在与科技、金融、旅游、体育、信息、物流等产业融合中创新产业业态”的要求，并在政策上给予支持与鼓励：“对符合高新技术企业认定标准的文化企业，根据国家有关规定，经认定后按 15% 的税率征收企业所得税。对符合条件的科技园或者孵化器自用以及无偿或通过出租等方式提供给孵化企业使用的房产、土地，按国家有关规定免征房产税、土地使用税。文化企业开发新技术、新产品、新工艺发生的研究开发费用在计算应纳税所得额时按国家税法规定据实扣除的基础上再按 50% 加计扣除。对符合技术先进型服务企业认定条件的文化企业，对发生的职工教育经费支出，不超过工资总额 8% 的部分据实扣除，超过部分在以后年度结转扣除。”为推进文化与科技融合，“鼓励文化企业加强核心技术、关键技术、共性技术攻关，对省级以上工程实验室、重点实验室、工程（技术）研究中心，按照有关规定，给予最高不超过 100 万元的配套资助。对承担文化产业领域国家、省重大产业化转化任务的企业、高等院校和科研机构，按照有关规定，一次性给予最高不超过 200 万元的配套资助”。为引导文化与金融融合，“支持我市国有担保机构加大对知识产权抵押的担保力度。为本市中小文化企业提供融资担保服务的重点融资性担保机构，对年日均担保额达到一定规模以上的，每年按其年日均担保额的 1% 给予补助，对单家担保机构的最高补助金额不超过该担保机构实收资本的 10%，最高金额不超过 300 万元”①。为支持文化产业核心技术研发，“鼓励文化企业加强核心技术、关键技术、共性技术攻关，对省级以上工程实验室、重点实验室、工程（技术）研究中心给予资助；推动重点创投企业加大对文化企业和文化产业项目的风险投资，鼓励国有和社会资本发起或参与设立股权投资基金，加大对文化产业发展的支持力度”。

① 《无锡市关于加快文化产业发展的政策意见》，中国无锡，2011 年 12 月 31 日。

三　率先探索文化与科技、金融“三融合”发展

无锡积极探索“政策＋科技＋金融”融合发展模式，推动文化产业发展与多产业融合。截至2013年底，培育各类文化企业9532家，初步形成多种门类、多种所有制并存的文化产业体系，有效发挥了文化产业对全市转型发展的助推作用。

（一）科技基础雄厚，融合势头迅猛

人类文明史表明，科技与文化如影随形，科学技术的每一次重大进步都会给文化的传播方式、表现形式、发展样式带来革命性变化。近年来，数字技术、网络技术迅猛发展，成为思想文化传播的新载体，催生了新的文化形态。促进文化与科技融合发展，是实现社会主义文化大发展大繁荣的关键举措。

1. 以体制创新与政策为引领，增强文化产业竞争力

无锡是文化大市，同时也是科技大市。为利用好自身优势，建立了无锡市文化科技融合联席会议制度，由市委宣传部、市科技局、文广新局等部门参加，负责统筹协调、决策部署文化与科技融合发展的重大规划和重大项目，明确文化科技融合的发展方向和创新路径。2013年，全市共有国家、省级工程技术研究中心424家，省级以上科技企业孵化器47家，国家、省级高技术研究重点实验室9家，省级产业与企业研究院各2家，国家级国际合作基地7家，省级以上外资研发中心与省级公共技术服务平台各36家，省级以上国际技术转移中心7家。全市累计64人入选国家“千人”计划，引进国家“千人”计划专家68名。无锡利用这一优势，积极开拓文化市场，不断推进文化与科技的融合，坚持一手积极利用高新技术改造传统文化产业，一手大力发展新兴文化业态，使科技产出水平持续提升。无锡还积极支持高科技文化产业项目建设，扶持具有自主知识产权的核心技术研发，极大地发挥了高新技术的优势，增强了文化产业的竞争力。

2. 园区建设促进集约集聚，平台服务能力增强

在推动科技与文化产业融合的过程中，无锡市突出影视制作、数字出版、

数字媒体、公共文化服务等重点领域，培育和引进了一批具有示范带动作用的产业集群和重大产业项目，重点打造市级文化和科技融合示范基地，积极探索集群式发展、创新链和产业链互动融合的新模式。例如，无锡新区创新创意产业园（iPARK）专门成立新区软件产业发展有限公司作为运营公司，通过搭建人力资源服务平台、共性技术支撑平台、知识产权服务平台、投资融资平台五大平台，园区聚集央视国际网络无锡有限公司等动漫网游、数字媒体、创意设计企业200余家，2013年主营收入达到2.83亿元，先后获得国家动画产业基地、国家游戏动漫振兴基地和首批江苏省文化产业示范园区等荣誉。无锡国家数字电影产业园搭建“影视云计算平台”项目，引进三家公司，建立数字后期制作、3D拍摄制作、影视音频制作三大平台，2013年入选第二批国家级文化和科技融合示范基地。无锡动漫公共技术服务平台被列为全国十大公共技术平台之一。

3. 打造融合网络，提高文化传播能力

以物联网为例，截至2013年底，无锡物联网企业达794家，从业人员突破12万人，物联网及相关产业规模超过1400亿元，其中核心产业产值达到899亿元，增幅连续三年超过30%。企业承接的物联网工程遍及全球200多个城市，涵盖设备制造、软件产品开发、系统集成、网络及运营服务四大类，基本形成了感知、网络通信、处理应用、关键共性、基础支撑在内的物联网产业链，其中智能传感系统产业集群被认定为全国首批，物联网及相关产业规模超过1400亿元。广电集团的“智慧无锡”移动客户端已上线19个功能模块，月下载量以30%的速率增长，用户已超过60万户，入选“江苏省三网融合、信息基础设施建设试点示范工程”；央视国际网络无锡有限公司投资8000万元建设国家网络视频数据库平台，将逐步建设成为亚洲最大的新媒体视频节目数据库。积极发展数字出版行业，江苏睿泰教育科技有限公司的“虚实交互技术在青少年文化教育领域的研究与应用”入选“2014年文化部科技创新项目”，成为全省唯一入选全国25个项目之一的文化市场与文化产业类项目。

4. 加大科技研发力度，提升创新能力

2011年以来，无锡已有6个文化科技创新项目获得国家认可与扶持：“国

家文化创新工程项目”——“动漫衍生产品产业化平台项目”（2011 年）、新兴城区（开发区）现代公共文化服务社会化的标准化建设项目（2014 年）、裸眼 3D 全息影像技术与实景演出舞台应用项目（2014 年），“文化部创新奖”项目——“公共图书馆数字化建设与创新管理”项目（2012 年），“文化部科技创新项目”——凤凰画材“高新油画布研发项目”（2013 年）、“虚实交互技术在青少年文化教育领域的研究与应用”（2014 年），另有江苏金一等 11 家企业入选江苏省重点文化科技企业，有力地推动了公共文化服务和文化产业发展的科技服务水平取得显著提升。世界激光显示界“黑马”无锡视美乐激光显示科技有限公司自主研发百寸智能激光投影电视、激光家庭影院、激光工程投影机与激光超短焦投影机等四款产品，一举打破了长期由外资品牌垄断高端显示市场的格局，成为国内率先发布激光投影电视的民营企业，也是全球首家同时发布激光投影全系产品的中国民营企业。激光投影电视将实现电视机的革命，有力助推文化产业的进步。[①] 无锡国家数字电影产业园截至 2014 年 9 月已有注册企业 176 家，承接影视剧拍摄制作业务 200 部，加工制作的《环太平洋》《独行侠》获得奥斯卡最佳特效奖提名，灵动力量的“《画皮 2》全片 3D 制作”获得国家广电总局科技委“电影技术应用成果奖”一等奖。

5. 推动与大众传播体系融合，不断丰富文艺表现力

为有效提高文化吸引力和感染力，无锡注重将科技力量运用到文艺精品创作、文化展演展示中，不断丰富文化表现内容，创新文化表现形式。无锡灵动力量有限公司与姜文导演合作的电影《一步之遥》前后期都采用 IMAX 3D 拍摄解决方案，开了业界先河；江苏傲智数码科技有限公司的 Marvel 裸眼 3D 电视采用领先的 2D/3D 兼容的高透过率、高精密度的柱面透境技术，提供裸眼 3D 显示器并帮助客户量身定制 3D 广告和宣传片等商业一条龙服务；坚持科技与艺术的高度融合，无锡大剧院在世界上首次将竹子应用于建筑墙立面，使每位观众都能拥有良好的视听效果，做到了技术水平国际一流、国内领先。无锡在文化旅游项目上也不断增加科技创新手段，无锡灵山梵宫采用了世界最复杂的演出控制系统，配备了中国最大的 270 度环幕以及先进的 64 位音响系统，

---

① 《“宜兴制造”一举打破外资品牌垄断》，新民网，2014 年 4 月 18 日。

给观众带来震撼体验。而无锡歌舞剧院创排的舞剧《绣娘》，首次在舞美上大量运用现代科技的“声、光、电”，设置了27次场景的更换，精致、多变的舞台和美轮美奂的光效，既使人赏心悦目又传递出江南文化的博大精深。由无锡市梦回江南文化演艺传媒有限公司打造的大型山水实景剧《梦回江南》，总投资5000余万元，结合惠山区西高山的生态环境，以吴文化的历史背景、人文历史和典故传说为题材，用现代的“声、光、电”高科技手段精心打造，凸显无锡深厚的历史文化底蕴。

（二）架构多层次投融资体系，助推金融与文化产业深度融合

近年来，无锡致力于建设金融强市及区域性金融中心，金融存贷款规模不断扩大。截至2013年末，金融机构各项本外币存款余额达11641.96亿元，比上年增长8.4%；各项本外币贷款余额8565.39亿元，比上年增长6.7%。同时，无锡保险业呈快速增长态势，在大陆城市中处于领先地位。2013年实现保费收入174.86亿元，比上年增长14.2%；年末全市共有保险业机构67家，其中独资保险公司2家（美国友邦、三井住友）、中外合资保险机构12家，证券营业部79家。证券交易市场稳健发展，全市证券交易开户总数111.1万户。证券机构托管市值总额1025.44亿元，比上年增长26.7%。全年股票、权证、基金成交金额15115.95亿元，比上年增长53.4%。新增上市企业2家，募集资金14亿元。[①] 在金融助推文化产业发展、为产业转型寻路的过程中，无锡是先觉者。无锡传统产业优势明显，转型压力较大。近几年，无锡大打文化牌，为调整城市经济结构积累了经验，政策路径日渐清晰。[②]

1. 从自觉不自觉到高度自觉，积极推进文化金融体系建设

2011年底，无锡市出台了《无锡市加快文化产业发展的政策意见》及6个配套文件，决定从2012年开始，市财政每年统筹安排不少于1亿元设立市文化产业发展专项资金，并随着市级财力增长而相应增长，各市（县）区按照不低于1∶1的比例予以配套。其中，每年将安排不少于1000万元的资金，用

① 《2013年无锡市国民经济和社会发展统计公报》，《无锡日报》2014年2月24日。

② 《无锡鼓励三类企业改吃“文化饭”》，《现代快报》2014年2月17日。

于文化产业投融资体系建设，对重点扶持文化产业及项目的融资担保机构、风投公司给予适当补偿和风险补偿；对在境内成功上市的文化企业给予一次性奖励。2012 年设立无锡市种子资金，市财政每年安排 1 亿元人民币，专项用于对创业投资企业参股的初创期科技型中小企业进行跟进投资。2013 年 10 月以来，市政府相继出台贯彻落实国务院办公厅《关于金融支持经济结构调整和转型升级指导意见的工作意见》《关于金融支持小微企业发展实施意见的通知》，提出了加大对战略性新兴产业领域小微企业金融支持力度的一系列政策措施。

当文化产业在经济社会中的地位日益突出时，金融机构预知了其发展潜力，开始紧锣密鼓地布局文化产业。由文化部、财政部、人民银行共同举办的全国文化金融大会于 2014 年 3 月在无锡召开，出台了《关于深入推进文化金融合作的意见》。中信银行与灵山的合作“委托债权实现银企双赢”获得全国优秀文化金融合作创新奖。同时，无锡市第一家文化产业专营银行机构——无锡农村商业银行太湖文化支行正式揭牌成立，这也是江苏省内首家文化产业专营银行机构。太湖文化支行通过实行单独对象、单独授权、单独标准、单独核算、单独考核，建立一整套契合文化型中小企业的服务模式，推出动漫网游之星、影视传媒之星等“文企星路”八大系列产品，全力助推无锡文化产业和文化企业发展。揭牌当日，无锡农商行太湖文化支行就与江阴传澄制袜有限公司、宜兴中超利永紫砂陶公司、无锡凤凰画材有限公司等 5 家文化企业进行了首批集中授信签约，授信额度超过 2 亿元，助力这些文化企业做大做强。2013 年全年，无锡市对 76 个文化产业项目进行扶持，引进注册资本超过 5000 万元的知名企业 21 家，投资额超过亿元的项目有 18 个，总投资超过 400 亿元。万达追梦城、兰桂坊文化广场等一批重点项目，在生态环境受重点保护的太湖新城落户。

2. 设立专门机构，服务文化产业

2012 年，无锡市联合中小企业担保有限责任公司针对无锡提出的八大战略性新兴产业布局，在业内率先提出“科技担保、绿色担保、人文担保”等发展理念，相应成立“文化创意与服务外包担保业务部”等专营平台，提高了融资担保服务对接的专业化程度。同时，无锡市还联合中小企业担保有限责任公司积极策应无锡城市转型和产业升级，不断优化调整客户结构，重点聚焦包括文化创意产业等在内的战略性新兴产业小微企业，累计为文化创意类企业提供融资担保 1.67 亿元。此外，天津股权交易所首个跨省设立的区域运营中心长三角运营中心，江苏省首家科技融资租赁公司通商科技融资租赁，先后落户无锡，这些都为中小文化企业进行股权融资、挂牌交易提供了新平台。

无锡金融业支持文化产业发展也有很多尝试：工商银行无锡分行推出影视通、组合担保融资等文化金融产品，解决文化企业融资难题；建行围绕“文化悦民”发展“民本通达”系列服务品牌，牵头组建诸多文化项目银团；无锡市联合中小企业担保公司设立专门的“文化创意与服务外包担保业务部”，为文化企业提供专门的金融担保服务方案，影视剧著作权质押担保也成为省内首创；人保、太保等险企也为在无锡举办的各大演出、赛事提供充分的保障等。快速发展的文化产业吸引了各类金融机构的眼光，其蕴藏着的巨大融资需求也让嗅觉敏锐的各金融机构以各种创新形式寻找“牵手”的可能。截至 2013 年底，无锡市文化产业贷款余额约 68.91 亿元。[①]

3. 文化与金融有机互动，多层次融资格局初步形成

为满足文化企业的多样化融资需求，2012 年，无锡市相关部门与工商银行无锡分行签订《金融支持全市文化产业发展战略合作协议》，计划 5 年内，为全市文化和相关企业提供 100 亿元的意向性融资支持。无锡国家数字电影产业园每月举办影视投资广场沙龙，吸引国内各大银行、基金、投行等近 10 余个民营资本集聚园区，促成近 20 个影视项目落地开展投资合作。2013 年无锡出台《关于进一步加快推进企业上市工作意见》，建立宣传文化部门与各市（县）区金融部门的项目信息合作机制，加强文化企业项目的筛选和储备，设立上市后备企业资源库，与企业签订《鼓励企业上市备忘录》《鼓励企业“新三板”挂牌备忘录》，协调证券公司、会计师事务所、律师事务所等中介服务机构，大力支持符合条件的文化企业在主板、创业板上市。无锡慈文影视传媒已挂牌并申请在上海证券交易所上市，无锡兴港包装股份有限公司于 2013 年初在“新三板”挂牌。

积极支持文化企业通过债券市场直接融资。对文化企业发行中长期债券（含中小企业集合债）和中期票据的，给予一次性奖励。无锡灵山文旅集团、无锡广电发展有限公司先后与广发银行等合作，成功发行短期融资券 4.6 亿

① 《金融支持文化，驶入快车道》，《无锡日报》2014 年 4 月 2 日。

元、中期票据6.6亿元。

以资本为纽带推动企业聚合裂变发展。在江苏有线、江苏银行等投资稳定回报基础上，无锡华映文化产业基金、小额贷款公司等在新兴文化产业资本运作上初显成效。总规模10亿元的无锡华映文化产业基金首期募集完成，已完成投资12个新媒体项目，部分投入项目即将进入资本市场。集团直属企业被权威评级机构大公国际评定为AA级，获得中期票据发行资格。当前，集团正整合内部新兴产业资源，致力推动上市。

4. 金融服务内容和形式不断丰富，信贷规模日益扩大

针对文化产业“高科技、高风险、轻资产”特性，无锡积极筹建文化支行和文化小额贷款公司，建立文化产业的专门团队和专门管理、考核机制，探索实施知识产权质押贷款及其他非抵押类融资新模式。目前，全市已经设立科技支行2家、文化支行1家、科技小额贷款公司5家。除无锡农商行太湖文化支行推出“文企星路”八大系列产品外，农行科技支行为无锡妙思动画创新设计了股东信用贷款业务；工商银行推出了“影视通”“组合担保融资”等文化金融产品。

在政府推动和社会各方的共同努力下，各类金融机构对文化旅游、创意产业等重点文化领域和重大文化工程的信贷支持力度不断加大。农业银行无锡科技支行累计支持各类企业100多家，截至2013年末贷款余额达5.3亿元，满足了无锡毕方动画等在内的多家企业的资金需求。中国银行等7家银行、4家创投和担保公司，对惠山古镇、电影产业园等大型文化工程项目3年内综合授信105亿元。工行无锡分行牵头，联合招商、恒丰等银行为清名桥历史街区保护修复工程提供17.5亿元资金支持。中国进出口银行江苏省分行牵头组建银团，共聚合资金28亿元，全力助推无锡灵山耿湾禅意小镇项目建设。2008年，江苏金一文化公司落地江阴时，迎头遭遇全球金融危机。地方政府多方协调当地金融机构，成功获得工商银行第一笔2000万元的贷款支持，先后参与北京奥运会、广州亚运会、上海世博会、南京青奥会等大型活动，实现自成立以来销售收入年复合增长率达62%的良好业绩，入选第四批“国家文化产业示范基地”，成为中小板上市公司北京金一文化的重要组成力量。据不完全统计，截至2013年底，无锡市文化产业贷款余额比2011年末增长28.48%，其中，中小文化企业贷款余额占比超过77%，金融支持成为文化产业跨越发展的强大“助推器”①。

5. 实现保险与文化产业融合，推进文化产业保险业务发展

保险公司也积极支持文化产业发展，人保、太保、信保无锡分公司被确定为首批文化产业保险试点公司，积极探索适合文化企业特点和需要的保险业务。中国出口信用保险公司为无锡凤凰画材、江苏新广联等国家文化出口重点企业和项目提供出口信用保险服务，为文化企业和项目“走出去”提供了有力支撑。

中国人民财产保险股份有限公司无锡市分公司用专业的产品和服务切实推动了保险支持文化产业的实质性发展，近两年先后为张学友无锡演唱会、2012世界斯诺克无锡精英赛、第十九届金鸡百花电影节、中国－古巴女篮奥运热身赛、2013年世界青年射箭锦标赛等文化体育活动提供保险服务；同时，针对无锡耘林艺术品交易中心、吴文化博览园等建设项目，推出艺术品综合保险、演艺活动公共责任保险、动漫游戏企业关键人员意外险等文化专属产品和服务。同年10月，以赛事独家保险合作伙伴的身份，为742名运动员、裁判员及赛事官员提供了近15亿元人民币保额的意外伤害保险和意外伤害医疗保险，并为赛事活动提供了2000万元的公共安全综合责任保险。积极探索保险支持文化产业之路，不断丰富保险服务文化产业的外延和内涵，为金融创新服务提供了有益经验。

四　新媒体与传统媒体融合发展催生多种业态

新媒体，一般意义上讲，是在新的技术支撑体系下出现的新型传播媒体形态，如数字报纸、数字杂志、数字广播、数字电视、数字电影、触摸媒体、手机短信、网络、桌面视窗等。2013年，新媒体领域风云变幻，表现在户外新媒体迎来新的发展契机、移动新媒体朝气蓬勃、网络新媒体加快整合步伐、传统媒体转型来势凶猛。新媒体影视行业呈现了更为繁荣、多元的发展态势，产业规模进一步扩大，迎来了新一轮的爆发式增长。无锡文化产业与新媒体融合呈现如下特点。

① 汪泉：《在全国文化金融合作会议——文化金融合作与创新模式发展经验交流会上的讲话》，2014年3月25日。

（一）起步早，发展势头迅猛

无锡广电是国内较早进入新媒体领域的城市广电传媒之一，早在2001年已试播数字电视，目前国内数字电视的技术标准就是由无锡广电制定的。近年来，无锡广电抓住新一轮数字技术、网络技术、信息技术发展的契机，以新媒体产业为重点突破方向，在网络传媒、移动电视、地面无线数字电视等方面进行了有效的实践运作，初步构建了全方位的新媒体发展格局。主要包括以下内容。

太湖明珠网站成立于2001年，是无锡广电新媒体发展的典型代表。经过十多年的发展，目前，网站已成为无锡第一综合门户网站、无锡地区最全面的重点新闻网站以及无锡网民最喜爱的网络媒体。从2005年开始，太湖明珠网站进入市场化运作阶段。

2002年1月，无锡有线数字电视正式开播运行。2008年完成全市73万户数字化整体转换目标，被国家广电总局评为全国有线数字电视示范城市。以数字电视为依托，大力开发单位数据联网、家庭宽带上网等数据业务和付费电视、视频点播、网络游戏、高清电视等增值业务，并启动无锡社保网工程和政府外网工程建设，酒店互动电视商务模式也初步成形。

2005年，无锡广电的主要电视新闻栏目均进入无锡手机电视平台，并开通了一个频道的直播信号。2005年10月，集团与清华大学、华视传媒、无锡九龙公交等联合投资，成立无锡广通数字移动电视有限公司，在江苏省内率先推出数字移动电视。目前已实现全市公交全覆盖，并进入机场、客运站、商场、超市、户外大屏、商业楼宇、银行、医院、影剧院、娱乐场所等固定网点及场所，形成“城市电视”的覆盖效果。

无锡广电依托数字多媒体广播技术，积极构建无线数字电视产业链，重点打造数字、移动信息产业的重要基地，开拓地面数字电视业务。

动漫产业与信息网络和数字技术发展的密切关系使其成为集团新媒体产业发展的一支“特种兵”。2005年被国家广电总局批准为“国家动画产业基地”。仅2006～2008年，基地年原创动画产量分别达到6500分钟、7000分钟和8108分钟，位列江苏省第一、全国第四，占全省原创动画总量的近一半[①]。

无锡广电将传统媒体的内容资源、品牌等优势与新媒体的传播渠道与方式的优势有机结合，以新媒体促进老媒体的转型升级；以科技为依托，以内容、创意等为内核，在数字移动电视、手机电视、网络电视、手机报等新型媒体形态开发上，在动漫游戏技术平台打造上，在移动互联网终端信息服务平台建设上，都走在了国内前列；以创意为基础打造内容衍生价值，近年来在影视剧、专题片、演艺会展业、动漫游戏、数字出版业上均大力拓展。整合平面和数字出版资源，组建北京广视博文电子出版公司进驻国家级出版创意产业园，已进入北京电子教科书开发、全国农产品电子新媒体平台等大型项目。

无锡日报报业集团“快门传媒”平台构建了由报纸、网络和手机终端结合产生的三位一体的全媒体影像发布平台。江南晚报社“江南云”利用云技术优势，建立独特的报纸云端化视觉识别系统，提供双向便捷的沟通互动平台。位于崇安区的天集超大画面裸眼3D产品所拥有的技术领先于全球同行，得到了国内外著名品牌、知名企业的广泛认可和应用。

（二）创建一批有全国影响的产业基地和品牌企业

自2005年以来，在借鉴北京、上海、香港等地成功运营经验的同时，无锡大力发展文化创意园区。目前，无锡已形成“国家—省—市级文化产业示范园区（基地）”三级并存的架构，形成了新的产业业态。

软件互联网与新媒体融合业态。国家文化部认定的文化产业示范基地，如新区软件发展有限公司，成立于2007年3月，为无锡新区国有独资企业，是无锡（国家）软件园（iPark）的建设运营主体。园区以打造“国内有影响力、国际有知名度”的IT专业园区为目标，以科技地产综合运营商和系统解决方案供应商为定位，现已聚集包括微软、索尼、联想、NTT DATA、EMC、富士通、三洋、文思海辉、中软国际、NIIT、腾讯·买卖宝等知名企业在内的创新企业近500家，各类人才近3万名，软件及服务外包、物联网与云计算及创意产业等IT信息服务相关产业集聚发展。

---

① 《无锡广电产业延伸中的新媒体发展》，太湖明珠网综合，2009年5月21日。

动漫游戏与新媒体融合业态。文化部认定的国家动漫游戏产业振兴基地与广电总局认定的国家动画产业基地——无锡新区创新创意产业园（iPark），是江苏文化创意产业园、信息产业科技园、江苏软件外包产业园的建设运营主体。公司主营业务为产业服务和科技地产。目前，已聚集各类科技型企业500余家，其中涉及动漫游戏、创意设计、数字媒体、互联网应用等领域的新兴文化创意企业达120余家，集聚各类文化创意人才近万人，软发公司管理范围的文化创意产业产值达21亿元。园内有无锡天脉聚源传媒科技有限公司、江苏希际数码艺术网络股份有限公司、慈文传媒集团、央视网络无锡分公司等龙头企业。另外，国家广播电影电视总局认定的国家动画产业基地——太湖数码影视园，区域总面积超过20平方公里。集影视动画创作、制作、发行、播映、融资以及相关衍生产品的生产于一体。园区内现有文化部认定的动漫企业22家。巨人网络、今日动画、偶形文化、哈皮动画4家企业，在业界颇具影响力。

数字电影与新媒体融合业态。国家科技部文化部认定的国家文化与科技融合示范基地——无锡国家数字电影产业园，2010年11月正式成立，是全国唯一一个经国家广电总局批文成立的国家级数字电影产业园。2012年3月正式揭牌。到目前，无锡国家数字电影产业园占地300亩的中心平台区一期工程已基本建成，主要利用工业老厂房改造扩建完成影视拍摄制作区、湖光水景区、影视配套区三大功能区，总投资约10亿元，建成载体约18万平方米。园区现拥有专业摄影棚11个，同时还与惊蛰影视、亿和传媒分别达成合作协议，在园区建成亚洲最大最专业的水景特技拍摄基地和国内最具优势的电视剧专业特效拍摄棚。从开园至2013年8月底，完成注册企业83家；共有88部影视剧在园区拍摄，制作完成的达到55部。

数字出版与新媒体融合业态。新闻出版总署认定的无锡559文化创意产业园——江苏国家数字出版基地无锡园区，坐落于通惠西路11号，占地71亩。由无锡日报报业集团牵头，该园区将建成融文化创意、数字出版等文化产业为鲜明特色的集聚区，现已有江苏太湖数字出版有限公司、无锡联众设计有限公司等10多家企业达成入驻意向。华西文化产业有限公司已经落户园区，主要开发运营数字出版类项目，注册资本5000万元。另外，国家广播电影电视总局认定的国家动画产业基地——太湖数码影视园，园区还发展数字出版行业，其中，江苏中卡教育科技股份有限公司是一家专业从事儿童电子书内容策划、编辑制作、技术研发、平台运营以及儿童数字版权合作的专业机构。无锡软通动力依托其在数字出版行业内的优势，将物联网信息技术植入书籍这一新技术运用到了图书馆建设和运营中，在园区内打造的数字图书馆，拥有电子图书30万册。

五　文化与旅游融合发展放大“文化效应”

无锡以自然风光优美，人文景观众多，旅游资源丰富，自然山水、历史文化和现代文明交相辉映而被人们称为好地方。2013 年，面向国内外市场，无锡相继推出了一批“文化旅游名品、生态旅游精品、休闲旅游新品”，吸引众多的中外游客来无锡旅游休闲，实现了无锡旅游新突破。截至 2013 年，全市已建成旅游度假区 3 个，国家等级景区 47 家、旅游饭店 100 家、旅行社 155 家；2013 年全年接待入境过夜旅游人数 39.12 万人次，接待国内旅游人数 6993.57 万人次，比上年增长 9.9%；旅游总收入 1132.40 亿元，比上年增长 12.3%；旅游业增加值占 GDP 的比重为 6.24%。

（一）强化规划引导，加大项目投入

无锡旅游业在积极实施《无锡市旅游发展总体规划》基础上，近两年先后编制完成了《无锡市休闲旅游产业发展规划》《无锡市旅游文化产业定位与发展战略研究》《无锡市区重点旅游区规划》等规划文本，着力打造具有江南山水风光、浓郁吴地风情、百年工商繁华特色，融观光旅游、文化旅游、休闲度假旅游于一体的最具特色和魅力的旅游目的地和生态旅游名城。尚贤河湿地公园、环城古运河历史风貌带等一批旅游度假产品脱颖而出；清名桥古运河景区、惠山古镇、荡口古镇、荣巷古镇、新区新天地东亚风情街和欧陆风情街等街区以及运河蠡湖水上游等项目的建成开放，改善了旅游娱乐购物休闲的环境，丰富了旅游内容；尤其是蠡湖景区、十八湾景区等 10 多个开放式景区以及绿羊温泉、华美达樱花温泉、灵山元一丽星温泉的对外开放，进一步优化了无锡旅游产业结构，丰富了旅游度假休闲产品的供给，使全市旅游产业竞争力

得到有效提升。

2013 年 10 月，由无锡市政府主办，市委统战部、市旅游局等承办的“魅力无锡·旅游度假胜地推介会海外无锡商会专场”在无锡隆重举行。来自美国、德国、澳大利亚、日本、港澳台等 9 个国家和地区的海外无锡商会，国内外重要旅游投资商，旅游界、新闻界近 200 位代表参加推介会。推介会还促成国内外多家投资商合作开发无锡旅游项目，共有 18 个项目签约，总投资 253 亿元。这是统战部门利用工作优势，充分发挥海外商会平台作用、推动无锡旅游产品和线路迅速走向国际市场的又一创新举措。

2014 年 2 月 28 日，无锡万达文化旅游城在太湖新城正式开工奠基，项目总投资超过 360 亿元，其中文化旅游投资 210 亿元，规划有文化、旅游、商业、酒店四大内容。这是江苏省迄今为止最大的旅游投资项目，2017 年项目建成开业后将进一步完善无锡休闲度假旅游产品，极大提升无锡文化旅游的品牌影响力。

2013 年 12 月 23 日，无锡市文化旅游发展集团有限公司挂牌成立，标志着无锡的文化旅游建设管理真正由“办事业”向“办企业”转变、由“管资源”向“管资产”转变、由“园林景区”向“旅游度假”转变。目前，文旅集团已正式成立蠡湖惠山建设指挥部，加快惠山古镇建设申遗工作以及西蠡湖慢游系统建设步伐。根据惠山古镇申遗具体目标要求，结合惠山古镇 5A 景区申报计划，进行古镇二期规划的调整完善。以打造旅游目的地为目标，充分整合锡惠景区和惠山古镇的地域和文化资源，讲好无锡故事，打造“长三角不一样的江南古镇”，树立“大惠山古镇”品牌新形象，积极推动无锡旅游产业的蓬勃发展。目前，惠山古镇二期建设和申遗文本编辑工作已经开展，重点祠堂群修复和祠堂文化的挖掘整理工作正在进行。同时，西蠡湖慢游系统已经完成总体规划方案设计，并已实施建设；慢游系统全长约 5 公里，包括由渤公岛 - 蠡湖之光 - 渔父岛 - 蠡堤所组成的环形区域，分为时尚健身区、广场文化区、沙滩娱乐区、静谧休闲区，整个慢游系统将于 2014 年底前建成，在提升蠡湖景区品质的同时，更好地满足了广大市民的健身休闲需求。①

① 《市文旅集团积极落实市政府重点工作目标任务》，无锡信息建设网，2014 年 5 月 30 日。

（二）因地制宜，积极探索地方特色的融合着力点

江阴华西村不断扩大品牌优势，连续举办“万名台胞看华西、游无锡”活动，在海外市场的影响力不断扩大。旅行社发挥市场组团优势，康辉、国旅、青旅等主要旅行社与红豆村、阳山镇、荡口古镇等进行全面对接，帮扶乡村旅游产品走向团队市场。

宜兴积极挖掘和整合文化旅游资源，充分发挥其优势，大力推进“文旅结合、以文兴旅”，千方百计将文化因子更多地融入旅游业。以重大活动为媒介，精心筹备“陶都风·宝岛情”系列活动，致力实现文化传播和旅游推介共赢。以重点项目为载体，不断丰富竹海、云湖、善卷洞等旅游景区的文化内涵，加快推进中交阳羡湖旅游小镇、苏宁文体旅游综合体等龙头型项目，打造生态文化旅游业融合发展的示范和标杆。宜兴山联村与淘宝等平台合作，向外推广旅游服务，还新建了游客接待中心，增设农家乐20多家，让农民有了新的收入渠道。宜兴休闲观光农业经营单位已增至597家，乡村民宿已达7371个，农家乐309个，形成了“春夏秋冬”四季乡村十大精品线路、“结伴微旅行”系列文化体验旅游等旅游品牌，拉动了乡村旅游市场发展。据不完全统计，2013年宜兴市休闲观光农业销售收入已达22亿元，较上年增加2.4亿元①。

锡山区坚持以锡山怡人的自然风光和丰厚的人文资源为重点，以名人、名居、名园等为主要内容，打造农村休闲旅游干线。投入约2.3亿元的荡口历史文化街区已经开街，安镇农博园、斗山农业生态园、绿羊温泉农庄、东港山前家园、厚桥谢埭荡休闲旅游等重点旅游项目蓬勃发展。中国乡镇企业博物馆开馆运营，羊尖严家桥古村落建设也即将启动，为锡山文化休闲旅游品牌增添了亮色。

惠山区的玉祁礼社古村文化旅游综合开发项目，依托礼社古村取得的“中国历史文化名村”的荣誉，通过举办系列文化展演活动、特色文化旅游活动，编制古村保护规划，进一步凸显古村的历史风貌，扩大古村的知名度。阳山桃文化旅游综合开发项目一期规划面积5平方公里，总投资30亿元，包括

---

① 朱雪霞：《无锡“美丽乡村”注重生态和产业转型》，江苏农业网，2014年6月9日。

桃文化展示区、桃园农家体验区、桃源火山温泉休闲区、桃花源宜居社区4个功能区。现园区旅游设施和旅游项目日趋完善，每年接待游客上万人，使阳山真正成为无锡的“后花园”和无锡生态休闲度假旅游的“闪亮名片”。

南长区突出文化旅游、休闲旅游和观光旅游，整合区内文化资源和旅游资源，重点打造11个旅游项目，建设一批星级酒店和特色街区；重点打造南禅寺、西水东、永兴寺等一批景区，以南禅寺和古运河“水弄堂”为主体，加快产品开发，促进文化旅游一体化发展，打造清名桥古运河国家4A级旅游景区，着力建设运河文化遗产休闲度假区、太湖广场休闲度假区以及梁塘河湿地公园生活体验度假区。以南禅寺观光旅游、南长街南下塘休闲旅游、清名桥文化旅游为总体定位，打造休闲旅游和文化创意两大产业集群，逐步形成以清名桥、古运河旅游圈为主体的南长文化旅游框架。该集聚区先后荣获中国历史文化名街、中国著名商业街、国家4A级景区、中国创意产业最佳园区等国家级称号。现有各类商家3000余户，年均接待游客达600万人次。该区还加快了运河文化艺术馆二期建设，围绕艺术创意的项目定位，发展各类文化会展、工艺美术交流、艺术品交易产业。依托窑群遗址博物馆，拓展建设窑群文化艺术村，结合伯渎路业态定位，发展形成手工艺坊集聚区。加快南长街二期产业培育，重点培育文化创意、工艺美术、大师工作室等产业形态。推进南下塘民宿体验区建设，重点发展民俗文化产业。

新区的吴博园以打造具有吴文化特色的国家级休闲旅游度假区为总体定位，园区运营呈现较快发展的态势。仅2013年上半年，梁鸿湿地入园客流近3万人，同比增长46%，收入182万元，增长47%；赏石园实现门票收入5.5万元，同比增长50%；丽笙酒店实现经营性收入886万元，逢节假日入住率达90%以上，休闲度假酒店特色日益彰显。目前，吴博园重点项目游客中心－文化旅游商业街已完成规划论证及项目立项等工作。

（三）挖掘旅游新增长点，重点打造高品位文化载体

无锡有丰富的历史文化遗产和遗存，是无锡难得的旅游资源。文化是旅游的灵魂，没有文化，旅游无从谈起；旅游是文化的重要载体，通过旅游，文化得以更好的弘扬。无锡通过弘扬吴地文化，推进文旅结合，努力提升城市形

象，拉动旅游产业发展。

以惠山区为例，该区文体局积极与区发改局、商务局、经信局等部门联手，排查全区情况，发现并培育多地作为新的文化产业增长点。阳山“花间堂”项目建设规模为“花间堂”国内连锁店之最，也是进驻无锡的首个高端人文客栈品牌。平湖城民间博物馆预计投资超亿元；一期工程建设博物馆，内部陈列明清古家具和室内赏石，采用徽派建筑风格，将呈现原汁原味的皖南古建筑风貌；二期工程建设文化会所。酒文化博物馆由无锡市玉祁酒业有限公司投资建设，将连接厂内生产车间，旨在弘扬玉祁双套酒悠久的酿造历史和独特的酿造技术，打造工业旅游基地。无锡凤羽龙文化传媒发展有限公司（以下简称“凤羽龙”）拟与南京理工大学合作筹建舞龙培训基地，凤羽龙是一家集文艺活动策划、公益活动宣传、影视专题制作、视觉艺术设计、品牌策划推广、商务会展等于一体的综合性专业传媒机构，凭借良好的资源背景、精湛的技术，将洛社凤羽龙发扬光大。冯其庸学术馆由无锡崇文文化发展有限公司推出，依托冯其庸学术馆这个重要文化元素，以学术馆为中心，周边建设文化街区、名人工作室、民间藏品交流中心、具有地方特色的博物馆等设施，建成与前洲锦绣园为一体的文化旅游中心，旨在发挥文化引领作用。无锡舜皇文化传播有限公司（以下简称舜皇）计划引进民间资本规划建造舜皇庙；钱桥街道打造的文化产业发展公司，旨在挖掘钱桥地区的历史文化底蕴，并进行配套的舜柯山水旅游开发。

自2008年全面部署启动的清名桥等五大历史文化街区的保护修复工程基本完成，将保护性修复工程与老城区人居环境改造、发展新兴产业、促进城市转型结合起来。其中，清名桥街区入驻书吧、画廊、文化产品零售等文化、创意企业总计450余家，2012年被评为“中国著名商业街”。另外，“南长天朗运河古城”落地投资百亿元。

北塘区惠山街区成功争取“中国泥彩塑研究院”和“中国泥人博物馆”落户，吸引泥人、锡绣、竹刻等80多家富有传统文化特色的经营项目进驻，重现旧时古街繁华兴盛景象。荡口古镇2013年国庆长假试行开街，平均每天游客流量接近2万人次，人气十分旺盛；申报世界文化遗产取得重大进展，清名桥历史街区入选中国大运河申遗点并通过世界遗产专家的现场考察评估。惠

山祠堂群跻身《中国世界文化遗产预备名单》；鸿山、阖闾城两大历史文化遗存先后入选国家考古遗址公园建设（立项）。《梦回江南》山水实景演出，将裸眼3D全息影像技术与实景舞台演出相结合，增强了舞台演出的可读可看性和视觉冲击力，为其他城市和地区的印象类实景演出的推出和提升提供新途径。作为无锡市委、市政府打造马山国际旅游度假岛的核心项目，无锡灵山耿湾禅意小镇是世界佛教论坛永久会址的重要配套工程，项目预计总投资约50亿元，将以禅意文化为内涵，开创"心灵度假"的休闲旅游度假新模式。该项目已被列入江苏省"十二五"和无锡市"十二五"重点项目，灵山文化旅游创意产业园入选2013年度江苏省文化产业示范园区。

（四）完善旅游软硬设施，拓展旅游市场

坚持以"节"造势，精心打造特色旅游活动品牌，提升无锡旅游在国内外的知名度。持续举办中国徐霞客国际旅游节，在国内外旅游业界形成较大影响；同时积极整合"城市旅游日"、太湖生态旅游节、阳山桃花节、江阴华西国际旅游节、宜兴生态文化旅游节等系列节庆活动，集中展示无锡城市旅游形象。针对休闲旅游的兴起和年轻人出游热情的高涨，2013年5月先后成功举办首届长三角旅游休闲产业博览会、首届大学生旅游节等，连续三年成功举办太湖国际音乐节促进区域联动和产业合作，使旅游节成为大众的节日、市民的节日和青年的节日。积极邀请境内外媒体、品牌旅行社来无锡进行采访和踩线；利用高速公路广告牌、中国旅游报等载体进行以"太湖明珠·魅力无锡"为主题的城市旅游宣传；加大与蚂蜂窝、百度等网络媒体的合作，努力彰显城市品牌，提升城市形象，拓展旅游市场。

全面完成"12301无锡旅游呼叫中心"、无锡旅游信息服务中心建设，按照长三角统一标准设置"无锡市主要景区道路交通指引标识牌"468块，覆盖全市的旅游咨询服务和道路交通引导体系基本形成。作为全国首批"国家智慧旅游试点城市"，积极探索新一代信息技术与旅游服务、旅游管理和旅游营销的有机融合，2013年建成"无锡旅游数据中心"，编辑数据63258条，全面涵盖城市旅游各类信息。与百度合作建成"无锡城市百科"，全方位展示无锡休闲旅游、人文历史和社会经济，上线不到半年浏览量突破200万次。近年来

无锡旅游始终保持无重大旅游安全责任事故和重大旅游投诉的记录。

旅游部门通过旅游咨询服务中心、政务网站、无锡旅游微博、合作媒体、手机网络客户端五大系统，全面推介无锡乡村旅游，共播发微视频（微电影）10 部，编发信息近 1000 条，发放乡村旅游地图 2000 份、乡村旅游指南 5000 册。部分文化企业着力研发智慧旅游项目，如华莱坞传媒股份有限公司、无锡奥塔库科技有限公司都研发了无锡智慧文化旅游系列市场化运作项目，大大扩大了无锡智慧旅游的影响力。

（五）民俗旅游异军突起，乡村成为重要旅游目的地

乡村旅游是满足旅游者休闲、度假、体验、观光、娱乐等需求的旅游活动。无锡素有江南“鱼米之乡”之称，全市湖河山水资源丰富，四季瓜果飘香，生态环境优美，吴越古迹众多，新农村现代化建设成效显著，发展乡村旅游优势明显，开发休闲度假乡村旅游极具特色和潜力。近年来，围绕“创新机制、激活资源、彰显特色、富农兴旅”的总体要求，加快发展乡村旅游，打造“美丽乡村、乐游无锡”乡村旅游形象，相继实施提档升级、品质提升、改造升级三大工程，乡村旅游已成为旅游度假胜地建设的重要内容。至 2013 年底，全市建成全国休闲农业与乡村旅游示范点 2 家、全国特色景观旅游名镇（村）4 家、全国农业旅游示范点 13 家、江苏省星级乡村旅游区（点）58 家、无锡市星级乡村旅游点（农家乐）185 家。2013 年，无锡市 116 家主要等级乡村旅游点接待游客 802.8 万人次，营业收入 7.3 亿元，同比分别增长 13.6% 和 17%，乡村旅游在全市旅游业中已经占有重要比例。

1. 挖掘自然田园和美丽乡村文化特色，完善乡村旅游产品体系

无锡推出了“千年红豆树，白头偕老情”“桃花源中做青团”“乡村旅游金秋休闲季”等系列乡村旅游的主题产品。精心策划乡村休闲四季旅游线路，面向市民推出以“春之魅、夏之趣、秋之氧、冬之恋”为主题的 10 条乡村旅游线路。开展节事系列活动造势宣传，既有传统的桃花节、葡萄节、采茶节等，也有乡村亲子、市民梨花、休闲烧烤、乡村美食、野营房车等新活动。几年来，全市形成了以“美丽乡村”建设为核心，农业园区、田园休闲、名村民俗等为内容的乡村旅游产品体系，呈现多样化、特色化、精致化的发展趋

势，迎合现代自驾游、周边游、短程游的消费市场。

2. 加快旅游集聚与经营模式创新，提升乡村旅游发展整体水平

目前，无锡已经形成五大乡村休闲片区，产业集聚相应初现。以阳山生态园为核心的阳山生态休闲旅游度假区，集聚桃源葫芦谷、桃花岛、朝阳禅寺、金鸡墩农乐园等诸多景区（点），被省政府批准为省级旅游度假区。目前这里重点打造无锡阳山东方田园项目，由东方园林公司投资50亿元，规划总面积6246亩，在惠山区阳山建成以生态农业为主体的大型田园综合体；接受华西村辐射，江阴市的双泾村、山泉村、红豆村等各具特色，江阴形成以社会主义新农村为核心的乡村旅游集群片区；在宜兴竹海、云湖等生态景区周边形成宜南山水休闲片区，篱笆园农家乐、兴望农牧文化园等发挥自然田园的资源优势，宜南乡村旅游形成产业规模；环湖乡村休闲带转型发展，马山度假岛、太湖山水城的雪浪山香草园、桔湾相继建成；山联村、绿羊温泉、红豆生态园与荡口古镇连点成线，构成锡东乡村体验的新线路。

宜兴市湖父镇完善了“协会+龙头农户+经营户”的模式，湖父镇农家乐协会积极发挥行业的组织、协调和自律作用，带领农民经营餐饮、住宿、土特产销售等业务，尤其是在篱笆园农家乐的带动下，伏西村已有21户农民连锁经营“篱笆驿站”民宿。

锡山区东港镇山联村由村委投资成立山联富民合作社，开发田园观光、乡村动物园、慢道游船等项目，带动老龄农民近200人经营茶室、农家餐饮、住宿、农产品销售等配套业务，形成了“村委+合作社+经营户”的发展模式。

六　文化创意向设计渗透推进融合升级

无锡现有各类创意设计企业1000多家，其中广告会展类企业约500家，创意、策划、设计类企业400多家，118家无锡企业被政府正式确认设立“企业设计中心”，其中工业设计及相关设计企业200多家，各类设计研发人员2000多名，全年营业收入超过100亿元，初步形成了包括设计、模型制作、产品试制和配套服务在内的较为完整的工业设计产业链。同时，与创意设计密切相关的工艺美术类企业和工作室云集，丰富多彩的民俗文化资源和创新创意相结合，使绘画、泥塑、陶艺、刺绣、竹刻等行业生机盎然，惠山泥人、宜兴紫砂壶蜚声海内外。

（一）注重展示平台打造，不断提升创意设计影响力

十多年来，无锡大力发展工业设计产业，建设引进了无锡（国家）工业设计园、工业设计知识产权园等一批国家级园区和国内一流的设计学院，逐步形成了“无锡国际工业设计博览会”的品牌优势，扩大和巩固了无锡在设计方面的影响力与权威地位。到 2013 年无锡已经举办了十届博览会，2013 年第十届博览会具有如下特点。

一是展出规模宏大，主题突出。博览会总展出面积达 31200 平方米，主题展馆有交通工具馆、室内建筑馆、陶艺与家纺馆、家电数码馆等四个馆，展示美国、澳大利亚、日本、韩国、芬兰、丹麦、马来西亚、中国香港和台湾地区等国家与地区的创意设计精品。

二是参展范围广，参赛作品多。博览会展示近 500 家企业，其中国外设计机构近百家，汇集 20 多个国家及地区的优秀设计展品。博览会通过最新创新理念设计、自主创新设计产品的展示，开展国家级（“创新盛典”中国创新设计奖）、地方（“太湖奖”）和高校（NOC）的设计作品评奖，收集到参赛作品 3200 件，比上年翻一番。

三是展品内涵丰富。博览会既展出了 3D 打印、3D 显示、未来平面光源、新能源汽车等系列高新技术产品，又有美国工业设计优秀奖、澳大利亚国际设计奖、日本最佳设计奖等国际优秀设计奖作品；还有贴近百姓生活的设计精品。

四是国际对话交流的层次进一步提升。参会的国内外设计领域知名专家、设计师达 200 多位，为历届博览会之最。由国家知识产权局主办的中日韩外观设计研讨会更是将国内外的交流合作层次提升至国家层面。

此次博览会上正式签约的科技项目有 90 余项，总投资额超过 13 亿元，参观人数突破 5 万人次①。

---

① 《第十届中国（无锡）国际设计博览会媒体见面会召》，http：//Arting365. com，2013 年 5 月 22 日。

（二）设计服务品牌打造步入正轨，美誉度提升

无锡把以创意设计为主的文化创意产业摆在优先位置。近年来，以园区与基地为载体，注重设计服务品牌的打造。

北仓门文化创意产业园是全省首个省级文化创意留学人员创业园，总建筑面积13000平方米，已有30家文化创意机构，文化企业占园区企业总数的85%以上。园区重点发展建筑设计类、材料设计类、创意设计类、广告传媒类、时尚消费类等有关创意产业。

无锡国家工业设计园是国家科技部于2003年5月批准的国内首家以工业设计为主题的高新技术专业化园区，是目前国内产业集聚度最高、科技创新支撑条件最完善的设计主题园区。园区主要发展建筑装潢设计、环境设计、消费电子产品设计、交通规划设计、广告设计等。建成工业设计创业服务、知识产权信息与产业化、超级“云计算”、船舶CFD技术、汽车设计、快速成型等一批公共服务平台，建立江南大学开放创新研究院、清华大学应用技术研究院、南京理工大学游艇技术研究与工业设计中心等政产学研平台。园区依托中国工业设计示范基地、国家知识产权示范创建园区、江苏省工业化信息化“两化融合”示范区等殊荣，2011年园区当选为江苏省工业设计协会副会长单位，并加入长三角文化创意产业联盟，与无锡设计商会共同创办设计类专业期刊《无锡设计》，主要刊登设计产业的发展成果，搭建了业内学术交流研讨的专业平台。园区已集聚工业设计及相关类企业427家，专业设计人员近3000名，先后被认定为无锡（国家）工业设计知识产权园（国家知识产权局），江苏省现代服务业集聚区（江苏省发改委）、中国工业设计示范基地（国家工业设计协会），2013年工业设计及相关类企业完成销售额近40亿元。

无锡家居创意设计园，又名“俱崇安”，是长三角第一个以居家生活创意为主题的大型创意设计园，也是全国唯一的以居家生活创意为主题的绿色、环保、科技、体验式、创新型的家具创意设计园。园区坚持以“创意服务创意”的理念打造四个中心：创意设计研发中心——集聚国内外知名设计机构和设计师，通过其设计和交流，提升高端家居设计水平，通过创意研发引导家居发展潮流；新品检测推广中心——建立建材家居的国家级检测机构，并通过展示国

内外著名设计师最新作品，发布家居行业潮流信息，提升家居消费层次，体现文化品位；设计成果转化中心——在设计机构取得知识产权后，与生产企业相对接，使其设计成果转化为经济效益和社会效益；创意人才培训平台——填补国内家居创意设计教学培训空白，通过与院校合作，开展职业化培训，为家居创意设计行业培训后继人才。园区还通过参加中国·苏州文化创意设计产业交易博览会，主办无锡第二届家居创意会展及无锡市重点家装企业室内设计师座谈会等活动，扩大了知名度，提升了品质。目前，设计园已经发展成为长三角地区家居创意设计的集聚地，成功打造家居创意设计中心和家居创意会展基地。

（三）政策扶持推动，让设计产业插上腾飞翅膀

无锡是一个以工业为主导产业又面临着严苛的资源环境制约的城市。基于这一实际，打造“设计名城”成为无锡实施创新驱动的重要着力点。为集聚资源要素，形成共同合力，市委、市政府把2011年和2012年分别确定为“服务业超越计划促进年”和“项目推进年”，举全市之力推进，为之后的发展奠定了基础。同时，在企业发展、人才培养、融资、知识产权保护等方面，也出台了一系列政策，并全面落实国家和江苏省两级服务业发展的扶持政策。

《无锡市“十二五”文化发展规划》为文化产业指明了发展方向，《无锡市文化振兴行动计划》明确将文化产业纳入政策扶持体系。2011年底，《无锡市加快文化产业发展的政策意见》出台，大力发展影视传媒、创意设计、数字出版、文化旅游、广告会展、动漫网游、演艺娱乐、文化遗产开发利用等产业，明确设立文化产业发展资金，每年投入1亿元，这在全省乃至全国的同类城市中都处于领先地位。《无锡市文化产业发展资金管理办法》《无锡市分离发展创意设计服务企业认定办法》在2012年初相继出台，大力促进企业自主创新，对分离发展创意设计服务进行资助。对经认定的分离设立的具有独立法人资格的创意设计企业，根据其对地方财税的贡献，最高可给予100万元资助。

由于无锡在设计方面有独特的积淀与浓厚的氛围，加之政策的推动，江苏金一文化发展有限公司于2010年11月被评为文化部第四批国家级文化产业示范基地，作为唯一的文化企业评为省百家优秀民营企业，在工艺美术类全国企

业排名中进入前三，主营工艺品的创意设计和策划销售。2011 年，金一牵头建立了江阴（国际）创意设计产业联盟，聘请 20 多位国内外专家、学者担任艺术顾问，当年营业收入超过 23 亿元。江苏金一公司董事长钟葱获得 2010 中国创意产业年度大奖典礼领军人物奖。

江苏金一文化发展有限公司是一家拥有“金一黄金”自有品牌，6 家全资子公司，有江苏表业、深圳场上场下两家控股公司，集研发设计、艺术加工、市场销售、物流供应于一体的大型集团化管理公司，在全国 30 多个地区设立了办事处，注册资金 1. 42 亿元，员工千余人，其中研发设计人员 120 人，集团正以星火燎原之势，覆盖了中国经济最发达的地区。2013 年实现产值近 30 亿元。设计业是现代服务业的重要组成部分，作为实现自主创新的战略工具，世界经济强国无不将工业设计视为提高企业自主创新能力、打造核心竞争力的关键要素而着力推动其发展。正是较早地感知了工业设计对于城市进步的内在价值，无锡市委、市政府提出，以无锡（国家）工业设计园为龙头，以太科园、软件园等专业园区为支撑，以江南大学、58 研究所等八大工业设计中心为依托，以打造“设计名城”策应建设创新型城市，把无锡建设成为区域性创意设计中心，让无锡“中国工业设计名城、世界设计之都”的“集聚效应”和“辐射效应”凸显。

七　推进文化创意产业深度融合的对策建议

总体上，无锡文化产业呈现良好的发展势头，产业规模不断壮大，基本形成较完整的产业体系，已成为无锡一个举足轻重的产业门类和国民经济新的增长点。然而，与发达国家及先进地区相比，总体水平还有较大差距，组织化程度不高，规模偏小，对 GDP 的贡献不足。结合无锡文化产业现状和发展趋势，借鉴先进国家与地区的成功经验，本课题组提出以下加快无锡文化创意和设计服务与相关产业深度融合的对策建议。

（一）增强深度融合发展紧迫感，进一步激发发展活力

近年来，无锡文化创意产业与科技、金融、制造业、新媒体、旅游、农业

等产业的融合日益紧密，文化产业的服务性功能更加突出，人们更多地感受到了其溢出效应带来的好处，文化企业集约化发展速度加快。2013 年第三次经济普查结果显示，无锡市文化产业法人单位达到 9532 家。三上单位（规模以上工业、限额以上批发零售业和重点服务业）总数达到 671 家，比上年的 485 家增加 186 家，增长 38.4%。其中规模以上工业企业 337 家，比上年增加 103 家，增长 44.0%；限上批发零售业企业 102 家，比上年增加 32 家，增长 45.7%；重点服务业 232 家，比上年增加 51 家，增长 28.2%。三下单位 8861 家，比上年减少 465 家，下降 5%。可见，在整个文化产业中，文化创意及设计服务业的规模相对较小，产出相对较低，户均净利润为 33725 元，说明发展空间巨大。

从另一个角度分析，2011 年 3 月出台的《无锡市“十二五”文化发展规划》提出，“文化及相关产业增加值增幅高于地区生产总值增长速度、高于服务业增长速度，到 2015 年，文化及相关产业增加值占地区生产总值的比重达到 8.5%（按本市现行统计口径），文化产业成为重要支柱产业，文化产业发展规模和水平进入全国同类城市前十位”。[①] 2011 年 12 月出台的《无锡市加快文化产业发展的政策意见》中提出，“发挥产业政策的导向性、杠杆性作用，重点支持文化产业和文化企业市场化、集聚化和专业化发展，力争到 2015 年文化产业增加值占地区生产总值比重达到 6%，成为国民经济重要支柱性产业”。[②] 通过省市统计口径的并轨，以 6% 为目标，应该说是在充分考虑到无锡文化产业发展的实际及经济社会发展大环境基础之上做出的明智之举。

2014 年是实现“十二五”规划的关键之年，在短短两年之内实现无锡文化及相关产业增加值占地区生产总值的比重由 4% 增加到 6%。也就是说，在这两年里，在维持现有发展速度的基础上，每年必须实现平均不低于 1.2% 的增速，出路在文化创意和设计服务与相关产业实现深度融合。无锡目前面临的文化产业增加值比重不高的问题，主要是由文化产业发展的广度不够和深度不足造成的。具体说来，表现在产业链不全，导致文化产业发展深度不够；与其

① 《无锡市“十二五”文化发展规划》，中国无锡，2011 年 3 月 2 日。

② 《无锡出台政策意见加快文化产业发展》，中国江苏网，2012 年 1 月 6 日。

他产业关联度不强，导致了文化产业发展广度不足。所以，实现文化创意和设计服务与相关产业深度融合发展，是有效破解文化产业发展瓶颈，助力文化产业成为国民经济支柱性产业目标的必由之路。只有不断增强文化创意和设计服务与相关产业深度融合发展的紧迫感，才能进一步激发发展活力。

（二）整合体制资源，走出多头管理困境

文化产业涉及资源、人才、体制、资金等多种因素以及不同领域的多个行业，这就需要全社会把文化产业当作经济社会发展的一个重大课题来研究，同时需要全社会相关领域形成合力来推动。

目前，加快无锡文化创意和设计服务与相关产业深度融合发展，也遇到了政府多头管理的困境。课题组认为，就市级层面来说，作为发达地区的无锡，为了实现文化创意和设计服务与相关产业深度融合发展，在体制探索方面应该解放思想，有所作为，为实现国家与省级层面体制的变化做出自己的贡献。课题组建议，由市政府牵头，整合现有体制资源，考虑成立无锡市文化产业发展协调委员会或促进委员会，重点建立行政管理部门、企业、协会、创意机构、研究机构等方面力量相互协作的机制，形成各方力量对话与互动的文化产业发展格局，从而充分发挥文化产业对其他经济产业的驱动效应、联动效应和辐射效应。

（三）发挥中介组织桥梁作用，推动企业间紧密合作

为增强文化产业的整体实力和竞争力，由北仓门生活艺术中心等五家企业发起，无锡市于2011年10月成立了文化创意产业商（协）会。200多家企业入会，涵盖文化艺术、广播影视、新闻出版、动漫网游、广告会展、创意设计等多个门类。① 2013年11月，在第八届中国创意产业“龙腾奖”上，协会荣获“产业推动奖”。由此可见，协会在搭建资源整合、人才培养、技术创新的交流平台和服务平台，服务会员企业，推动文化与科技有效融合，推动文化与金融有机结合，以开放的思维寻找开启文化创意产业“新蓝海战略”钥匙等

① 周茗芳：《无锡文化创意产业协会成立　收入有望达130亿》，《无锡商报》2011年10月29日。

方面做出了一定的努力。

然而，无锡目前有9000多家文化企业，随着国家企业设立门槛的降低和创新创业风气的逐步形成，文化企业的发展将会出现井喷之势。这些企业涉及的门类众多，不同门类之间差距较大。仅《文化及相关产业分类（2012）》所列，就把文化及相关产业分为10个大类、50个中类、120个小类。建议按行业成立各类文化行业联盟，如“服饰设计业联盟”“动漫游戏业联盟”“印刷复制业联盟”等，形成行业内市场定位明确、差异性发展、密切合作、有序竞争的新格局。

（四）整合教育与人才资源，消除产业融合人才瓶颈

产业融合是由高新技术引发的，要促进产业融合的深度发展，就必须培养、拥有大批精通新技术、新经济的专门人才。高科技人才是推动产业融合发展的重要力量，人才是实现产业融合的关键。产业融合的发展趋势也意味着未来对跨行业复合型人才的更多需求。2013年无锡全年引进各类人才10.01万人，其中，引进高层次人才7349人，引进留学回国人才1503人。年内新增社会事业领军人才33名，新增中介服务领军人才7名。全年新增专业技术人员39751人，其中，中高级职称5764人。新增23名人才入选国家“千人计划”。全年新增高技能人才29905人，初、中、高技能等级比例从2012年的22:42:36调整到了22:41:37，技能人才队伍结构进一步优化。①

人才引育尽管取得了可喜成绩，但是，从文化产业巨量的人才需求来看，各技能等级人才的匮乏依然是制约无锡文化产业发展和产业融合的最大瓶颈。在文化创意产业中，如果缺乏专门的高技术人才，就会失去技术创新与技术融合的实施主体，从而阻碍产业融合的发展与产业效率的提高。

针对目前无锡市文化产业领域高端人才相对匮乏，从而制约创意产品、创新思维和经营管理水平提升的状况，下阶段应着重做好以下几方面工作。

（1）优化人才引进环境。在贯彻《关于深化“530”计划，建设“东方硅谷”的意见》的工作中，结合无锡市文化人才队伍的具体实际，会同相关部

---

①《2013年人力资源和社会保障事业发展统计公报》，中国新闻网，2014年5月28日。

门研究引进高层次文化人才的实施方案，拟定有针对性的评价选拔指标体系；在贯彻落实《关于推进人才强企工作的实施意见》的工作中，探索与高校合作的相关机制，以在华留学生社会实践为纽带，推进校地、校企在高端文化项目、高层次文化人才领域的互动发展。同时，通过各类文化产业招商说明会、展会，加大宣传推介力度，吸引更多具有较高文化和科技素养、懂经营善管理的复合型人才和团队关注无锡、加盟无锡。

（2）拓展人才培养体系。产业融合使得企业市场扩大、业务增多，带来了更多的就业岗位；同时，对融合型和创造型人才也产生了强大的需求。一方面，企业应建立再教育培训机制，改变员工对传统科技知识的“惯性思维”，培养员工掌握更多更新的复合性知识和技能；另一方面，在引进高校毕业生时，加强与高校招生就业部门的联系，准确沟通供需信息，推动有条件的职业院校与无锡企业或园区合作，实行融合型的研究机制和跨学科的专业设置，培养出具有复合性知识和创造性思维的文化人才，探索教育培训与岗位实践相结合的机制，建立产、学、研一体的培训基地，缩短高校毕业生的就业适应期；在高技能人才培养方面，结合文化产业的特点调整人才培养方案，不断加大文化人才的培养力度。

（3）完善人才保障体系。认真落实高层次文化人才享受与高科技人才同等的资金、住房、户籍、子女上学等优惠政策，加强文化人才在无锡工作和生活状况的调查研究，对普遍反映的诉求，会同有关部门共同研究解决和改善办法；进一步推进吸引、留住、培养、用好各类人才的相关工作，充分整合和优化政府人才政策资源，重视针对无锡社会事业等领域人才的服务保障体系研究和探索，研究制定文化人才的后续培训方案，为他们在无锡创新发展提供全方位的服务；加强对文化企业人力资源工作的指导，引导企业提升人力资源管理的正规化水平，努力为各类文化产业人才提供更好的社会保障环境。

（4）开展文化产业优秀人才评选。积极对上申报省委组织部“文化科技企业家”“文化创新团队”等人才项目进行扶持，继续开展并充分发挥“无锡市文化产业人才贡献奖”“无锡市唐鹤千卓越青年文化创意人才奖”等重大文化人才奖项的激励效应，营造吸引、留住人才的良好氛围，鼓励优秀文化人才脱颖而出。

（五）提升全球价值链，拓宽融合国际空间

近几年无锡大力实施文化“走出去”战略，鼓励企业拓展海外文化市场，基本确立了以工艺美术、影视动漫、多媒体制作等为重点的文化产品和服务出口体系，已与美国、日本、德国、荷兰、东盟、香港、澳大利亚等100多个国家和地区建立了文化贸易关系。2012年无锡市偶形文化传播有限公司找专人译制自己出品的百集偶像剧《秦汉英杰》，以每分钟200美元的协议价拿下中东地区合约；创建于1995年的无锡凤凰画材有限公司，主要产品有油画布、美术颜料、艺术套装、油画框、画笔、画架等7大类近千个品种。为扩大产品出口，母公司投资110万元、占51%股权成立了无锡凤凰画材进出口有限公司；投资51万美元占100%股权成立了越南凤凰画材有限公司。2012年，又在西班牙成立了凤凰画材欧洲有限公司，将以贸易为主，经营包括自主品牌凤凰牌在内的全球中高端画材产品，再次迈出了国际化发展的重要一步。与此同时，凤凰画材集团正积极向艺术服务领域拓展，已签约四位国内著名青年油画家的作品代理权，并设立了凤凰艺都美术馆，从事油画艺术品的海内外推广运营。目前拥有无锡、沭阳、越南三大画材生产基地。两大自主品牌凤凰牌和幻色家牌美术产品出口世界50多个国家和地区，凤凰商标在30多个国家注册，成为国内画材龙头企业、世界第二大画材供应商。2013年，该公司实现出口创汇4210万美元，成为无锡文化企业“走出去”的典范。在文化活动方面，无锡耘林公司通过香港的国际化平台与世界领域对接，将中国文化推送至亚洲乃至全球。无锡市演艺集团、无锡文化艺术学校、山禾合唱团先后多次赴美国、英国、加拿大、奥地利、日本、韩国、新加坡等地进行演出，取得了良好的社会效应。无锡海邻文化公司、一画楼文化公司，在法国卢浮宫分别举办中国书画、瓷画展览，组织无锡画家作品推介活动，取得良好的海外交易成果。

（六）完善扶持政策与评估体系，发挥政府宏观调控与服务功能

制定科学的文化产业政策，是使政策有效执行、提升政府管理能力的前提和基础。为加大力度支持无锡文化产业发展，2012年1月，无锡市委、市政

府出台了《无锡市关于加快文化产业发展的政策意见》，从产业发展重点、培育市场主体、促进自主创新、加大投入力度、促进产业集聚等方面进行政策扶持，以期通过几年的努力，尽快实现无锡文化产业扩大规模、提升层次、优化结构，成为未来重要的支柱产业。2012 年 3 月，市政府出台了《无锡市文化产业发展资金管理办法》，设立了文化产业发展资金（简称“扶持资金”），主要支持符合无锡文化产业发展方向的影视传媒、创意设计、数字出版、文化旅游、广告会展、动漫网游、演艺娱乐、文化遗产开发利用等文化产业企业或项目。两年内共扶持 158 个项目惠及 70 家企业，下达资金近 1.5 亿元。目前，2014 年的发展资金项目工作也有序开展。

不可否认，由于目前政府相关部门事务众多、人手有限，受专业水平所限，对政策实施的评估、监控工作存在着一定的问题，急需建立第三方主持的由政府、学者、政策目标群体三方共同参与的政策执行效果评估体系，研究建立文化产业政策分析评价体系，定期开展分析评估，及时反馈政策运行情况，构建广泛的社会监控系统，可提高政策执行的效果和质量，为以后政策的实践奠定基础。

同时，要充分发挥政府宏观调控与监管服务职能，做好文化产业发展的基础工作。要加强文化产业统计工作，通过经普数据，分析产业现状，建立企业发展跟踪制度，进一步掌握企业发展情况。要加强服务，组织开展文化招商、产品展销、观摩研讨等活动，为文化企业发展牵线搭桥，建立现代的产业创新、示范、孵化基地，夯实文化产业发展平台。积极推进搭建服务平台，特别是企业项目投融资服务平台，通过多种融资渠道为企业提供项目融资、股权投资、并购、产权转让、政府招商引资、金融、法律等全方位融资服务；同时为投资人、投资机构提供大量优质项目。加强文化产业融合的引导，营造良好投资环境，建立与各类文化产业协会联络机制和工作网络，逐步建立综合性、权威性的协调机制，形成发展文化产业的合力。政府要切实转变职能，既要规范政府行为，逐步适度退出市场，为文化企业创造更加公平的市场环境，又要培育市场、引导市场，从宏观上做好产业规划，制定和完善市场法规，整治市场秩序，健全执法监督机制，引导文化市场规范、有序、健康发展。通过完善文化产业政策，营造促进文化产业发展的良好环境。

（七）健全政策措施，鼓励和引导社会公众文化消费

2013 年，全市实现地区生产总值 8070.18 亿元，按可比价格计算，比上年增长 9.3%。居民收入稳步增长。城镇居民人均可支配收入 38999 元，比上年增长 9.4%。农民人均纯收入 20587 元，比上年增长 11.2%。城镇居民人均消费性支出 25392 元，比上年增长 9.1%。农村居民人均生活消费支出 14147 元，比上年增长 10.6%。[①] 因此，要积极顺应当前人们休闲时间增多、寻求精神慰藉、加大文化诉求的基本形势，出台相关鼓励措施，加快培育壮大大众性文化消费市场，引导市民群众转变观念、合理支配闲暇时间，增加市民的文化消费，从而带动文化内需的增长。

2013 年无锡市级公共文化设施接待公众参观 370 余万人次；举办展览 92 个、观众 70 万人次；开展“激情周末”广场文艺演出 78 场，观众 12 万人次；放映公益电影 400 场、观众 10 万人次；举办东林文化讲坛 14 场次；组织文化惠民月月演、夏季周周演、金秋演出季、文化服务周、锡剧艺术进校园等各类文化惠民演出 1350 场次。坚持了全年无休、全免开放两大惠民措施。文化惠民方面，剧院举办了各种形式的艺术节、艺术比赛、艺术展演，广为人知的是“市民免费开放日”。[②] 从 2011 年起，无锡面向全市 1600 多个群众性文艺团队进行公开选拔，挑出其中的 160 多个给予小额资助，两年内还带动社会投入公共文化服务资金超 6000 万元，加上一些基础设施建设，整个公共文化服务体系的总投入超过 30 亿元。仅 2013 年政府用于文化产品的专项采购资金就达 1000 万元，购买的公益性文化项目增加到 60 项，同时资助扶持了 300 支基层文艺团队，文化产业“地气”十足[③]。无锡文化惠民性活动开展得有声有色，但居民文化消费意识尚显不足。因此，急需采取多种措施进行培养。

---

① 无锡市统计局、国家统计局无锡调查队：《2013 年无锡市国民经济和社会发展统计公报》，《无锡日报》2014 年 2 月 24 日。

② 《文化惠民百姓得实在》，《无锡商报》2013 年 12 月 4 日。

③ 孙文荆：《百姓文化消费政府“买单”　无锡构筑文化惠民体系》，中国新闻网，2013 年 12 月 11 日。

行 业 篇

Industrial Reports

B.2 无锡影视业发展报告

郁彩虹

影视制作的市场化对影视产业化提出了更高的要求。同时，政府对文化产业的高度重视，又为影视产业的发展提供了新的契机。近年来，无锡市紧紧抓住“十二五”时期全市加快文化产业发展的重要战略机遇期，围绕打造“区域性文化中心城市”和“文化影视之都”的发展定位，将影视传媒列为全市文化产业发展的重点领域之首，依托无锡（国家）数字电影产业园和无锡广电集团、无锡报业集团、慈文传媒等重点骨干企业，加快推进影视产业的发展，并取得了一定成效。

一 无锡市影视产业发展概况

2013 年，全市文化产业增加值 321.47 亿元，比上年同期增长 8.9%；文化创意产业营业收入 203.23 亿元，比上年同期增长 15.3%。根据统计局 2012 年的数据，数字影视传媒服务大类的增加值达到 32.16 亿元，比重达到 10.9%。

1. 依托园区经济的平台效应，打造“文化影视之都”

2013 年 5 月正式开园的无锡国家数字电影产业园，是全国唯一一个经国家广电总局批文成立的国家级数字电影产业园。园区总规划面积 6 平方公里，计划总投资 100 亿元，拥有大小型摄影棚、音乐棚、录音棚、编辑室、视频工作室及街景拍摄区等核心数字影视制作集聚区，以及具有数字影视服务、数字电影体验、影城、影视会展、餐饮娱乐等综合配套服务功能。园区还设有数字影视服务中心，由协拍服务、人才服务、基金服务、企业营销服务、招商服务五大服务平台组成。在发展模式上，园区以数字电影拍摄为龙头，以后期制作为支撑，着力打造集电影申报、拍摄、制作、发行、交易等功能于一体的产业链，是具备完善的电影人才创新创业、工作培训体系的知名数字电影产业基地。目前，园区集聚了灵动力量、传视文化、倍视文化、泓雅集等一大批国内外知名的数字影视制作企业，园区产业业态初步形成，成为无锡市影视产业的重要载体之一。目前，园区已累计集聚企业 144 家，共承接影视剧拍摄制作业务 108 部，广告宣传片 182 部，加工制作的大片《环太平洋》《独行侠》获得奥斯卡最佳特效奖提名；承接了《忍者神龟》《变形金刚 4》等好莱坞大片的后期制作，扩大了国际影响力；还承接了《一步之遥》《武则天》等 30 多部知名影视剧项目的拍摄制作业务。

2. 影视制作骨干企业实力强劲，精品力作层出不穷

多年来，无锡广电集团投入巨资拍摄影视作品，《誓言今生》在中央电视台和省市电视台播出，取得了较好的收视率和良好的经济效益，获得全国“五个一”工程奖、2012 年飞天奖一等奖和金鹰奖等多个奖项。广电投资拍摄的电影《不肯去观音》2012 年全国上映后获得好评，获得蒙特利尔国际电影节“世界优秀电影”奖。慈文影视传媒集团 2013 年收入为 4 亿元，利润达到 9000 万元，平均年营收增长率达到 48%，2012 年居全国各大制作机构为第八位，市场份额占 3.54%，即将挂牌上市。慈文传媒的《非缘勿扰》获得第九届中美电影节优秀中国电视剧金天使奖；《老马家的幸福往事》获得 2011 年飞天奖三等奖。江阴国动参与投资的动画电影《神秘世界历险记》获得了第 15 届中国电影华表奖。灵动力量文化传媒有限公司的“《画皮 2》全片 3D 制作”获得国家广电总局科技委“电影技术应用成果奖”一等奖。江苏法宣影

视文化有限公司出品的《镇海保卫战》，无锡华西文化产业有限公司的《缘来是游戏》在全国连锁院线公映。无锡惠山软件外包园的江苏大田牧歌文化艺术发展有限公司专注于影视及节目策划、制作与发行、人才培训与管理、会议及展览服务等，推出多部优秀微电影作品，拓展与国内主要媒体、艺术专科院校的全面合作，参与举办全国乃至国际性的艺术类赛事，适时推广无锡市人文历史、旅游、餐饮、非遗项目等。

3. 充分利用影视宣传推介活动，繁荣无锡电影市场

为繁荣电影市场，2013 年 11 月，无锡市文化广电新闻出版局会同无锡国家数字电影产业园赴美国、加拿大举办“无锡影视文化说明会暨国家数字电影产业园推介活动”，推进了美国卢卡斯、工业光魔、派拉蒙影业等著名企业与无锡市的项目合作以及加拿大魔科影业公司落户无锡事宜，积极争取国际资源。同时，加快建设覆盖城乡的电影院线。据统计，2013 年无锡市影院已达 34 家，银幕 200 块，座位近 25000 个，全年票房 2.89 亿元，同比增幅 37.18%，占有率达 14.47%，位列江苏省第三，全市电影产业的整体实力和竞争能力明显增强。

二 影视产业发展的主要优势与不足

（一）发展影视产业的主要优势

1. 拥有良好的影视产业发展基础

一是经济基础较为雄厚。全市人均 GDP 超过 10 万元，在江苏省名列前茅，在全国位列第一方阵，具有较好的经济支撑，从而为发展文化产业提供了坚实的物质基础。同时，区位优势明显，地处经济最发达的长三角地区，无论咨询服务业、广告业、设计业、休闲娱乐业还是物流运输业，都十分发达。周边地区有数十家大大小小的影视拍摄基地，交通便利，能满足剧组拍摄制作需求。二是高新技术产业基础较好。全市拥有国家动漫产业基地、国家游戏产业振兴基地、国家工业设计园、江苏数字出版基地等多个产业园区，为影视文化产业提供了大量的相关产业人才储备。三是具有较好的影视产业发展基础。

1987 年中央电视台无锡影视基地在无锡落成，引发了影视旅游高潮，成为当时我国规模最大、游客最多、效益最好的影视基地和旅游景点，为无锡树立了“东方好莱坞”的品牌形象。四是影视产业载体初具雏形。目前，无锡（国家）数字电影产业园已引进博纳、英伦华夏（英国）、泓雅集、文化中国、新亚洲娱乐（香港）、万方幸星、隽美嘉业、淘宝影视、中视传媒、中乐文化、BASEFX（美国）、摩科影业（加拿大）、灵动力量、PIXOMODO（德国）等多家国内外知名影视文化企业，园区产业业态初步形成，成为无锡影视产业的重要载体之一。目前，园区注册的新兴产业及总部经济企业 900 多家，其中软件与服务外包 192 家、影视动漫 63 家、微纳传感 29 家、高端研发 129 家、总部经济 212 家、创新企业 97 家。随着园区建设项目的不断推进，以产业园为首的“无锡制造”，日后必将成为我国影视数字制作产业的中坚力量。

2. 拥有丰富的影视文化资源

无锡地处美丽富饶的长三角地区，经济发达、交通便利、气候宜人，历史人文资源丰厚。百余公里的太湖湖岸线，千余平方公里的沿湖湿地，加之鼋头渚、蠡园、梅园、灵山等风景名胜区，都为影视外景拍摄提供了良好的自然条件。同时，无锡市历史悠久，文化底蕴丰厚，历史遗存丰富，地方特色突出，被国务院列为国家历史文化名城。再者，无锡拥有以唐城、三国城、水浒城为核心的影视协拍基地——是全国公认的最早、最成功的影视基地。2013 年又开工建设了占地 38 万平方米的阖闾城影视基地，进一步完备了不同历史时期的人文外景拍摄场所。无锡还拥有国家重点文保单位、省级文保单位、市级文保单位许多处；泥人制作、紫砂陶艺等项目列入国家非物质遗产代表作，吴歌、锡剧等入选省非物质文化遗产代表作；鸿山遗址、阖闾城遗址等 4 大考古成果相继入选“全国十大考古新发现”。这些历史文化资源经过挖掘和重新演绎，都可以成为影视片表现的内容，使无锡这一历史文化名城重新焕发新的人文魅力，彰显无锡城市文化精神。

3. 在国内影视产业界美誉度很高

自 20 世纪 90 年代中视集团无锡影视基地创立以来，曾接待了《三国演义》《水浒传》《大明宫词》《大宅门》等几千集影视剧的拍摄，大大提升了

无锡在影视界中的知名度。如今，受无锡市文化产业政策吸引，落户无锡的影视企业正以其成功的作品，进一步提高无锡在影视圈里的美誉度。成为民营传媒第一股的慈文传媒，其制作和发行业绩堪称行内翘楚。公司制作的《老马家的幸福往事》在安徽、东方等卫视台播出后，收视率居全国之首。2011 年销售额逾 3 亿元的大型魔幻电视连续剧《西游记》，亦是由该公司投资拍摄发行。入驻无锡国家数字电影产业园的灵动力量公司正在为将要推出的《金刚王》《太极 2》和《白发魔女》三部大片进行宣传，得到了好评，提高了无锡市的声誉。同时，一些作品直接以无锡为生活背景，更是在百姓中宣传和传播了无锡城市形象。在无锡拍摄、由苏有朋主演的电视剧《非缘勿扰》，其中就有大量无锡街头巷尾和餐饮文化的镜头。此外，国内外著名影视公司和名人工作室落地无锡，对提升无锡知名度和美誉度也起到加乘效应。目前，数字电影产业园已经吸引了欧美的罗利工作室、E3D 制作公司、灵动力量、江苏中卡、今日动画、巨人网络等一大批国际国内知名的数字影视制作、数字出版、数字影视人才教育培训机构，以及张艺谋、冯小刚、冯小宁等国内著名导演的工作室落户园区。

（二）影视产业发展存在的不足

1. 影视产业投融资机制不够完善

目前，我国影视产业融资大约有 90% 资金来自自有，7% 来自政府投入，而社会资金投入只占 2%。影视产业主要以股本融资、联合投资来解决融资问题，中小型制作企业只能依赖相关资助资金，对影视资金回笼以及市场效益情况缺少相应的监管机制，跨国跨行业的资金投入较少，导致“血液不足”和资金链匮乏甚至是断裂。投融资困难已经成为直接影响影视产业发展的瓶颈。究其原因主要有以下五点：一是争取金融机构贷款困难。影视业是高风险与高回报并存的行业。由于国家缺乏影视投资项目的专业权威评估机构及金融机构认可的担保公司，目前我国影视企业尚未建立一整套完善的信用评级体系，导致影视行业因普遍缺乏商业信誉而无法从银行贷款。同时，我国货币市场也没有专门的金融机构为影视制作提供贷款，加之银行体制改革后权力上收，致使银行只认可以土地、房产等有形资产作为抵押，而影视企业多以无形资产为主，没有可抵押物品。即使能够获得贷款，融资成本也很高。二是影视产业经营环境及盈利状况欠佳。目前影视制作机构平均获利为6%左右，仅少数产品能达到40%。而国外影视行业的利润分配比例大约是播出媒体获利25%，制作单位50%。三是吸引海外行业投资和风险投资难。我国影视产业国内制作人与海外投资方之间，因缺乏有效的沟通渠道而存在信息不对称问题，对许多制作人而言，得到海外融资是可望而不可即的。四是跨行业投资步履艰难。由于文化产业投资风险过大，整个社会对文化产业发展潜力缺乏深刻认识，国内很多资金习惯于把目光锁定在利润空间很小的传统行业，而对文化产业的利润视而不见。

2. 制作成本高昂使中小企业不堪重负

一种商品的价格是根据生产成本、技术附加值、使用价值，以及与同类产品的比较、市场消费需求来核算的，企业在生存竞争中必须控制成本。电影作为一种以艺术为载体的商品，既具有一般商品的属性，又具有商品的特殊属性。影视成本包括前期创作、中期拍摄和后期制作的费用，其中演员片酬和场景选择及制作费用占很大比例。一部投资动辄上亿元的影视片，大幅拉升了影视产业整体平均制作和发行成本。有的片酬不是根据市场变化而变化的，而是只能升不能降，从20世纪80年代到现在片酬已提高上百倍。有的制片人盲目追求大场面、大制作，造成制片成本过高、市场操作难度增大。而资金资源又是绝大多数中小影视公司发展的瓶颈，他们也许有创意，但会因难以承受高额片酬和发行费用而停拍，或因投入资金少造成影片粗制滥造，无缘进入影院和在热点档期放映，甚至会血本无归，发行放映企业也深受其害，导致恶性循环。

3. 优秀原创影视剧本稀缺

现今，人们已经越来越意识到，影视市场竞争的核心就在于内容的竞争和原创的竞争。中国影视很难打开国际市场，就在于原创不足。其重要原因有：一是好编剧处于断代状态。老一辈编剧有很深的文学功底，但他们的人生阅历决定了其不可能超越自身的思想和习性，以开放的、长远的国际化眼光，写出大气的主旋律和国际化剧本。新一代进入影视学院的年轻人，虽然吸收的传媒信息更多，眼界更开阔，但是缺乏生活磨砺和思想沉淀，而又想快速成名，导

致作品思想肤浅，艺术养分不够，格调灰暗消沉，情节荒诞不经、质量粗制滥造、审美情趣低俗。二是当下影视圈“重导演、重明星、轻编剧”的现象较为严重，甚至很多导演、制片商，拿了编剧创作的剧本，也不按照剧本去拍摄，造成影视作品主题不够深刻明确，故事情节不够生动精彩，人物塑造不够扎实立体，影视作品内容和精神肤浅贫乏。为此，很多影视作品制作成本高昂，或躺在库房，或没有市场和票房。三是亟待改革的电影审查制度，导致剧本题材无法创新，同质化严重。长期以来，一部影视剧能不能通过审查，主要是靠审查委员的经验和当前的政策方向来把握。同样的情节，也许上个月可以通过审查，但是这个月就不行了；同样的题材，也许上个月还能拍，这个月就不能拍了。甚至，同样的情节，在引进的国外大片里可以有，但在国产影视里就不能通过审查。为此，影视银幕上出现令人眼花缭乱的历史剧、宫廷剧和武侠剧等产生视觉疲劳的剧目。

4. 影视制片、发行、放映之间矛盾突出

由于影视行业机制改革不足，影视制片、发行、放映业之间矛盾日益突出。原来借助体制优势的一些大公司，虽然经过改制，但仍占据着优势，在竞争上占上风；一些发展较快，较早积累了大资源的电影公司也占有优势；一些有国际声誉和影响力的大牌导演借助外国资本及老到的商业化运作，用超常的炒作来保证和获取高票房收入；发达省份、大城市、大院线、大影院、大影片占据越来越大的市场份额。这些优势公司、大牌导演、大城市、大院线、大影院等自然成了投资资金的主要流向，资本投向这些机构获利大。同时，资本的投入又强化了这些机构的影响力。而二级电影公司、二线导演、二线城市等很难吸引大资本的投入，只能进行低成本制作。而投资规模在 100 万元以下的低成本影片，在技术、导演、演员、场景、服饰等方面很难上档次，优势很难体现，电影质量偏低，几乎不大可能进入主流电影院线，有的根本无法进入市场，一半以上的影片制作投资无法收回。这种在制作、发行和放映方面的两极分化矛盾，造成整个行业呈现一种畸形的繁荣，每年有几百部电影在拍，大家都在争抢导演、演员、编剧、制片人，甚至摄影、副导演等，大公司先声夺人，但夺的仍旧是那些人，导致电影数量的增长和质量的提高不相匹配，在数量增长的同时缺少质量的提高，从而不可避免出现很多粗糙化、非专业化影片。

5. 影视基地之间竞争激烈

近年来，随着国内影视基地的林立，竞争态势日益激烈。上海建设的车墩影视基地，力求吸引所有的上海年份戏剧组；上影集团占据南方电影发行龙头地位，东方卫视也在涉足影视剧制作；浙江省内已有几十个大大小小的影视拍摄基地，其中的浙江横店成为目前国内最成功的影视基地。综观这些影视基地建设热潮可以发现，由于各地影视基地建设和发展缺乏理性、充分的市场调研与前瞻性研究，造成仓促上马、盲目投资、无序混乱、同质化竞争、资源浪费、后续发展乏力、产业链欠缺等问题，进而导致市场严重饱和、资产沉积和恶性竞争。同时，由于各地影视基地硬件构成大同小异，发展空间十分有限，且软件建设滞后于硬件建设。今后无锡影视基地如何通过注入地方文化内涵，与外地影视基地形成差异性、特色性、文化性和互补性，提高自身影视产业和影视旅游产业的独特性与生命力，显得极为迫切和重要。

6. 影视基地拍摄功能逐渐淡化

无锡影视基地初期的经营主体是影视拍摄与影视旅游，二者的“共生”状态不仅促进了地方经济的发展，丰富了无锡文化内涵，而且保持了影视文化与江南人文风情的结合、影视创作与特殊旅游的结合。然而，现今无锡影视基地逐渐淡化了影视拍摄，更多地将精力放在发展旅游方面，与“影视拍摄”的距离渐行渐远，影视基地的盈利点主要在于入园门票和场租等。据中视传媒年报统计，2013 年央视无锡基地的收入约 1.5 亿元，与横店影视城 35 亿元的收入相距甚远。究其原因，在内因上，央视影视基地在无锡一家独大的僵化、死板、垄断式的管理体制，导致无锡本土各类民营影视公司在对外宣传包装、外景基地使用、道具租用、群众演员雇用等方面，都难以通过市场化机制创新搞活，造成许多影视导演和演员不愿、不敢来无锡拍戏；在外因上，游客的新鲜感减少，各地类似央视无锡影视基地不断增加，导致同质化现象严重。今后无锡地方政府如何整体规划整个影视产业的发展布局，如何通过参与对央视无锡影视基地的管理，提高话语权分量，如何借影视业形成新的旅游观光点，如何维护游客的新鲜感，是增加无锡影视产业盈利需要思考的问题。

7. 影视企业人才匮乏

目前，各大影视公司都缺乏现代企业管理制度和相应的人才储备机制。华谊兄弟近年来的快速成长与其人才引进和管理水平提升有直接关系。电影导演冯小刚、艺术监制陈国富、财务主管胡明等实力派人物的加盟，成为公司影片质量、制作水平、运营规范的保证。各地影视公司为了扩张，建设产业链，四处寻找人才，导致人才争夺大战，人才流失与人才欠缺严重，已在相当程度上影响公司的发展，致使影视公司在制作、发行、放映环节逐渐丧失竞争能力。尽管无锡设有江南影视学院等高校和培训机构，但由于其中的管理人员和教职人员在影视、演艺方面的素养训练不够，并缺乏与国内各大演艺公司的有机合作，导致招生难，应有的教学培训作用得不到有效体现和发挥，造成人力、物力的极大浪费。

三　繁荣无锡影视产业的思考与建议

（一）国内主要影视文化产业发展模式及启示

目前，国内影视文化产业发展较快且具有代表性的是，浙江横店影视基地、北京怀柔影视基地和遍布全国各地的万达城。

1. 横店影视文化基地

横店影视文化基地自1975年创办丝厂起步，至今形成了电气电子、医药化工、影视娱乐三大主导产业。横店集团的子公司浙江横店影视城有限公司，如今下辖影视拍摄基地、旅游景区、饭店、旅游营销、制景装修等21家子公司，拥有全球规模最大的影视拍摄基地，被美国的《好莱坞报道》杂志称为“中国的好莱坞”。其战略思路大体为：建设影视拍摄基地—依托影视拍摄基地发展“影视旅游”产业—吸引影视文化产业所有要素向横店集聚—利用影视文化产业要素在横店的集聚效应延伸影视文化产业链，实现对外扩张。横店最大的比较优势在于强大的投资主体和政府的鼎力支持，在此基础上通过产业链深度开发，形成集约优势、规模优势和品牌优势，从而在影视文化产业形成独特现象。

2. 北京怀柔影视基地

北京怀柔影视基地成立于2005年12月26日，建有16个功能和风格各异的摄影棚，总建筑面积达4万多平方米，其中有面积居世界第一的5000平方米摄影棚，可满足特大场景和特殊场景的需求。入驻的主要影视企业有：北京华谊兄弟娱乐投资有限公司、张纪中文化发展有限公司、北京胡玫艺术创作中心等国内外知名影视文化公司。基地已形成前期开发、拍摄、后期制作、发行、放映（播出）、衍生品开发等全产业链形态。其基本战略思路是：以电影龙头企业——中影集团的电影数字生产基地为核心，将其周边1000米左右的范围作为集聚产业发展的核心区，核心区外围发展成影视基地辐射区，逐步建设成为集影视创意拍摄制作、技术研发、交易发行、影视教育、动漫、影视体验、旅游观光、休闲娱乐九大功能为一体的国家级影视产业集聚区。

3. 万达文化产业集团

万达文化产业集团成立于2012年6月，是当前中国最大的文化航母。集团产业主要涉及电影放映制作、大型舞台演艺、电影科技娱乐、连锁文化娱乐、报刊传媒、中国字画收藏等多个行业，是目前全球最大的电影院线运营商，拥有亚洲最大的万达院线和美国AMC影院公司，开业影城495家，电影屏幕6000块，占有全球近10%的市场份额。此外，还拥有影视制作公司、影视产业园区、演艺公司、中国最大的连锁量贩KTV娱乐企业、《大众电影》杂志、财经类周刊《华夏时报》等。其主要特点：一是打组合拳，把科技、文化、旅游、商业要素集成文旅商综合体；二是科技含量极高，效果显著；三是整合全球资源，突出中国元素、体现地方特色；四是强调自主知识产权。其基本战略思路是：将注册在北京及其他地区的文化企业资源重新整合，在京成立万达文化产业集团，以大投入大产出全力打造万达文化品牌，即以商业地产为核心，向文化产业、高级酒店、连锁百货等相关产业辐射，以罕见的万达速度，连锁式的开发，迅速完成在全国的布局；创建柔性组织，保持竞争优势，从住宅地产进入商业地产，再进入电影文化与酒店等产业，延伸产业链，增强万达集团的融资及其商业地产的优势；发展持有型物业，享受资产价格升值和土地升值的双重利润；利用自身商业地产优势，每开发一个商业项目必建一家影院，将自身优势发挥到极致；以创新作为核心竞争力。

综观以上影视产业发展实践，可以得到以下启示。

一是影视产业发展与城市基础密切相关。这几个地方的影视产业群都具有很强的辐射力和影响力，且由于人才集中而专注于影视核心产业链——投资、发行、出品、影视交流等，并从中盈利。

二是影视产业发展与政府介入程度密切相关。不管是高度市场化的好莱坞，还是政府介入较深的韩国，政府支持始终存在，区别仅在于扶持的范围和力度不同。在亚洲很多国家和地区，文化产业集群形成以政府主导为主，政府提供包括土地、资金、基础设施等各类硬件要素的支持，出台各类优惠政策和措施，作用贯穿集群形成、发展的整个过程，企业对政府有较强的依赖性。而以英、美为代表的欧美国家文化产业发展有自发组织特点，政府推进措施主要集中在从业人员技能培训、企业财政扶持、知识产权保护、文化出口扶持等方面，且政府的支持作用在不断增强。

三是影视产业发展与知识产权保护力度密切相关。不断完善知识产权保护措施，加大创意版权保护力度，营造有利于产业链内知识产权畅通转移的市场和法制环境，是世界各个国家面临的普遍趋势。这些制度对于保证产业链内知识产权转移的畅通具有重要推动作用。

（二）无锡发展影视文化产业的思考与建议

与横店、怀柔、万达等影视产业集团相比，无锡影视产业在技术、人才、品牌、机制和投入上都存在很大距离。因此，无锡只有整合资源，形成数字电影生产和传统影视基地提速升级和齐头并进的发展格局，在发展机制上努力创新，才能营造有益于影视产业发展的人文环境，真正形成独具无锡特色优势的影视文化产业集群。

1. 正确定位无锡影视文化产业

无锡（国家）数字电影产业园于2012年5月正式开园，开启了无锡打造影视产业集群的序幕。该项目是国家广电总局与江苏省政府签订战略合作协议的部省共建项目，这标志着该项目是国家为了发展电影产业所规划的产业布局的重点项目，无锡要积极争取和充分利用国家和省的相关政策支持和平台资源，做好这个项目。二是该项目有机会从文化产业集聚区提升为打造江苏省的影视文化产业集群乃至长三角影视文化产业集群，甚至成为文化产业跨地区、跨行业发展的新典范。因此，要打造“文化影视之都”，既不能拘泥于影视产业链和园区资源，要将能整合的自身资源全部打包；也不能局限于本土集群的发展眼光，而要做核心区域，形成较强的吸附力和辐射力。在这个层面上，建议以无锡（国家）数字电影产业园为核心区域，集合在无锡影视基地（央视基地、吴王阖闾城等），整合无锡丰富的山水资源，通过实施差异化、专业化战略，形成无锡影视产业集群巨大的影响力和吸附力，再通过整合周边影视资源，形成互动、互补的影视产业带（见图 1）。

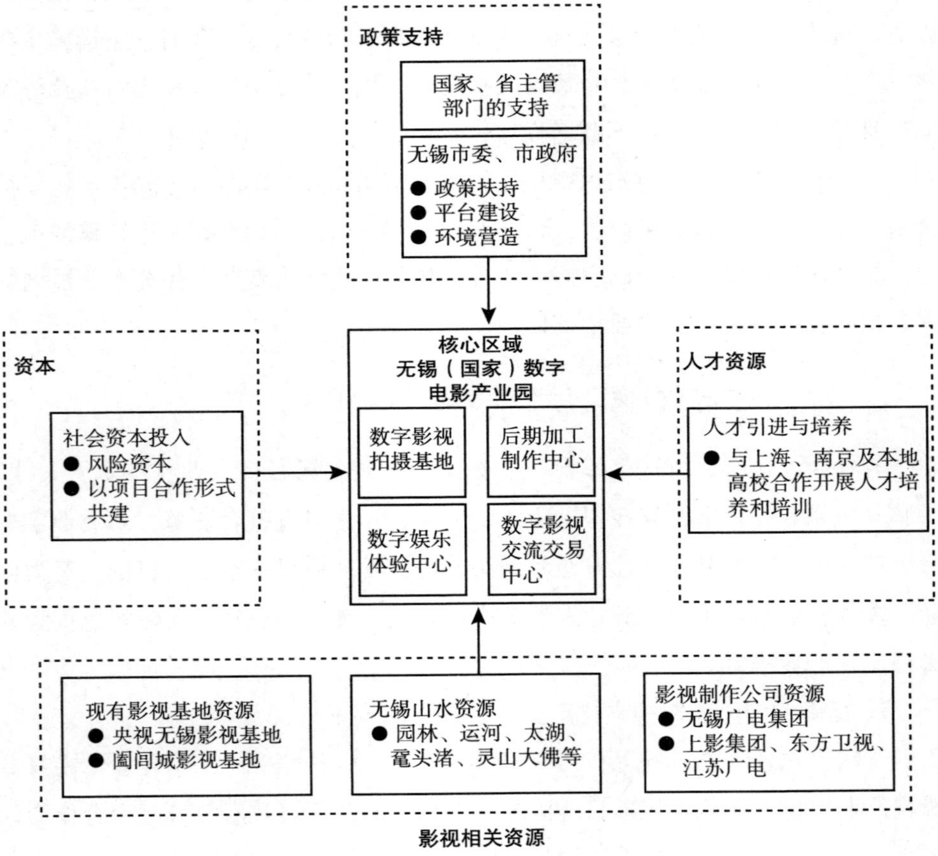

政策支持
国家、省主管部门的支持
无锡市委、市政府
● 政策扶持
● 平台建设
● 环境营造

资本
社会资本投入
● 风险资本
● 以项目合作形式共建

核心区域
无锡（国家）数字电影产业园
数字影视拍摄基地
后期加工制作中心
数字娱乐体验中心
数字影视交流交易中心

人才资源
人才引进与培养
● 与上海、南京及本地高校合作开展人才培养和培训

现有影视基地资源
● 央视无锡影视基地
● 阖闾城影视基地

无锡山水资源
● 园林、运河、太湖、鼋头渚、灵山大佛等

影视制作公司资源
● 无锡广电集团
● 上影集团、东方卫视、江苏广电

影视相关资源

图 1　无锡市影视文化产业集群总体框架

具体而言，可分三步实施。第一步和第二步体现的是无锡市影视产业集群“两手抓”的发展思路，即一手抓数字电影制作，一手抓传统影视拍摄基地建

设，再根据无锡影视产业集群发展框架构想，在几个关键节点有所突破，形成无锡的发展优势。

（1）集中打造影视产业的核心区域——无锡（国家）数字电影产业园，总体定位是中国最先进的数字影视制作基地。在此基础上，完善数字影视摄制中心、后期制作中心、数字娱乐体验中心、数字影视交流交易中心四大功能。

数字影视拍摄基地：通过优秀的硬件设施和技术手段，引进知名的影棚管理公司，使园区成为具有全国影响力的数字影视拍摄基地。

后期制作中心：通过吸引世界知名的后期制作公司和专业人才，推动一批后期制作公司在园区聚集，形成后期制作的强大优势。

数字娱乐体验中心：鼓励开发影视旅游和市民参与，建设数字影院以及周边休闲娱乐业等服务业的开发，使其成为区域性数字娱乐的体验中心。

数字影视交流交易中心：积极对上争取，获得国家部委和省委省政府的支持，使著名（数字）影视节永久落户无锡，或学习韩国创立韩国首尔数字电影节，形成平台资源，展示和交易数字影视文化作品。建设数字电影资料库，举办数字电影观摩交流会等。在此基础上，再通过3～5年建设，使无锡成为影视剧投资发行的主要城市之一。

（2）整合央视无锡影视基地资源，打造功能完善、与数字电影互动的传统影视拍摄基地。当前，全国影视拍摄基地基本处于饱和状态，且80%处于亏损状态，地方财政不堪重负。央视无锡影视基地作为头领风骚者，依旧在行业内有极大的影响力，目前每年30个左右剧组在此拍摄，游客年均突破200万人次。因此，建议通过以下途径形成整合相关资源，形成你中有我、我中有你、为我所用的产业集群。具体思路是：通过股份制合作，由无锡地方政府与央视合作共建，对央视基地进行转型升级，进一步提升拍摄基地的功能条件，如共同开发完善制景、道具、服装、化妆、车辆、设备租赁、演员队伍等配套服务，提高基地的现有拍摄接待能力；共同策划新的营销亮点，对基地周边地区进行改造，美化周边环境，打造新的影视旅游热潮，如结成共建联盟，挖掘央视基地的潜力和价值空间，提升产业经营收益，这对央视和无锡地方政府而言均有益处。

（3）整合盘活相关产业资源和周边资源，形成规模集约优势。一方面，整合无锡山水文化资源，建立产业联盟，完善休闲旅游观光功能，赋予影视拍摄功能，形成影视旅游联动资源。另一方面，努力整合周边城市资源，形成功能齐全的大影视产业集群格局。目前，江苏卫视、上海东方卫视都在创新发展路径，打造影视产业，争相投资发行影视剧，并积极在周边地方布局。如能争取江苏卫视、上海东方卫视、江苏幸福蓝海公司以及上海电影集团的合作，有助于我们在合作中学习影视剧投资、制作、发行经验，拓展市场。

2. 引进有影响力的影视企业落地

好莱坞之所以成为世界电影产业中心，是由于其中有梦工厂、迪士尼、索尼、环球、华纳兄弟等全球电影巨头总部。这几大巨头奠定了整个地区电影产业中心的地位，同时带动了音乐、动画、演艺、艺术经纪等相关行业，进而又形成了各自行业的中心。因此，龙头企业的作用在于，一是本身资源集中所产生的规模效应，使其生产和提供的文化产品或服务具有较高的竞争力。二是能够形成一个生态环境，吸引上下游企业形成一个丰富完整的产业链，形成强大的品牌吸附能力。三是龙头企业具有强大扩张能力，即向相关领域扩张，整合资源，形成新的发展优势。如腾讯公司，利用在即时通讯领域积累的客户资源，向网游、电子商务、网络社交等领域很方便地开疆拓土。打造影视产业集群，没有电影制作出品公司，就不可能建成真正的“文化影视之都”，这是打造影视产业集群的最大软肋所在。因此，必须一手抓引进，一手抓培养。应重点引进三类公司：一是港台、国际影视制作片公司。这些企业若能入驻无锡，将带来人才、经验、技术、信息，对于培育本土影视人才具有积极影响，也为培育本土影视制作出品发行公司储备资源；二是国内外各类专业后期制作服务公司、后期制作设备租赁公司；三是专业技术类公司，如国际化影视产业经济代理公司、技术保障类专业服务公司。

3. 形成完善的投融资体系

发展影视文化产业集群，从基础设施的投入、企业引进、人才引进、影视制作发行，都需要完善的金融资本。具体应从几个层面着手：一是政府投入应主要用于基础建设、风险资金的发起设立等，起到引导和保障作用。二是鼓励民间资本投入，以独立投资或合作投资的模式进入影视制作等多个领域。在华谊兄弟的主要股东名单中，阿里巴巴的马云、万向集团鲁伟鼎、分众传媒江南春、云锋基金虞锋都赫然在列，并取得了非常可观的投资回报率。在无锡众多民营企业谋求转型发展之际，既要鼓励他们直接投资影视产业，多出影视精品，也要以优惠措施激励他们进入风险投资行业。三是建立完善发达的金融资本制度。选取一些国有银行和保险公司作为试点，探索实施西方电影行业的投资体系。在美国，电影公司获得银行贷款并非通过版权融资，而是通过完整的保险机制来贷款。每位导演、演员、编剧等的相应身价和票房号召力以市场累积数据为基础，保险公司的评估机构能立刻估算出某个剧组能有多少票房指数，并根据这个班底的级别给予保险。级别较弱，则收取的保费就高。如果剧组发生意外或者票房达不到保险公司评估额度，保险公司会按比例赔付，银行则参照保险公司的估值额度，按比例提供贷款。目前，无锡（国家）数字电影产业园也在对完片保险、数字出版发行等环节予以高度关注，可以鼓励其与相关银行、保险公司共同合作探索，吸引更多的影视企业，逐步形成完整的影视产业链。

4. 加大公共服务平台建设

一是完善园区公共网络基础设施。建设公共硬件基础，适应数字传播、存储的广电网、电信网、互联网及卫星、光纤、移动存储设施。建立公共技术服务平台，搭建数字电影、手机电影、互联网电影、动画、动漫、网络游戏等需要的公共 IDC（服务器托管）测试及展示平台。牵头建设数字影视资源库，进行影视云建构。二是建立以国家广电总局“影视审批直通点”为主的一站式服务平台，为企业提供全方位的服务，并将大幅提升无锡影视产业的地位、扩大无锡影视产业的影响力，对于助推影视企业落户无锡、吸引影视名人工作室入驻无锡，都将起到积极作用。建议以与国家广电总局、江苏省人民政府共建无锡国家数字电影产业园为契机，争取尽快建成以国家广电总局“影视审批直通点”为主的一站式服务平台。三是建立营造影视文化氛围的活动平台。无锡影视产业仍在起步阶段，产业集群化氛围不够浓郁，建议建立能够营造影视文化氛围的活动平台。如引进国家级、有一定影响力的影视文化项目，力争引进大型电影节、首映式、开机式、音乐季、论坛、专业展览等活动，争取引进国家级大型活动，并努力办出无锡特色；举办有无锡特色的大型影视文化活动和节庆活动，打造无锡品牌，聚集人气。四是建立影视产业风险投资平台。这将有助于分散投资者的风险、降低投资个体的资金成本、提高抗风险能力，培育高质量的风险项目、提高风险投资收益、提高项目整体预期收益，为影视产业的发展提供初始资金支持。建议由政府参与，安排一定数量财政资金、文化事业建设费作为加快发展影视产业的引导资金和风险投资基金，对重点项目进行引导和扶持，鼓励国有和社会资本参与设立股权投资基金，成立影视投资公司，对影视产业进行风险投资。

5. 完善税收和奖励政策

调查显示，浙江横店影视城的综合税率仅为3%左右，而无锡影视制作企业要缴纳的营业税等综合税率达8.35%，企业负担重且不利于做大。鉴于无锡大多数影视企业尚处于起步发展阶段，对影视原创制作心有余而力不足的状况，建议加大对原创项目的支持和奖励力度。提高奖励力度，特别给予投入在千万元以上的影视作品以重奖。加大力度鼓励影视后期制作，鼓励企业做大做强，扩大影响力；加大对影视产业招商引资工作的激励，对招引和推荐国内外知名影视企业或名人工作室来无锡入户有贡献的单位和个人给予奖励。

6. 重视发展微电影产业

建议以影视文化产业为基础，有效整合电影、电视、网络等核心产业平台。用微电影实现三网融合的具体业务和产品，扎实搭建微电影的产业化基石。以娱乐产业为核心元素，推动微电影的产业化发展，充分体现其娱乐要素。微电影从3分钟到30分钟，既可大成本投资，也可小成本投入，既可阳春白雪，也可下里巴人。在保证微电影艺术水准的前提下，基于微时代的受众群体、观赏爱好等特点，用娱乐产业元素将微电影发展成娱乐文化、大众娱乐消费的新热点，以此助力微电影的产业化运营。以金融化、平台化和国际化推进微电影的产业化。

7. 优化人才发展环境

建议以无锡市“东方硅谷”人才政策为指导，积极探索和建立影视人才资源开发体系，建立影视人才专门评价机制，制定影视人才引进办法；设立专项扶持资金，加大影视产业领军人才引进力度；建立健全企业人才教育和培训的公共财政保障机制，同时加大对领军型人才和文化名人的支持力度；加大对原创项目的支持和奖励力度，同时也加大力度鼓励影视后期制作，鼓励企业做大做强，提高美誉度。

8. 加强知识产权保护

在健全和完善知识产权立法的同时，把重点放在对知识产权保护的执法力度上，严厉打击各种盗版行为，为影视产业营造规范、健康、有序的制度环境。

B BLUE BOOK .3

无锡新媒体产业发展报告

郁彩虹

新媒体产业是文化创意产业、文化传媒产业与信息技术产业融合而生的，涵盖尖端科技和人性化体验的一种新兴产业形态。近年来，数字革命和新一代移动通信技术推动着新媒体产业快速发展，新媒体产业成为中国文化产业发展的新增长点，其产业链涵盖网络新媒体、数字新媒体、影视动漫新媒体、娱乐游戏新媒体、IPTV 电视、软件开发、数据服务、移动终端、LED、数字博物馆、阅读器等终端设备。新媒体产业推动着文化与科技的多层面融合，为转变经济发展方式、实现经济结构的战略性调整提供了新机遇、新路径，得到中央、省市的高度关注。

一 2013 年无锡新媒体产业发展现状

无锡高度重视新媒体产业发展，积极推进新媒体产业发展的平台建设、内容建设和需求培育，集聚了一大批新媒体企业和新媒体人才，新媒体已经融入无锡人生活的方方面面。可以说，新媒体改变了企业的生产方式，也改变了无锡人的生活方式。总体来看，新媒体产业已成为无锡文化产业的重要发展方向和新增长点，无锡的新媒体产业也已成为江苏新媒体产业发展的重要高地。

（一）智慧城市、物联网成为新媒体产业发展的独特优势

新媒体产业是基于数字技术发展而形成的产业，城市的数字网络化、智能化、互通互联化成为新媒体产业发展的前提和基础条件。无锡已经初步建立起以智慧城市、三网融合、新一代移动互联网和物联网产业等为一体的新媒体产业发展基础设施体系，新媒体基础设施的不断完善推动了无锡家庭信息平台、

移动终端信息平台、公共场所信息平台和互联互通信息平台的快速发展，快速发展的新媒体基础设施展示了无锡新媒体产业发展的地方优势和地方特色。

1. 无锡高度重视智慧城市建设

2012 年 12 月，在中国社会科学院信息化研究中心、中国电子学会等单位主办的中国智慧城市发展年会上，无锡以总分 71.2 分荣获全国智慧城市第一名。2013 年，无锡出台了《无锡国家智慧城市发展规划》，涉及重点项目涵盖了城市公共信息服务平台、网络基础设施、城管、建设、交通、房产、环保、社区等多个方面，明确推进城市公共信息服务平台、城市公共基础数据库、网络基础设施建设、智慧城管、智慧应急、智慧房产、智慧建筑、智慧水务、智慧燃气与照明、智慧建设、智慧管线、智慧交通、智慧家居、智慧社区、智慧城镇、智慧环保 16 项重点项目建设。在相关政策的推动下，无锡智慧城市建设在顶层设计、总体规划和示范应用等方面取得突出进展，先后入选首批国家智慧城市试点、住建部首批“智慧城市建设试点”城市、科技部和国家标准委首批“智慧城市试点示范”城市、国家测绘局“智慧时空信息云试点”城市以及国家智慧旅游试点城市。2014 年，无锡成为唯一入选“IEEE 智慧城市试点计划”的中国城市。

2. 三网融合步伐加快，信息网络速度快、普及面广

无锡高度重视光网城市、无线城市、三网融合和宽带提速等重点工程建设，地区信息基础设施已跻身国内一流水平，先后入围信息惠民国家试点城市、第 4 代移动通信（TD - LTE）网络试点和三网融合试点城市。2012 年，国务院办公厅印发了《关于三网融合第二阶段试点地区（城市）名单的通知》，无锡成为三网融合试点城市，三网融合打破了电信运营商和广电运营商在视频传输领域长期的恶性竞争状态，将为无锡新媒体产业的需求培养提供良好的平台基础。光网城市、无线城市建设也亮点不断，截至 2013 年底，无锡城区、集镇 FTTH 已普遍覆盖，农村覆盖率已经达到 90%，全市互联网出口带宽已经达到 1.3T，比 2012 年增加了 340G，基本实现“百兆到户、千兆到楼、T 级出口”的光网城市建设目标。2013 年底，全市免费无线热点已达 6000 个，2014 年将新增 2.4 万个，2015 年将覆盖无锡两市（县）七区。

3. 物联网产业助推新媒体产业发展

近年来，无锡市高度重视物联网产业发展，出台了一系列政策措施，完善了政产学研合作机制，吸引了一大批国内外物联网高端人才到无锡创新创业。2012 年，经国务院批准，《无锡国家传感网创新示范区发展规划纲要》正式发布，无锡将依托在物联网领域的技术、应用和产业基础，建设“无锡国家传感网创新示范区”，无锡物联网产业发展提升到了国家层面，无锡的物联网产业也进入了发展快车道。2012 年，无锡物联网及相关产业总产值首次突破千亿元，2013 年产业规模达到 1405 亿元，增幅连续三年超过 30%。物联网产业的发展带动了智慧城市建设，推动了无锡城乡互融互动，促进新媒体产业运营体系的构建。

（二）无锡成为新媒体企业集聚高地

企业是产业的主体，无锡新媒体产业的发展让无锡成为江苏新媒体企业的重要集聚地，总体来看，这些企业主要从事新媒体服务业、新媒体内容生产、新媒体技术研发与终端制造，涉及广电通道新媒体、移动通道新媒体、互联网络新媒体和自有通道新媒体等。从无锡新媒体企业的来源渠道看，大致可以划分为四类：一是传统媒体数字化后进入新媒体产业，包括成立新媒体企业、开展新媒体业务、采用新媒体技术等，例如，无锡广电集团的新媒体化。二是大量非传统媒体采用数字化技术进入新媒体产业，包括非媒体企业开展新媒体业务、初创企业直接进入新媒体领域等，例如无锡“530”计划推动了“海创数字新媒体科技有限公司”等一批新媒体企业创立。三是通过招商引资引入异地新媒体企业入驻本地，成为新媒体企业的重要来源，其中的典型案例就是“央视国际网络无锡有限公司”入驻无锡。四是非媒体企业也纷纷采用新媒体技术提高管理水平、改善服务品质，从而呈现企业乃至产业的新媒体化特征，新媒体化已经波及广告、公共交通、房地产、银行、邮政、电信，甚至制造业和服务业等领域，车载电视、楼宇电视、机场媒体、掌上终端等新媒体正在改变许多行业的运营模式、盈利模式和业务结构。五是各类传媒公司构建高端媒体平台，如无锡天脉聚源传媒科技有限公司建立了中国最大的海量电视资源数据智能处理和数据挖掘中心，拥有全球最先进的云计算智能媒体处理技术和公

共电视索引服务平台；无锡海创数字新媒体科技有限公司建立了面向文化出口的海创三网播控和数字内容聚合平台“全球大电视 BIGTV”，着力开拓新的中国文化产品出口途径；央视国际网络无锡有限公司投资 8000 万元建设国家网络视频数据库平台，将逐步建设成为亚洲最大的新媒体视频节目数据库；无锡易视腾科技有限公司投建基于云计算互联网电视服务平台，将终端软件平台技术、互动跨屏应用以及互联网电视内容服务融为一体，能够实现家庭互动娱乐的云计算互联网电视服务。

（三）媒介融合成为新媒体发展的重要特征

媒介融合是指以信息数字技术和新一代移动技术为中介，印刷的、音频的、视频的、互动性数字媒介呈现多功能一体化发展趋势。媒介融合是新媒体产业发展的重要趋势，也是无锡新媒体产业发展的重要特征和路径。无锡的新媒体产业发展正处在媒介大融合阶段，主要体现在业务形态融合、市场融合、载体融合、机构融合、内容融合和渠道融合等方面，体现在文字、声音、图片、图像等方面的相互融合，体现在报纸、广播、电视、互联网、手机等媒体的相互融合，更体现在数字技术、网络技术、新一代移动技术、物联网技术和云技术等多技术的相互融合，典型案例包括央视国际网络无锡有限公司、无锡广播电视集团等。

央视国际网络无锡有限公司是一家主要从事网络视听节目制作、新媒体信息安全管控、新媒体软件研发、媒资经营、全媒体舆情服务、数据分析处理和互联网广告经营等业务的公司。2013 年，该公司实现营业收入超过 6700 万元，上缴利税 2835 万元，成为江苏省新媒体领域的龙头企业，是国内极具影响力的新媒体产业云服务提供商。（1）组建专业技术团队，搭建新媒体高科技研发平台。公司重视研发力量投入，成功搭建了行业领先的媒体数据云平台工程技术研究中心，被江苏省经信委认定为“江苏省三网融合创新基地”。（2）全面承建“国家网络视频数据库”，打造亚洲最大视频内容云。2012 年，国家级战略资源项目“国家网络视频数据库”由央视国际网络无锡有限公司负责全面建设和运营，建成后将成为全国新媒体产业链上极为重要的公共服务支撑平台和公共资源共享平台。目前，该项目已经顺利完成一期工程的建设，在无锡基地实现了全网统一的信源收录、统一制作、统一转码、统一存储及统一管理，该视频数据库目前面向全球210个国家和地区的网民提供源源不断的视听资源，成为亚洲最大的新媒体视频数据库。（3）完成CNTV统一视频制作、统一信息安全服务的战略部署。2013年上半年，公司顺利完成中国网络电视台（CNTV）北京总部全部视频制作业务和文化信息安全管控业务的迁移，在无锡实行统一生产制作、统一信息安全管控，在无锡打造全球最大的中文在线视频生产基地、中国最大最权威的网络风险管控中心。公司作为中国网络电视台（CNTV）的南方基地，目前全面承担中国网络电视台“一云多屏、全球传播”战略中的“云”的实施，视频业务量达到2万小时/月，视频生产能力超过6万小时/月，并已搭建完成了业内先进的视频生产系统和媒资管理系统；媒资存储总量接近100万小时。公司媒资中心现已全面承担国家新媒体集成播控平台包括中国IPTV、中国互联网电视、网络电视、手机电视、移动电视、户外传媒等七大国家级终端平台的视频制作和数据处理等工作，并对外开展视频制作业务外包服务，正为全球210多个国家和地区的互联网用户源源不断地提供优质、丰富的视频内容产品，让全球用户享受视听盛宴。目前，该公司一方面在做大做强视频生产及风险管控基础业务，确立细分市场领导地位的同时，紧紧把握产业发展趋势，加大创新投入，依托中央电视台和中国网络电视台的资源优势，强化技术创新与自身软件能力、系统能力建设，逐步开展视频检索、媒资经营、视频舆情、数据挖掘分析、微视频制作等新业务，面向全产业链提供专业化信息技术服务和增值服务。另一方面，公司正逐步发展成为具有独立商业价值和市场竞争力的领军型新媒体产业云服务提供商。

近年来，无锡广播电视集团（台）在资源整合、媒体融合方面进行了一系列创新探索。（1）组建多媒体集群。无锡广电打破把传统媒体内容生搬到网络、手机等新型终端的机械做法，聚合信息传播中的各种要素，将传统媒体公信力、品牌、内容生产与新媒介信息获取渠道等有机综合，向受众提供最现场化、最易接受的媒体化产品，并与受众形成有效互动，既发挥新媒体的时效性、交互体验等优势，又更好地承担官方权威发布的职能。通过引入深度的背景报道和深度分析，输出对事件的深度解读和媒体态度，向受众展示媒体的立场和独到思考，实现了传统媒体与新媒体优势的叠加与互补。伴随着新媒体发展产生的多种业态，无锡广电突破了产品营销的市场边界，通过嫁接微博、微信等社交媒体，适时推出了新闻官方微博“无锡博报”，突破了单向、滞后的交流模式，实现了新型人际交流的实时、多向传输和新老媒体用户的拓展叠加。2012 年底上线的“无线无锡”（2013 年末经无锡市政府统一规划，更名为“智慧无锡”）客户端，就是应用移动多媒体技术，在打造资源集成平台的基础上，整合视听资源、政务信息、民生信息等广电内部资源和社会各类资源，为无锡市民量身定制的新型媒体，其特点是指向精准、实用互动——客户端既是被服务者，也是资讯互动服务的参与者和构建者。同时，无锡广电投入上亿元构建多媒体编播控制中心，实现全台网、媒资网、新闻网、播出网的互联互通。依托此技术平台，无锡广电实现了内部资源的统筹运作，做到一次采集、多元发布，构建广播、电视、平面、网站、微博、手机“六位一体”的传播新模式。品牌栏目和品牌活动线上线下立体传播，广播、电视和网络媒体交融互通，媒体资源的互联共享，提升了新闻、内容生产的效率和水平。经过资源整合和媒体融合运作，2013 年以来无锡电视主要时政新闻栏目收视率同比增幅近 30%，市场份额增长 20%，早间新闻节目收听增幅超过 30%。无锡电视黄金时段收视份额始终保持在 40% 以上，广播收听份额保持在 80% 以上。未来无锡广电新闻中心团队的努力方向和目标是，把新闻中心做成集团乃至城市的“新闻通讯社”、区域性强势媒体集群，不仅提供单一的新闻资讯，而且建设多媒体、个性定制、专业到位的媒体服务体系。（2）集中优势树品牌。近年来，无锡广电调动各种资源并使其协调运行，集中优势资源树立品牌。一批原创品牌节目如《第一看点》《阿福聊斋》《扯扯老空》《发现》等都以浓厚的本土特色和鲜明的文化指向赢得了受众的青睐。同时，把除新闻以外的内容资源从频道、频率中剥离出来，以专业子公司运作的方式集中打造文化精品。随着数字技术的发展，传媒产品的创作过程成为创意与技术有机结合的过程。无锡新闻综合频道高标清同播项目已通过总局审批，目前正在进行开播的各项准备，将打造国内同类城市台首个高清频道。同时无锡广电还加快推进手机移动终端、3G/4G 网络等的开发应用，继续推进“无锡广播电视三频合一”专项，组建三屏混合采编中心、三屏合一播出中心和三屏合一家庭体验中心。（3）资源整合新天地。目前，无锡广电正立足实际从媒体资源的深度融合、

经营格局的扩张完善、制度优化的创新变革方面，打造以完备的媒介体系、产业体系和制度体系三大平台为代表的融合发展形态。在打造新闻节目整合运行的格局上，让时政新闻得到民生的滋养、民生新闻拥有政策的视野、编辑类节目充实大时政大民生的解读。在实现资源共享的同时，还积极推进新闻类网站的探索，建立专门网络平台，将广播电视新闻产品固化，并整合多方观点、背景介绍、最新进展等信息资源，对重点、热点主题导入分析解读，与公众社区形成良性互动，形成持续、集束效应，拓展新闻影响面和到达率。依托全台网，真正建立起新闻资源集散平台，实现新闻各环节资源及相关信息的多象限流通、多环节共享，初步实现电视播发、网站网页、音频视频发布、平面媒体自动电子版生成等在多终端上个性发布。目前，全台网、媒资网、新闻网、播出网已全面互联互通，通过内部网络可随时进行新闻媒资的浏览调用。自大型全媒体政民服务节目《政风面对面》开播以来，已实现“六位一体”的融合模式，开播首月已累计近 3 万市民参与互动，1100 万人次收听收看节目。通过与科技、创意、资本等多种元素融合，以若干龙头型项目进一步延伸拓展产业链，无锡广电完成了自身媒体产业向现代传媒服务业的转型，增强了产业的多元化和集约度，改变主要依靠广告产业的经营格局，发展文化衍生产业，提高了产业运营抗风险能力。无锡广电通过资本介入推动内部资源融合，推动自身资源与外部资源的融合，实现了在资本市场的突破。集团依托无锡广电华映文化产业基金等平台，一方面对外投资稳步推进，2013 年上半年新增 4 个投资项目，完成对优质项目的扩资增资，并已获得一定的资金分红回报；另一方面，将新媒体运营、影视节目和动漫制作以及与演艺业务相关的公司纳入上市主体进行整合重组，从法人治理结构、业务拓展、团队整合、薪酬制度等制定了可操作方案，推进股权调整和业务优化。

（四）高度重视新媒体服务终端平台建设

依托网络信息技术和现代通信技术而快速发展的新媒体，在媒体的传播理念、传播方式、传播内容、传播渠道等方面发生了革命性变化。但无论新媒体如何变化，都还属于“媒体”，媒体的“平台化”特征没有改变。或者说，平台化发展战略是新媒体企业发展的重要选择，无锡高度重视新媒体服务终端平台建设，平台的发展不断推动新媒体智能化、自媒体化和多终端化。

以无锡广电集团为例，其推出的“无线无锡”移动客户端，以视听为核心、以互动为基础，整合自有媒体资源和其他媒体资源，提供音频视频直播、点播、上传、分享、搜索等全功能服务，融广播、电视特色与网络电视为一体，逐渐成为无锡地区乃至更大区域范围内音视频和综合信息服务的公共平台。目前已开发上线16个功能模块，月下载量以30%的幅度递增，注册用户年内将达到30万户，两年内将达到100万户。在持续拓展新技术、新应用方面，无锡广电积极推进高清电视、3D技术等的开发应用。无锡广电还正在建设“智慧无锡”城市云平台，该平台将加强移动互联网、云计算、物联网、大数据等新技术的应用，加大各行业民生服务资源及服务的整合力度，将打造成为移动互联网上的城市综合应用平台，该平台已经被无锡纳入无锡“智慧城市”一中心四平台中“为民服务综合信息服务平台”的重要应用平台。

以无锡报业集团为例，其于2011年投资成立的项目公司成功研发生产了多媒体智能售报机，并在无锡地区进行铺设。该产品得到了中宣部、新闻出版署和各地文化宣传领导部门的充分肯定，获得了全国多家报业集团的青睐，在全国范围内取得了良好的影响。为进一步增加党报宣传覆盖面，满足人民群众的精神文化需求，进一步完善公共文化服务网络，对传统报刊亭进行升级改良，运用科技提升城市文化品位，无锡报业发展有限公司在研发多智能售报机的基础上，对室内机型进行升级和扩展，开发了智慧报刊信息便民系统户外机型，较之以前的报刊亭在功能和形式上都将有本质的提升。以多媒体智能售报机的核心技术平台为基础，紧紧围绕高技术、信息化、多功能化的方向发展，集声、光、电、图、文于一体，兼具报刊零售销售、充值缴费、信息查询、信息广告发布等功能。智慧报刊信息便民系统既是报刊零售、传播文化的渠道，又是服务百姓、方便群众的综合性服务平台。另外，无锡报业集团还推出了无线新媒体政务信息发布系统，采用自主创新的CMMB传输制式，独立于移动、联通、电信三大运营商网络外，是稀缺的信息发布方式资源。该系统可将政务信息即时传达，在党政宣传、社会公告、天气预警、公益信息等领域中被广泛应用，满足政府建设专有宣传信息发布和应急信息发布的现实需要，满足报业集团对数字报刊电子发行的发展需要，满足广大群众的文化生活需要，从而实现政治效益、社会效益、经济效益的多重发展。

以无锡众华传媒公司为例，为了能够更好地体现党中央媒体服务人民的思想，其设计推出了一款能够进一步服务无锡市民便利生活的服务屏——数字无锡联播网智慧屏，作为《人民日报》电子阅报栏的姊妹屏。其以电子屏、网站、手机3屏融合的方式，保证满足特定受众人群在繁华商业圈吃、喝、玩、乐以及购物旅游休闲等需求的情况下，能够通过手机与电子屏的互动，达到运用手机完成对预订餐饮包厢、点菜、美容、叫车、购物、买菜、送货等智能便捷服务。顾客的每个下一项需求活动都可以提前通过手机智能完成。数字无锡联播网智慧屏的商业运营项目是一种类似于途中媒体的项目。其面向的人群相当一大部分是移动中的人群，即所谓的动众，其营销策略就是在特定的环境里围绕动众构建媒体群，把握产品定位、市场定位、企业运营定位和发展。在产品和市场的规划中尽量走差异化道路，在智能型方面充分考虑设计出的产品具有复合智能性和先进性。虽然现今市场上涌现出很多品牌的电子屏，但是其功能都非常单一，大多数都是广告屏。目前在市场上还未看到类似于本项目的多功能智慧型视频产品，将来上市后能够很好地体现其竞争优势。加之数字无锡联播网智慧屏又是《人民日报》电子阅报栏的姊妹互动屏，有政策和政府支持的优势，进入市场门槛较低，有充分的便利性，也是其他电子屏产品无法比拟的。

以江苏无锡动漫公共技术服务平台为例，2011年，该平台组建了新媒体研发中心，在动漫技术研发上投入大量人力、财力，研发拥有自主知识产权的软件和基于智能移动终端IOS、Android等设备的各项应用。（1）成为苹果电子图书出版发行应用平台。现在国内有很多优秀动漫公司制作生产动画、漫画，但是缺乏整合销售的全球渠道。通过江苏无锡动漫公共技术服务平台搭建统一的苹果电子图书出版发行平台，可以将国内优秀的动漫作品结合最新的移动互联网软件开发技术，推荐到全球销售市场，并与itunes完美结合，寻找一个合理的盈利模式。平台发布的电影书《跟转山去旅行》在未做推广的情况下随电影放映获得良好的用户下载响应。（2）开发动漫企业电子杂志应用。目前平台已根据纸质杂志《风尚BOSS》的每期发布同步App更新，已完成基于iPad、iPhone两种版本的电子杂志。同时书画类电子杂志将画家的优秀个人作品，以全套图册的方式和统一的美术风格呈现出来，为更多的书画爱好者所欣赏。在此基础上，平台将打造动漫企业的企业形象设计和推广，让优秀动漫企业的形象介绍能够完美呈现在 iPad、iPhone 平台上。（3）开发移动社区、动漫衍生产品展示类推广应用。目前，在移动社区应用，除进行商家产品展示及推广外，着重强调社区生活“随时随地分享与交流”的理念。受众可以在此社区活动中充分体验分享带来的乐趣，中间可植入动漫衍生产品展示及推广，达到一定的商业价值。平台已经在 app store 上架的此类应用产品有《葫芦李——中医健康养生保健食疗助手》；与无锡市文明办合作打造的未成年人线上线下快乐阅读平台《少儿悦读 e 站》，将社区概念融会贯通，增强用户黏着性，打造轻松快乐生活。（4）开发移动客户端休闲游戏应用。移动客户端五分钟休闲小游戏是目前广受欢迎的轻量级游戏类型，用于打发人们日常生活中大量的等待时间，以消除疲劳，缓解压力。平台自主策划、研发的消除类小游戏“ele - splash”和“Ghost ball”于 2012 年在 App Store 上架，已获得良好的用户下载响应。（5）开发旅游出行类应用。平台旨在打造无锡城市文化的特色名片，与无锡园林景区管理处携手合作开发“梅园 APP 应用”iPad 版，正式将梅园景区文化旅游导览呈现于 IOS 平台，支持 IOS3. 2 以上操作系统，该应用于 2012 年 2 月 8 日正式在苹果应用商店上线。（6）开发教育类应用。项目充分利用互联网客户端技术，以移动客户端 iPad 为载体，实现教科书 PDF 格式的上传下载，拥有笔记、视频、闪记卡、测试四大主要功能，并结合社交分享，强调教与学的交互，增强学习中的趣味性。UI 设计活泼明快，色彩鲜艳，功能键设计可视性强。2013 年 8 月 1. 0 版本在苹果应用商店上线。同年 12 月，为适配 IOS7. 0 系统对应用进行了优化调整，成功发布 1. 1 版本。平台还联合无锡市广播电视大学通过线上系统和线下实体建设，开发“动漫综合实践应用平台”，打造适合高职院校动漫专业的现代化全方位教学新体系。线上系统通过互联网网站构建、移动互联网客户端技术以及基于服务器端的云计算及云存储技术等科技手段，结合多媒体移动终端，实现全面教学系统的打造。线下实体以江苏无锡动漫公共技术服务平台为主体，利用平台的动漫制作系统、动作捕捉系统、集群渲染系统等器材设备，为师生提供专业化的实践应用平台。目前该项目已制作集合 10 个视频剪辑的 App《Flash 随心学》，计划于 2014 年 1 月 8 日在苹果在线商店上架。（7）面向社会提供公益性服务。

近年来，平台坚持以社会服务为己任，设定了科学、合理的服务流程和服务标准，为动漫企业提供公益性服务，免费为园区动漫企业提供翻录制业务，对中小型动漫企业的发展起助推作用。2012～2013年，服务平台为无锡偶形文化传播有限公司、无锡亿唐动画公司、无锡妙思动画技术有限公司、无锡雪豹十月数码动画公司、无锡第五映象动画有限公司，提供了影视动画、影视特效、设备租赁、动漫技术服务、动漫制作、新媒体软件开发等服务内容。同时，平台在建设过程中与高校、科研机构、企业都建立了紧密互动的产学研合作，开展了多种形式的科技合作交流。平台积极推动影视动画的人才培养，开设了影视广告包装、三维动画、3G移动开发等课程，已培养高端三维动画制作人才600多名，举办公开课百余次，惠及学生达5000余人，形成人才培训与产学研合作体系。平台还积极加盟Adobe和Autodesk两大国际软件集团公司，成为江浙沪唯一一家产品认证考试与培训授权中心，共组织7000多名学生进行考证，通过率达97%以上，为长三角乃至全国输送了大量影视包装和动画制作高端人才。

以易视腾科技有限公司（以下简称“易视腾”）为例，作为一家互联网电视及家庭业务领域技术与服务提供商，专注于互联网电视行业技术积累和产业链延伸，到目前为止易视腾科技研发产品覆盖了内容集成、内容播控、CDN平台网络、互联网电视终端、终端应用等整个OTT产业链。主要研发方向包括以下方面。（1）基于云计算的互联网电视集成播控平台。云计算思想及技术的引入，实现了接口及服务的标准化，各分系统之间的独立性，及部署运营的虚拟化与简单化。播控平台系统已经服务于多家广电互联网电视牌照商，如未来电视、中国国际广播电视网络台CIBN等。（2）第四代融合CDN平台。融合型CDN发展包含多屏业务的融合以及技术的融合，基于HTTP的动态流控、动态组网结构；支持断点续播，支持多并发、动态调度终端流控，避免单一服务故障；多码流动态切换，根据网络状况和播放效果，实时调整切换码流；通过源和终端集成，融合调度异构CDN资源。（3）终端应用开放平台。互联网电视应用开放平台是互联网电视业务在终端的支撑与运行平台，它是以HTML5技术为基础，Android为扩展的丰富应用服务平台。（4）融合型智能终端。易视宝终端融入了物联网应用技术，集成了高清摄像头，可进行视频采集

与视频通话；支持闪联、Airplay、DLNA 等协议，与手机、Pad 等进行家庭互动操作；集成网络处理器芯片，作为家庭 AP 热点及路由功能；很好地解决了家庭设备互通互联，多屏互动及共享。目前也已经研发出 4 大系列近 10 个型号的互联网电视终端，满足不同人群、不同客户需要。（5）智能交互技术。电视用户体验很大程度上取决于交互技术，易视宝终端创新集成多种交互技术：全键盘遥控器、空中鼠标、语音输入/语音控制、多屏互动、手势控制等，主要解决电视端输入等交互体验问题。（6）电视应用产品主要包括视频点播、电视回看、图文资讯、电视音乐等应用产品。（7）跨屏应用产品主要包括跨屏流媒体服务、跨屏视频通话、跨屏终端互动服务及跨屏云存储服务等产品。产品技术特点、水平和优势体现在以下几个方面：产品基于开放平台技术，并融合物联网应用技术与多项智能交互技术，具体良好的操作体验；产品依托 CNTV 内容，拥有丰富的资源内容、强大的整合能力、专业的运营团队；定制化服务，可根据运营商及行业客户提供定制化服务；移动增值应用，集成中国移动音乐基地、游戏等基地应用。

以无锡知谷网络科技有限公司（以下简称知谷网络）为例，其推出的行李手推车智能终端高端媒体平台（i3Q 候机宝）秉承智能化、信息化等原则，运用于机场候机室的高端候机人群，以手推车为载体，可随身移动，基于移动智能操作系统，实现自由人机交互，具有外观时尚、自由触摸、生动有趣、快速访问、互动性强等特点，开设汽车、旅游、新闻、财经、影视、游戏、居家、旅游、读图 9 大频道，实现图集、视频、互动图、HTML5、APP 5 大内容形式。紧紧抓住机场媒体和受众的主要特点，如区域旅客集中、人流量大、广告效果好，机场媒体公信力高、影响力大。i3Q 候机宝作为互联网媒体的优势在于：（1）受众精准——旅客扫描机票后就可直接使用，一台终端同时只有一位旅客使用；针对每位旅客，可推送定制化信息，做到精准营销。（2）支持试用体验——基于移动智能操作系统，支持移动互联网业务产品的试用。采用多样合作方式，如资源互换模式——由知谷网络提供推广平台，合作伙伴授权提供资源内容，共同服务机场旅客；硬广告分成模式——如视频资源合作伙伴，由知谷网络引进片源，在片头片尾放置广告，给资源合作伙伴分成付费推广模式——内容资源合作伙伴提供内置软广告的资源，在平台付费推广；分工合作模式——知谷网络根据引进的内容资源进行策划，联系广告主，内容合作伙伴拥有技术实力，可以负责制作，获得制作报酬等。随着技术的发展，媒体形式也升级至互动时代；随着社会观念的更新，媒体形式也要求双向智能。以报纸、杂志、牌匾等为代表的传统媒体被称为户外媒体 1.0，属于单向静态模式；商业楼宇视频、卖场终端视频、公寓电梯平面媒体、户外 LED 彩屏等为代表的分众传媒被称为户外媒体 2.0，属于单向动态模式；而 i3Q 候机宝、智能移动岛、固定问询岛则开启了户外媒体 3.0 新时代，属于双向动态模式，从而完成了由被动接受到主动接受的演变。

（五）数字出版行业崭露头角、发展迅猛

中国数字出版由内容生产、技术研发、渠道开发、终端生产四大产业链组成。近年来，在政府主管部门的大力扶持下，这四大产业链各自向纵深发展。根据最新统计，2012 年有过半的国民进行数字化阅读，大众对数字阅读的高接受程度，使得数字阅读产业全线飘红。

以江苏睿泰教育科技有限公司为例，其利用自身多年来在数字内容出版行业研究、版权内容运营、出版技术研发与跨媒体传播等领域的成功经验，结合已有的重点合作伙伴如中信出版社、人民邮电出版社、中国科学教育出版社、纽约金融学院、台湾皇冠文化集团等国内外出版商的实际需求和优质内容资源，于 2012 年 5 月开始投入大量人力、物力和财力，采用先进的“云”技术，进行“一体化”数字富媒体出版服务平台的研发。基于“云”技术数字富媒体出版服务平台旨在为出版机构、企业及个人提供一个集素材库、资源加工平台、富媒体内容创作平台、多渠道发布系统、版权内容交易、下载及管理的综合性数字出版服务云平台。这一项目引入了“用户体验为王”的理念，服务平台系统采用富媒体技术、交互式设计使创作内容具有前所未有的用户体验；采用了最先进的分布式系统架构、集成跨平台阅读技术，建立了结构科学、覆盖全面、高度关联分布式的数字内容管理系统，同时引入 DRM 版权保护机制和信息安全机制保证用户数据的安全性；改变了传统数字出版业务处理环节独立、分散、对人依赖性强、产品周期长的弊端，实现“端到端”的富媒体出版服务，从最前端的内容采集、版式设计、内容富媒体创作、发布、内容

管理与存储等环节一体化生成，将实现业务流程的完整性；解决了数字出版产业发展中的资源整合，从素材库到内容管理，从产品设计、生产到发布，从创作发布到版权交易，从数字内容分析到挖掘，使得资源的利用率得到极大提升。

以软通动力信息系统服务有限公司为例，其将建设数字出版 BPO 产业所必需的数字出版协同加工管理平台、数字内容采集管理平台和数字化内容生产加工平台、数字内容资源管理平台。数字出版协同加工管理平台包括任务定义、任务委派、任务管理、项目管理等模块；数字内容采集管理平台，包括内容审核、版权保护、数据库管理、数据归档与存储等模块；数字化内容生产加工平台包括生产作业流程管理、文档压缩处理系统、格式转换系统、格式编辑系统、质量检测系统等模块；数字内容资源管理平台包括文档影像采集系统、文档影像优化处理系统、文档影像自动识别系统、文档影像归档存储查询系统等模块。平台以数字内容产业为核心，以版权交易为手段，通过搭建生产、交易、存储和版权保护一体化数字出版公共服务平台，发展成为国内一流的集原创、研发、生产、孵化、培训、交易、运营为一体的综合性数字出版产业基地。这些平台具有知识密集型的特点，同时它又属于服务性行业，对人员素质要求较高，因此对于推动地方经济发展，促进经济转型具有重大意义。

以江苏中卡教育科技股份有限公司为例，其秉承“创新、创意、创造”的经营理念，充分发挥山水城所提供的产业政策支持和资源优势，搭建起一个专业的儿童数字出版运营平台，推出拥有自主知识产权的“卡通宝家庭数字幼儿园”软硬件产品，并以“终端 + 平台 + 内容”的运营模式，快速实现产业规模，力争成为国内儿童数字出版的领军企业。卡通宝家庭数字幼儿园项目专为 3 ~6 岁幼儿量身定制的一套电子幼儿园系统，包括硬件和软件两个部分，其中硬件为安卓 Dongle（可理解为电视棒），接口为高清 HDMI 接头，另随机附赠无线鼠标一只；软件为自主开发的“卡通宝 · 家庭数字幼儿园”，系统内设专业的儿童学习内容体系，内容均由公司自主研发，并申请版权认证等相关手续。其关键技术是以 Flash 为基础，开发出独有的内容模版、程序模版等，以更高的效率提升产品的质量，创造一套独有的、创新的幼教资源开发模式。

二　新媒体产业存在的瓶颈问题与原因分析[①]

虽然近年来无锡市围绕文化创意产业以及与新媒体产业培育发展相关的信息技术产业和文化传媒业，从产业政策扶持、创意园区建设、服务平台搭建和助推企业发展上做了大量卓有成效的努力，但对比产业领军型城市，仍需重视以下主要问题。

1. 发展思路尚不够明确

如何引导和发展新媒体产业？新媒体产业高端人才的引进模式是什么？政策制定如何贴近新媒体产业发展需求？这些问题是导致目前无锡新媒体产业发展思路不明确的主要原因。目前无锡新媒体产业发展状态可以归纳为“散”“小”“匀”。“散”，指目前与无锡新媒体产业相关的行业分布散，各个区域和园区都在想发展新媒体产业、文化创意产业，导致各个园区主题不够鲜明，容易在分散竞争的过程中失去新媒体产业应有的集聚效益。“小”，指无锡市目前还没有多少上规模的新媒体重点企业，尽管从事新媒体相关产业的企业众多，但大多数企业处于小规模分散化经营状态，尚没有形成环环相扣的产业链。“匀”，指在政策层面与产业密切相关的文化创意、信息科技以及文化传媒产业的目标企业或个人仍不够突出。新媒体产业与文化创意产业类似，其独特的产业特性就是“名人效应”，当前政策扶持的匀质化并不适应该产业发展模式。

2. 产业模式尚未成熟

目前，新媒体中除了即时通信、搜索、电子商务等形成了较成熟的业务运营和盈利模式之外，绝大多数对内容资源比较依赖的新媒体没有找到成熟的盈利模式，依然沿用传统媒体的经营方式，即依靠出售点击量与受众影响力吸引广告。即使发展势头最好的手机报、手机电视和网络视频，也没有突破传统媒体经营模式。单一依靠广告收入作为产业模式，极易受市场、媒体竞争、政策

---

① 孟磊、刘渊、程娅：《无锡地区新媒体产业培壮机制的构建研究》，《艺术百家》2012 年第 6 期。

等因素波动影响，风险较大。一旦传统媒体发展遇到波动，新媒体的投入和运作都将失去保障。而一些理论上未来发展空间无限的新媒体形态，也因为种种原因在短期内无法形成盈利模式。

3. 本土重点企业不足

目前，无锡市新媒体业已产生了央视网络电视台无锡公司、易视腾、飞视传媒等一批发展势头良好的龙头型企业，但现阶段较难突破企业小规模、分散化经营及产业链缺失的状态。这种状态归根结底是由本地缺失重点企业造成的。重点企业不仅具有产业集聚效应，而且具备品牌效应。缺乏重点企业会影响产业发展后劲和潜力，最终会对新媒体产业的良性健康和可持续发展造成影响。

4. 行业领军型人才匮乏

无锡市新媒体行业领军型人才匮乏，主要表现为移动开发技术人才难觅，为数不多的人才，待遇薪酬又普遍偏高；市场人才难觅，对于新媒体项目，技术含量非常高，客户认知度低，对于市场开拓人员的专业素养要求非常高，因此很难寻觅到合适的市场营销人员和产品经理人才。无锡亿唐动画董事长、专家施向东是唯一入围国家千人计划的无锡文化创意类企业负责人，但总体来说，通过“530 计划”引进的文化创意国际领军人才数量仍非常有限。与此同时，由于在政策层面对无锡本土创意研发机构重视不够，平台建设不足，并缺乏对本土创意成果的宣传以及产业成果的推广，造成本土文化创意人才流失严重。虽然人才流动是当今社会的一大特征，但无锡较之一线城市的政策及软环境建设仍显滞后，这也是导致无锡市新媒体产业高端人才流失的一大因素。

三 大力培育发展无锡市新媒体产业的思考与建议

1. 引进培养新媒体产业高端人才①

新媒体产业链蕴藏着大量的就业机会和新的岗位。其中，网络、动漫、游

① 孟磊、刘渊、程娅：《无锡地区新媒体产业培壮机制的构建研究》，《艺术百家》2012 年第 6 期。

戏、3G、新闻、编辑、广告、创意、营销、编导等专业的新媒体人才和技术人才需求量较大。无锡在新媒体产业领军型人才和创意人才方面，原本有着非常优厚的先天条件，但是人才外流的严重现象，提示相关部门制定人才引进政策时，不应忽视本土创意人才，避免一方面创意人才引进不足，另一方面又有大量创意人才外流等问题。为此，需要继续深入推进人才战略。一是继续积极引进海外人才；二是诚邀大师入驻，设立专项资金和专门人员来锡创建交流平台，促进高水准行业交流；创建“知名大师工作室”，吸引大师落户无锡，加快构建无锡创意人才梯队；三是注重培养复合型人才，引导商业精英投身新媒体领域，坚持和深化“文商结合+引商入文”理念，加快产业化进程；四是珍惜本地人才，挖掘本地优质人才资源，利用各种宣传渠道及奖励措施，扩大影响力，打造和提升无锡人才的高地优势。同时，注重本土吴文化、工商文化的深厚积淀，依托江南大学，在倡导自由创意的前提下，引导形成独特的“江南学派”，打造本土创意风格和人才名片。

2. 推进新媒体产业园建设

目前，央视国际网络无锡有限公司已经相继吸引中国日报网、易视腾、朗新科技等一批上下游企业入驻无锡新区，以 CNTV 为旗舰的新媒体产业板块正逐步崛起。针对目前新媒体企业各自为政、重复投资、资源分散、整体竞争力量薄弱等问题，公司应以 CNTV 南方基地为旗舰，打造视听新媒体产业核心链条，建设集新媒体核心技术研发、产业化运营、信息服务、视频生产、企业孵化、人才培训、应用支持及商务服务为一体的多功能特色型产业园区，并将其打造成产业链完整、集聚度高、影响力大的新媒体产业集群及国家级新媒体产业基地。

3. 进一步推进新老媒体间的融合①

发展新媒体产业没有现成的模式可以套用，必须结合公众需求重点、资源状况、受众市场等一系列因素，加强与传统媒体之间的融合，找到自身作为内容商、运营商、服务商与市场的最佳契合点，才能为新媒体产业开辟全新的领域，实现新媒体产业价值的最大化，促进新媒体产业的可持续发展。

---

① 迟小磊：《无锡广电：资源整合与媒体融合新发展》，《中国广播影视》2013 年 9 月 16 日。

（1）发挥资源优势，做好内容运营商。传统媒体由于受到行政、地域等多方限制，传播内容无法实现跨区域、多层次、多渠道的利用，其内容价值在一次性发掘后无法进行后续开发。而新媒体开放性、兼容性的特征，为传统传媒在内容资源的多重发掘上提供了可能。加强新老媒体间的融合，必须整合资源，深度开发节目形式和内容。在人人都是新闻的发现者、传播者的全媒体时代，分享成为新媒体异于传统媒体的最大特点。在外有新媒体的挑战、内有“三网融合”的压力的形势下，传统媒体必须摒弃“内容为王”的老观念，开放平台，适应“碎片化”生存之道，运用短信互动、微博互动、3G 直播等多渠道、多形式，与视频网站、手机微博形成互动互补，才能提供更多与新媒体使用操作、传播环境和技术支撑相适应的节目内容。同时，还需抢占市场，创新互动增值服务，以传统媒体具有实力和影响的互联网平台为依托，实现内容资源的共享、内容创意的互动和受众信息的即时反馈。

（2）发挥品牌优势，做好媒体运营商。传统媒体长期以来的一元化传播形态，使其在媒体运营上缺乏与市场相适应的手段，在与市场化起步较早的电信运营商的竞争中，前者的渠道优势尚未得到充分体现。加强传统媒体与新媒体的融合，双方必须借助彼此的资源、优势，通过合作实现共赢。传统媒体在业务层面、资金层面上与新媒体相比并无优势，而长期以来作为党和政府喉舌在广大群众中形成的公信力和美誉度，是各种新媒体一直以来所不具备的。为此，必须以传统媒体的品牌资源为主导，通过无形资产与有形资源有机结合的投入方式，与媒体运营商展开对等的合作，谋求优势的叠加。二者在业务开发上，必须以网络层面的互联互通、业务层面的互相渗透和交叉、应用层面的统一协议标准为重点，发挥传统媒体的品牌优势和内容优势，有效控制市场前端、中端、终端，增强传统媒体在新媒体经营开发中的话语权。

（3）发挥经营优势，做好产业运营商。随着新媒体业态的出现，传媒产业拓展的方式发生了深刻的变化。面对传播市场的终端——受众（客户），新媒体产业的开发，必须基于对受众资源的精细了解和牢牢掌控，适应分类化、多层次、交互性等传播和发展要求，逐步构建适合新媒体运作规律的新型产业运营和盈利模式。而实现这种产业模式和盈利模式的创新，新老媒体在融合中又需要考虑如何从品牌授权、内容打包销售、提供无线增值服务、创新广告业务模式、与地方政府部门合作等方面进行合作创新。

（4）完善配套体系，做好服务运营商。新媒体的发展改变了传统媒体的单向传输模式和传播的垄断特性，使传统媒体面临其他媒介渠道的竞争。在业务内容趋同的形势下，传统媒体的“坐商”模式已不适应新媒体发展要求，必须进一步改进、完善配套服务体系，增加相应的新媒体服务内容和服务信息，针对客户的不同需求提供合理的解决方案，同时建立新媒体运行的规范管理制度和监管机制。

B.4

无锡动漫网游产业发展报告

郁彩虹　华 蕾

无锡动漫产业起步于2005年，8年多来在政府引导扶持和企业自主发展下，培育出了一批原创能力强、市场成熟度高的骨干企业，动漫产业在全国影视动画产业大军中具有一定的地位。2013年无锡动漫企业已达177家，通过文化部认定动漫企业22家，完成原创影视动画作品12部9646分钟，在省内位居前列，精品力作逐年增多，基地荣获国家新闻出版广电总局“最佳动画基地”提名等荣誉。

一　2013年无锡动漫产业发展现状

自无锡被国家新闻出版广电总局授牌为国家动画产业基地、被文化部授牌为国家动漫游戏产业振兴基地以来，市委、市政府高度重视这一产业的发展，专门成立市动画产业建设领导小组办公室，并逐步建立完善一系列推进发展的政策措施。通过集聚优质资源、扶持重点领域、培育骨干企业、发展公共技术平台，产业实力逐年提升。在省各级主管部门的关心和支持下，2007～2013年无锡动画类项目共获得省文化产业引导资金1960.4万元，占无锡获扶持总额9145.4万元的21.44%。

（一）优秀原创动漫作品数量增长

无锡动漫本土企业外包入行比较早，选择的是“原创+外包”的双轮驱动发展道路。原创方面坚持数量与质量并重，在原创分钟产量由2005年的312分钟上升至2010年最高达30350分钟的同时，更注重创作水平和质量的提升。2005年至2013年末，共有25部动画片被广电总局列为优秀动画片推荐，在省内居前列。今日动画影视传媒有限公司的《泡泡美人鱼》项目和江苏希际数码艺术网络股份有限公司的动漫创意“吉娃娃”，分别入选2012年和2013年国家动漫品牌建设和保护计划。动画电影《夺宝幸运星大电影之金箍棒传奇》《神秘世界历险记》，动画片《阿优》《奇境历险气模城》《吉娃娃》获得2013年全省优秀文化成果奖励。表1是2012～2013年无锡动画作品获得省级以上奖项的汇总。

表1　2012～2013年度无锡动画作品获得省级以上奖项一览

<table>
<tr><th>序号</th><th>名称</th><th>所获奖项及年份</th><th>获奖单位</th><th>授予机构</th></tr>
<tr><td>1</td><td>《泡泡美人鱼》</td><td>2012年国家动漫品牌建设和保护计划“动漫创意”奖</td><td>无锡今日动画影视传媒有限公司</td><td>国家文化部</td></tr>
<tr><td rowspan="4">2</td><td rowspan="4">电视动画片《奇境历险气模城》</td><td>2012年第三批优秀国产动画片推荐</td><td rowspan="5">江苏希际数码艺术网络股份有限公司</td><td>国家新闻出版广电总局</td></tr>
<tr><td>2012年中国动画年会“美猴奖”“最佳动画制作奖”</td><td>中国动画学会</td></tr>
<tr><td>2012年第九届中国（常州）国际动漫艺术周“金恐龙奖”之“优秀动画短片奖”</td><td>中国（常州）国际动漫艺术周组委会</td></tr>
<tr><td>2013年度全省优秀文化成果奖</td><td>江苏省委宣传部</td></tr>
<tr><td>3</td><td>编剧《郑智慧》</td><td>2012年少儿精品发展专项资金及国产动画发展专项资金“优秀动画创作人才”奖</td><td rowspan="5">国家新闻出版广电总局</td></tr>
<tr><td rowspan="2">4</td><td rowspan="2">电视动画片《神奇的大运河》</td><td>2012年第三批优秀国产动画片推荐</td><td rowspan="2">江阴宏图动画制作有限公司</td></tr>
<tr><td>2012年少儿精品发展专项资金及国产动画发展专项资金“优秀国产动画片”二等奖</td></tr>
<tr><td rowspan="2">5</td><td rowspan="2">电视动画片《企鹅家园》</td><td>2012年第四批优秀国产动画片推荐</td><td rowspan="2">无锡第五映象空间动画制作有限公司</td></tr>
<tr><td>2012年少儿精品发展专项资金及国产动画发展专项资金“优秀国产动画片”三等奖</td></tr>
</table>

续表

序号	名称	所获奖项及年份	获奖单位	授予机构
6	电视动画片《阿优》	2012 年中国国际动漫节“美猴奖”“最佳产业价值奖”	江苏元达文化创意有限公司	中国国际动漫节组委会
		2013 年第三批优秀国产动画片推荐		国家新闻出版广电总局
		2013 年全省优秀文化成果奖		江苏省委宣传部
	电视动画片《阿优之开心童年》	“2013 优漫杯江苏十佳电视动画片”		江苏省影视动漫协会、江苏广电总台优漫卡通卫视
	电视动画片《阿优》主题歌《放飞童年》	“第五届中国国际影视动漫版权保护和贸易博览会”“中国年度十大优秀动画歌曲奖”		国家新闻出版广电总局、国家版权局
7	电视动画片《灵童天使》	2012 年澳门国际动漫节华语动画影片展“优秀动漫连续剧作品”大奖	无锡艺博动漫制作有限公司	澳门国际动漫节组委会
8	动漫创意“吉娃娃”	2013 年国家动漫品牌建设和保护计划“动漫创意”奖	江苏希际数码艺术网络股份有限公司	国家文化部
		2013 年全省优秀文化成果奖		江苏省委宣传部
9	电视动画片《超级皮皮克》	2013 年第三批优秀国产动画片推荐	无锡梦幻动画发展有限公司	国家新闻出版广电总局
10	漫画《何大马吃货囧天下》	第六届中国国际漫画节第十届中国金龙奖入围奖	无锡熊猫动画设计有限公司	无锡熊猫动画设计有限公司
11	《鱼森森讲故事之小美人鱼》节目	“2013 优秀网络视听作品推选活动”之“网络原创视听节目单元”2013 优秀网络音频节目	无锡天使动漫文化发展有限公司	国家新闻出版广电总局指导、中国网络视听节目服务协会
12	动画电影《夺宝幸运星大电影之金箍棒传奇》	2013 年全省优秀文化成果奖	无锡光年动漫文化有限公司	江苏省委宣传部
13	动画电影《神秘世界历险记》		江阴国动文化传媒有限公司	
14	电视动画片《太阳宝贝之成语新说》	2012 ~ 2013 年度江苏电视文艺奖“动画节目”二等奖	无锡雪豹十月数码动画制作有限公司	江苏省广播电影电视局

续表

序号	名称	所获奖项及年份	获奖单位	授予机构
15	电视动画片《亿唐剧场——水浒传》	2012～2013 年江苏电视文艺奖“动画节目”三等奖	无锡亿唐动画设计有限公司	江苏省广播电影电视局
16	电视动画片《黑黑白白之奇山学校》		江阴国动文化传媒有限公司等	
17	动画短片《泥人》		无锡广新影视动画技术有限公司	
18	动画短片《泥娃梦 幸福星》	江苏省首届网络短片大赛动画类优秀短片奖		江苏省广播电影电视局、江苏省广播电视总台
19	《木头村 2 + 2》	2013 年江苏省手绘原创动漫艺术作品大赛专业组最佳提名奖		江苏省文学艺术界联合会
20	电视动画片《哈皮父子之反转泡蛋》	“2013 优漫杯江苏十佳电视动画片”	无锡哈皮动画有限公司等	江苏省影视动漫协会、江苏广电总台优漫卡通卫视

（二）动漫园区有序发展体现集聚化

目前，在全市建成的动漫网游、文化创意、新闻出版、影视产业等门类20余个文化产业园区中，以动漫业态为主的动漫园区就占到了约1/4。通过市、区两级联动，各区加强对相关动漫园区规划和产业发展重点的调整，从宏观层面为全市这一新兴文化创意产业的发展把好方向，形成“一个基地、多个园区”的产业发展格局。新区侧重原创策划和大型网络游戏研发；滨湖区侧重工业设计和影视类产业打造；崇安区抓住龙头企业亿唐动画做优做强；锡山区则着力打造动漫公共技术服务平台；惠山区积极扶持手机游戏企业，江苏拉阔网络科技有限公司和无锡汉风网络科技有限公司跻身全国手机游戏前30强。各园区（基地）根据自身特点错位发展，同时努力为产业转型营造良好发展氛围。一方面，鼓励中小企业挖掘自身优势，积极开拓新媒体领域，加快异业合作步伐；另一方面，鼓励龙头型大企业做稳原创并提高创作水准，用精品项目做大产业，基地及园区的集聚引领效应逐步显现。

（三）一批龙头企业获资本青睐

动漫产业的发展离不开企业。多年来，无锡不断加大对动漫企业的引进培育力度，企业数量从 2006 年的 14 家，逐年递增到目前的 177 家，一批重点骨干企业不断落户无锡，壮大了无锡动漫产业的实力。

依托母公司慈文传媒集团雄厚的资金实力和丰富的业内资源，慈文动画有限公司携动漫巨著《西游记》以单集 10 万美元的高价在戛纳电视节预售。此外，公司还拿下了北美地区最大的独立动画公司之一——加拿大 Nerd Corps 动画公司最新的男孩动作类动画片《斯拉格精灵》在中国地区的全部相关代理和运营权。近年来，母公司慈文传媒的资产规模、营业收入快速增长，盈利能力进一步增强。2013 年集团合并实现营业收入 3.88 亿元，较上年增长 8.7%；净利润 1.11 亿元，较上年增长 49.2%。公司现已启动上市报会，准备在资本市场初露锋芒。

亿唐动画公司创办人施向东先生为全国“千人计划”专家，携公司获 2012 年省文化创新团队荣誉。在其带领下，2010～2012 年，公司原创动画产量始终保持在全国生产企业的前五位。公司研发的水木儿童动漫电子宝典试水衍生产品市场成功后，已由义乌的专营店拓展至京东、淘宝、1 号店、亚马逊、苏宁易购等电子商务平台，以专营或加盟母婴店的形式销售故事机、优盘、毛绒玩具等多种衍生产品，包括故事机 6 款、有声挂图 18 款、翻翻书 12 种、妈妈布书 20 种、智慧盒 2 款等。此外，公司还自主研发哈哈熊动漫教室，通过公司系列原创动画片传播丰富教育资源。2013 年公司产值已突破 3000 万元，2015 年有望突破 5000 万元。

无锡雪豹十月数码动画制作有限公司为无锡首批通过文化部动漫企业认定的企业之一、省原创影视动画生产示范单位。近年来坚持创作《尾巴梦幻曲》《麦歌传奇》《蛋宝宝日记》等智趣幽默的科幻童话题材动画作品，广获好评。2013 年 4 月末参展第九届中国国际动漫节期间，在无锡展区举行《超能星》项目发布暨看片会活动，获得中国动画学会、江苏省广播电影电视协会、省影视动漫协会和江苏优漫卡通卫视等领导一致肯定。北京辉煌动画同时表达了联手无锡雪豹共同深化项目合作的意向。通过嫁接雪豹十月日化公司推广衍生产品，公司现已获得香港傲智数码公司战略投资。

无锡九久动画制作有限公司现有人员总规模 150 多人、3200 平方米的办公用房，并且在相关专业院校设有固定的学员培训基地。作为无锡乃至长三角最具规模的动漫加工制作企业，已实现从动漫创意设计、动画加工、样片制作到后期合成的完整产业流程，实现了自身业务的拓展。公司主要参与制作的系列动漫作品有“名侦探柯南”系列、“海贼王”系列、“火影忍者”系列等，同时承接日韩以及海外多家公司的动画中间环节制作，培养并形成了专业素养极高的制作团队。九久动画凭借一贯的高品质设计和制作，并依托现代化的通信手段，立足东亚，结合中、日、韩三国的资源优势，在业界建立了创新引领者的地位。目前正全力拓展原创领域，已企划并准备投资制作多部原创系列动漫。2007～2013 年连续多年被评为无锡市服务外包先进企业，并被授予“无锡国家动画产业基地示范企业”称号，作为无锡首家动漫服务外包行业代表企业，于 2008 年成功入围且也是目前唯一一家入围无锡市首批“123”计划的动漫制作企业。

（四）手机网游发展在业内居领先地位

网络游戏行业是 IT 行业中增长最快的领域，而手机网游行业则是网络游戏行业中增长最快的板块。2007～2012 年，中国手机游戏市场规模复合增长率为 45.4%，预计未来 3 年复合增长率将超过 50%。随着移动互联网的发展，跨平台网游引擎是下一代网络游戏的竞争重点。成立于 2010 年的无锡汉风网络科技有限公司，是第一家开发跨平台即时互通网游引擎和以网络在线游戏研发及运营为主的应用服务提供商，现拥有覆盖 WAP 网游、MTK 网游、KJAVA 网游、ANDROID 网游和 IOS 网游等多个自主知识产权网游引擎，并基于这些引擎开发了多款游戏。其中，WAP 网游《乱舞三国 OL》成为 WAP 网游成功的典范；基于 MTK 平台的大陆首款手机网游《幻想三国 OL》于 2010 年 3 月正式上线公测，震惊国产手机网游市场，并以每月 100% 左右的增长率高速发展，半年营业规模扩张 20 多倍，创造了单款手机游戏最高在线、最高日收入等数项纪录。同时，无锡汉风还直接参与了腾讯、百度、360 和斯凯等手机网游顶级运营商的运营维护、销售和研发工作。据《2012 年第 4 季度中国手机游戏市场季度监测》数据显示，2012 年第 4 季度全国手机网络游戏市场规模达3.71亿元，而无锡汉风网络科技有限公司以5.25%的市场占有率成为国内第二大手机网游供应商，仅次于腾讯（见图1）。预计该公司每年的用户增长率不低于50%。目前，公司产品已经在新加坡、马来西亚、越南、中国台湾、中国香港、中国澳门等亚洲国家和地区上线，并开始瞄准欧洲和美洲市场。

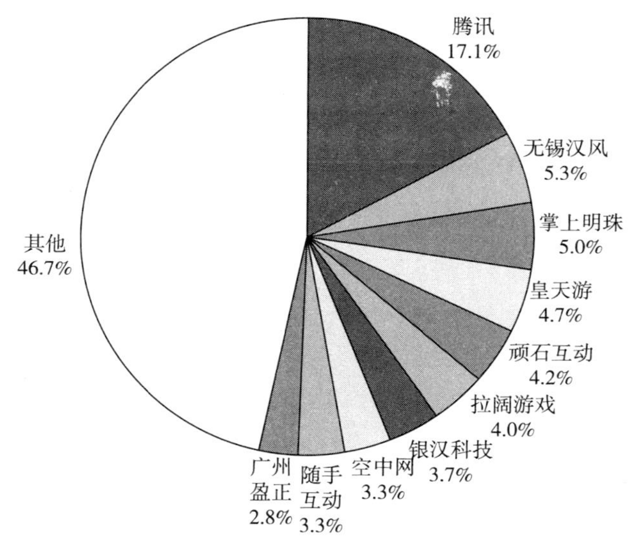

图1　2012年第4季度中国手机游戏市场季度监测

资料来源：易观国际·易观智库。

无锡七酷网络科技有限公司是一家集网页游戏、手机网游自主研发与运营于一体的综合型游戏公司。经过六年多的快速发展，目前业已成长为一家340多人规模的中型游戏公司，拥有数十款游戏开发运营经验。“创世传说”、“问仙”、“三国Q传”等三款网络游戏在台湾地区、马来西亚和日本、美国取得了很好的声誉。《热血战纪》2013年顺利完成月均营收过3000万元的目标，2013年全年流水超过1.6亿元。公司拥有成熟且经验丰富的美术、策划、程序、运营、运维、客服队伍，还拥有雄厚的资金和完善的管理以及合理的长期规划。作为一家高科技企业，致力于WebGame的自主研发与运营，建设拥有自主知识产权的WebGame运营平台，力求打造真正属于民族的、健康的、寓教于乐的网络游戏精品，真正做到为用户服务。在技术方面，游戏前端采用了最新的FLASH技术，保证游戏画质的流畅、精美。后端采用了七酷自主研发的引擎，成功实现了一机多服同平台数千人同时在线等一系列技术难题。目前开发技术已走在行业前端，对游戏内需要都已经完全实现。在页游2D技术领先的同时，公司开始研发有自主知识产权的3D页游引擎。近年来公司的名次连续排在游戏行业前10位。多家优质平台已主动要求公司开发产品进行独家代理。基于多年的开发经验，公司已经掌握了一套完整的开发体系和良好的收费模式。对传奇类型的产品有自己独特的认识和理解。数年的经营沉淀，公司与腾讯游戏、百度游戏、360游戏、37wan等国内一线运营商建立长期业务合作关系，保证产品的大力投放和持续盈利。

无锡象形科技有限公司作为无锡市锡山经济开发区引进的“530计划”项目进驻无锡锡山区V－park科技园区，并在北京设立研发工作室。公司主营SNS游戏业务隶属文化创意产业，网络应用广泛，市场潜力巨大，目前已经受到多家国际顶级风险投资机构的关注。象形科技是国内最具原创能力的Socialgame开发商，公司成立伊始就专注于Socialgame，产品从开始的《流氓足球》《键盘钢琴》《偷心贼》《胡莱旅馆》，到目前开发中的胡来系列，每一个产品都印下了公司发展的脚步。作为一个朝阳产业，公司团队也是由一群思维活跃的青年人组成，目前公司有40人左右，核心员工都为知名高校的优秀毕业生或拥有国际知名公司工作履历的高管人才。《胡莱旅馆》作为象形科技2009年主打原创产品，凝聚了创业团队的汗水和智慧，无论从策划、设计、美工还是运营，都在当前Socialgame领域较为领先，目前在人人网、开心网上都有优秀表现，单个网站DAU一度达到150万元。

无锡阿达游软件有限公司成立于2008年11月，现有员工20人，主要从事游戏软件的开发和运营。自成立以来，坚持以技术质量为核心，以市场需求为导向，本着简单快乐的宗旨，自主开发了一系列深受广大用户喜爱的网络游戏产品。目前拥有20多款的知识产权产品，并与国内外多家知名网络平台达成了战略合作。2009年4月，阿达小游戏中心与阿里巴巴淘宝网签订战略合作协议，与德克萨斯扑克和偷菜游戏一起，成为淘宝游戏首批合作伙伴的三剑客之一。2010年1月，阿达游首款大型SNS网络游戏果果邦与网易CEO丁磊签订首家发布协议，成为目前网易梦幻家园唯一的第三方合作伙伴。阿达游也计划通过未来两年的发展，全力挺进国内原创游戏行业前三甲。

二　扶持推进动漫产业发展措施

（一）逐步完善产业扶持政策体系

无锡的动漫扶持政策主要经历了三个阶段：2006年明确二维三维动画片每分钟扶持标准，发展至2007年在全国首创“项目攻关计划”“衍生产业扶持计划”，再到2010年引入“市动漫产业重点扶持单位”概念、2011年梳理播出平台、播出时段，以进一步“扶优扶强”。2013年5月，无锡又出台《关于修订无锡市扶持动漫产业发展实施细则的通知》，改变单一的按照播出分钟数进行奖励的模式，从市动漫产业重点扶持单位年度营销收入、年度营销增幅、年度财税贡献度、原创分钟数四方面分别进行排名奖励。

政策体系的逐步完善和有力的产业扶持政策，助推无锡动漫产业发展。2013年，无锡市本级财政共对12个动漫项目进行了扶持，下达资金额度超过400万元。此外，还有6个动漫项目和1位企业家分别得到了无锡市文化产业发展资金“原创文化研发资助”“原创文化产品成就奖励”和“文化产业人才贡献奖励”。市文化产业发展资金全年共对12类76个项目进行扶持，惠及57家文化企业，其中动漫企业就达13家。

（二）高起点建设各类产业公共服务平台

近年来，无锡动画产业基地坚持以政府为主导，突出重点、科学规划、加大投入，积极建设发展各类动漫平台。自2007年以来，共投入资金近3000万元建设无锡动漫公共技术服务平台，积极为企业提供服务；支持社会力量兴办动漫产业人才教育培训机构，现有一定规模的动漫创意人才教育培训机构（包括学历和职业培训）10所。其中，动漫公共技术服务平台已于2010年入围财政部、文化部共同支持的全国十大平台，获500万元资金扶持。该平台立足影视动画服务、新媒体服务、培训认证三大部分，已成立由90余人组成的综合团队，集三维动画制作、二维动画制作、动作捕捉、影视合成制作、数字录音及新媒体业务于一体，目前主要为本土动漫企业提供集群渲染、人才培训等综合性动漫技术服务，服务企业数达30家以上。另外，无锡市数字动漫创业服务中心、无锡动漫公共技术服务平台条件网整合资源一并投用，力争进一步有效整合全市相关资源，为企业提供更加全面的服务。江苏无锡动漫公共技术服务平台面向社会提供公益性服务。

近年来，平台坚持以社会服务为己任，设定了科学、合理的服务流程和服务标准，为动漫企业提供公益性服务，免费为园区动漫企业提供翻录制业务，为中小型动漫企业的发展起助推作用。2012～2013年，服务平台为无锡偶形文化传播有限公司、无锡亿唐动画公司、无锡妙思动画技术有限公司、无锡雪豹十月数码动画公司、无锡第五映象动画有限公司，提供了影视动画、影视特效、设备租赁、动漫技术服务、动漫制作、新媒体软件开发等服务内容。同时，平台在建设过程中与高校、科研机构、企业都建立了紧密互动的产学研合作，开展了多种形式的科技合作交流。平台积极推动影视动画的人才培养，开设了影视广告包装、三维动画、3G移动开发等课程，已培养高端三维动画制作人才600多名，举办公开课百余次，惠及学生达5000余人，形成人才培训与产学研合作体系。平台还积极加盟Adobe和Autodesk两大国际软件集团公司，成为江浙沪唯一一家产品认证考试与培训授权中心，共组织7000多名学生进行考证，通过率达97%以上，为长三角乃至全国输送了大量影视包装和动画制作高端人才。

（三）鼓励企业以市场为主导，多样化经营

在新媒体传播环境及产业结构调整的大背景下，单一做原创的企业越来越少，更多企业开始谋求新的发展。尽管无锡历年引进的龙头企业壮大了本土产业实力，但其在品牌建设、衍生产业链拓展方面的经验毕竟相对独特，对其他同行大批量复制相对缺乏标本意义。企业间更需要抱团打造商业联盟，共享市场信息和业界资讯，并在策划、营销、推广等渠道建立合作共赢关系。为此，无锡市动漫行业协会及时发挥良好的纽带作用，联合全市主要的50余家动漫企业建立工作交流群，并定期举办协会会议和相关交流活动，及时传递业内展会、赛事信息，交流产品“走出去”经验。

其中，广大中小型企业尤其关注新媒体等领域。江苏原创动漫艺术大赛最

佳动画中篇提名奖获得者——无锡天使动漫文化发展有限公司，除主业动漫项目策划外，现已将大部分精力转向手机新媒体市场，开发制作了《成语故事》《千字文》等国学系列和经典童话《彼得潘》等16个系列故事，通过播客平台予以推广。无锡熊猫设计有限公司致力于漫画创作，已出版“何大马”系列漫画两套20余册，并携手漫友集团先后登录三大移动平台，现已是中国移动通信内容提供商（CP），作品《何大马吃货囧天下》入围第六届中国国际漫画节第十届中国金龙奖。偶形文化创作的木偶剧《项羽与刘邦》（原名《秦汉英杰》）于2013年3月在东京中国文化中心举行公映发布会，与日本光文公司正式开始包括电视台、DVD出版、衍生产品销售等商业合作推广。企业通过版权贸易等形式推广动漫产品，国内外合作渠道不断畅通。仅2013年，通过服务外包形式的动画出口额就超过319万美元。江苏希际数码艺术网络股份有限公司曾获得国家动漫品牌建设和保护计划、国家动漫精品工程、国家广电总局“优秀国产动画片”、中国动画“美猴奖”最佳动画制作奖、江苏省电视文艺奖动画节目一等奖、“金恐龙”国际原创动漫作品大奖赛“优秀动画奖”等奖项；采用全新的方式实施《吉娃娃》系列高清三维动画为核心的动漫品牌产业化运营，围绕精品动漫影视、创新型幼儿教育连锁经营业务、互动娱乐、系列动漫品牌衍生产业四大业务模块，将品牌的宣传推广和具体业务模块的发展融合进行，做到业务发展提升品牌、随着品牌的提升进一步推动业务的发展，在此基础上形成良性循环并最终达到品牌和产业在发展过程中相互促进，共同发展。

（四）狠抓动漫影视招商工作不放松

近年来，无锡动漫产业通过举办“无锡（首尔）动漫及网络游戏合作恳谈会”“无锡文化创意产业（北京）合作恳谈会”“中国无锡动漫创意产业（伦敦）招商说明会”，承办“苏台文化影视创意产业合作论坛”，连续多年参加中国国际动漫节等系列活动，影响力逐年扩大，吸引了越来越多的企业来无锡创办动漫企业。通过积极参展深圳文博会、上海电视节以及省内相关活动，广新影视《木头村》、慈文紫光《西游记》等项目分别荣获上海电视节“优秀动画创投奖”“最佳国产动画片”创意奖提名、“第五届中国创意产业年度领军企业”等荣誉，进一步宣传了企业形象和品牌。

2013 年，无锡市文广新局会同无锡国家数字电影产业园赴美国、加拿大举办“无锡影视文化说明会暨国家数字电影产业园推介活动”，推进了美国卢卡斯、工业光魔、派拉蒙影业等著名企业与无锡市的项目合作及加拿大魔科影业公司落户无锡等事宜，争取国际资源，先后落地了《变形金刚 4》《美国队长 2》等国际大片的影视特效后期制作业务。

三　存在的主要不足

自 20 世纪 90 年代初期以来，无锡即开始成为中国最早的动漫制作基地之一。除了自我创作、制作业务之外，仅每年外接的日本动漫业务就占日本动漫外包业务总量的 70% ~80%。20 多年的成长和发展已使无锡动漫产业具备了一定的基础，积累了一定的经验。近年来，虽已经引进了慈文动画、亿唐动画等重点骨干企业，但全市具有强大品牌凝聚力、行业影响力的动漫企业仍较少，缺乏支撑产业的龙头企业，缺乏带动整个行业的领军人物。在企业数量和对外宣传上，与北京、上海、常州等城市相比仍显不足；在艺术质量上与国际先进水平相比仍存在一定差距。目前，无锡影视动画产量虽有很大提高，但高质量的原创作品与深圳等城市相比，仍有待提高。融思想性、艺术性和观赏性于一体的精品力作偏少，平庸之作、粗制滥造的作品还占有相当比重。通过几年的政府扶持和行业资源积累，无锡动漫产业正在逐年做大做强，但机遇与挑战并存，发展中仍存在一些不足。

（一）产业层面：产业结构不尽合理，人才供需矛盾突出

无锡动漫企业多为中小型规模，部分原创企业因投入大、见效慢，不能完全走向市场，往往需要联合其他企业一起承担成本风险；有些企业为做大产值需要从事动漫以外的业务，如网络策划、广告设计等；更多企业倾向于从事投入小、回本快的外包业务。

目前，无锡动漫制作精英人才有 2000 ~5000 人，加上院校培养的动漫人才保守估计有 1 万 ~2 万人，大量散落在民间的动漫从业人员更是无从统计确认。市场竞争激烈而导致利润低下，使得各动漫企业只能重点关注生存，基本

上没有多余的资金和精力投入人才培训中，更别说关注企业的发展和文化传承了。近年来，尽管无锡动漫人才教育培训发展迅猛，但多数教学培训机构缺乏专业师资，且教师动漫素养不足；偏低的教材质量、滞后的教育体制和追求高大上的人才培养模式，与动漫操作需求和产业市场需求严重脱节，造成动漫人才就业难和企业人才青黄不接等问题。同时，大量动漫企业自身又无力投入人才培训，加上大量行业骨干不断流失，长此以往，势必造成动漫作品质量下降，行业规模下降，甚至将引起动漫行业萎缩等问题。

（二）市场层面：市场占有率和资源配置效率“双偏低”

目前，国内异常活跃的长沙、广州和杭州在动漫产业发展上已先行一步，并从中获得丰厚收益。无锡动漫产业缺少上规模、上水平、产业链完整的龙头企业，企业核心竞争力不足，效益较差，市场占有率仍偏低。同时，无锡动漫业竞争也很激烈，导致不少公司利润受挤，成本压力增大。今后，如何使无锡动漫产业在全国激烈的市场竞争中及在本地市场竞争中，逐渐扩大市场份额，增强盈利能力，是亟须考虑的问题。

另外，无锡动漫产业对现有资源缺乏合理配置，导致利用率较低。尽管在市政府大力引导和扶持下，已形成“一个基地、四个园区”的大格局，但对入驻企业不加筛选，导致园区内企业发展水平不一，以及土地闲置和资源浪费。政府主要根据企业原创动画片的播出平台和播出时间给予企业相应奖励，使企业过多地将注意力集中到如何获得播出资源上面。然而，随着企业动画片播完，产业过程即告终止，导致动漫产业短期的虚假繁荣。企业只看眼前利益，缺乏对未来发展的整体规划，不静下心去思考如何提高动漫创作能力及技巧，如何提升竞争力，如何树立品牌让自己的产品受到大众喜爱。同时，企业之间因缺乏必要的产业联系，难以通过有效的创新来降低彼此间的交易费用。

（三）产品层面：差异化不明显，缺乏价格优势

日本动漫产品分为儿童、少年、少女、青年、女性和成人等多种类型，且制作精美，情节吸引人，深受全世界消费者的喜爱。相比而言，无锡动漫品种较为单一，内容较为简单，大多以儿童为主，难以吸引青少年和成年人群，成

人看动漫作品被视为低幼群体而不被理解和接受，从而将庞大的消费市场白白拱手让给美国和日本。究其原因，有的动画制作公司不注重前期调研，不考虑受众群体的需要，缺乏明确的受众群体定位，不了解受众喜好什么颜色、什么形象、什么故事、什么悬念、什么冲突、什么情节，闭门造车，凭空想象，使得动画片缺乏吸引力和感染力。

相比国内国际其他竞争对手而言，无锡动漫作品在市场上不具有价格优势。一是国内动漫市场的低价竞争导致“劣币驱良币”的情况发生。无锡最早是替国外做动漫代工，随着对动漫市场的了解越来越多，其发展空间日渐广阔，地方政府慢慢组建各地的研发创作基地，进行动漫作品的设计、制作和营销，致使目前国内动漫市场处于混战之中，动漫作品质量参差不齐，以致质量差的产品因价格低廉而销售较好，而质量较好、成本较高、售价较高的作品反而得不到传播媒体的青睐。二是国际动漫作品的有力竞争。美国动画片《变形金刚》甚至对中国电视台免费赠送播出，然而仅其衍生产品玩具在中国内地出售一项，美国就赚回了50亿美元。可见，发展动漫产业不能仅仅追求动漫产业链中某一个环节上的利润，应该更多地以提高整条产业链的价值利润为出发点来整体规划。

（四）企业层面：面临资金紧张、营销渠道狭窄问题

当前，无锡动漫企业大多面临资金紧张问题。生产二维动画片的成本为每分钟6000～8000元，一部30×26（即每集30分钟，一共26集）的动画片，投资额一般在1000万元左右。如果是科技含量高的3D影片，成本高达上千万元甚至上亿元。随着动画播出平台大量增加，制播矛盾日益突出，制作机构主要依赖地方政府的补贴生存。近年来，常州借助恐龙园、嬉戏谷等旅游资源，加入投入，动漫产业获得快速发展，并已进入全国前10名。相比之下，无锡动漫产业与旅游业态结合太少，资金投入不足，致使相关活动缺乏人气，无法提升文化影响力。

动漫作品想要传递给消费者，需要以媒体为载体。目前无锡主要通过电视、电影院、书报刊、手机及互联网五大媒体，将动漫产品传递给受众。随着技术的发展，新兴媒体在信息传播过程中的作用日益凸显。电视和报纸等传统

媒体的优势渐趋下降，互联网作为一种新兴媒体对核心受众的影响力日渐扩大，且覆盖率快速增长。这就需要对卡通动漫作品、网络游戏以及动漫衍生产品分别采用不同的营销模式。卡通动漫作品一般通过电视台或电影院播出；网络游戏通过网络平台、3G 手机及数字电视网络平台的渠道；动漫衍生产品通过授权代理来营销。目前，无锡动漫产品基本上仍以电视台、电影院播出为主，营销传播渠道较窄，导致收益比较低下。

（五）环境层面：动漫原创产权缺乏法律保护

根据国际经验，动漫产业的主要收入来自动漫产品的衍生品。近年来，随着一些动漫公司推广的动漫形象影响力不断提升，其衍生产品的销售也取得了巨大的成功，但随之而来的就是大量仿制品、假冒产品充斥市场。2011 年无锡市原创动漫分钟数位列全国第三，连续 5 年排名全省第一。但是，在庞大的动漫产量的背后，却难掩原创动力不足，多有替别人做嫁衣的尴尬。究其原因，主要是动漫企业的知识产权保护意识淡薄，无锡乃至全国的动漫行业普遍缺乏保护原创版权的相关法律法规，导致企业为了维持生存，宁可承接外地或国外动漫公司的发包业务，也不愿专注于原创。同时保护原创版权法律法规的缺失，也使得原创企业对打击盗版心有余而力不足。此外，侵权判定标准不易掌握，也是目前动漫作品难以推陈出新的重要原因之一。

四　加快无锡动漫产业发展的对策与建议

（一）研究出台相关政策，加大对无锡动漫产业发展的扶持力度

1. 健全动漫产业政策法规体系

（1）健全动漫产业相关法律法规。

目前，境外动漫业务发包和接包时经过海关报关，被视为来料加工的实体货物，以称重形式计量，在统计局的统计中还没有文化产业名目。建议政府部门对动漫业务正确定性，使其在海关报送时实至名归地加入文化产业中的动漫加工制作名目中。

（2）健全动漫产业知识产权保护体系。

一方面，健全发展动漫产业的相关法律法规；另一方面，逐步完善动漫产业知识产权保护性法规，对引进、播放、经营境外动漫产品要有更加明确的法规可依，加大对本土动漫产品及其衍生产品的知识产权保护力度和对侵权盗版违法行为的打击力度，保护动漫游戏经营单位和用户的合法权益，为无锡动漫产业发展营造良好的环境。

2. 合理配置资源提高产业聚合力

无锡在与杭州等周边先进城市的新一轮竞争中，需把动漫产业作为文化创意产业的重要组成部分进行通盘考虑、重点规划，使其成为打造文化影视之都的重要力量。同时，进一步调整优化各个园区中相对分散的动漫业态，合理配置资源。目前，无锡两个主要区域（滨湖区和新区）都已建立了动漫产业园，且规模都比较大。应由市政府相关部门统一协调，建立健全对动漫产业园区的管理机制，结合当地文化旅游资源或特色优势来更好地发展各区动漫产业。如滨湖区靠近太湖有着非常丰富的旅游资源，央视影视基地、灵山大佛、鼋头渚等著名旅游景点，每年吸引着大量的游客来此观光旅行；可以充分利用这些资源特点，在旅游景区附近设立大型动漫作品展会或主题公园等。通过上级部门不断完善政策，以及招商部门有侧重的引进，逐步整合现有产业资源和业态。通过园区主管部门主动、贴心服务，提高新企业扎根无锡的信心。通过引导和培育，激励企业积极参与合作与竞争，把握市场机遇尽早上市。针对动漫企业制定考核机制，让有创造性、有技术优势的动漫企业常驻园区，真正做到资源合理配置。

3. 积极加强政府引导与扶持

（1）建立专业人才认证平台。目前，无锡缺乏有权威的正规动漫人才培训机构，动漫制作公司既无力培训，更不具备专业考级和颁证资格。为此建议：一是由政府相关部门制定动漫从业人员准入标准，组织从业人员参加专业考级并颁发级别证书，且对达到不同级别的人才配以相应的优惠补贴，甚至向动漫企业推荐。按照级别颁发证书，有利于鼓励分散在民间的动漫从业人员从“地下”走向“地上”，再将其集中起来进行专业化、高端化的动漫技能培训，便于企业吸纳人才。二是动漫产业管理部门应对本地动漫从业人员的年龄层次和专业水平等进行摸底归整，并建立动漫人才信息管理库，以利于动漫企业引进人才。

（2）发挥无锡动漫行业协会的作用。既便于与日本动漫互助会对接相关事项，又便于聚焦资源，带动行业发展，形成专业培训机构，使从业人员以稳定状态就业，形成稳定的人才队伍。通过动漫行业协会，还便于规模化、集约化地为各动漫企业统一采购耗材，既降低采购成本，又使企业专注于创作和制作业务。

（3）搭建动漫展示平台。当前，杭州、深圳、北京、芜湖、大连、青岛、宁波、常州等地都已建有动漫展示平台。若无锡建立专业的动漫展示平台，将有利于展示动漫作品衍生品，更好地吸引动漫人才来无锡。

（4）设立政府动漫产业基金。无锡在改革开放后主要靠制造业积累了大量的经济财富，有很多无锡民营企业家对无锡发展非常关注。无锡政府可以成立动漫产业基金会，邀请有实力的企业或者成功企业家给予资金方面的支持，或者可以动员现在已有的基金会，让他们参与动漫产业发展的项目。动漫产业基金主要用于动漫作品创作，鼓励动漫创作者来无锡，动漫技术平台建设及中小创意企业或动漫企业的发展，扶持科研机构和大专院校建设，鼓励高端创意人才的培养和引进。

（二）积极引导协调，构建促进动漫产业发展的融资渠道

目前无锡大多数企业动漫原创作品开发与营销的投资很大，如果仅仅靠媒体播映收取版权费或者依赖政府奖励来发展是远远不够的。因此需要构建多元化融资渠道，以便企业有充裕的资金创作更好的新产品，为提升企业竞争力打下坚实基础。

由于动漫作品制作成本很高，政府应加大对动漫企业专项资金的扶持力度，创新融资方式，加强银企合作，解决无锡大多数动漫企业普遍面临的资金短缺问题。同时，应在政府推动下，不断完善包括动漫在内的文化产业投融资体制和平台，加强银企合作与银团授信，打造绿色投融资通道。可向相关投资公司引导推荐，促成其对成长性好的动漫项目给予风险投资；鼓励金融机构以无形资产质押或者以无形资产为主的组合贷款方式为企业提供融资服务，开发特色文化产业金融信贷产品；引导影视、创意设计等其他文化业态对接动漫资

源，合作互利，推动动漫企业进一步做大做强；可以学习发达国家的资本市场融资方式。迪士尼公司、梦工厂和皮克斯都以股票上市作为融资的重要手段。大型动漫企业可通过股份制改造，争取股票直接上市、买壳上市或借助资本市场兼并收购进行融资。浙江中南卡通影视有限公司曾获得杭州银行提供的1000万元版权质押贷款，为提高动漫企业的融资能力开辟了新渠道。为此，可以积极探索政府推动银行、担保公司、投资集团协力为中小型文化创意企业量身定做的金融产品，打造“银企合作”“银团授信”等绿色投融资通道。动漫企业可积极争取各大银行、风险投资机构在投融资方面创新金融产品，更大力度地支持企业成长，促进动漫产业发展。

（三）提高创新能力，打造无锡动漫品牌的竞争优势

1. 全面加大创新力度

（1）动漫作品创新。动漫产业以优秀的动漫作品吸引受众，而优秀的作品又以特色创意取胜。动画创意是动画产业发展的前提和基础，而动画创意必须深入研究受众的心理特征和文化需求，在思想内涵上深入挖掘、在艺术创作上开拓创新、在制作质量上精益求精，有针对性地开发适合不同年龄段观众的动画片，创作出更多内容健康、立意新颖、情节动人、特色鲜明的优秀动画作品。美国的《功夫熊猫》、日本宫崎骏的系列动画电影，均利用东方文化元素获得了极大的成功。无锡历史悠久，文化渊源深厚，有很多名人轶事、历史传说，这些都是值得用动漫形式表现的趣致内容。建议鼓励动漫产业和设计服务与相关产业融合，促使企业进一步从生活中寻找素材，挖掘现实生活中的商机，把握产业发展脉搏；通过指导企业参与各类动漫赛事奖项评选，扩大无锡动漫的影响力和辐射力；通过细化现有的政策扶持条款，扩大政策扶持面；通过动漫展会、技术研讨、行业峰会等方式加强国外与国内动漫企业的合作，从中借鉴、学习、吸收国外先进的动画创作理念、技术、研发方式和运营模式，促使动漫作品产业化，并形成一批具有活力、市场触角灵敏的动漫原创团队。

（2）动漫品牌创新。长期以来，无锡动漫产业在日本、美国有较高的知名度，而国人却对其知之甚少。原因是，国家和地方政策都强调制作企业是不是内资企业，作品是不是原创，对动漫服务外包承接能力等统计不足，无锡政

府也忽略了其动漫制作能力已位居全国第一、二这一优势和事实，且对这一优势地位没能像常州那样进行大力宣传，故而未能在文化创意产业发展中打好无锡动漫品牌这张名片。因此，无锡应扶持一批实力雄厚、竞争力强的动漫企业，打造一批有特色风格和影响力的动漫品牌，使动漫产业更上一个台阶。同时，建立评估系统跟踪动漫品牌发展，增强动漫品牌的竞争力。

（3）动漫市场创新。针对无锡动漫市场占有率较低这一问题，建议结合无锡旅游资源，开发动漫游乐园；可以根据无锡新区几千家企业的资源，与当地企业合作共同出资开发动漫作品；可以利用惠山泥人的知名度，围绕惠山泥人来打造虚拟明星；可以寻找国内知名人士为无锡动漫作品或动漫企业代言，形成品牌效应，提高无锡动漫作品的知名度；逐步培养成人动漫市场；积极创造各种有利条件，大力促进优秀动画创意、资本、人才、管理和技术等要素市场的有效衔接，加强动画原创企业与动画播出、发行、中介等机构的合作，与图书期刊、音像制品、玩具文具、服装鞋帽、食品饮料、娱乐设施、游戏软件、新媒体等行业的交流与合作，提高原创作品的附加值。

2. 深度整合营销模式

一要拓宽营销渠道，打破以前仅通过电视台或影院播出的狭窄营销渠道，大力发展技术含量高、用户量大的网络平台、3G手机及数字化电视网络平台的渠道，使好的动漫作品在更短的时间传播到广大受众那里，从而解决目前漫画创作与出版环节缺位问题。二要加大对动画片的广告宣传力度，吸引受众观看，真正形成多媒体播放、多产品开发、环环相扣和相互促进的再生产良性循环机制、营销模式和利润体系。

3. 完善动漫产业盈利模式

动画产业是资金密集型、科技密集型、知识密集型和劳动密集型的重要文化产业，是开发潜力很大的新兴产业、朝阳产业，具有消费群体广、市场需求大、产品生命周期长等特点。动画片资金投入大、制作周期长、经济回报多、经营风险高。现阶段仅靠播出费用无法收回成本，出售给电视台播出的费用仅为制作费用的一部分，很多收益需要利用衍生产品来获得。因此，无锡动画公司的经营者、管理者在创作每一部动画片时，一定要十分清楚自己的定位模式，根据自己的特点构建和完善盈利模式，即通过哪些步骤、途径和运营模式收回成本，获取利润一定要尽可能规避资金风险、运营风险和技术风险，才能循序渐进不断发展。

（四）加大动漫从业人员的培训力度，提升其综合素质

除了要建立合理的人才培训和激励机制之外，还要实施多元化的人才培训方式。首先，增加培训机构，扩大培训规模。无锡现有院校、职中、技校都开设动画相关专业，无锡市文广新局动漫办也在加强与境内外行业协会及相关企业的合作共建，以期形成完善的创意人才培养体系，但是仍然无法完全满足动漫行业对专业人才的需求。因此，为增加学生培养人数，全面提升学生素养和技能，无锡应增加动漫人才培训机构，扩大培训规模。其次，为动漫企业量身设置培训课程，加强校企合作，强化实践教学。

B.5 无锡文化旅游产业发展报告

郁彩虹

一　2013 年无锡文化旅游产业发展概况

近年来，无锡市旅游产业抢抓机遇、乘势而上，着力整合资源、突出项目带动、拓展业态领域、优化产业结构，有效提升旅游发展整体水平，增强对经济增长、城市转型的拉动度，在近两年国家旅游局公布的全国游客满意城市调查中，无锡均名列前茅。伴随着“一城一岛一带”建设，无锡市旅游产业发展呈现新的态势。

1. 产业规模不断壮大

至 2013 年，全市已建成旅游度假区 3 个、国家级景区 47 家、旅游饭店 100 家、旅行社 155 家；当年接待入境过夜旅游人数 39.12 万人次，接待国内旅游人数 6993.57 万人次，比上年增长 9.9%；旅游总收入 1132.40 亿元，比上年增长 12.3%；旅游业增加值占 GDP 的比重为 6.24%。

2. 发展格局不断优化

至 2013 年，无锡已建成以湖岛风光为依托，以佛文化、吴文化体验为核心的马山国际旅游岛，以运河为纽带、集合城市旅游资源、彰显江南水乡和都市繁华及文化休闲场景的古运河风光带，以蠡湖湾和太湖湾等太湖风景区为中心、全面整合园林与湿地等自然资源的太湖新城。江阴“游圣霞客故里，滨江花园城市”品牌和宜兴“中国陶都，生态旅游”品牌不断提升；生态休闲旅游、文化旅游、观光旅游和度假休闲旅游加快发展；全市“一城、一岛、一带、两片、多点”的大旅游格局日渐形成。

3. 项目建设不断推进

灵山五期、万达文化旅游城、南长天朗运河古城、惠山古镇、荡口古镇、阳山田园东方等一批重大项目和精品项目相继推进，全市入库重点旅游项目143个，预期投资2200亿元。

4. 旅游业态不断丰富

积极发展观光旅游、度假旅游、文化旅游、乡村旅游、生态旅游和商贸旅游等新型业态。针对出游方式的转变，积极推进自助游、自驾游、农家乐等新的旅游形式，新的旅游亮点和增长点正在加速形成。

5. 服务体系不断完善

建立无锡旅游咨询服务、全面开展旅游志愿者活动、健全主要旅游景区交通指引、开通旅游公交巴士、全城多点大量投放公共自行车和建立“10分钟到现场处理投诉求助”等公开承诺服务机制，有效推动了全市旅游公共服务水平。

6. 旅游监管机制不断完善

2013年，无锡旅游行业主管部门除了加强对无锡“一日游”市场和景区景点的监管外，还将监管延伸到其他城市和境外。例如，与上海、杭州、桂林、青岛等22个城市签订了旅游市场监管工作互动合作工作备忘录，借助城市旅游市场监管互动工作机制，及时妥善地解决旅游者在互动城市旅游过程中遇到的困难和问题，使无锡旅游者在外出旅游活动过程中遇到困难和问题时，能在旅游目的地现场得到及时处理。形成了旅游服务质量的倒逼工作机制，从源头上有效遏制、避免旅游投诉。同时，以构筑旅游服务质量监督管理工作网络为抓手，将工作重心前移，注重事前防范，强化旅游企业对旅游服务质量的监督管理，将旅游投诉消除在萌芽状态。

7. 体制经济改革平稳推进

以无锡市文化旅游发展集团有限公司（以下简称无锡文旅集团）为例，其按现代企业制度要求，由市政府和市国联集团、市政公用产业集团、市太湖新城集团共同出资，以市直属公园景区为主体，整合惠山古镇等文化旅游资源组建的国有企业集团，直属市人民政府管理，于2013年12月23日正式挂牌成立。正式成立以来，面临着集团改革和市场考验的双重压力，集团紧紧抓住深化改革和经济建设这两个目标任务不放松，加快文化旅游产业发展。集团坚持发展导向，深化体制改革，建立起现代企业法人治理结构，紧紧抓住深化改

革和经济发展这两个核心主题，完善企业化经营、市场化运作、产业化发展的现代企业制度，积极推动由“办事业”向“办企业”转变、由“管资源”向“管资产”转变、由“园林景区”向“旅游度假”的发展模式转变。

（1）形成基础扎实的集团化管理新体制。抓住重点领域和关键环节，理顺资产权属关系，调整集团组织架构，实现了责权利的高度统一，彻底改变原来事业单位管理模式，形成“产权清晰、权责明确、政企分开、管理科学”的企业化管理新体制，促进资源向资产、资产向资本转变，初步形成以集团下属各公园景区、集团全资和控股公司为运营主体，集团战略引导和景区自身发展有机结合，集团资源监控和企业自身发展有机统一的集团产业发展格局。

（2）形成积极高效的企业运营新机制。确立传统园林景区的企业化管理、园林旅游项目的市场化运作、文化旅游经济的产业化发展的理念，仅暂时保留下属事业单位的建制、牌子，改变原有条线化公司板块管理方式，建立公园景区独立运行的企业化经营模式，实行“建、融、管、还、投”一体化运营机制，积极承担起集团所属文化旅游资源的综合开发运营和文化旅游产业的发展功能。

（3）形成事企分离的身份管理新方法。集团本着对集团发展需要和个人发展规划高度负责的原则，按照相关文件精神，对原市园管中心公务员身份和全额拨款事业身份人员，采取双向选择的方式进行定向分流安置；原市园管中心下属事业单位事业在编在册人员，身份保持不变，编制由市编办收回，根据双向选择、平等自愿、协商一致的原则，重新签订劳动合同，实行文旅集团在编在册人员身份的企业化管理。

（4）确定集团产业发展新定位。通过创新经营发展思路，完善产业发展规划，把握市场发展方向，形成了文旅集团产业发展的新定位：一是优化提升，放大资源效应，打造本土文化旅游精品；二是整合提升，壮大关联产业，形成无锡文旅产业龙头；三是创新提升，做大集团规模，建设国内一流文旅企业。

二　旅游产业存在的问题及成因

从“无锡充满温情和水”到“无锡是个好地方”，无锡旅游产业实现了跨越式转变，旅游产品也由观光游逐步向观光与文化体验、休闲度假和商务旅游相结合的方向发展，并形成了比较合理的、具有无锡特色的旅游产业链。但是，无锡旅游产业在发展过程中仍面临很多现实的瓶颈问题，需要尽快解决。

（一）存在的问题

1. 旅游景区门票价格偏高

中国社会科学院旅游研究中心发布的报告显示，2013 年 6 月无锡在我国城市标准旅游花费中居第 2 位，收费景点多且门票贵，低于大连，高于上海，在无锡玩一圈总花费为 664 元。为此，有些旅行社针对外地游客感觉无锡著名景点门票贵的心理，简单地将游客安排到一些免费开放的景点内游玩，精华景点过门而不入。将眼光仅仅局限于景点门票收入，是旅游业发展不成熟的表现。在欧美等旅游业发达的国家与地区，大多数景区景点不收门票费用。高价门票可能会起到控制游客数量、保护景区的作用，但也会挡住游客的脚步，抑制人们的消费欲望，最终阻碍旅游产业的发展。

2. 旅游产品类型比较单一

无锡没有多少名山大川和世界文化遗产，旅游产品在业内处于二流，仍以大众观光型为主。例如，在乡村休闲游的产品结构上，仍以垂钓、采摘、农家餐饮等为主打品牌，缺乏具有本土特色及具有较大市场震撼力、影响力的休闲农业与乡村旅游精品。蠡湖景区处处是景，但千景一律，只能供观赏，缺乏动感。到过灵山大佛、九龙灌浴和三国水浒城的游客，无不为其磅礴的气势而震撼，但无锡类似的景点太少。因此，游客常将无锡作为过境地，一日游较多，回头客较少，在无锡平均停留天数不到两天。

3. 地区文化内涵挖掘不够

目前，无锡与苏州、杭州的休闲旅游资源存在相当程度的同质性竞争，而后两者具有“上有天堂、下有苏杭”的传统认同优势和文化积累优势。这对于同处长三角区域内的无锡旅游发展极为不利。目前，处于同一区域的苏州、杭州都已在发力打造旅游休闲中心。而无锡对乡村文化传统和民风民俗资源的开发和重视远远不够，缺乏文化内涵和江南水乡、吴地的文化特色，没有让游客得到更多的审美体验和文化享受。总体来说，产品创新不足，没有形成文化特色鲜明的多元化旅游产品系列。

4. 旅游开发尚未形成特色品牌效应

近年来，尽管无锡实施了旅游精品战略，但在国内外客源市场上的品牌形象仍未树立，吸引力仍然不足。各景点小打小闹、各自为政，尚未找到适合各自的市场定位，没有细分游客需求的多元性和旅游市场的多样性，导致本地一些旅行社的地接能力比较弱。虽然无锡拥有旅游强市的头衔，但具有垄断性、独特性、精品性特点的旅游产品不多。因此，无锡下一步需要思考合理布局定位，提高本地旅游特色，打造整体竞争力强的知名旅游特色品牌，提高旅游市场占有率等问题。

5. 配套服务的布局结构存在问题

主要表现为休闲度假游的“吃、住、行、游、购、娱”等基本要素配置存在结构性和布局性问题。十八湾、蠡湖、马山休闲型开放式景区的综合性功能不足，设施建设不完善；各旅游景区、景点比较分散，灵山、鼋头渚、梅园等龙头景区之间至今没有公交车连接。仅从旅游住宿设施来看，全市旅游资源最集中的滨湖区，以高星级的高档酒店和设施陈旧的老三星级酒店为主，适应主流消费人群的中档酒店、经济快捷型酒店十分缺乏；同时，会议型和商务型酒店占了较大比例，旅游休闲度假型的酒店偏少，面向年轻人群的特色休闲度假酒店更少。这些问题直接导致多数酒店的客房入住率持续维持低水平，日游滨湖夜宿城中或日游无锡夜宿外地的现象大量存在。同时，餐饮、购物等配套服务设施大多远离休闲旅游区域，难以满足游客需求，导致游客多有负面评价，严重影响了无锡旅游的口碑。由于城乡差距依然存在，受规模、资金、人才等限制，大多数休闲农业与乡村旅游点营销平台建设不足，信息发布渠道不畅，未树立鲜明的品牌形象，造成市场知名度不高；缺乏准入标准，因此规模管理困难，甚至出现恶性竞争、破坏生态等情况。同时，农家乐、乡村民宿大多依托农民空余房屋，难以依法取得消防合格证、特种行业许可证和营业执照等证照。无锡应通过转型升级构建合理的旅游需求结构，以更好地满足现代旅游业的发展需求。

（二）问题的主要成因

1. 旅游业观念和机制仍较落后

当前，由于缺乏必要的开拓精神和应变能力，无锡各旅游区（点）企业的经营理念落后、市场运作机制滞后，忽视旅游产品品牌特别是精品品牌的打造，新建的休闲类、主题型文化类景区缺乏鲜明特色，新开发的参与性旅游产品缺乏配套服务设施；同时，未形成良好的旅游购物环境与体系，旅游管理体制存在多头和分散等弊端，旅游市场秩序亟待进一步规范和加强。

2. 基础设施有待进一步完善

随着人们生活水平的提高，人们将会更注重生活质量，更需要娱乐、休闲、修身、养心的环境。无锡市环湖路已修好，绿化工作也做得比较好，但还是缺少一些更人性化的设施。环湖路三十多公里几乎没有可供人们喝茶、聊天、休闲的地方，使得人们更多地躺在湖畔葱绿的草坪上休息，不但影响城市的旅游环境，也影响游客出游的心情；乡村各项基础设施建设相对滞后，乡村旅游点的停车场、餐厅、客房、洗手间的卫生状况不尽如人意，还存在垃圾（污水）处理及供水系统不完善、环境卫生不达标等诸多问题，不但影响外地游客的滞留时间，而且影响本地市民在景区的滞留时间。

3. 软件设施质量有待进一步提高

好的城市的旅游环境不但要有好的硬件设施，而且需要有好的软件设施。无锡旅游景点较多，也相对集中。但是，景点周围的餐饮、购物市场不是很规范，存在不同程度的宰客、欺客现象，亟待有关部门进行不定期整改，提高旅游服务的规范度和文明程度。

4. 旅游业发展的有效投入不足

近年来，无锡对旅游产业发展资金的投入数量、渠道与实际需求相距甚远。政府引导性投资、民间资本跟进等尚未形成良性机制。例如，休闲农业游与乡村旅游起步晚，自身基础较弱，在发展过程中遭遇了资金需求量大而投资渠道不畅、社会融资困难的问题。究其原因是休闲农业与乡村旅游经营者普遍受到用地指标、用地手续、产权不明晰等因素的限制，直接导致银行抵押贷款和社会融资困难等问题。

5. 旅游业发展缺乏战略规划布局

目前，无锡旅游业在市场上的占有率严重不足。其主要原因是无锡与上海、杭州、南京、苏州较近，且与这些城市缺乏联合规划，没有突出无锡地区特色，尚未形成错位战略规划布局。旅游资源开发建设存在盲目性，导致景区建设雷

同，极大地浪费了旅游资源和建设资金。新开发建设的景区（点）与旅游产品虽然数量不少，但容量小、规模小、布局分散、设施配套不完善，很难实现产业化发展和发挥带动效应，需要对旅游资源进行有效整合，提高开发效益。

6. 旅游管理人才结构不合理

当前，无锡旅游业存在引人难、用人难、留人难等问题，导致旅游高级专业人才和高级经营管理者缺乏，主要表现为中、高级人才比例偏小，缺乏既具有较高理论水平又具有丰富实践经验的复合型旅游人才，特别是缺少既能看清问题所在，又能解决问题的人才；既了解市场所需，又具有创意的人才；既拥有现代审美能力，又有创造力的人才。例如，基层休闲农业与乡村旅游从业人员，大多数由农民就地转化而来，且农村妇女和老人占较大比例，具有创新能力的高层次人才以及具有专业能力的职业经理人很难被吸引并留住，从而制约了旅游业的快速发展。

四　推动无锡文化与旅游融合发展的思考与建议

旅游业的进一步发展需要整体产业的优化升级。我国传统旅游业主要依靠资金、人力、土地的高投入来实现增长，这种低效的发展模式已经不再适用于当今旅游产业发展。无锡地处国内最大的旅游客源地区，具有发展旅游业得天独厚的优势、丰富多样的旅游资源和较为完善的基础设施。但是，南京、苏州、杭州、常州、上海等周边城市都是国内外知名旅游目的地，相比之下，无锡旅游资源优势并不明显，甚至与这些旅游强市相比还有些差距。上海的国际化特色、杭州的休闲品牌、苏州的东方水城、南京的“博爱之都”、常州的创意旅游，无不对无锡构成强大的竞争压力。近年来，常州通过大力发展创意型旅游产品，相继开发了常州恐龙园、淹城春秋乐园、嬉戏谷主题公园等项目，使旅游业发展大大提速。无锡除了灵山大佛三期开发项目之外，受到业界瞩目的创新型旅游产品并不多。因此，需要提升旅游景区景点的品质，优化升级整体产业体系，提高无锡旅游业的竞争力。只有把文化创意与旅游有机融合在一起，才能保持文化产业和旅游产业的可持续发展，才能真正打造出“魅力无锡”。

文化是旅游的灵魂，创意赋予旅游个性和魅力。如果说旅游业优化升级是

无锡旅游发展的唯一方向的话，那么文化创意则是实现旅游业升级发展的必然取向。价值链理论认为，产业竞争力实际上来自价值链相关环节创造价值的能力。因此，旅游产业的优化升级意味着旅游产业链各个环节创造价值能力的提高。优化升级的具体途径需要从各个环节入手（见图1）。①

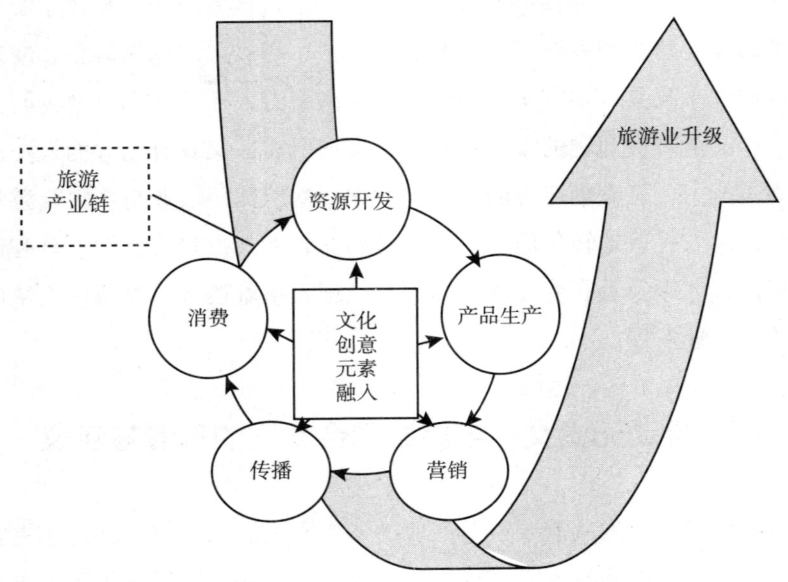

图1　具有文化创意的旅游业优化升级模式

（一）通过文化创意实现无锡旅游产业优化升级

通过文化创意实现旅游产业优化升级，就是将文化创意元素注入旅游产业各个环节，提高相关环节创造价值的能力。根据国内外文化创意与旅游业融合发展的实践和无锡旅游产业的实际情况，建议从五大具体途径实现旅游产业优化升级。

1. 将文化创意资源转化为旅游资源

作为中国优秀旅游城市之一，无锡一直以自然山水和人文景观闻名，集

① 赵刘：《基于文化创意的无锡旅游业优化升级研究》，2012年无锡市“社科应用研究精品工程”课题研究报告。

江、湖、河、泉、洞、山、竹等于一体，被誉为“太湖明珠”。无锡旅游资源的分类和汇总也主要以上述范围和部分园林、主题景区等为依据。这主要是按照资源禀赋来进行分类，并未考虑游客需求。从旅游市场角度来说，凡是能够吸引旅游者前来的任何事物，都可以作为城市旅游资源。例如，文化产业园、城市博物馆、艺术画廊、LOFT、SOHO 等作为重要的旅游资源，其价值并不比传统的山水或主题乐园差。以北京 798、上海 8 号桥等为代表的文化创意产业园区是许多旅游者心目中的圣地，到那里可以观摩各类艺术的生产过程，见到心目中的艺术家，现场体验艺术创作，找到最生动的原版文化创意产品。游客在这类园区不但可以参观富有创意的文化机构，还可以享受餐饮、酒吧、美体、保健等时尚服务或购买旅游商品，以及参与各种时装文化节或旅游节活动。因此划定旅游资源的标准在于该资源是否吸引旅游者，以及是否能给游客带来深刻的体验。

以这种视角来审视无锡的话，许多具有文化创意魅力的地区和机构都可以成为无锡发展旅游业的资源，包括特色产业园、文化场馆、工业遗址、工艺产品等。比如无锡新区的“感知中国博览园”利用先进的物联网技术手段展示了我国现有传感网最高水平的科研成果，游客在此可以体验智能家居、智能厨房、感知冰箱等未来生活的各种可能，具有参与性和创新性。无锡博物院馆藏文物丰富、展示手段先进（球幕、4D），是一座集教育、观赏、娱乐、参与于一体的多功能、综合性、现代化的大型博物馆，具有很大的旅游价值与潜力。作为民族工商业起源地，无锡至今保存着许多工商业遗址，如大窑路窑群遗址及窑业公所旧址、永泰丝厂旧址、茂新面粉厂旧址、北仓门蚕丝仓库旧址等。这些工商业遗址不但具有重要的历史价值，而且具有一定的旅游价值。纽约的“苏荷”（SOHO）、柏林的哈克新区、英国泰晤士河南岸、温哥华的兰桂岛、日本的北海道小樽运河等地区通过吸引艺术家进驻和注入文化创意元素而成为国际上著名的创意产业园区，进而成为旅游热点目的地之一。如果无锡能够合理规划，出台激励政策，吸引足够的艺术机构和艺术家到工商业遗址场区，那么完全可以将这些遗址转化为特色鲜明的旅游资源。此外，无锡的地方戏曲（吴歌、锡剧）、民间歌舞（男欢女嬉）等具有浓郁的江南吴地风情，如果能够将现代技术手段融入传统地方文艺中，打造出受旅游者喜爱的演艺产品等，则无锡便有了另一大特色旅游资源。

2. 通过创意更新现有旅游产品

根据产品生命周期理论，任何旅游产品都有一定的使用期限，不断更新城市旅游产品成为维持吸引力的重要条件。一些城市通过大规模兴建主题公园、饭店及开发旅游景区等措施来实现产品的更新。这种方式一方面需要很大的成本，另一方面给原有市场带来竞争压力，并且具有较大的经营风险。我们可以采取另一种更合理、更经济的方式——通过将文化创意元素注入原旅游产品中，对游览内容、设施、体验方式等进行更新升级，从而最大限度地发挥原有旅游产品的潜力。《印象 · 刘三姐》是将文化创意融入旅游产品中的典范，彻底更新了原有的旅游表演方式，是对地方文化资源的创意激活。瑞金红色旅游产品通过产品的创意改造，将红色文物陈列展示转变为以红色年代的生活体验为核心、以情境化为基础的参与式和体验式旅游。比如利用声光电手段，开发射击、野战、攀爬等参与型项目；按照战争年代情境系统化设计红色原生态情境体验村，包括医院、司令部、红军食堂、兵工厂等；开发深度体验式旅游项目——游客穿红军军装、戴斗笠、穿草鞋绑腿、背步枪机枪、推独轮车体验红军长征，并且在音响、环境、饮食等细节方面完全模拟真实历史，从而带给游客难忘的旅游体验。

可见，旅游产品创意更新的核心在于将文化、创意、科技元素融入原有旅游产品中，完全从游客需求角度来设计完善，从而增强互动性和体验效果。比如无锡的运河旅游产品、吴文化产品、园林景区、影视旅游产品可以采取以下措施进行创意更新。

无锡运河游产品当前主要以游船方式安排游客坐船游览两岸风光，虽然有时游客可以下船参观相关展览场馆，但体验效果并不明显。实际上外地游客最希望领略原汁原味的江南水弄堂风情，体会无锡当地居民伴水而居的独特生活。因此，可以在目前船游的基础上，设计游客参观无锡民风民俗展览馆，观看当地传统婚庆表演，住在水乡人家，品尝地方名茶和美食。同时，要对游船路线两岸景观进行改造，恢复原汁原味的吴地风情，在主要节点安排一定的小品表演，甚至让游客参与进来。

无锡的吴文化源远流长，主要景点包括梅里古都、泰伯景区、淮海义庄、鸿山遗址博物馆等，但目前无锡提供给游客的是静态的东西，互动体验性不

够。应该通过高科技手段，增强文化旅游展示的新颖性和趣味性；将吴文化历史资源改造成娱乐和游戏项目，让游客获得深刻的体验。

无锡拥有许多园林景区，如锡惠公园、鼋头渚、蠡园、梅园等，以自然风光和一定的人文景观闻名。这类旅游产品的更新主要应该从内部景观的改造和举办主题文化活动方面进行。一是对景区核心景观展示和体验方式进行更新，如天下第二泉以泉水、音乐、故事、书法等闻名天下，但是核心景观面积狭小、水质低劣，游客实际感受远不及其名气，可以通过改善泉水水质，用乐曲营造氛围，重新设计参观路线并以雕塑景观再现陆羽品泉、阿炳作曲等故事来提升传统景观的吸引力。二是通过举办特色主题活动，将主题文化活动与景区环境优势结合起来，如举办音乐会、演唱会、狂欢节、赏花节等，这样就可以不断地更新景观并增强传统景区的魅力。

无锡的三国水浒影视城和唐城景区远近闻名。但近年来，由于浙江横店、上海车墩影视城等国内影视基地的兴起，无锡影视旅游面临巨大的竞争压力。今后，无锡三国水浒影视城和唐城等景区发展的主要方向是融入文化创意元素，增强现有产品的吸引力。一是通过完善影视拍摄环境设施和提供优惠条件吸引更多机构前来拍摄影视作品，从而直接提高景区吸引力。二是通过表演项目再现影视经典环节，保持景区新鲜感。三是打造游客直接参与或自编自导自演的项目，提供布景、拍摄等相应服务，通过为游客提供深刻的表演体验来获得经济效益。

3. 将文艺元素融入营销传播环节

传统的旅游营销主要依靠报纸、电视、广播、宣传册、网络等来宣传旅游目的地。这种宣传方式虽然充分利用了现代信息技术的优势，却也要付出巨大的成本代价。更大的问题在于，当今社会信息量急剧膨胀，往往企业投入很大成本进行营销，但由于目标公众受到“信息爆炸”的影响，传播效果大打折扣。公众往往会主动选择并接受那些具有文化创意的作品，而不会被动接受直白广告的“轰炸”。作为当代最重要的文化产品之一，影视文化产品具有特殊的影响力。例如，以“韩流”为代表的地区文化，通过高品质的影视作品传播，提升了相应的旅游景点的知名度和旅游商品的销售。《大长今》的热播，就促进了“大长今主题公园”“韩国民俗村”“水原华城”和济州岛等一大批旅游景区的兴起。

通过将文艺元素融入营销传播的成功案例充分表明创意营销的惊人效果。

无锡可通过以下方式进行创意营销。一是每年邀请社会知名的音乐家、小说家、画家、诗人等来无锡观光，鼓励他们将无锡地方元素融入音乐、小说、绘画和诗歌的创作之中。对于社会效果良好的作品，进行奖励。二是精心制作无锡旅游宣传的视频、手册、音乐、诗歌等，力争做到融旅游信息于文艺作品中，体现故事性、艺术性。三是资助优秀影视作品融入无锡信息，扩大城市影响力。四是详细调研国外主要客源国对无锡城市的感知度，利用相应文艺渠道宣传无锡形象。

4. 将创意设计融入旅游商品

发达国家和地区的旅游购物占总体消费的比例一般在50%～60%，国内北京、上海等旅游发达城市的比重仅为30%，而无锡和大多数旅游城市一样，购物比重在20%以下。旅游商品并不只是一种日常生活用品，它的设计、质量和文化内涵最终决定了销售结果。旅游商品必须注重设计的艺术性和创意性，必须成为旅游目的地的文化符号，才能对游客具有强大吸引力。现代社会的大众消费实际上已经从实用功能的满足演变为一种符号和意义消费。人们购买某种商品或服务不仅是为了它的实用价值，而且主要是为了体验一种“感觉”、追求某种意义、获得某种身份认同。旅游商品的价值更多的是由其创意性或符号性决定的。无锡旅游商品比较注重实用功能，比如无锡泥人、紫砂壶、酱排骨、油面筋等，内涵和设计意义明显不足，这就给纪念品的销售带来了困境。无锡需要将文化创意元素融入旅游商品设计之中，增加它的价值。一是深入挖掘旅游商品背后的文化内涵，突破就商品卖商品的做法，而赋予商品更多的文化意蕴，如无锡泥人背后蕴含的“福”文化、紫砂壶背后蕴含的“健康”文化、酱排骨背后蕴含的“无锡独特饮食”文化等。可以通过系统化的宣传，向游客阐明旅游商品背后的文化价值。二是精心研究并对旅游商品的造型进行创意设计，增强商品的艺术性和纪念性。比如无锡泥人和紫砂壶的设计，需要在研究当代游客心理需求特征和对摆放环境要求的基础上，改进传统造型。酱排骨、油面筋等食品类商品可以通过改进商品包装，增强其独特性和符号价值。三是营造良好的旅游商品销售环境，改变类似超市的功能类商品体验，促进文化性和互动性的体验。可以将商品的后台生产过程通过某种方式置于前台，让游客在领略文化创作一样的情境中看待所销售的商品。

5. 举办文化创意型节事旅游活动

举办节事旅游活动在短时间内产生轰动的宣传效应，并取得良好的经济社会效益已经成为当今各城市和景区的普遍做法。一般包括节庆活动、旅游事件、主题赛事、商贸会展四种类型。节庆活动主要以民俗节日和地方文艺活动为主，富有民族和地方特色，如各地举办的端午节赛龙舟及狂欢节等。旅游事件主要是各个旅游景区为吸引游客，策划的具有创意性的事件，如张家界的天门洞穿越活动、无锡鼋头渚的日本艺妓和相扑表演活动等。主题赛事指通过国内外著名比赛来吸引游客，如奥运会、世界杯等。商贸会展类通过将展览销售活动与旅游结合起来，如昆明园艺博览会、广州“广交会”、珠海航空展览会等。

近年来，无锡举办了不少大型节事旅游活动，如徐霞客国际旅游节、吴文化节、太湖美食旅游文化节、无锡太湖山水文化节等，虽然也产生了一定的社会影响力，但是其对于旅游的促进作用远远比不上那些国内外品牌节事活动，如巴西狂欢节、西班牙奔牛节、西班牙西红柿节、青岛啤酒节等。无锡的节事旅游活动主要存在以下三大问题：一是节事活动主题不清晰，缺乏特色。二是节事活动的内容欠缺创意，所有的活动流程几乎一样，过于注重活动的顺利举办而忽略了足够的创意，难以真正吸引大众传媒的报道。三是公众的参与度不够。目前的节事活动不但很少设计公众参与的环节，而且为了保证“绝对”安全甚至有意不允许公众加入许多活动环节，这就大大降低了活动的狂欢性和吸引力。决定节事活动魅力的最大因素就在于内容的特色、创意和公众互动参与程度，仅仅依靠邀请传媒报道和加大经济投入并不能保证节事活动的真正成功。在当今网络传播极其发达的时代，只有依靠自身的创意和公众的大量参与，才能真正形成节事活动的品牌效应和可持续发展的基础。因此，无锡应该特别重视文化创意对于节事活动组织的必要性。

第一，深入研究国内外同类节事活动内容，提炼出独特的文化内涵，并设计醒目的标识予以传播。例如，2013 年无锡鼋头渚樱花节就突出文化元素，新设了樱花邮局传递春天的气息，让没来景区的人也能分享到观赏樱花的意境，从而吸引更多没来过、不想来的人前来赏樱。

第二，针对各节事主题设计相应的创意活动。如徐霞客国际旅游节活动应将徐霞客的冒险精神和传说故事融入大众参与的活动之中，而吴文化旅游节则需要利用高科技和创意手段将厚重的吴文化历史在各种活动中进行展示。

第三，大大增强各节事活动的公众参与程度。设计大众喜闻乐见的狂欢、游戏、游行、竞赛等项目，鼓励市民和游客全身心融入节事活动中来，提高公众体验度以及与表演人员的互动性。为此，还需要营造节日期间浓厚的节日氛围，并做好相应的营销宣传。① 表1列出了具有文化创意的无锡旅游业优化升级路径。

表1　具有文化创意的无锡旅游业优化升级路径*

模式	总体路径	国内外典型案例	无锡旅游业相关环节和具体对象分析	无锡旅游业各环节优化升级具体对策
基于文化创意的旅游业优化升级	文化创意资源转化为旅游资源	北京798、上海8号桥、纽约苏荷、西班牙毕尔巴鄂的古根海姆博物馆	“感知中国”博览园:国内传感网最高水平,科技创意典型代表;无锡博物院:馆藏丰富、展示手段新颖;民族工商业遗址如永泰丝厂等;地方历史文化价值独特展现;地方戏曲:吴歌、锡剧等是吴地民间风情的代表	将这些富于文化创意内涵的资源纳入城市旅游资源库;吸引艺术家进驻,增加创意魅力;精心整合地方民间文化资源并打造特色旅游演艺活动
	现有旅游产品的创意更新	《印象·刘三姐》表演、瑞金红色旅游产品	运河船游产品:参与性环节不足,体验不深刻;吴文化旅游景区:静态展示过多,互动性不够;山水园林景区:景观展示方式单一、陈旧;影视旅游景区:产品更新度不够,面临同类产品的激烈竞争	设计游客体验民俗、住宿水乡人家、品尝特色饮食环节、在主要节点安排小品表演;改静态文物展示为创意互动体验,增强娱乐性;对景观进行故事情境化改造,举办主题文化活动;增加表演项目来再现影视经典环节,打造游客直接参与或自编自导自演的项目
	文艺元素融入营销传播环节	“韩流”影视文化、《乔家大院》、《非诚勿扰》、天龙八部影视城	当前主要通过报纸、电视、广播、宣传册、网络等手段来宣传无锡市和景区。这种方式要求付出巨大的成本代价,同时由于目标公众受到“信息爆炸”的环境影响,大大削弱了真实的传播效果	邀请社会知名的艺术家来锡参观,鼓励将无锡地方元素融入音乐、小说、绘画和诗歌的创作之中;精心制作旅游宣传材料,体现故事性、艺术性;资助优秀影视作品融入无锡信息;借助国外主要客源国的文艺渠道宣传无锡形象

① 赵刘:《基于文化创意的无锡旅游业优化升级研究》,2012年无锡市“社科应用研究精品工程”课题研究报告。

续表

模式	总体路径	国内外典型案例	无锡旅游业相关环节和具体对象分析	无锡旅游业各环节优化升级具体对策
基于文化创意的旅游业优化升级	旅游商品的创意设计	云南大理“三道茶”、新加坡鱼尾狮系列商品	无锡旅游商品如无锡泥人、紫砂壶、酱排骨、油面筋等比较注重实用功能，内涵和文化意蕴挖掘不足，商品和包装的设计创意不够，销售环境难以实现深刻体验	深入挖掘旅游商品背后的文化内涵，赋予商品更多的文化意蕴；精心研究并对旅游商品的造型进行创意设计，增强商品的艺术性和纪念性；增强旅游商品销售的环境营造，促成文化性和互动性体验的形成
	节事活动的创意重组	巴西狂欢节、西班牙奔牛节、西班牙西红柿节、青岛啤酒节等	现有的徐霞客国际旅游节、吴文化节、无锡太湖山水文化节等节事活动主题不清晰，缺乏特色；内容欠缺创意；公众的参与性不够	提炼出每项活动的独特文化内涵，并用醒目的标识设计予以传播；针对各节事主题设计相应的创意活动；设计大众喜闻乐见的狂欢、游戏、游行、竞赛等项目，增强公众参与度

资料来源：赵刘：《基于文化创意的无锡旅游业优化升级研究》，2012 年无锡市“社科应用研究精品工程”课题研究报告。

（二）通过政策体制机制保障无锡旅游产业转型升级

推进文化创意和旅游产业融合发展，需要完善相关扶持政策和体制机制，培育新兴文化旅游业态，提升无锡旅游品牌的知名度，促进旅游业的转型升级。

1. 设置更高级别的指导协调机构

将文化创意融入旅游产业各环节，并纳入无锡旅游产业发展的总体战略之中，设置相应指导协调机构，完善发展规划和目标，形成上下联动、各部门齐抓共管的产业升级推进体系。基于文化创意的无锡旅游业转型升级发展，需要旅游局、文化局、园林局、特色产业园、工业博览园、高校、文保部门、宣传机构和网络媒体等共同合作。扩大城市旅游资源库，将博物馆、产业园等纳入旅游资源体系，鼓励文艺创作与城市宣传相融合，联合文艺专家和媒体拍摄城市创意宣传片，协调城市整体营销活动、节事活动的策划实施，等等，这些都需要政府从更高角度出台政策、整合资源、统一部署、统筹安排。①

① 赵刘：《基于文化创意的无锡旅游业优化升级研究》，2012 年无锡市“社科应用研究精品工程”课题研究报告。

2. 以贯彻实施《旅游法》为契机提升无锡旅游管理水平

自2013年10月1日起，旅游行业开始正式贯彻实施国家旅游局出台的《旅游法》。为此，很多游客选择自由出行，不少旅行社深受影响，一些以“接团”为主的酒店也开始关注来自网络的散客。目前，不少酒店建立自己的官方微博、微信平台，与旅游网站合作，并针对散客需求与旅游景区、休闲街区、乡村旅游和旅行社合作，为游客提供休闲顾问和管家式服务。无锡应以此为契机，积极创新旅游发展模式，加强旅游软环境建设，进一步完善服务设施，规范服务行为，健全服务体系，增强无锡旅游“软实力”。除了要对《旅游法》进行配套制度的细化和落地外，还要积极开展调研工作，力争2014年制定完成《无锡市旅游促进条例》。同时，旅游管理部门的工作重心要逐渐从传统的产业管理转向产业转型、片区开发和重点项目建设；积极为旅游企业根据发展形势灵活转型、拓展更加广阔的经营领域创造条件、提供平台，推动本土旅行社参与旅游产品的开发和管理运营；与有条件的旅游企业全面合作，创新旅游宣传推广模式，将宣传推广项目外包出去，提升旅游宣传的效果。

3. 推进观光旅游向休闲旅游转型升级

根据目前全国旅游业的发展和市场需求情况，无锡旅游不能一直“吃山吃水”，下一步需要逐步转型，由传统的观光式旅游向休闲式旅游迈进已成为必然。

当前，无锡市民的月平均出游率已经达到2.3次，大多为市内乡村游和周边城市短途游。这就需要探索和建设一条龙式的配套产业链，从城市居民休闲市场出发，开发大众化的度假休闲产品，重点实施漫游工程，建设特色民宿项目，延长游客逗留时间，提升游客满意度；运用现代游客常用的微博、微信等新媒体传播渠道，创新宣传推广模式，打响品牌；注重提升服务质量，加强对景区营运管理团队的管理，不断满足游客多元化的消费需求，增强企业运行活力。

今后，各地一些外在的山水、历史建筑已很难进行创新和复制，真正凸显本地旅游品质的是休闲旅游产业的包装理念、运作方式和经营方式。因此，无锡应当敏锐地捕捉市场变化信息，将城乡一体化与度假区建设工作有机地结合起来，在抓好大规划、大项目的同时，更加注重基础配套设施的完善，研究制定服务标准，着力推进民宿、精品客栈项目建设；更加注重对休闲旅游业态的招商和培育，尽快增加直接旅游消费的热点；更加注重各类休闲旅游活动的策划组织，破除各种局限，将无锡真正打造成四季宜游、处处精彩的旅游目的地。

4. 以新媒体促进旅游产业转型升级

目前，无锡作为国家智慧旅游试点城市之一，已建成“智慧旅游数据处理中心”，这是旅游行为、旅游产业和旅游资源之间耦合化的一种社会形态。在这种耦合状态下，政府、企业和游客可以分别享受到不同的便利应用模式，既有利于政府实施旅游智慧化服务和管理，又有利于企业运用网络化运营和智能化设施吸引游客，还有利于游客进行一场说走就走的智能化旅游。可从以下方面利用新媒体为休闲产业发展提供信息支持：一是通过网络营销和建设相关专业网站，在价格、功能和特色等方面为消费者提供与旅游相关的各种信息服务，便于消费者根据这些信息选择便利的出行方案和食宿之处。二是利用微博、微信、SNS 网站等新媒体，推广旅游产品及其配套服务。三是通过新媒体加强旅游公司与顾客之间的互动交流，并开展网上调研、在线服务指南和产品在线体验等活动，为消费者提供与旅游相关的延伸信息及服务，增强消费者的忠诚度和美誉度。四是通过 3D、4D、全息等虚拟体验技术，帮助残障人士等特定人群增强体验感受。此外，运用新媒体建设公共安全监控系统，增强旅游管理部门预防和应对突发事件的能力。

5. 培育专业队伍支撑旅游产业转型升级

人才队伍始终是推动旅游业可持续发展的根本。今后，无锡应当在推动本地旅游产业发展的过程中，着力培养投资、规划、建设、运营、管理等方面的人才，逐步建立起自己的旅游专业化团队，从而有效提高本土旅游产业的核心竞争力。

要　素　篇

Elements Reports

B.6 科技创新：无锡文化产业发展的重要支撑

王志丹

一　文化科技体系建设的特点

（一）文化科技体系技术布局较合理

从文化创意和科技创新涉及的行业来看，无锡文化科技体系涉及的行业广泛，文化科技体系的战略布局较全面，文化科技体系的技术布局较合理，文化科技体系的持续发展能力较强。目前无锡科技创新带动文化产业发展的技术领域包括工业创意设计、动漫游戏、电子出版、教育创新、数字电影、数字传媒和文化旅游等。以数字技术为代表的文化科技融合提升了无锡文化产业的竞争力，同时通过创意设计和文化旅游等领域的文化科技融合，优化了无锡文化科技体系的技术布局。

（二）文化科技融合的产业提升明显

无锡市大力推动文化与科技融合发展，逐渐形成了无锡特色的文化科技体系和文化产业发展模式。一是发挥科技优势助力文化发展。主要是应用科技优势对文化的形式、内容和载体进行改造升级。例如，“智慧无锡”就是通过云媒体打造本地信息平台，为用户提供视频、图像、音频和文字等多样化的信息推送和个性化的信息服务。二是通过科技手段提升文化产品竞争力，将科技元素运用到文艺作品、文化展示中。例如，无锡歌舞剧院创排的《绣娘》《梦回江南》、灵山梵宫舞台展示等文艺节目，运用了声、光、电等科学技术，将舞台艺术提高到新的层次。

（三）文化科技相互促进的效果显著

文化与科技的促进是文化科技融合的重要表现，主要体现在三个方面：科技进步带动了文化产业的发展；文化作为内容和观念会加快科技创新进程；文化科技相互融合会产生新的产业形态，推动经济社会发展。无锡文化科技相互促进的效果表现在两方面。一方面，文化创意对科技具有积极的促进作用。从产业发展的角度来看，文化创意是科技创新的思想源泉与动力。从宏观层面上来讲，没有文化产业的发展和文化意识形态的兴盛，就没有科技创新的土壤与环境。这一点主要体现在工业设计上。工业设计是无锡市重点发展的战略性新兴产业之一。2013 年无锡列入统计的工业设计企业有 854 家，其中规模以上企业 191 家。2013 年无锡市工业设计产业实现产值 353.64 亿元，同比增长 29.1%。江阴、新区、滨湖三个板块占到无锡市工业设计产业的 70% 左右，南长发展较快，占到无锡市的 10% 以上。从工业设计类别看，无锡的装备、交通工具及电子产品比重较大，加起来接近 50%。另一方面，科技创新对文化产业的升级具有带动作用。科学与文化融合之后，会丰富传统文化的内容和形式，并且能够提升传统文化的竞争力和对市场的吸引力。例如，可以通过球形显示技术和 LED 大屏幕提高公共空间以及展览馆的视觉展示效果。这些技术都已经在无锡逐步形成产业链，并且在国内和国际具有领先地位，如江苏清投视讯科技有限公司研发生产的 LED 显示屏、翼飞科技的球面显示解决方案等。同样，传统文化产业也因为科学技术的发展，不断地提升和优化产业的结构。通过设备更新、技术创新等手段可以推动传统文化产业转型，如传统的包装印刷、办公文具生产企业，通过升级设备和科技创新，可以激活产业发展的活力。

无锡国家数字电影产业园与入驻企业灵动力量设计制作了5D光影大片《影动无锡》，5D光影秀运用全息激光技术与电影特效技术，结合大型楼体投影、水幕投影、灯光音响等手段，在国内开创了一种全新的声光电表演形式。

二　文化科技体系建设的思路

文化科技体系建设就是要进一步深化文化与科技体制改革，促进文化与科技紧密融合。无锡注重公共服务平台建设，利用园区的聚合功能和政策的引导功能来促进文化科技体系建设。

（一）坚持文化科技体系建设的基本原则

首先是坚持文化与科技融合。加快推进文化与科技的融合，提高文化产业的科技创新能力，引育一批文化产业领军人才，培育一批文化产业知名品牌企业，建设一批文化特色旅游项目和产品，提升无锡市文化产业的发展规模。

其次是坚持科技创新驱动发展。把科技创新作为增强文化产业核心竞争力的重要途径，用高新技术改造提升传统文化产业，鼓励自由探索。实施重大文化科技创新项目，瞄准世界发展前沿技术，努力攻克技术难题，瞄准关键技术、强化共性技术、掌握核心技术，不断提高文化创意的科技含量。

（二）注重发挥公共服务平台的托举功能

无锡市在文化科技体系的建设过程中非常注重公共服务平台的托举功能。通过各种文化产业园区和公共服务平台的建设，发挥其文化创新和科技创新协同推进、相互促进的功能。通过诸如信息共享平台、在线交互平台、技术孵化平台、创意衍生平台、大数据与云计算平台、跨文化传播平台以及生产分工平

台等，使文化创意、文化生产、文化消费、文化传播、文化贸易获得强大的平台托举支撑，获得超过预期的协同效应、集聚效应、漫溢效应、提升效应以及优化配置效应。①

（三）注重发挥文化产业政策的引导功能

一是加大财税支持力度。在市政府的层面出台文化产业发展的政策意见，并且出台配套政策和配套专项资金。规定随着市级财力增长而相应增长，各县（市、区）按照不低于1:1的比例予以配套。其中，专门出台《无锡市分离发展创意设计服务企业认定办法》，对在装饰装潢业、纺织服装业、建筑业、工艺美术业等行业领域内，将其生产流程中的创意设计业务从原企业中分离出来的创意设计企业给予奖励。政策实施两年来，162个项目获得市级文化产业专项资金1.7484亿元（占2亿元总盘子的87.42%）。

二是培育骨干企业。对工程中心技术平台等给予奖励，培育一批文化科技企业。央视网络无锡公司充分体现新媒体技术对数字内容的支撑，采用云计算、智能编目、海量数据检索等高新技术，建设视频生产、数据管理等六大功能系统平台，全面解决央视、卫视及城市频道等多源内容收录和生产问题，2013年企业实现总营收2.31亿元，上缴利税1328万元。慈文传媒集团大力推进战略转型发展，从一家专业化的影视制作公司转变为一家以影视剧制作、发行为核心，涵盖传统电影、电视剧、动漫、新媒体业务，进军资本市场，推广品牌战略经营的综合影视文化集团，2008年以来连续被认定为国家文化出口重点企业，2013年集团合并实现净利润1.11亿元，同比增长49.2%。

三是加强金融服务。2013年10月以来，市政府相继出台贯彻落实国务院办公厅《关于金融支持经济结构调整和转型升级指导意见的工作意见》《关于金融支持小微企业发展实施意见的通知》和《关于进一步加快推进企业上市工作意见》，提出了加大对战略性新兴产业领域小微企业金融支持力度的一系列政策措

① 中华人民共和国文化部调研组：《“文化科技对文化创新驱动力”调研报告》，《艺术百家》2013年第5期。

施。2014年3月，市政府从文化产业专项资金中安排2000万元与中财金控投资有限公司共同发起成立规模为2亿元的“无锡中财文化企业发展投资基金”，扶持中小文化企业健康持续发展。目前，无锡市已经设立科技支行2家、文化支行1家、科技小额贷款公司5家。其中，2014年3月正式挂牌成立的无锡农村商业银行太湖文化支行是全省首家经银监部门批准的专业文化金融机构，首次对文化企业授信2.6亿元。江苏银行为慈文传媒发放了省内首笔版权抵押贷款2000万元；中国进出口银行江苏省分行牵头组建银团，共聚合资金28亿元，全力助推无锡灵山耿湾禅意小镇项目建设。据不完全统计，截至2013年底，无锡市文化产业贷款余额68.91亿元，比2011年末增长28.48%，其中，中小文化企业贷款余额占比超过77%。在无锡市的范围内汇聚中小企业担保公司力量，成立了“文化创意担保业务部”，提供文化融资担保服务。

四是强化人才培养。无锡汇聚了江南大学、江南影视艺术职业学院、太湖创意职业技术学院等一批文化创意产业高校，为无锡本地及国内外培育输送了大批文化创意产业人才。无锡市与江南大学人文学院合作，成立了江南文化与影视研究基地，与江南大学国家大学科技园合作建立“基于D2C模式的文化创意产业公共服务平台”。同时，通过设立评选和向上推荐文化产业人才贡献奖、文化创新团队等，推动了一批文化产业领域领军人物的开拓创新：亿唐动画施向东团队和江苏金一张强团队连续两年分别入选江苏省文化创新团队，宜兴葛盛陶庄文化艺术有限公司董事长葛菡禄入选“中国百名青年设计师”。2012年起设立“无锡市文化产业人才贡献奖”，评选产生了6名人才并对其进行了表彰。2013年设立“无锡市唐鹤千卓越青年文化创意人才奖”，对10名具备较大发展潜力的青年文化创意人才进行了扶持资助。

三　文化科技体系建设的不足

（一）理念创新不足

很多企业对文化与科技融合的必要性缺乏足够的认识，认不清文化科技融合发展的大趋势，不了解如何实现文化与科技的有效融合。复合型高端人才相对匮乏，原始创新能力不足，导致其在产品开发过程中因循守旧，无法开发出广受市场欢迎的文化科技产品与服务。

（二）政策配套不足

涉及文化创意产业和设计服务业发展的政府管理部门，职能难以清晰划分，任务难以明确落实，管理盲区无法有效覆盖，各类文化创意设计博览会和园区存在重复建设，亟须整合。文化创意产业和设计服务业在经济政策层面，包括政府财税引导扶持、企业发展和市场运营方式等，存在一定的缺陷。

（三）产业衔接不足

部分文化产业同质化竞争比较严重，产业链不完整、链化程度不高，整合能力比较弱。缺少足够具有国际竞争力的龙头企业，上市文化企业数量很少，上市的创意类的文化企业还没有。

四　文化科技体系建设的建议

当前民众对文化产品的需求变得普遍而又个性化，要求文化企业的供给变得丰富而又灵活，把科技最大程度融入文化产业建设，需从企业理念、政府配套政策、产业重新整合等方面着手。

（一）以先进理念引领文化企业发展

首先，更新观念。全面普及文化科技融合知识，加深政府、企业对科技促进文化创新、文化发展的认知，营造科技深入文化产业发展的良好氛围。进而动员企业投入更多的人力、财力、时间进行文化科技研发，形成文化与科技共荣互促的良好局面。其次，生产跟进。要提升企业或者整体行业的技术水平、管理水平和竞争力，必须激励与引导文化与科技融合型企业成为研发投入的主体、技术创新活动的主体、创新成果应用的主体，打造文化科技融合的核心优势。再次，技术提升。为进一步提升文化产品的实用功能和审美性，不断深入产品的内涵开发，不断开发新技术、创造新工艺，从而提高附加值，引导消费升级。

（二）以完善政策支撑文化企业进步

第一，规划指导。政府要理顺和健全文化创意产业和设计服务业发展体制机制，强化顶层设计，加强考核督导，研究建立符合国际惯例、体现出无锡文化创意企业发展特点的量化指标体系，以此为基础对文化产业发展开展年度业绩考核，确保各项发展目标落到实处。第二，政策细化。逐步出台针对性强的文化科技融合导向政策，扩大支持范围与支持力度，以政策撬动项目，激发企业生产活力。尤其是对已有政策要修正完善，《无锡市加快文化产业发展的政策意见》及配套文件要突出文化创意与科技融合和金融资本支持，加速出台新政策，对《无锡市关于推进文化创意和设计服务与相关产业融合发展的的实施意见》要加紧研究制定，引导越来越多的文化科技企业实现转型升级。第三，部门衔接。在文化产业的发展中，对于特色明显，发展潜力巨大的文化科技企业和项目，要能够抓住机遇，做大做强。加强政府职能部门应加强磋商，建立部门间的联席会议制度，实现协同合作、资源互补、信息共享，形成行政支持文化科技融合的有效合力。

（三）以产业融合加速文化企业升级

一方面要重点建设产业集聚区。强化重点园区的载体功能，在无锡市范围内调整和优化各类产业园区布局，以彰显特色、错位发展为原则，突出功能定位，带动优质企业、产业资源向以国家、省级文化产业园为核心的重点文化创意产业集聚区集聚。另一方面要壮大一批骨干企业。精心组织、遴选一批成熟度高、成长性好、具有先导性的文化产业重大工程和重点项目，在人才引进、税费减免、财政扶持、银行贷款、上市融资、土地使用等方面的优惠政策，给予重点支持，在整个文化科技行业发挥带头示范作用，实现全行业的转型升级。

B.7 金融服务：无锡文化产业发展的有力保障

王志丹

文化产业作为国民经济不可或缺的组成部分，在我国转变经济发展方式和促进经济结构优化中发挥着日益显著的作用；文化产业的繁荣为实现中国梦提供必要的精神支撑，是我国综合国力提升的重要标志。金融是现代经济的助推器，文化产业发展离不开金融的有力支持，为文化腾飞插上金融的翅膀，破解目前金融有效融入文化产业的困境，对实现文化产业跨越式发展具有重要的理论与现实意义。

一 发展文化金融的重要意义

（一）发展文化金融是实现经济社会发展的内在需求

首先，通过文化金融的融合培育新的经济增长点。经过近年的努力，文化产业得到了长足发展，据文化部发布的《2013 年文化发展统计公报》：至 2013 年末我国文化市场经营单位 22.66 万个，营业收入 1366.57 亿元。文化产业的发展速度以及占 GDP 的比重不断提高，正在逐步向国民经济支柱性产业的方向迈进[①]。

其次，通过文化金融的发展引领实现文化大繁荣。随着中国文化产业的蓬勃发展，以娱乐、演出、艺术品为代表的传统文化行业在转型升级中焕发出新的生命力，网络游戏、网络音乐等新兴文化行业发展势头迅猛，在经济效益方

① 文化部网站，http：//zwgk.mcprc.gov.cn/auto255/201405/t20140516_ 30294.html。

面贡献明显。文化产品日趋丰富，文化分类更加明晰，文化生产日渐活跃，不断有各类精品力作问世，文化市场整体呈现供需两旺的良好局面。

最后，通过文化金融的创新有效提升文化软实力。文化是一个民族精神积淀的集中体现，当今世界，体现在思想文化方面的交融交锋趋势明显，形成本民族特色品牌，增强文化软实力，扩大中华文明影响力，维护国家文化安全，离不开文化产业的健康发展。进一步发挥金融杠杆作用，必将进一步提速文化产业发展，成为经济增长、文化市场繁荣和国家软实力提高的新引擎。

（二）发展文化金融是破解文化产业瓶颈的有效措施

首先，文化金融能够解决文化创意企业发展中面临的资金困难。对于金融而言文化产业发展具有独特性：投资周期长、信用评定体系不健全、担保抵押困难等。因此，很多文化创意企业的发展面临资金困难的瓶颈。文化金融的发展，可以完善文化金融的服务体系，拓宽文化创意企业的融资渠道，解决文化产业发展的资金困难。

其次，文化金融体系的健全能够有效化解文化产业发展中的风险。不同于传统的制造业，文化产业有自身独特的金融风险：一方面，文化产品的投资与回报周期普遍较长，而且有一定的不确定性；另一方面，文化产品难以替代固定物进行抵押。因此，文化产业的风险相对较高。发展文化金融，通过健全金融体系和创新文化金融产品，能够化解文化企业在发展中可能面对的风险。

最后，文化金融能够起到中介桥梁的作用，激发文化产业的活力，促进文化产业的发展。文化金融作为文化产业发展中的重要环节，发挥着不可替代的中介作用。当金融完全渗入文化产业的整个链条之后，便会发挥出金融的中介功能：整合资金与信息，提高资源在文化产业发展中的配置效率，实现文化产业发展的市场化等。

（三）发展文化金融是文化与金融业发展的战略方向

从行业发展的长远来看，文化与金融的融合会促使文化产业与金融业的战略方向逐渐明晰，行业发展空间不断拓宽。

一方面，文化产业的发展需要金融的支撑。文化与金融的融合，促使文化

从业人员和文化创意企业的发展观念和手段发生改变。“风险投资”“金融信贷”“间接融资”等金融词汇不仅融入了文化产业的发展之中，更使得文化金融的理念融入了文化产业从业者的脑海之中。现在越来越多的个性文化创意企业和文化从业者已经开始掌握金融运行的规律，并且利用金融的手段来集聚文化创意企业的发展力量，用市场和金融的力量来助推文化产业的发展。

另一方面，金融机构也因为文化金融开辟了新的发展领域和市场。文化产业本身具有其他产业所不具备的重要特征。文化产业包括大规模和小规模的文化企业，也包括进行传统经营和现代经营的文化企业。但是不论规模大小或是经营方式如何，都需要广泛吸收具有不同技能的劳动力就业。文化产品一旦受到人们的认可，就会产生较高的经济回报。随着金融机构不断加入文化市场，其服务和发展的天地也越加广阔。

二　文化金融的发展困境

无锡市在推动文化与金融融合发展方面进行了一些探索，取得了一定成效，但仍存在一些亟待解决的共性和个性问题。2013 年无锡文化产业贷款余额总量占全部贷款余额的比例为 0.8%，与文化产业占 GDP 比例（4%）不相匹配。在获得贷款方式上，除无锡广电集团等少数几家企业获得过信用贷款、知识产权质押贷款外，不动产抵押和保证等传统担保方式占比超过 51%。而在贷款期限的规定上，小微文化企业的贷款期限基本上不超过一年，均为流动资金贷款，难以满足中长期贷款需求。[①] 总体而言，当前文化金融的发展困境表现在文化创意企业自身市场化程度不高，文化金融的体制机制不健全以及政府的作用还未完全发挥出来等方面。

（一）文化创意企业市场化程度不高

当前，我国文化产业化的市场资源配置程度不高、文化资本未完全发挥市场要素的作用、文化创意企业市场竞争力不强等现实因素影响着文化金融的发

① 单红：《文银牵手，文化产业走进“春天里”》，《无锡日报》2014 年 3 月 24 日。

展。党的十八届三中全会通过的《中共中央关于全面深化改革若干重大问题的决定》中就明确提出要建立健全现代文化市场体系。

1. 文化创意企业的市场竞争意识有待提升

受到传统“政府办文化”模式的影响，很多文化创意企业在市场竞争中对政府的政策支撑具有较强的依赖性。一项对无锡市文化创意企业的调查显示：73%被调查的文化创意企业将政府的资金补贴作为解决企业资金紧张的首选方式；仅有43%的企业会在资金紧张的情况下选择求助商业银行。究其原因，大部分文化创意企业为原来的国有企业或事业单位，经过改制之后承担了文化创意企业的公共服务功能，但是在市场竞争中对政府的政策与资金支撑还是难以“断奶”。而对于一些中小文化创意企业而言，面对银行信贷手续烦琐、企业抵押资产不足等困境，他们更愿意争取政府的文化产业扶持引导资金。但是政府的文化扶持资金相对众多文化创意企业而言，数量有限、周期较长、申请门槛较高、竞争激烈，中小文化创意企业与原国有企业和事业单位转制的文化创意企业相比优势不明显。

2. 文化创意企业的融资手段有待多元化

当前文化创意企业的融资以传统手段为主，没有形成多元化的文化融资手段。在资产抵押上以实物抵押为主，在企业信用评估上以经营规模为主，在资金支持方面以政府引导为主。文化产业的消费预期和资本价值没有完全得到利用，融资手段单一。发展文化产业应该掌握其独特的发展规律。从文化创意企业发展的角度来看，采用流水作业方式的文化创意企业应注重公司化管理体制和规模化生产。这类企业的发展模式与制造业差别不大，企业融资条件比较成熟，可以利用成熟的融资模式。部分文化产品突出创作者个人的技艺和创造力，难以进行流水线生产，这类文化产业应有独特的管理模式。文化金融可扮演经纪人角色，利用金融平台打造文化产业链条，为文化艺术工作者创造出良好的工作环境，在文化艺术与市场之间搭建桥梁。这类融资模式需要进一步创新，摸索相适应的文化融资手段。

3. 文化创意企业的自主融资能力有待提高

我国文化产业发展起步较晚，还未形成一套适合文化创意企业内部管理的制度与体系。一些企业的经营往往依靠创业者个人的影响力和简单的资本积累，

甚至一些企业对文化融资缺乏清晰的认识。文化创意企业融资渠道较窄，简单复制一般企业的融资模式，没有发挥出文化产品、文化资产在融资过程中的作用。在现实的文化创意企业运行中，一些文化创意企业因资金不足、人员分工不清等而未形成规范的财务管理体系，客观上也使企业无法满足金融机构的信贷条件。

（二）文化金融体系体制机制不健全

从商业性文化金融的发展来看，发展文化金融市场，增强文化金融内动力，完善文化金融中介服务体系才是最终目标。实现文化金融的融合需在市场化的背景下健全文化金融融合的体制和机制。

一方面，文化资源转化为资本的机制还不健全，文化产业的融资时代还未完全到来。文化资源是文化产业基础性、核心性的要素①，是具有时代和地域特色的先天性文化元素和文化资源。文化资本则是能够带来价值增量效应的文化资源②，或是已经表现出价值属性的文化产品，因此文化资本是文化产业发展的重要价值基础。文化产业的发展过程就是在市场机制中将文化资源不断转化为文化资本的过程。文化金融体系在其中发挥着关键的中介作用。目前，文化资产的抵押、文化产品的估价和文化创意企业的信用评级等制度还不够完善，客观上造成了文化创意企业的资产评估值较低、融资信贷门槛较高等融资困难。因此，一些文化创意企业在成立之初便避开了融资发展的道路和规划，由财力雄厚的公司或是个人出资维持运营。一些文化创意企业“玩票”心态的存在，客观上造成了文化金融发展的需求乏力。

另一方面，文化金融服务机制尚不健全。金融中介服务体系承担着金融与文化融合的桥梁作用。一般而言，商业性金融支持在相当程度上与该国的金融体系有关，但是不管金融体系以及融资方式如何，要使这些融资渠道保持畅通需要有完善的中介服务机构和风险补偿机制③。在文化与金融对接方面，金融

① 杜超、王松华：《文化资源转化与文化产业业态创新》，《同济大学学报》（社会科学版）2008年第4期。

② 施炎平：《从文化资源到文化资本——传统文化的价值重建与再创》，《探索与争鸣》2007年第6期。

③ 周正兵：《文化产业的金融支持》，《投资北京》2011年第10期。

机构缺乏相应的文化敏感性，缺少对文化产业发展的战略思考，对文化创意产品和文化金融发展的战略方向没有清楚的认识。地方金融机构对文化产品的了解不多，相关的人才不足，文化艺术品评估专家缺乏，评估体系空白，以致往往不敢做文化艺术品的金融抵押，也不敢放贷给相关的文化创意企业。因此，金融机构服务于文化创意企业的机制还有待完善，针对文化创意企业的金融服务细节还有待进一步丰富，特别是文化与金融的对接机制、知识产权评估、文化资产评估和文化企业的信用评级等机制和操作程序都应该尽快完善。

（三）文化金融配套政策不完善

随着文化产业的发展，政府对文化金融市场的扶持力度也在不断加大。政府是文化金融发展的重要推动力量。

首先，文化金融的资金来源比较单一。目前，有限的文化产业发展专项资金、政策性银行贷款、财政拨款等是我国推动文化产业成长的重要扶持资金[①]。文化产业起步晚，文化市场体系和文化金融体系还不完善，因此文化金融的发展离不开政策助力。2014 年 3 月中国人民银行、财政部等部门在无锡召开的全国文化金融合作会议，总结了文化金融发展的经验。会后由文化部、财政部和中国人民银行共同印发了《关于金融支持文化产业振兴和发展繁荣的指导意见》，就党的十八届三中全会对“鼓励金融资本、社会资本、文化资源相结合”的要求进行了政策贯彻。文化金融政策及政策性金融对培育文化金融市场、完善相关机制起着非常积极的促进作用。目前，政府在文化金融中扮演着杠杆调节的角色，起到了积极的引导作用。但是从文化金融涉及的广度和深度来看，还需要进一步完善文化金融政策的细节，让政策更好操作，更加实用。最终让文化产业在借力发展的基础上加快自我完善，自我发展，越走越远。

其次，法治保障不够完善。文化与金融对接涉及金融产品和服务、文化消费、文化资产管理等方面，目前相关法律不够完善，对文化产业发展、文化与金融的对接产生了消极影响。对知识产权的保护缺位造成了国内文化创意市场的萎靡。按照经济学的原理，没有知识产权保护的文化产品市场必然是一个典

---

① 胡志平：《产业融合视角下我国文化金融服务的兴起与创新》，《求索》2013 年第 5 期。

型的“劣币驱逐良币”市场，任何创新都会被迅速模仿复制。基于风险考虑，金融机构不敢贸然创新，最终还会回到通过资产规模等工业性指标评估文化创意企业的老路上①，由此造成了文化创意企业不敢在国内“甩开膀子发展”，一些有实力的文化创意企业只在国内从事文化产品的代工，而把文化产品的创意和设计放到国外的子公司。金融机构也因担心文化创意产品可复制的特点而不愿与文化创意进行对接。

最后，配套政策的持续性和完备性不够。政府对文化创意企业，特别是对小微企业有非常明确的政策支持，包括直接融资、税收优惠以及提供金融服务等。从小微文化创意企业的发展历程来看，政策引导和企业自身创新努力的结合才能让其走向市场。各地需要根据文化创意企业的发展特点制定配套政策。一些城市的投融资平台可以在调低利率的基础上，提高文化产业的投资比例，从而促进文化创意产业的健康发展。

三　文化金融的发展路径

文化金融的发展必须遵循市场的规则，不能只停留在简单融资服务上，还要通过创新促进文化金融的融合。文化金融的融合是从要素到产品再到产业，从技术到企业再到市场的层次丰富而又涵盖全面的相依相守、相辅相成的过程；不仅服务于产业本身，在迈向生产生活的过程中激发起不同层面、更广阔范围的消费需要，因而具有重大价值②。因此，文化金融的融合就是要依据文化产业的发展规律和市场化的发展方向，通过政策牵引、金融搭桥和企业自强的路径来实现。

（一）政策牵引，助力文化金融的融合

由于在实践中文化产业具有“高投入、高风险、轻资产”的内在特性，相应的金融中介服务体系和风险补偿机制的缺乏导致文化创意企业存在“抵押难”

① 张扬：《我国文化金融创新为何面临特殊困境?》，《中国文化报》2013 年 12 月 21 日。

② 胡志平：《产业融合视角下我国文化金融服务的兴起与创新》，《求索》2013 年第 5 期。

“评估难”等融资瓶颈。这些问题在客观上造成了文化与金融融合的困难。因此需要政府在遵循文化市场规律的前提下，发挥政策的牵引功能。首先，应根据地方文化产业的发展特点和金融市场的发育情况，制定和安排产业发展政策，推动文化金融体系建设。其次，要发挥财税调节的作用。通过放宽准入条件和提供相关税收优惠及奖励，支持民营文化创意企业的发展。鼓励和引导非公有资本以独资、合资、合作、联营、参股、特许经营等多种形式公平进入文化产业领域。最后，通过直接的财政支持，助力文化金融体系建设。例如，可利用财政资金牵头组建文化发展基金，吸引社会力量促进文化产业发展；鼓励境内文化创意企业上市融资等。通过政策的牵引，不断优化文化产业的金融环境。

（二）企业自强，拓宽自我融资的途径

文化创意企业要不断提升市场化水平，提升企业直接融资的能力，拓宽企业的融资途径。一方面，文化创意企业要提升自我发展水平，探索文化创意企业跨地区、跨行业、跨所有制并购重组。国有文化产业集团和中小文化创意企业加快建立现代企业制度，完善公司治理结构和财务运行水平，不断提升文化创意企业与金融机构的议价能力。另一方面，企业要发挥自筹式融资主体作用，加强对文化产业上市后备企业的辅导培育，积极创造条件，通过主板和创业板上市、“新三板”挂牌，以及发行短期融资券、中期票据、集合票据等直接债务的方式融资，降低融资成本，扩大直接融资途径。大中型文化创意企业可利用短期融资券、中期票据、资产支持票据等债务融资工具优化融资结构。具备高成长性的中小文化创意企业可通过发行集合债券、区域集优债券、行业集优债券、中小企业私募债等方式拓宽融资渠道。

（三）金融搭桥，完善金融服务的细节

文化金融服务体系的创新是文化金融的核心和重点。一是创新组织形式，支持发展文化类银行、小额贷款公司等金融机构，充分发挥它们在经营决策和内部管理方面的优势，助力小微文化创意企业发展和文化人才创业。二是完善文化产业信贷管理机制，尝试对文化类贷款进行风险单独授权，简化审批流程，提高审批效率；对无锡市重点支持和鼓励发展的文化创意企业和项目，给

予适当差异化的优惠利率；开发分期付款等文化消费信贷品种，提高公众文化消费的积极性。三是建立多层次的贷款风险分担和补偿机制，在文化产业集聚区推广集合担保贷款模式，对区内的中小企业贷款实施集中集合授信、统一担保；鼓励文化产业通过再担保、联合担保以及担保与保险相结合等方式多渠道分散风险。四是加快推动文化金融的保险产品及其服务方式的创新，提高保险在文化产业中的覆盖面和渗透度，有效分散文化产业的项目运作风险，鼓励优势文化出口企业积极参与国际竞争。

四　无锡文化金融的实践与创新

2014 年，无锡举办了中国文化金融合作会议，会议通过举办主题论坛、建言发展政策和发布年度报告、点评典型案例、开展专业培训等活动，搭建促进文化产业和金融业信息交流、项目对接和资源共享的公共平台，进一步推动和完善多元化、多层次、多渠道的文化投融资体系建设。

近年来，无锡市地方政府在经济结构调整和加快发展方式转变的过程中，将发展文化创意产业列为无锡市八大战略性新兴产业之一和“十大重点产业”之一予以培育，文化产业呈现跨越发展良好态势。在文化金融的实践上，无锡地方政府牵头大力推动并直接参与地方金融资源和行业整合，积极推动与各类金融机构、文化企业的合作，通过出台文化产业金融政策、银企信贷战略合作、成立行业发展基金、创新服务模式和产品、加强理论研究和实务交流等举措，有效缓解了中小文化企业创业发展的融资难问题，推动了无锡文化企业的发展壮大和做优做强，为文化产业努力成长为地方经济发展的支柱产业做出了贡献。

（一）文化金融政策的体系逐步健全

首先，加快文化产业的融资体系建设。如 2012 年出台的《无锡市文化产业发展资金管理办法》提出，每年的专项资金不少于 1000 万元。其中，包括担保机构融资担保补贴，对为无锡市文化企业进行担保的市重点融资性担保机构，每年根据其为无锡市中小文化企业提供融资性担保（担保费率不超过 1.8‰/月）的年日均担保额的 1% 给予补贴，对单家担保机构的最高补贴金额不超过该担保机构实收资本的10%，最高可补助300万元。另外，还包括融资费用补贴，对无锡市文化企业经批准发行中长期债券（含中小企业集合债）和中期票据的，按实际融资金额的2‰给予一次性费用补贴，最高可给予100万元的一次性奖励。

其次，鼓励文化企业上市融资。2011年底，无锡市政府出台了《无锡市加快文化产业发展的政策意见》及6个配套文件，决定从2012年开始，无锡市财政每年统筹安排不少于1亿元设立市文化产业发展专项资金，并随着市级财力增长而相应增长，无锡下辖的市（县）区按照不低于1∶1的比例予以配套。对在境内成功上市的文化企业给予一次性奖励。对在境内主板、中小板、创业板和纽交所及纳斯达克上市的无锡市文化企业，最高可给予200万元的一次性奖励；对在境外其他资本市场上市的无锡市文化企业，最高可给予100万元的一次性奖励。

最后，设立种子资金助力文化金融体系发展。2012年设立无锡市种子资金，市财政每年安排1亿元，专项用于对创业投资企业参股的初创期科技型中小企业进行跟进投资。此外，无锡市政府自2013年10月以来，相继出台贯彻落实国务院办公厅《关于金融支持经济结构调整和转型升级指导意见的工作意见》《关于金融支持小微企业发展实施意见的通知》，提出了加大对战略性新兴产业领域小微企业金融支持力度的一系列政策措施。

（二）文化与金融有机互动不断深化

2010年，在无锡市文化创意产业工作推进会上，由无锡市文广新局牵头协调了无锡市7家银行和4家首批支持文化创意企业的创投公司、担保公司和银行对无锡市文化创意企业3年内综合授信105亿元，先后为惠山古镇保护性修复开发、体育公园改造、无锡阳光广场、华莱坞电影产业园等项目，以及无锡广电集团、慈文传媒集团等龙头文化企业提供了有力的信贷支持。

2010年9月，无锡地方政府与银行合作推动农业银行无锡分行专门成立无锡科技支行，在投融资方面创新金融产品，加大对文化创意成长型、科技型中小企业的信贷支持力度，开辟科技中小企业信贷“绿色通道”，开展知识产权质押贷款等，促进文化创意产业的发展。国家级文化产业示范基地——江苏

金一文化有限公司2010年分别获得中国银行贷款2亿元、中国工商银行江苏分行贷款4000万元的支持，并享受贴息福利。

2012年8月，无锡市文广新局与工商银行无锡分行签署战略合作协议，计划未来5年内，为无锡市文化和相关企业提供100亿元的意向性融资支持，合作建立文化产业项目投融资信息平台，创新开发适合文化产业发展的“影视通”“艺术品质押贷款”等十种理财产品，扶持文化产业健康持续发展。2013年，灵山耿湾禅意小镇项目、马山创意文化区项目获得中国进出口银行首期贷款20亿元。同时，灵山实业公司、古运河投资公司、新区软件发展有限公司申报获得中央财政专项资金的贷款贴息880万元。

近年来，无锡市政府组织政府部门、文化企业代表，在北京、台北、东京、伦敦等重点城市举办无锡文化创意产业说明会、推介会、合作恳谈会，积极参展深圳、北京等重大文博会活动，成功举办三届中国（无锡）国际文化艺术产业博览交易会，搭建起企业与行业伙伴和金融机构交流合作的有效平台。成立无锡市文化创意产业协会，已吸纳会员企业近300家，组织举办了“世界创意产业之父”霍金斯先生主题研讨会、“两岸四地文化产业发展论坛”等活动。无锡国家数字电影产业园每月举办影视投资广场沙龙，吸引国内各大银行、基金公司、投行等10余家金融机构集聚园区，促成近20个影视项目落地开展投资合作。

（三）多层次资本融资格局初步形成

首先，协调无锡市的金融中介服务机构，全力支持符合条件的文化企业在主板和创业板上市。为满足文化企业的多样化融资需求，2013年无锡市政府出台了《关于进一步加快推进企业上市工作意见》，建立宣传文化部门与各市（县）区金融部门的项目信息合作机制，加强文化企业项目的筛选和储备，设立上市后备企业资源库，与企业签订《鼓励企业上市备忘录》《鼓励企业“新三板”挂牌备忘录》，协调证券公司、会计师事务所、律师事务所等中介服务机构，为有条件上市的文化企业提供服务。通过政策性奖励积极支持文化企业直接融资。通过一次性奖励的方式鼓励有条件的文化企业发行债券（长期债券和中期票据）。

其次，构筑多元化的文化资金支持渠道。无锡市政府牵头设立了规模为1亿元的产业发展股权投资引导基金，以此汇聚来自私募股权基金、天使投资和风险投资等社会资本的力量助力文化产业的发展。2010年3月，无锡国家数字电影产业园与香港金川媒体有限公司宣布成立总金额为1亿元的“华莱坞香港电影发展基金”，致力推动亚洲区的电影制作项目。2011年1月，无锡（国家）数字电影产业园、摩根士丹利合作基金亚太金融资本、擎辉基金和滨湖区金源投资四方合作成立大摩华莱坞基金，基金规模为10亿元和1亿美元的平行基金，将重点投资于电影发行和流通渠道、青年导演基金、影视内容制作、影视版权交易和文化产品营销。2011年7月，无锡广电集团与新加坡华映资本合作成立了规模为10亿元的无锡华映文化产业基金，重点扶持新媒体产业发展。首期募集2.45亿元，已完成投资12个项目，其中推出的单个项目收益率达到投资额的19倍。2012年2月，江苏省文化产业集团、无锡国家数字电影产业园、无锡金源集团三方建立战略合作关系，拟成立注册资本3亿元、规模10亿元的产业基金。

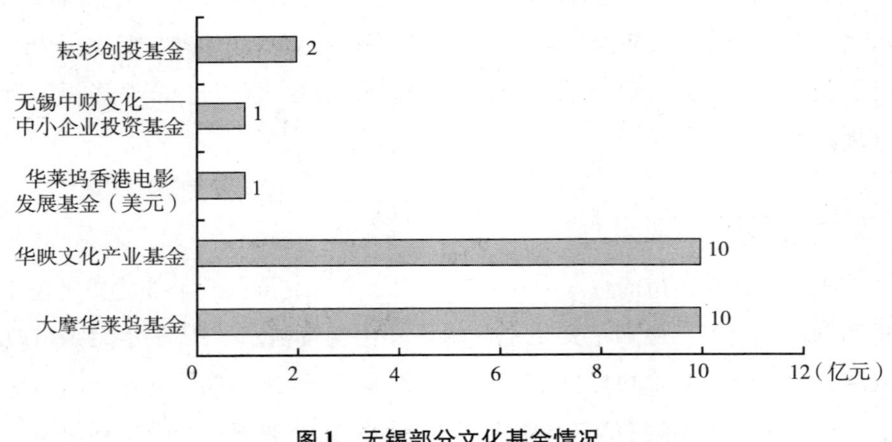

图1　无锡部分文化基金情况

五　文化金融创新的特色案例

近年来，金融机构与文化企业积极筹建文化支行和文化小额贷款公司。目

前，无锡市已经设立科技支行2家、文化支行1家、科技小额贷款公司5家。无锡农商行太湖文化支行通过实行单独对象、单独授权、单独标准、单独核算、单独考核，建立起一整套契合文化型中小企业的服务模式，推出了涵盖动漫网游、影视传媒等文化创意行业的系列金融产品。农行科技支行为无锡妙思动画创新设计了股东信用贷款业务；工商银行推出了“影视通”“组合担保融资”等文化金融产品；保险公司也积极支持文化产业发展，人保、太保、信保无锡分公司被确定为首批文化产业保险试点公司，积极探索适合文化企业特点和需要的保险业务。

（一）专业化的金融服务平台——无锡农村商业银行太湖文化支行

2014年3月26日，无锡市第一家文化产业专营银行机构——无锡农村商业银行太湖文化支行正式揭牌成立。该行按照“行内专营机构”确定文化体制定位，以文化型企业为主要服务拓展目标，以改革创新的理念建立文化型中小企业的风险评估和补偿机制以及确立高效的审批流程，实行责权利相统一、人财物相独立的专营模式，实现单独对象、单独授权、单独标准、单独核算、单独考核，建立并完善一整套契合文化型中小企业的服务模式。

1. 文化支行的职责

无锡文化支行是服务于文化型企业的专营金融机构，在其权限内独立开展金融服务，对文化支行重点考核文化贷款投放，相应减少对其他业务指标的考核。研究制定本支行文化信贷业务发展规划和年度经营目标计划并组织实施；根据总行相关要求，制定和完善文化支行信贷业务相关制度；建立相对独立的文化信贷业务核算机制；开展文化型企业的营销工作；针对文化型企业的融资需求，开展文化金融产品的创新工作；开展文化信贷业务客户等级认定、贷款发放和贷后管理等工作。

2. 文化支行的业务对象和业务范围

文化支行以符合文化产业发展方向的影视传媒、创意设计、数字出版、文化旅游、广告会展、动漫网游、演艺娱乐、文化遗产开发利用等文化产业企业或项目为主要服务对象；为客户提供开户结算、信贷、财务顾问等金融服务；同时加强与文化型企业紧密结合的产业园区、风险投资基金、文化型小贷公司、文化型担保公司等单位的合作，并为之提供开户、资金投融资等金融服务，形成完整的金融服务产业链，充分发挥文化支行金融中介的作用，不断助力文化产业的成长壮大。

无锡农商行总行审批部门负责文化支行信贷业务审查审批工作，配合文化支行组织推动全行文化企业金融业务的顺利开展。文化支行为文化企业与农商行搭建信贷合作的桥梁，同时做好相关服务工作。其他支行平时也要积极开展属地文化部门、文化创意园区接洽，开展文化信贷业务的前期营销工作，信贷业务经审查通过的，计入相关支行考核范围内。同时要配合文化支行做好文化支行营销客户的放款工作。图 2 列示了无锡农商行太湖文化支行的业务构架。

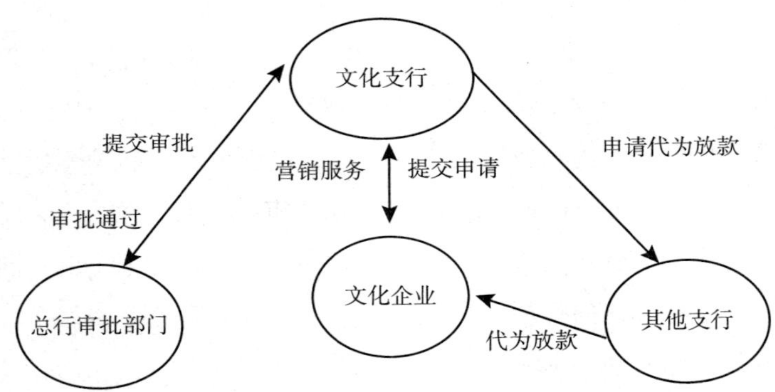

图 2　无锡农商行太湖文化支行的业务构架

3. 风险管理模式

针对文化型中小企业高成长、高盈利、高风险的特点以及传统的银行风险评估手段对文化型企业的产业前景把握的局限性，文化支行积极创新业务流程，建立起适合文化型企业的风险管理模式。

一是针对客户评估和准入，实行“内部评级 + 特殊准入”的模式。在文化型中小企业内部评级不能达到现行准入标准时，对符合条件的批准特殊准入。

二是建立完善的外部信息引入机制。在政策和条件允许的情况下，把市级文化企业的外部评审信息纳入信贷调查范围，把对中小文化型企业认定过程中的专家评审打分信息纳入信贷调查范围，实行有针对性的信贷调查和审查。表 1 是无锡农业商业银行支持文化企业的创新产品的汇总。

表 1　无锡农村商业银行支持文化企业创新产品的汇总

产品名称	产品介绍	担保方式	适用对象	业务流程
影视传媒之星	为从事影视制作、发行和放映的企业提供信贷资金支持	可采用版权质押、应收账款质押、未来收益权质押、保证及抵押等担保方式	提供广播、电视、电影、音像的制作与发行、放映等服务的企业	1. 企业提出申请，提交相关资料； 2. 银行受理，进行调查、审批； 3. 审批通过后，企业与银行签订合同，需落实相关担保的企业办理相应担保手续； 4. 以应收账款、未来收益权质押办理业务的企业需在银行开立资金监管专户； 5. 发放贷款
创意设计之星	为从事设计服务的企业提供信贷资金支持	可采用包括订单融资、应收账款质押、软件著作权质押、专利权质押、保证、抵押在内的获得认可的担保方式	从事工艺设计、工程景观设计、软件设计、工业和其他与文化创意有关的设计服务型企业	
数字出版之星	为从事数字化改造建设的企业提供信贷资金支持	可采用版权质押、设备抵押、订单融资、应收账款质押、保证、抵押等担保方式	从事数字化印刷、电子出版物出版制作、复制、发行及纸质出版物数字化改造等的企业	
文化旅游之星	为从事旅游服务的企业提供信贷资金支持	可采用包括订单融资、应收账款质押、未来收益权质押、保证、抵押在内的获得认可的担保方式	从事工业旅游、农业生态旅游项目、古镇类古迹的保护、旅游开发与管理及各类文化题材园、馆的旅游开发、管理的企业	
广告会展之星	为从事广告业和提供会展服务的企业提供信贷资金支持	可采用包括订单融资、应收账款质押、版权质押、未来收益权质押、保证、抵押在内的获得认可的担保方式	从事广告业、提供会展服务和文化活动的策划、组织的企业	
动漫网游之星	为研发、制作动漫产品、网络文化产品及衍生品的相关企业提供信贷资金支持	可采用包括订单融资、软件著作权、应收账款质押、版权质押、未来收益权质押、保证、抵押在内的获得认可的担保方式	从事动漫产品、网络文化产品及其衍生品的研发、制作和销售的企业，重点支持具有自主创新知识产权的企业	
演艺娱乐之星	为从事文艺创作表演、休闲娱乐服务的企业提供信贷资金支持	可采用商标权质押、版权质押、应收账款质押、未来收益权质押、担保、抵押等担保方式	从事文艺创作、文艺表演及各类文化活动的策划、组织和提供服务的企业	
文化遗产之星	为从事文化保护和文化设施服务企业提供信贷资金支持	可采用包括订单融资、应收账款质押、未来收益权质押、保证、抵押在内的获得认可的担保方式	从事图书馆、档案馆、博物馆建设与管理、文物及文化保护、艺术品等拍卖活动、民间民俗工艺品开发与经营等的企业	

（二）委托债权实现银企双赢——中信银行拓宽无锡灵山融资渠道

为了适应无锡灵山文化旅游集团有限公司的资金需求量大的特点，中信银行以发行委托理财的方式为“灵山胜景”项目提供2亿元资金支持（见图3、表2）。

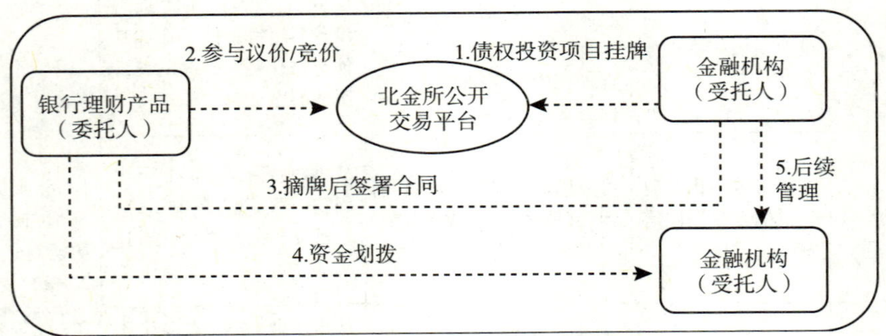

图3　产品结构

表2　产品操作流程

1	分行与发行人签署《理财顾问服务协议》，并向北金所提交项目挂牌申请，完成委托债权投资项目的正式挂牌
2	挂牌项目通过北金所审查后，分行向总行投资银行中心上报发行说明，明确拟招募金额、产品期限、理财收益率、各项费率以及资金账户等要素，并附相关协议文本
3	总行投资银行中心向各理财产品销售部门发送产品发行说明，提请发行理财产品进行资金募集
4	理财产品销售部门负责理财产品通过全行对公和对私渠道面向机构客户和高净值个人客户发行理财产品募集资金
5	资金募集完毕后，总行投资银行中心以委托人名义参与北金所挂牌委托债权投资项目的议价，中标后与中信银行签署《委托债权投资代理协议》，委托中心银行办理委托债权投资业务
6	在北金所的组织下，总行、分行和发行人签署《委托债权投资代理协议》，在协议中约定委托债权投资的金额、期限、利率水平以及相关各方的责任和义务
7	相关协议签署完毕后，总行、分行按照相关协议的约定划付资金，资金最终划至发行人账户，完成委托债权投资业务
8	理财产品存续期内，中信银行进行项目后续管理和监控
9	到期后，发行人偿还委托债权投资本金及利息，中信银行将理财产品本金收益划付至各销售渠道，完成清算操作

B.8

文化产业人才：无锡文化产业发展的关键要素

姚忠伟　吴菁菁

文化产业是以文化创意为核心，通过技术的介入和产业化的方式制造、营销不同形态的文化产品的行业。文化产业与其他行业不同，是一种知识密集型或技术密集型的产业，是以文化创意为核心的产业，而知识和技术、文化创意皆来自人。因而，文化产业的这些特点，决定了人才是文化产业发展的原动力，是发展文化产业的决定性因素。综观世界和国内文化产业发达城市，丰富的人才甚至创意阶层的存在是其文化产业兴盛的原因之一。

文化产业人才是指于文化产品生产和提供文化服务的经营性行业就业，具有一定知识或技能，有创造能力和创新意识，能为社会的物质、精神和政治文明做出贡献的人。具体地说，文化产业人才就是分布在广电传媒、报刊出版、网络游戏、演艺娱乐、艺术品市场、文化贸易与投资、文博、文化旅游、广告传播等领域的人才。

一　无锡文化产业人才队伍建设的现状分析

（一）文化产业从业人数保持平稳

经江苏省统计局核实确认，2013 年经普数据表明，无锡市的文化产业法人单位为 9532 家，在全省居第三位。2013 年文化产业增加值为 321.47 亿元，占 GDP 比重为 4%，比上年提高 0.1 个百分点。2012 年，无锡市文化产业从业人员达 8.83 万人，比 2011 年少 0.05 万人。文化产业从业人员占全社会从业人员的比重为 2.27%，比 2011 年下降 0.03 个百分点；占全市城镇从业人员的比重为 3.17%，比 2011 年下降 0.23 个百分点。

（二）文化产业人才政策体系不断健全

近年来，无锡市委、市政府对文化产业人才建设工作高度重视，先后出台《关于深化“530”计划，建设“东方硅谷”的意见》（锡委发〔2012〕10号）、《关于推进人才强企工作的实施意见》（锡委发〔2013〕45号）等人才政策。尤其是无锡市文化产业发展的纲领性文件——《关于无锡市加快文化产业发展的政策意见》（锡委发〔2011〕103号），对“文化产业人才贡献奖励和人才培训补贴”专门进行了详细规定：（1）对按照规定程序评选出的对无锡市文化产业发展做出重大贡献的文化产业人才，颁发“文化产业人才贡献奖”，每年最多3人，最高可给予每人10万元奖励；（2）对经认定的无锡市文化产业领军型人才和文化名人，参加市级以上政府组织的境外培训，培训合格后，可按其实际支付培训费用的50%给予补助，最高可补助2万元。为此，无锡市文广新局、财政局联合出台《无锡市文化产业人才贡献奖评选办法》（锡文广新发〔2012〕37号），对人才评选具体办法进行了规定。

（三）文化产业人才工作开展扎实有效

近年来，无锡市认真贯彻落实各级人才政策精神，全面开展文化产业人才培育、引进和表彰等工作，取得了一系列人才荣誉和社会认可成果。

（1）引进一批高端文化产业人才。以省“333工程”、市“530计划”、国家“千人计划”“五个一批”等项目为依托，积极引留无锡急需的专业管理人才和高端技术人才，先后引进江苏金一总设计师张强、慈文传媒集团董事长马中骏、凤凰画材集团董事长陈卫宏、亿唐动画公司总经理施向东（国家“千人计划”成员）等一大批高层次领军型创业人才。

（2）入选江苏省“文化创新团队”。2012年以来，亿唐动画施向东团队和江苏金一张强博士团队、央视网络无锡公司朱立松博士团队相继入选省委组织部主评的江苏省文化创新团队，分别获得300万元资金扶持资助。

（3）入选市、省级“科技企业家”。2013年，在无锡市委组织部和江苏省委组织部分别组织的首批科技企业家评选工作中，当当网俞渝、宜翔陶瓷公司葛宜翔、央视国际网络公司熊智辉、灵动力量李菲4人入选首批市级科技企

业家；江苏睿泰公司艾顺刚、凤凰画材公司陈卫宏、江苏新广联公司尤小虎、江苏金一公司黄翠娥、易视腾科技公司侯立民5人入选首批江苏省“科技企业家培育工程”培育对象，并有2人参加了省委组织部组织的清华大学培训班。

（4）开展“无锡市文化产业人才贡献奖”评选。产生表彰了慈文传媒集团有限公司马中骏等6名对无锡市文化产业发展做出重大贡献的人才，给予每人10万元奖励，对无锡市文化产业人才引进和培育起到了良好的示范作用。

（5）开展“无锡市唐鹤千卓越青年文化创意人才奖”评选。为鼓励45岁以下、具备较大发展潜力的青年文化创意产业人才，经上海唐君远教育基金会支持，自2013年起设立“无锡市唐鹤千卓越青年文化创意人才奖”。经无锡市委统战部、市文广新局共同发动、评选，慈文传媒集团张帆、无锡灵动力量文化传媒公司董明安等10人每人获得3万元的奖励。另外，2013年，宜兴葛盛陶庄董事长葛菡禄入选“中国百名青年设计师”。

二　无锡文化产业人才队伍存在的问题分析

（一）文化产业人力资源总体短缺

无锡市人社局发布了《无锡市2013年紧缺专业人才需求目录》。在人才最抢手的21个行业中，“工业设计与文化创意”赫然在列。近年来，随着无锡文化创意产业的逐步发展，对于专业人才的需求也愈发强烈。但是，2012年，无锡市文化产业从业人员与江苏省其他先进城市相比有较大差距（见表1）。

表1　江苏省文化产业相关数据

单位：%

地　　区	文化产业增加值占GDP比重	文化服务增加值占第三产业增加值的比重	文化产业从业人员占全部从业人员的比重
南京市	5.09	5.66	3.11
无锡市	3.90	3.00	2.27
徐州市	3.34	3.54	0.93
常州市	4.96	3.56	2.27
苏州市	4.99	3.58	3.76

续表

地　区	文化产业增加值占 GDP 比重	文化服务增加值占第三产业增加值的比重	文化产业从业人员占全部从业人员的比重
南 通 市	3. 13	3. 33	1. 47
连云港市	2. 34	2. 53	1. 03
淮 安 市	3. 13	4. 09	1. 33
盐 城 市	2. 42	3. 08	1. 16
扬 州 市	3. 91	4. 24	4. 33
镇 江 市	4. 95	6. 19	3. 04
泰 州 市	2. 37	3. 08	1. 24
宿 迁 市	3. 07	2. 39	1. 08

资料来源：《2012 年度无锡文化产业发展情况简析》，http：//xcb. wuxi. gov. cn/zxzx/dzqk/wxxc/Y2013M10/gzsk/6577791. shtml。

与世界先进城市相比，差距更是巨大。纽约文化创意产业从业人员占全部从业人员的比例为 12%，伦敦为 14%，东京达 15%。

（二）文化产业人才结构不合理与专业化程度不高并存

为掌握无锡文化创意企业总体情况，2014 年我们选择 20 家重点文化创意企业进行了专题调研，从调研统计数据来看，20 家重点文化创意企业共有从业人员 7933 人，其中研发人员 4798 人，硕士及以上学历者 276 人，中级及以上职称者 237 人。上述数据表明无锡市文化产业人才结构不够合理，专业化程度不高，硕士及以上学历人数或中级及以上职称人数仅占从业人员的 3% 左右，复合型、创业型的人才更是稀缺。

（三）文化产业人才培养与培训中存在脱节现象

尽管无锡汇聚了江南大学、江南影视艺术职业学院、太湖创意职业技术学院等一批文化创意产业高校，为无锡本地及国内外培育输送了大批文化创意产业人才。但是，无锡文化产业人才培养与培训中的脱节现象不同程度地存在：学校教育与市场需求基本脱节，理论教学与专业实践基本脱节，师资质量与教学要求基本脱节，学术研究与专业教学基本脱节。尽管文化产业人才培养和培训中的产学研合作有进展，无锡市与江南大学人文学院合作，成立了江南文化

与影视研究基地，与江南大学国家大学科技园合作建立“基于 D2C 模式的文化创意产业公共服务平台”，但是，产学研合作的范围不广，层次有待提升，合作模式尚须进一步探索。

（四）文化产业人才流失与文化企业“招工难”并存

一方面，无锡文化产业人才流失严重，中小文化企业每年年底遭遇人才流失。江南大学设计学院工业设计系在全国名列前茅，但无锡对高端设计人才的需求并不是特别多。系内大部分毕业生都聚集到北上广以及深圳、浙江等地，就职于海尔、TCL、美的等家电企业以及阿里巴巴、淘宝、腾讯这些大型互联网企业。专业高端人才的缺失，不仅限制了无锡设计水平和策划水平的提升，而且造成了本土文化企业普遍水平不高的局面。

另一方面，文化企业存在“招工难”的问题。面对无锡文化产业快速发展带来的人才需求，文化专业应届大学生源源不断地毕业，按理说无锡文化企业应该不存在“招工难”的问题。然而现实是，“招工难”这种尴尬情况正在困扰无锡诸多文化企业。目前无锡文化企业普遍面临这种情况，高水平的专业人才聘用不起，退而求其次招聘的新人却又很难独当一面。现在企业要招到创意策划类的专业人才非常困难。从行业来说，无锡基本没有相关对口专业的毕业生，很多年轻人只能经过市场打拼，以自我成长的方式成为文化产业设计、创意与经营人才。从理论上看，当前文化专门人才培养的数量与层次不能满足与适应中小文化企业发展的需要，是无锡出现这种情况的主要原因。现有的人才培养模式、机制与市场对文化产业专门人才的规格诉求相脱节，同时现有的制度和发展环境又不能有效吸引高素质文化人才来中小文化企业创业与就业，造成了无锡文化企业存在“招工难”。

三　无锡文化产业人才队伍建设的对策思考

（一）高度重视文化产业人力资源开发

无锡历史上是一个以制造业为主的城市，文化产业发展历史比较晚，很多人对文化产业人才的重要性认识不足，一些文化产业企业固守过去的传统，重设备、厂房、土地，轻人力资源的开发。文化产业作为最先进生产力的表征和产业发展的高端形态，依托文化创意和创新为驱动力，正是文化创意驱动着不断创新创造的经济发展，不断催生对物质与精神产品更新换代的需求。可以说，当前世界主流产品大多是文化与科技相融合的产物。在文化产业发展中，有形的物质资源不是核心要素，无形的人力资源才是关键。因此，无锡发展文化产业要从依赖有形的物质资源和历史文化遗存，转向开发提升人力资源。必须高度重视文化产业人力资源的开发，要解放思想、更新观念，在坚持德才兼备原则的同时，遵循文化产业市场规律，遵循文化产业人才成长规律，充分尊重文化产业人才的个性，允许和鼓励文化产业人才的合理流动，为文化产业人才的成长提供良好的社会环境。

（二）充分发挥文化产业领军人才的作用

文化产业领军人才是文化产业发展的“灵魂”，无锡文化人才开发要更加注重质量和效益，充分发挥文化产业领军人才的作用。无锡在贯彻《关于深化“530”计划，建设“东方硅谷”的意见》的工作中，要结合无锡文化产业人才队伍的具体实际，研究制定引进高层次文化人才的实施方案，拟定有针对性的评价选拔指标体系，着力培养造就一批文化产业带头人和领军人物；在贯彻落实《关于推进人才强企工作的实施意见》的工作中，要探索与高校合作的相关机制，以在华留学生社会实践为纽带，推进校地、校企在高端文化项目、高层次文化人才领域的互动发展。同时，通过各类文化产业招商说明会、展会，加大宣传推介力度，吸引更多具有较高文化和科技素养、懂经营善管理的复合型人才和团队关注无锡、加盟无锡。

为应对无锡处于上海、南京夹缝中的相对劣势，海外或一线城市的文化产业人才不愿来无锡发展的现实，无锡在文化人才引进方面要确立“不求所有、但求所用”的用人理念，不断突破身份、资历甚至地域的限制，人才引进逐渐由“刚性”向“柔性”转变。要鼓励无锡重点文化产业企业在北京、上海等地成立子公司，就地招聘、延揽各类人才，使优秀人才不离开一线城市，就能为无锡文化产业做贡献。

（三）深化体制机制改革和政策创新

无锡市2006年12月被国家确定为第二批文化体制改革试点城市，也是江苏省首批文化体制改革试点城市之一，2010年起连续多年被评为全国文化体制改革工作先进地区。改革无止境，发展无极限。当前，无锡的文化体制改革进入“深水区”，已经收获改革红利的无锡要继续推进文化体制机制改革。党的十八届三中全会确立了“文化生产经营机制”“现代文化市场体系”等全新提法，无锡要在这些方面积极探索、开拓创新。目前无锡正在逐步建立以国有资本为主导的投资主体多元化、投资方式多样化、投资机制市场化、投资准入差别化为特点的新型文化投融资体系；调整国有资本对文化事业、文化产业的投资范围，推动国有资本投资机制的转变；探索建立适应文化产业发展的融资机制，加快组建新的投融资平台；构造一批以国有资本为主体的文化投融资运营主体，对中小型国有文化企业进行嫁接改造；建立文化产业投资信息服务平台，吸引有实力的企业和民间资本投资文化产业。2013年12月，无锡文旅集团正式挂牌成立，积极推进文化与旅游的融合发展，也表明无锡文化体制机制的改革正在进一步深入。

近年来，无锡科技创新创业成效显著，“530计划”等引进科技创新创业人才的政策不断创新，下一步，无锡要加大对文化产业人才的政策扶持力度，要像重视科技人才一样重视文化产业人才，像支持科技人才一样支持文化产业人才。要认真落实高层次文化产业人才享受与高科技人才同等的资金、住房、户籍、子女上学等优惠政策，加强文化人才在无锡工作和生活状况的调查研究，对普遍反映的诉求，会同有关部门共同研究解决和改善的办法；进一步推进吸引、留住、培养、用好各类人才的相关工作，充分整合和优化政府人才政策资源，重视针对无锡市文化产业人才服务保障体系的研究和探索，研究制定文化产业人才的后续培训方案，为他们在无锡创新发展提供全方位的服务；加强对文化企业人力资源工作的指导，引导企业提升人力资源管理的正规化水平，努力为各类文化产业人才提供更好的环境保障。

（四）构建产学研相结合的人力资源开发体系

产学研相结合的人力资源开发体系是文化产业人才成长的重要支撑。要采

取积极有效的措施，解决当前文化产业人才培养中存在的供需脱节现象，扩大产学研合作范围，提升产学研合作层次，完善产学研合作体系，探索产学研合作新模式。

扩大产学研合作范围。目前，无锡文化产业的产学研合作大多局限于本地高校或本省高校，合作的范围也仅限于动漫、文化影视、工业设计等，合作的形式以教育培训和建立教学实践基地为主。因此，必须进一步扩大产学研合作范围。无锡高校要结合文化产业的特点调整人才培养方案，不断加大文化产业人才的培养力度。要加强与高校招生就业部门的联系，准确沟通供需信息，推动有条件的职业院校与无锡企业或园区合作培养文化产业人才，推行“订单式”培养；探索实训机制，校内实训基地和校外实训基地的建设同步推进，提高教育培训实效，缩短高校毕业生的就业适应期；要进一步增加合作高校的数量和提高质量，通过走出去、请进来等多种形式，不断拓宽人才培训渠道。力争用5～10年的时间，真正打造一个类型丰富、层次分明、结构科学、不断聚集的无锡文化产业人才群，为无锡文化产业持续发展提供动力。

提升产学研合作层次。“7+1”政产学研合作是无锡具有影响力的城市品牌资源，高端化引领将会进一步放大城市的品牌效应。因此，无锡文化产业要进一步提升产学研合作层次。一是要大力引进高端品牌的院校资源。鼓励无锡文化企业瞄准名校开展合作，主动“攀高枝”“傍大树”。二是要大力引进海外高端人才资源。海外文化产业高端人才不仅具有较广的人脉关系，而且其具有的先进理念是国内人才所缺乏的。三是要大力引进高端的人才团队。例如，无锡方园环球显示技术股份公司为了获得一流技术团队支撑，不惜重金将盛大网络硬件研发团队整体收购。

完善产学研合作体系。无锡文化企业起步较晚，大多数企业规模偏小，很难通过自身建设产学研合作平台实现产业转型升级，需要依靠文化产业基地（园区）搭建公共合作平台。目前无锡文化产业基地（园区）的产学研合作平台大多数还没有完全形成涵盖产品开发、成果转让、人才培养、技术服务等的合作体系。因此，一是要围绕文化产业链来构筑平台支撑链。需要根据各个基地（园区）文化产业发展的定位，针对重点发展的特色文化产业，尽快建立创新技术和创意信息支撑平台、项目人才引进平台、风险投资平台、知识产权

交易平台和教育培训平台等。二是要提高现有支撑平台的资源利用效率。目前，无锡现有文化产业产学研合作平台分布分散，并未形成按平台支撑的产业集聚区，支撑平台资源的利用率较低。下一步，要有效整合资源，实现产业相对集聚发展，也可以借此提高现有支撑平台资源的利用效率。

探索产学研合作新模式。产学研合作必须坚持以市场为导向，只有充分发挥市场机制在产学研合作过程中的决定性作用，产学研合作发展才会有源源不断的推动力。一要坚持企业为主体。企业是产学研合作的主体，企业最接近市场，对文化产业发展动态最敏感，企业也是文化产业最主要的投资主体，相比高校更具市场化意识。二要突破传统体制的束缚。高校和科研院所属事业单位，其发展的目标定位和制度设计的主要依据是事业单位成就最大化，对经济效益的考量较少，产学研合作中也大多是等企业找上门。产学研合作的良性发展要鼓励高校和科研院所主动上门找企业，要对无锡文化产业进行前瞻性研究，力争实现技术和创意服务的产品化、产学研的长期化和服务项目的资本化。三要探索合作多赢机制。优化的产学研合作机制应是多方共赢，产学研合作中院校方、嫁接项目的企业方、嫁接项目的拥有人和合作机构运营方及地方政府都可以受益。为此，合作各方要依法签订合作协议，严格依法办事，其中，地方政府及合作机构运营方要有足够的耐心和提供周到的服务，进行更大的帮助和扶持，切不可急功近利，通过变相抬高房租和物业管理费等急于收回投资。

（五）完善服务管理体系和激励机制

文化产业的发展要求建立市场化和社会化人力资源服务管理体系和激励机制，要建立一套完善的服务管理方法，采取有效的人力资源管理方式，促进人才的合理流动，以更为有效地选拔人才，同时激发文化产业人才的积极性、创造性，取得最好的社会效益与经济效益。

首先要完善服务管理体系。文化产业人才往往个性较强，追求工作自由度的愿望更强，因此，应允许和鼓励文化企业采取适应文化产业人才成长规律、符合文化企业实际的管理和考核评价机制。应允许和鼓励自主创业，对于具有自主知识产权的文化产业人才创办文化企业，成立专门资助、培养文化产业人

才的基金，给其提供适当的资助；探索文化产业人才以文化品牌、创作和科研成果等生产要素占有企业股份，参与利润分配，使其价值得到充分体现；允许和鼓励文化产业人才的合理流动，允许和鼓励文化事业人才兼职，建立完善文化事业人才和文化企业人才的双向交流制度。

其次要完善文化产业人才的激励机制。一是事业激励。对于工艺大师、首席专家、品牌策划人等文化产业带头人，扶持其建立工作室，授权其自行组建团队，给予完全的“责、权、利”，激发人才干事创业的活力和合力。二是薪酬激励。当前无锡从产业总体薪酬水平和不同薪酬水平的员工数量构成看，文化创意企业的薪酬水平并不高。为此，要制定完善与绩效挂钩的待遇和薪酬制度，提高文化产业从业人员的总体薪酬水平。三是荣誉激励。通过评奖、授予荣誉称号等多种荣誉激励方式，激发文化产业人才创业的积极性。要积极对申报江苏省委组织部“文化科技企业家”“文化创新团队”等人才项目扶持，继续开展并充分发挥好“无锡市文化产业人才贡献奖”“无锡市唐鹤千卓越青年文化创意人才奖”等重大文化人才奖项的激励效应，营造良好氛围，鼓励优秀文化人才脱颖而出。

B.9

文化创意产业园区（基地）：无锡文化产业发展的重要载体

姚忠伟　徐 丹

文化产业创意园区（基地）是指在文化产业领域中，由众多独立又相互关联的文化企业以及相关支持机构，依据专业化分工和协作关系建立起来并在一定区域集聚而形成的产业组织。从上海、英国等地的实践看，发展文化创意产业园区（基地）是推动文化产业兴起的有效途径之一。

文化创意产业园区（基地）是发展文化产业的载体和依托。培育和扶持文化创意产业园区（基地），对提升无锡城市综合竞争力和文化软实力有着重要意义，是实现无锡产业结构调整，实现产业优化升级的重要步骤，是促进无锡文化大发展大繁荣的重要手段。

一　无锡文化创意产业园区（基地）发展情况

无锡文化产业发展的过程，也是城市经济转型、空间布局调整的过程，文化创意产业园区（基地）成为其中的亮点。目前，无锡已形成“国家—省—市级文化产业示范园区（基地）”三级并存的架构，已建成各类文化产业基地（园区）23 个，其中国家级文化产业园区 6 个，省级 8 个，市级 10 个。2013 年产值超过 100 亿元的有 1 个，超过 10 亿元的有 11 个。大师工作室，创意设计、文化传媒、影视动漫、信息软件等企业或工作室聚集在产业园区，成功实现文化创意产业聚集优势和规模效益。园区注重文化与科技相融合，2013 年无锡国家数字电影产业园获批成为国家级文化科技融合示范基地，并与无锡新区创新创意产业园、江阴创意文化产业园一起被评为江苏省文化科技产业园。表 1 列出了无锡国家级、省级文化创意产业园区（基地）。

表1　无锡市国家级、省级文化创意产业园区（基地）

	文化创意产业园区（基地）	级别（所属单位）	所在区域
1	无锡新区创新创意产业园（国家动漫游戏产业振兴基地、国家动画产业基地）	国家级（文化部、广电总局） 省级（省文化厅）	新区
2	无锡国家数字电影产业园	国家级（广电总局）	滨湖
3	太湖数码影视园　国家动画产业基地		
4	559产业园（江苏数字出版基地无锡园区）	国家级（新闻出版总署）	北塘
5	新区软件发展有限公司	国家级（文化部）	新区
6	江苏金一文化发展有限公司	省级（省文化厅）	江阴
7	江苏江阴文化创意产业园（江阴临港新城）		
8	江苏宜兴环科园		宜兴
9	无锡文博投资集团		滨湖
10	无锡灵山文化旅游创意产业园		
11	江苏希际数码艺术网络股份有限公司		新区
12	吴文化博览园投资建设有限公司		
13	慈文传媒集团股份有限公司		

其中，表现突出的园区基地如559产业园（江苏数字出版基地无锡园区），其使命为“变废旧工厂为文化社区，让过去的历史成为明天的经典，让历史的货运码头成为现代心灵成长的驿站”。园区以“留下城市发展历史的记忆，让城市生活更美好”为主题，重点打造五重文化内容：（1）文化空间再造——改造老旧厂房，新建创意办公用房，在保留历史空间记忆的同时增加时尚符号和人文功能，形成一种未来时尚的文化与历史的对话。通过情景体验式空间打造，让人们能在感受到历史片段的同时接受时代的信息。（2）文化内容导入——特别关注有文化价值的高成长项目。（3）文化品牌活动——通过与商家和社会品牌企业的联动，打造园区主体品牌活动，如园区历史3000步、群众性艺术展演、摄影大赛、读书会、音乐节等，促进商家与消费者的即时互动，逐渐积淀和塑造园区的品牌价值。（4）文化孵化平台——不仅重视导入文化企业，更注重对文化的培育和直接投入，对文化创意企业进行投资和辅导，并且打造新的文化运作项目，如“微果”青年创业孵化中心。（5）文化运营商——投资方和运营团队在全国都有着丰富的创意园投资和运营的成功经验，用文化招商和造商双重目标驱动，全面提升园区的文化价值。园区将重点

体现四大示范价值：园区示范——通过新型商业业态和模式运作，为无锡创意园建设和商家经营带来政策性示范；空间示范——打造充满个性与艺术渲染力的城市文化空间，打造情景体验式空间，带来空间改建和城市资产高效利用的示范；创新示范——打造一个年轻人的创意创业模式和社会管理模式可以集中的地方，为城市寻找内生成长动力；体验示范——顺应未来生活方式，构建文化体验式消费场所，构建学习、体验与消费相融合的场所，丰富居民文化生活内容，使周边居民价值感提升。园区将通过2年的初建、3年运营，逐步实现文化引领作用，不再作为产业集聚模式，而是价值集聚模式，突出创意、设计在价值创造中的作用，在整体社会转型中，实现无锡工商业发展的新定位。扩大创意阶层，影响更多的人热爱创意，喜欢创新，真正走出中国人的创新发展转型之路，既是探索，也是实践。这一园区将成为无锡文化旅游产业发展的重要平台和新亮点，一方面能提高城市文化“软实力”，有效拉动和刺激消费，为服务业发展提供新的动力，为文化、娱乐、休闲等第三产业提供广阔的发展平台，从而推动区域产业结构升级，加快区域经济转型，对区域的良性发展有着重要的社会意义；另一方面还将对环境效益产生积极的影响，为运河风光带的建设开发破题，促进城市可持续发展，提高就业机会和周边土地的附加值，对打造“四个无锡”起到积极的作用。

二　无锡文化创意产业园区（基地）发展存在的问题分析

文化创意产业园区（基地）是产业与文化创意高度结合的空间载体，是一个文化创意产业发展的人才、资金、信息、网络等各种要素的集聚地，是文化创意产业发展的支撑平台与助推器。实践表明，无锡文化创意产业园区（基地）在推动经济增长，促进无锡经济稳定转型，实现产业结构优化升级方面取得了积极的成效，但是，我们也应该清醒地看到，无锡文化创意园区（基地）发展中仍然存在不少问题。

（一）园区定位不明，文化内涵欠缺

无锡文化创意产业园区（基地）大多是在适应经济发展需要的基础上建

立起来的，部分园区（基地）定位不明确，入驻企业关联性不强。同时由于运营成本和产值的压力，园区存在“粗放招商，无为管理”的现象，放宽园区的进入门槛，允许一些非创意类企业进驻，导致园区内文化创意生态环境被破坏，园区产业链无法对接，产业集聚效益不能最大化。从无锡文化创意产业园区（基地）的2012年底相关统计数据来看，将近一半的文化创意产业园区（基地）文化企业占比在70%以下，清名桥历史文化街区、无锡惠山软件外包园等园区文化企业占比不到30%。

（二）区域竞争加剧，优势产业分散

无锡两市七区在引进和发展文化创意企业的过程中竞争激烈，关联性优势互补性企业分散在各区，无法在知识产权保护、文化创意人才培训、投融资服务等方面实现有效整合。在各自为政的机制和利益诉求之下，产业同质化问题并未得到破解，以动漫产业、物联网、电子商务为例，几乎各板块都建设了相应的园区（基地），同质化倾向比较严重，造成重复建设和资源浪费。另外，无锡具有全国影响力的文化创意产业集聚区和文化产业基地不多，从而无法形成文化创意产业集聚优势。目前在国内股市的文化产业板块中，深圳有华侨城、腾讯等16家上市企业，无锡尚无一家文化企业上市，仅有慈文传媒集团股份有限公司和无锡利特尔彩印包装有限公司进入上市辅导期。

（三）企业集聚不合理，产业“集而不群”

企业集聚不合理表现在无锡文化创意集团公司和小微企业呈现两极分化的现象，灵山集团、凤凰画材集团、江苏新广联科技股份有限公司等在全国具有影响力的文化集团公司分散在园区（基地）之外，园区（基地）之内多是小微文化创意企业，并且有更多的处于起步阶段的小微文化创意企业集聚在各种非文化创意园区内。2013年无锡23个文化产业基地（园区）中年产值超过100亿元的仅有1个，超过10亿元的有11个，这也表明无锡文化产业基地（园区）企业的集聚程度还有待提高。

产业“集而不群”表现在园内企业之间的产业关联性不强，无法实现产

业集群的协同效应。从无锡文化创意产业园区（基地）的2012年底相关统计数据来看，虽然一半多文化创意产业园区（基地）文化企业占比达到了100%，但是，很多文化创意产业园区（基地）的文化企业并不属于同一产业，大多数文化创意产业园区的产业链不完整，不能充分发挥产业集群的协同效应，文化创意产业园区企业并未因集聚而使竞争力增强。另外，出于对经济利益的过多考虑，有些不属于集聚区产业定位范畴内的企业也被允许进入，导致很多文化创意产业园区（基地）企业门类繁杂，特色不鲜明，不仅影响了园区的发展，也影响了园区的形象。

（四）优秀人才缺失，校企合作模式不成熟

文化创意人才是高标准的优质“通才”，无锡不仅缺乏懂文化、善创意、会经营的文化创意管理型人才，也缺乏文化销售型和拥有现代信息手段的高科技型人才，更缺乏善于进行园区运营的领军型人才。校企合作缺乏实质性进展，合作模式仍处于探索阶段。

（五）产业管理条块分割，合力难以形成

文化创意产业涉及的门类分属于经济、文化、科技、旅游、体育等部门管辖，这些部门之间还没有形成一套灵活的适应产业发展需要的管理机制，产业管理的条块分割现象比较明显，难以形成合力。以文化创意园区为例，无锡现有20多家文化创意产业园区，由于分属于不同的行政区块，部分园区之间缺乏联动，甚至定位雷同，出现无效竞争。

三　无锡文化创意产业园区（基地）建设的思考与建议

（一）建立符合文化产业发展规律的宏观管理体制

要加强文化产业发展的组织领导工作。要建立健全党委统一领导、政府管理服务、党委宣传部门协调指导、行政主管部门具体实施、有关部门密切配合

的领导体制和工作机制。当前，文化产业指标已经纳入率先基本实现现代化的考核目标，所以，要加强考核，要更加重视，要把加快文化产业发展作为一项重要的战略任务，列入地区经济社会发展的总体规划，采取切实有效措施加快推进。

要深化文化管理体制和运行机制的改革，改变现行体制下条块分割、“五龙治水”的局面。要在无锡市文化体制改革工作取得重大进展和成效的基础上，按照中央的要求和省委、市委的工作部署，全力推进更深层次的文化体制改革工作。同时，政府应当创造和提供特色文化企业集聚的环境，增强文化产业集聚的吸引力。另外，政府也要针对产业集聚带来的负面影响，如恶性竞争的加剧等，加强管理，克服这些负面影响，进一步优化集聚环境，确保特色文化产业集聚产生更大的向心力，充分提高产业集聚的效率。

要完善政策体系，不断优化文化产业发展环境。在深化文化体制改革的同时，加强政策引导，真正使各级政府的职能逐步转变到战略规划、政策制定、信息指导、组织协调、检查监督以及文化基础设施的提供上来。强化企业和园区的市场主体地位，更好地发挥市场机制的作用，减少对文化创意企业不必要的干预。

（二）逐步实现区域文化产业集群的合理布局与协调发展

要以结构调整为主线，以重点园区（基地）、重大项目、重点企业为依托，以吴文化为特色，以文化创新为动力，以全面协调可持续发展为后劲，把握好发展的重难点，增强规划的科学性和合理性。对重点培育的产业集群，要切实搞好区域性的布局规划，认真分析区域优势，明确发展的主攻方向，培育富有特色的项目，确保区域文化资源的充分发掘和利用。

一方面，无锡各板块要对本区域的比较优势进行梳理，选择有本地特色优势的产业部门，做大做强优势产业，并充分发挥文化创意产业集群跨地域辐射能力。要使强势行业的发展得到优化和巩固，实现资源的高度融合，重点促进影视传媒、动漫网游、文化旅游、广告会展、新闻出版等产业的充分发展；要培育和发展一批在国内具有知名品牌和巨大影响力的文化企业集团，形成一批特色鲜明、优势突出、竞争力强的文化产业集群。

另一方面，要完善产业链建设，提高产业关联度，形成多层次、多样化、相互促进、特色互补、资源共享的文化产业协调发展格局，从而达到文化资源配置和产业组织结构的进一步优化。无锡的文化创意园区（基地）应完善产业链、价值链的不同重要节点的功能，以产业链、价值链为核心，以资本为纽带，形成重要的文化创意园区的集聚地，突出资本、人才、技术和市场优势，构建竞争合力。继续培育和建设一批设施完善、创新型的文化产业园区（基地），形成完善的文化产业链，实现文化产业与现代制造业、现代服务业、现代农业的有效融合。园区在招商过程中，不仅要考虑入住率，更要注重文化创意产业链的形成，强化对园区企业的管理，建立对不符合创意要求的企业的定期淘汰机制。要加快园区企业资源整合，加快建设园区内部公共服务平台和生产文化创意产品，打造园区整体品牌形象。

（三）积极探索和完善文化产业集群模式

无锡文化产业集群模式的选择，应坚持以政府引导和市场调节相结合的原则，综合考虑各种因素和条件，灵活运用大集团带动、小企业聚合、产业园区承载等方式，不断在实践中探索和完善。重点可考虑三种模式。

1. 大型企业带动模式

这种模式是以大型文化企业为核心，带动周边大批中小文化企业的共同繁荣和发展，形成功能协调、优势互补、结构合理的文化产业集群。创意型企业以市场为导向，以满足自身利益需求为目标，在一定空间内自发集聚，进而形成群体竞争优势和规模效益，形成具有品牌特征的文化产业集群。

2. 政府政策推动模式

这种模式是政府运用技术、资金、税收、人才等优惠政策措施吸引创意企业在一定区域内集聚，待其形成一定规模后由政府认定，并进一步运用政策手段扶持其集聚发展。政府根据区域发展的需求，通过宣传、规划、建设创意产业园区，进而利用相关优惠政策吸引创意企业入驻，最后形成文化创意产业集群。这种模式对于目前发展得并不成熟的各创意产业链上的企业来说，具有实际意义。

3. 政产学研联动模式

这种模式是依托大学科技园，把政府规划、产业发展、高等教育和科技研发融为一体，整合各方面的资源和优势，在一定区域内形成政府、创意企业、学校和创意研发机构相互结合、高效联动的有机群体，进而发展成产业链完整、功能齐全、竞争优势明显的文化产业集群。①

（四）注重人才发展规划，完善人才培育服务机制

专业人才的规模和质量是文化创意产业持续发展的核心因素。文化创意人才是复合型人才，要加强文化产业人才的培养、引进和使用，打造专业研发团队。要加强与高校、业界的沟通和合作，为高校与文化企业、文化产业园区之间搭建沟通的桥梁，建立产学研相结合、适应文化产业发展需求的多渠道的产业人才培养机制。要有计划、有重点地从国内外引进文化产业发展急需的各类高端创新型、复合型人才。要建立文化行业人才库、人才评价体系，促进人才合理配置和有序流动。同时，建立与文化产业发展规律和市场经济规律相适应的分配激励机制，实现业绩与收入挂钩，使人才引得进、留得住。

（五）加快建设规范有序的市场环境，形成良性竞争氛围

1. 全面落实产业政策

要突出无锡文化产业发展重点，全面落实国家、省已经出台的相关政策，用好《无锡市加快文化产业发展的政策意见》等“一揽子”产业配套政策。同时，积极借鉴、利用、探索一切有利于文化企业发展的组织形式、管理模式和经营方式，制定文化企业兼并、联合、重组政策。要进一步创新文化产品创作生产体制机制和方式方法，精心策划组织，加强借鉴合作，全力推动文化精品创作生产。

2. 加大知识产权保护力度

文化创意产业是一种“智慧经济”“大脑产业”“知识 + 资本经济”，其核心是知识产权。文化创意产业园区建设，必须重视对知识产权的保护和运用。要建立健全文化创意产业知识产权保护体系，形成知识产权保护的联动机

① 《无锡文化产业集群发展研究》，http：//www.wuxi.gov.cn/zt/wxdk/2013n10yk/ldlt/6569723.shtml。

制，加大知识产权保护执法力度，保护好具有自主创新知识产权的创意成果。

3. 疏通投融资渠道

各文化产业门类，要降低市场准入门槛，向民营资本、社会资本开放。允许并支持民间资本向文化产业投资，建立多元化投资机制，在国家现行政策允许范围内建立多渠道筹资机制。创新文化产业投融资体制，充分发挥无锡华映文化产业基金和无锡市文化产业专项资金的引导和扶持作用。支持金融机构、担保机构、产权交易机构及中介机构组建“文化产品投融资服务联盟”，为文化企业提供“一站式”金融服务。鼓励推动文化企业通过股份制改造实现投资主体多元化，积极推荐符合条件的企业申请上市。通过用好无锡市文化产业发展专项资金，支持原创文化产品、文化公共服务平台的建设；扶持具有核心技术和自主品牌的创新型文化企业，支持文化企业参与和承担国家重大文化工程项目；支持各类文化企业与科研机构、高等学校结成创新型组织。

4. 加快文化产品市场体系建设

要加快培育和完善文化产品市场和生产要素市场，发展市场中介组织，完善中介体制和行业协会的自律机制。要加强现代文化流通体系建设，大力发展连锁经营、物流配送、电子商务，建设贯通城乡的文化产品流通网络，建立文化产品和服务的现代市场营销体系。积极扶持艺术品、传统工艺品市场以及农村出版物市场，繁荣电影、广播电视节目交易市场，大力开拓动漫游戏、移动电视、付费电视、网络广播电视等新兴市场。要统一文化市场管理，通过“服务、咨询、监督、协调”等方式把文化市场管理纳入规范化、法制化轨道。鼓励和引导文化消费，创新文化产品和服务，培育消费热点，拓展消费领域，引导社会公众的文化消费。

5. 完善文化产业运行机制

一要构建产业协调机制。进一步加强政府引导，建立健全协调协作机制。重点建立行政管理部门、企业、协会、创意机构、研究机构等方面力量相互协作的机制。二要构建集群竞合机制。加强对竞争与合作的协调、监督和管理，制定必要的指导原则及竞合规定，促进文化产业集群发展的规范化。特别是要充分发挥文化行业协会在组织、协调方面的作用，建议按行业建立各类文化行业联盟，如“报业联盟”“动漫游戏业联盟”“印刷复制业联盟”等，形成行业内市场定位明确、差异性发展、密切合作、有序竞争的新格局。三要构建资源创新性整合机制。在文化资源的认定、评估、保护、规划、开发的过程中，要充分发挥政府的监管功能作用，建立健全标准化、规范化、法制化的体制和制度。在资源监管方面，要实施资源许可开发制度，建立健全资源开发效益评价制度、资源开发行为监督机制和资源开发奖励机制。在市场监管方面，要通过资源管理建立企业准入制度，利用经济规制手段制定有效的价格政策，加强对自然环境的监管，制定有针对性的管理政策，建立强大的社会舆论支持和监督系统。

B.10

文化贸易和交流：无锡文化产业发展的重要路径

周及真　许 蕾

一　国内外文化统计和文化贸易界定

国际国内对于文化产业的统计标准有很多，具有代表性的是联合国教科文组织于1986年和2009年颁布的两部《文化统计框架》、我国于2004年首次公布的文化及相关产业分类、于2011年设立的《国家核心文化产品目录2011》，2012年颁布的《文化及相关产业分类（2012）》中界定了120个行业门类的文化产业统计标准。而对于文化贸易的统计标准，联合国教科文组织将其划分为文化商品贸易和文化服务贸易。

（一）国际通用的文化产业统计标准

1. 联合国教科文组织《文化统计框架》

国际上通用的文化贸易统计标准是联合国教科文组织的《文化统计框架》，从该组织建立以来，共颁布了两部文化统计框架，分别为 Framework for Cultural Statistic 1986（简称 FCS 1986）和 Framework for Cultural Statistic 2009（简称 FCS 2009）。在 FCS 1986 中，文化商品和服务被划分成音乐、视觉艺术、电影和电视广播、体育及游戏、自然和环境等十个大类。而2009年版标准是在1986年标准的基础上修订的版本，它的文化统计方法充分考虑了1986年以来文化领域出现的新概念与新技术、非物质遗产演变中的文化实践和政策相关的概念。2009年的修订版相比于1986年的原版更能反映发展中国家的状况，也为文化统计数据提供了更精确的方法。

2009年的《文化统计框架》把文化领域分为两个层面：文化领域和相关

领域。文化领域涉及文化活动、产品和服务，相关领域与文化的广义定义相对应，涉及社会活动和娱乐活动。其中文化领域代表一系列具有文化性的生产制造、活动和实践，可以总结成以下几个大类：（A）文化和自然遗产；（B）表演和庆祝活动；（C）视觉艺术和手工艺；（D）书籍和报刊；（E）音像和交互媒体；（F）设计和创意服务，还包括横向领域的非物质文化遗产，这些领域是最为核心的文化领域。FCS 2009 还包括对文化生产和传播有关键作用的教育和培训、档案和保存、装备和辅助材料三个横向领域，这些领域本质上不属于文化范畴，却能够用于生产文化产品和提供服务，而且是这些文化产品得以存在的必要要素。另外相关领域包括了两个大类，分别是：（G）旅游业和（H）体育与娱乐，并且横向领域也是相关领域得以存在的必要要素。横向领域与文化领域和相关领域都有联系，是两者得以存在的必要条件，所以横向领域也属于文化领域范围。有关文化领域所涵盖的全部领域见表 1。

表 1　FCS 2009《文化统计框架》涵盖的领域

<table>
<tr><td rowspan="19">核心文化领域</td><td rowspan="4">A. 文化和自然遗产</td><td>1. 博物馆(包括虚拟博物馆)</td><td></td><td rowspan="19">横向领域</td></tr>
<tr><td>2. 考古和历史遗迹</td><td></td></tr>
<tr><td>3. 文化景观</td><td></td></tr>
<tr><td>4. 自然遗产</td><td></td></tr>
<tr><td rowspan="3">B. 表演和庆祝活动</td><td>1. 表演艺术</td><td></td></tr>
<tr><td>2. 音乐</td><td></td></tr>
<tr><td>3. 节目、展览会、庙会</td><td></td></tr>
<tr><td rowspan="3">C. 视觉艺术和手工艺</td><td>1. 美术</td><td>非物质文化遗产</td></tr>
<tr><td>2. 摄影</td><td></td></tr>
<tr><td>3. 手工艺</td><td></td></tr>
<tr><td rowspan="5">D. 书籍和报刊</td><td>1. 书籍</td><td></td></tr>
<tr><td>2. 报纸和杂志</td><td></td></tr>
<tr><td>3. 其他印刷品</td><td>教育和培训</td></tr>
<tr><td>4. 图书馆(包括虚拟图书馆)</td><td></td></tr>
<tr><td>5. 图书博览会</td><td></td></tr>
<tr><td rowspan="4">E. 音像和交互媒体</td><td>1. 电影和视频</td><td></td></tr>
<tr><td>2. 电视和广播(包括互联网直播)</td><td>档案和保存</td></tr>
<tr><td>3. 互联网在线播放</td><td></td></tr>
<tr><td>4. 电子游戏(包括网络游戏)</td><td></td></tr>
</table>

续表

核心文化领域	F. 设计和创意服务	1. 时装设计	装备和辅助材料	横向领域
		2. 平面造型设计		
		3. 室内设计		
		4. 园林设计		
		5. 建筑服务		
		6. 广告服务		
相关领域	G. 旅游业	1. 包机或包车旅行和旅游服务		
		2. 食宿招待和住宿		
	H. 体育与娱乐	1. 体育		
		2. 身体锻炼和健身		
		3. 游乐园和主题公园		
		4. 博彩		

资料来源：联合国教科文组织网站。

2. 联合国教科文组织的文化贸易界定和分类

联合国教科文组织（UNESCO）根据文化贸易的主要特征，将文化贸易分为两大类——文化商品贸易（又划分为核心文化商品和相关文化商品）、文化服务贸易（又划分为核心文化服务和相关文化服务）。其中，核心文化商品分为5大类——文化遗产、印刷品、音像媒介、视觉艺术以及影视媒介（见表2）。

表2 联合国教科文组织（UNESCO）对文化贸易的分类

文化商品贸易			
核心文化商品		相关文化商品	
1. 文化遗产	古董	1. 音乐	(1)乐器
2. 印刷品	(1)图书		(2)声音播放或录音设备
	(2)报纸和期刊		(3)录音媒介
	(3)其他印刷品	2. 影院和摄影	(1)照相机
3. 音像媒介	录音媒介		(2)电影摄影机
4. 视觉艺术	(1)绘画		(3)照相馆和电影院使用的产品
	(2)其他视觉艺术	3. 电视收音机	(1)电视机
			(2)收音机
5. 影视媒介	(1)摄影	4. 建筑和设计	
	(2)电影	5. 广告	
	(3)新型媒介	6. 新型媒介	软件

续表

文化服务贸易	
核心文化服务	相关文化服务
1. 视听及相关服务	1. 广告、市场研究和民意调查
2. 特许使用税和许可费	2. 建筑、工程和其他技术服务
3. 娱乐、文化和运动服务	3. 新闻机构服务
4. 个人服务	

资料来源：根据 UNESCO 相关文件整理。

（二）我国文化产业统计标准

1.《文化及相关产业分类（2004）》

2004 年我国首次公布了文化及相关产业分类，将文化产业划分为“核心层”“外围层”“相关层”三大部分（见图 1）。“核心层”包括新闻服务、出版发行和版权服务、广播电视电影服务、文化艺术服务四个行业大类；“外围层”包括网络文化服务、文化休闲娱乐服务、其他文化服务三个行业大类；“相关层”包括文化用品设备及相关文化产品的生产、文化用品设备及相关文化产品的销售两个行业大类。文化产业“核心层”和“外围层”是文化产业的主体，而“相关层”是文化产业的补充。

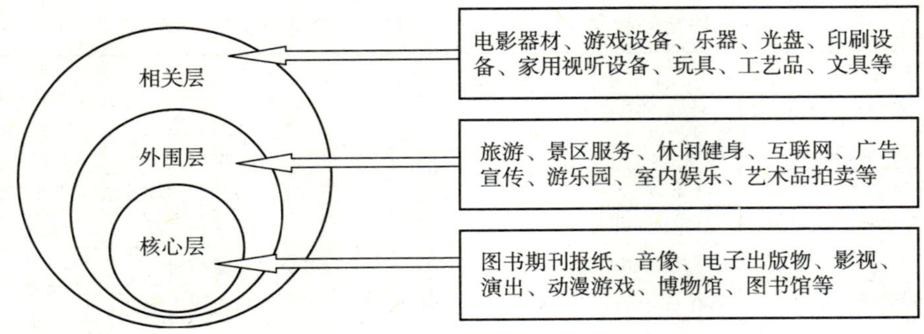

图 1　文化产业分类层次

资料来源：中华人民共和国商务部。

2.《国家核心文化产品目录 2011》

借鉴联合国教科文组织（UNESCO）对文化贸易的分类，我国于 2011 年

设立了《国家核心文化产品目录2011》（见表3），核心文化产品分为六大类——文化遗产、印刷品、声像制品、视觉艺术品、视听媒介及其他。其中，印刷品又细分为图书、报纸和期刊、其他印刷品；视觉艺术品又细分为绘画和其他视觉艺术品；视听媒介又细分为摄影、电影、新型媒介；另外还包括宣纸、毛笔和乐器三类其他核心文化产品。

表3　国家核心文化产品目录2011

类别1	文化遗产	印刷品			声像制品	视觉艺术品		视听媒介			其他		
类别2	—	图书	报纸和期刊	其他印刷品	—	绘画	其他视觉艺术品	摄影	电影	新型媒介	宣纸	毛笔	乐器

资料来源：中华人民共和国商务部。

3.《文化及相关产业分类（2012）》

在借鉴和总结国际国内文化产业分类标准的基础上，我国国家统计局于2012年制定了《文化及相关产业分类（2012）》，包括三大类别——文化服务业、文化制造业、文化批零业（具体行业分类见表4）。无锡市统计局根据这一分类标准，对文化产业的各类指标实施统计。

表4　《文化及相关产业分类（2012）》规定的行业范围（法人单位和产业活动单位用）

文化服务业(55行业小类,含12个带“*”)			
行业名称	行业代码	行业名称	行业代码
新闻业	8510	有线广播电视传输服务	6321
图书出版	8521	无线广播电视传输服务	6322
报纸出版	8522	卫星传输服务*	6330
期刊出版	8523	广告业	7240
音像制品出版	8524	软件开发*	6510
电子出版物出版	8525	数字内容服务*	6591
其他出版业	8529	工程勘察设计*	7482
广播	8610	专业化设计服务	7491

续表

行业名称	行业代码	行业名称	行业代码
电视	8620	公园管理	7851
电影和影视节目制作	8630	游览景区管理	7852
电影和影视节目发行	8640	野生动物保护*	7712
电影放映	8650	野生植物保护*	7713
录音制作	8660	歌舞厅娱乐活动	8911
文艺创作与表演	8710	电子游艺厅娱乐活动	8912
艺术表演场馆	8720	网吧活动	8913
图书馆	8731	其他室内娱乐活动	8919
档案馆	8732	游乐园	8920
文物及非物质文化遗产保护	8740	其他娱乐业	8990
博物馆	8750	摄影扩印服务	7492
烈士陵园、纪念馆	8760	知识产权服务*	7250
群众文化活动	8770	文化娱乐经纪人	8941
社会人文科学研究	7350	其他文化艺术经纪代理	8949
专业性团体(的服务)*	9421	娱乐及体育设备出租*	7121
文化艺术培训	8293	图书出租	7122
其他未列明教育*	8299	音像制品出租	7123
其他文化艺术业	8790	会议及展览服务	7292
互联网信息服务	6420	其他未列明商务服务业*	7299
其他电信服务*	6319		

文化制造业(45 行业小类,含 6 个带“*”)

行业名称	行业代码	行业名称	行业代码
雕塑工艺品制造	2431	露天游乐场所游乐设备制造	2461
金属工艺品制造	2432	游艺用品及室内游艺器材制造	2462
漆器工艺品制造	2433	其他娱乐用品制造	2469
花画工艺品制造	2434	电视机制造	3951
天然植物纤维编织工艺品制造	2435	音响设备制造	3952
抽纱刺绣工艺品制造	2436	影视录放设备制造	3953
地毯、挂毯制造	2437	焰火、鞭炮产品制造	2672
珠宝首饰及有关物品制造	2438	机制纸及纸板制造*	2221
其他工艺美术品制造	2439	手工纸制造	2222
园林、陈设艺术及其他陶瓷制品制造*	3079	油墨及类似产品制造	2642
书、报刊印刷	2311	颜料制造*	2643
本册印制	2312	信息化学品制造*	2664
包装装潢及其他印刷	2319	照明灯具制造*	3872

续表

行业名称	行业代码	行业名称	行业代码
装订及印刷相关服务	2320	其他电子设备制造*	3990
记录媒介复制	2330	印刷专用设备制造	3542
文具制造	2411	广播电视节目制作及发射设备制造	3931
笔的制造	2412	广播电视接收设备及器材制造	3932
墨水、墨汁制造	2414	应用电视设备及其他广播电视设备制造	3939
中乐器制造	2421	电影机械制造	3471
西乐器制造	2422	幻灯及投影设备制造	3472
电子乐器制造	2423	照相机及器材制造	3473
其他乐器及零件制造	2429	复印和胶印设备制造	3474
玩具制造	2450		
文化批零业(20 行业小类,含5个带“*”)			
行业名称	行业代码	行业名称	行业代码
图书批发	5143	珠宝首饰零售	5245
报刊批发	5144	工艺美术品及收藏品零售	5246
音像制品及电子出版物批发	5145	文具用品批发	5141
图书、报刊零售	5243	文具用品零售	5241
音像制品及电子出版物零售	5244	乐器零售	5247
贸易代理*	5181	照相器材零售	5248
拍卖*	5182	家用电器批发*	5137
通讯及广播电视设备批发*	5178	家用视听设备零售	5271
电气设备批发*	5176	其他文化用品批发	5149
首饰、工艺品及收藏品批发	5146	其他文化用品零售	5249

注：本表根据《文化及相关产业分类（2012）》进行归类。带“*”指仅含有部分文化活动。
资料来源：中国国家统计局。

二　无锡对内对外文化贸易总量、结构与竞争力分析

鉴于国外（联合国教科文组织）、国内（统计局、文化部、商务局、海关等）不同部门各自设定的文化产业和贸易统计口径不尽相同，要想用统一的口径去界定和对比各个城市文化产业和文化贸易的发展，几乎是不可能的事。为避免引起不必要的争议，本部分确定以国家统计局制定的《文化及相关产

业分类（2012）》为统一的统计口径，对无锡文化产业对内对外贸易进行实证分析。

（一）无锡文化产品对内对外贸易的总体情况

根据无锡市统计局社会处提供的数据，对内对外贸易总额（主要营业收入）在5亿元以上的无锡文化企业共有39家。按照产业门类来划分，文化制造企业27家，贸易总额占绝大部分的比重（80.65%）；文化批零企业7家，贸易总额占比为15.33%；文化服务企业5家，贸易总额占比最小（4.02%）。按照行业门类来划分，文化制造企业主要集中在影视录放设备制造、电视机制造、包装装潢及其他印刷、广播电视接收设备及器材制造、应用电视设备及其他广播电视设备制造等领域；文化批零企业主要集中在图书和报刊零售、电气设备批发、首饰、工艺品及收藏品批发、文具用品批发、家用视听设备零售等领域；而文化服务企业则主要集中在软件开发、专业化设计服务、游览景区管理、报纸出版、有线广播电视传输服务等领域（见表5）。

表5　内外贸总额在5亿元以上的文化企业

单位：千元

排名	单位名称	行业代码	行业门类	产业门类	营业收入
1	无锡夏普电子元器件有限公司	3953	影视录放设备制造	文化制造业	20626470
2	索尼数字产品（无锡）有限公司	3953			5724551
3	柯尼卡美能达商用科技（无锡）有限公司	3474	复印和胶印设备制造		5082106
4	捷普电子（无锡）有限公司	3953	影视录放设备制造		3881085
6	阿特拉斯科普柯（无锡）压缩机有限公司	3542	印刷专用设备制造		2679549
9	尼康光学仪器（中国）有限公司	3953	影视录放设备制造		2468443
10	TCL王牌电器（无锡）有限公司	3951	电视机制造		2172842
11	申达集团有限公司	2319	包装装潢及其他印刷		2163110
12	联茂（无锡）电子科技有限公司	3939	应用电视设备及其他广播电视设备制造		1964049
13	江阴联通实业有限公司	2221	机制纸及纸板制造信息化学品制造		1826158
14	无锡荣成纸业有限公司	2221			1646920

续表

排名	单位名称	行业代码	行业门类	产业门类	营业收入（千元）
15	无锡普洛菲斯电子有限公司	2664	信息化学品制造	文化制造业	1593983
16	希捷国际科技(无锡)有限公司	2664			1449606
18	西门子中压开关技术(无锡)有限公司	3951	电视机制造		1345205
19	建滔电子材料(江阴)有限公司	3990	其他电子设备制造		1263184
20	江阴新浩再循环纸业有限公司	2221	机制纸及纸板制造		1188188
23	江苏利通电子有限公司	3932	广播电视接收设备及器材制造		963458
24	无锡博一光电科技有限公司	3932			914905
25	微密科技(宜兴)有限公司	3932			778082
26	江苏申乾食品包装有限公司	2319	包装装潢及其他印刷		754798
30	江阴市兰天彩印包装有限公司	2319	包装装潢及其他印刷		648418
32	无锡金鑫集团股份有限公司	3932	广播电视接收设备及器材制造		627103
33	无锡市电子仪表工业公司	3951	电视机制造		612848
34	江苏凡润电子有限公司	3951			609230
37	无锡市电线二厂有限公司	3932	广播电视接收设备及器材制造		572150
38	无锡宝来光学科技有限公司	3472	幻灯及投影设备制造		523197
39	江苏星源航天材料股份有限公司	3939	应用电视设备及其他广播电视设备制造		503119
5	无锡当当网信息技术有限公司	5243	图书、报刊零售	文化批零业	2954521
7	江阴远景投资有限公司	5176	电气设备批发		2665412
8	江苏金一文化发展有限公司	5146	首饰、工艺品及收藏品批发		2628994
17	金光置业(无锡)有限公司	5141	文具用品批发		1419602
21	江苏金一黄金珠宝有限公司	5146	首饰、工艺品及收藏品批发		984214
22	无锡市苏宁云商销售有限公司	5271	家用视听设备零售		970843
29	无锡爱莲连锁超市有限公司	5271	家用视听设备零售		650290
27	无锡文思海辉信息技术有限公司	6510	软件开发	文化服务业	749096
28	江阴市锡能实业有限公司	7491	专业化设计服务		654274
31	江苏春辉生态农林股份有限公司	7852	游览景区管理		639527
35	无锡日报报业集团	8522	报纸出版		592430
36	无锡广播电视发展有限公司	6321	有线广播电视传输服务		584602

注：每一行业门类按内外贸总额（主要营业收入）从大到小排序。
资料来源：无锡市统计局社会处。

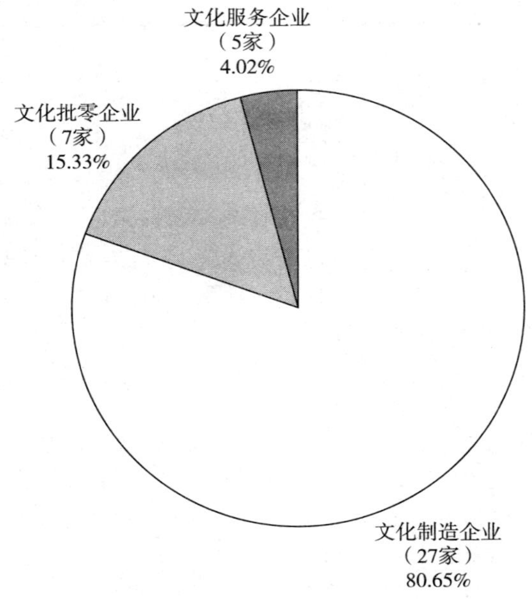

图2　内外贸总额在5亿元以上文化企业贸易占比和企业数量

资料来源：根据表5绘制而成。

对内对外贸易总额（营业收入）排名前10位的无锡文化企业都是文化制造业或文化批零业企业。其中文化制造业7家，贸易总额占绝大部分的比重（83.79%）；文化批零业3家，贸易总额占比为16.21%。对内对外贸易总额（营业收入）排名前10位的企业中，没有任何一家是文化服务业（见图3）。

从总体文化产业增加值来看，增加值率较高的文化服务业占比较小。虽然无锡文化服务业和文化批零业同比增长率较高（2013年分别为108.6%和145.5%），但文化服务业增加值占文化产业总体增加值的比重（仅为34.6%）相对于全国水平（53.3%）而言明显偏低。

文化服务业数量、增加值占比和贸易占比的明显偏小，是无锡文化产业发展中存在的一大结构性问题。未来无锡文化产业结构调整转型升级的总体方向，应当是提升文化服务业的数量、增加值占比和贸易占比。

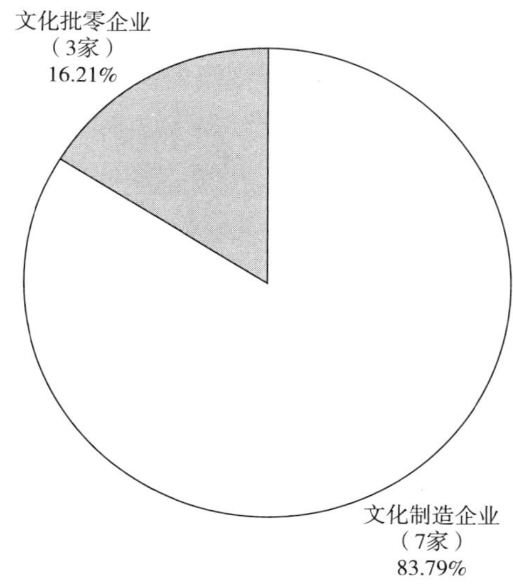

图 3　内外贸总额排名前 10 位的文化企业贸易占比和企业数量

资料来源：根据表 5 绘制而成。

（二）无锡文化产业对外贸易的成果和特点

1. 无锡文化产品（企业）进口总量和内部结构

根据初步统计，2013 年无锡文化产品进口总额约为 1.746 亿美元。其中，其他印刷（打印）机、复印机及传真机的零件和附件的进口额（1.6338 亿美元）远远高于其他门类，占到全市文化产品进口总额的 93.6%（见表 6），而其他门类的文化产品进口额均小于 500 万美元。从同比增长率来看，绝大部分文化门类都实现了进口正增长，排名前 5 位的产品门类增长率均超过 10%。增长幅度最大的是陶制塑像及其他装饰品，达到 3261.53%。这说明，无锡对外部文化市场的需求非常旺盛，充分带动了国际文化市场的发展。

从企业来看，2013 年进口额在 20 万美元以上的无锡文化企业共 22 家。其中，排名第一的柯尼卡美能达商用科技（无锡）有限公司进口的产品主要是其他印刷（打印）机、复印机及传真机的零件和附件，其进口额（14919 万美

表 6　无锡 2013 年文化产业各门类进口情况汇总

排名	海关 HS 编码	进口产品门类	2013 年 12 月进口额（万美元）	同比增长率（%）	2013 年累计进口总额（万美元）	同比增长率（%）
1	84439990	其他印刷（打印）机、复印机及传真机的零件和附件	1192	-26.96	16338	11.11
2	48211000	纸或纸板制的各种标签，印有文字图画	42	61.68	443	64.30
3	37011000	X 光用摄影感光硬片及平面软片	10	1.63	223	13.73
4	59019010	制成的油画布	6	-51.03	114	15.20
5	37079010	冲洗照相胶卷及相片用化学制剂	7	-64.10	112	55.27
6	90021139	其他相机用镜头	2	-98.43	75	-86.97
7	85258029	非特种用途的其他数字照相机（单镜头反光型除外）	6	4396.05	50	18.94
8	32159090	绘图墨水及其他墨类	6	160.05	48	48.21
9	84433221	宽幅大于 60cm 的喷墨印刷设备	4	--	30	46.37
10	49119100	印刷的图片、设计图样及照片	2	12906.01	6	40.18
11	48201000	账本、笔记本、收据本、日记本及类似品	3	28.60	5	1.26
12	49019900	其他书籍、小册子及类似印刷品	0	-99.42	4	150.29
13	49100000	印刷的各种日历，包括日历芯	2	-1.02	4	-14.59
14	69139000	陶制塑像及其他装饰品	0	-	3	3261.53
15	96099000	蜡笔、图画碳笔、粉笔及裁缝划粉	0	-100.00	1	-24.15
16	96081000	圆珠笔	0	1590.14	1	29.85
17	97011010	手绘油画、粉画及其他画原件	0	-100.00	1	17.29
18	32139000	其他颜料、调色料、文娱颜料及类似品	0	-	1	267.12
19	92059020	手风琴及类似乐器	0	-	0	-
20	48173000	纸或纸板制盒、袋及夹子，内装各种纸制文具	0	-	0	148.57
21	69131000	瓷制塑像及其他装饰品	0	-86.08	0	-69.82
22	48209000	纸或纸板制的其他文具用品；书籍封面	0	-	0	-89.50
		文化产品合计	1283	-30.16	17460	8.89

注：各门类按进口额度从高到低排列。

资料来源：无锡市商务局产业处。

元）远远超过其他企业，占前 22 名企业进口总额的 86.3%，占同门类企业进口总额的 91.0%。从同比增长率来看，排名前 22 位的企业大部分都实现了大幅度的进口正增长，表现最为突出的是无锡村田电子有限公司（3096.92%）、

施托克纺织系统（无锡）有限公司（1098.69%）、赤葵电子（无锡）有限公司（913.52%）和江阴康丽服装有限公司（504.39%），另外思柏精密模具注塑（无锡）有限公司（112.36%）、江阴市申澄国际贸易有限公司（184.27%）、希捷国际科技（无锡）有限公司（160.38%）的同比增长率也都超过100%（见表7）。这说明，无锡文化企业对外部市场的依赖性比较强。

表7　无锡进口额在20万美元以上的文化企业排名

排名	海关企业编码	进口企业	2013年12月进口额（万美元）	同比增长率（%）	2013年累计进口总额（万美元）	同比增长率（%）
1	3202340952	柯尼卡美能达商用科技（无锡）有限公司	1053	-31.12	14919	8.84
2	3202340396	无锡菱光科技有限公司	92	135.06	838	93.56
3	3202330194	爱克发（无锡）影像有限公司	17	-41.16	332	27.17
4	3202340268	敦南科技（无锡）有限公司	12	-71.36	295	-22.17
5	3202640012	无锡村田电子有限公司	19	5193.92	111	3096.92
6	3202362333	无锡伊诺永利文化创意有限公司	6	-	87	-
7	3202341005	思柏精密模具注塑（无锡）有限公司	6	8.38	78	112.36
8	3202341124	索尼数字产品（无锡）有限公司	6	-95.24	74	-86.25
9	3202943645	赤葵电子（无锡）有限公司	6	499.48	62	913.52
10	3202530045 3202630003	海太半导体（无锡）有限公司	7	472.98	51	94.42
11	3216964351	江阴市申澄国际贸易有限公司	1	-46.27	50	184.27
12	3202331729	无锡海辉软件有限公司	5	-13.01	39	-17.35
13	3202340154	施托克纺织系统（无锡）有限公司	5		35	1098.69
14	3202530045	海太半导体（无锡）有限公司	0	-100.00	32	21.55
15	3222940311	宜兴高青制衣有限公司	1	151.64	22	-3.02
16	3202540024 3202640001	希捷国际科技（无锡）有限公司	3	3934.62	22	160.38
17	3202340756	赛斯电子（无锡）有限公司（新区）	1	-11.13	22	65.46
18	3202340896	住化电子材料科技（无锡）有限公司	8	-	21	97.90
19	3202937339	高德（无锡）电子有限公司	0	-	21	-
20	3202938184	东工纺织品（无锡）有限公司	3	27.29	21	-18.09
21	3202961462	无锡凤凰画材有限公司	0	-	21	11.89
22	3216931753	江阴康丽服装有限公司	1	-60.15	20	504.39

注：按各企业进口额度从高到低排列。

资料来源：无锡市商务局产业处。

2. 无锡文化产品（企业）出口总量和内部结构

根据初步统计，2013 年无锡文化产品出口约 11.8573 亿美元（含照相器材、包装印刷等）。出口额在 1000 万美元以上的文化产业门类为非特种用途的其他数字照相机（单镜头反光型除外）80235 万美元、其他印刷（打印）机、复印机及传真机的零件和附件 21448 万美元，其他相机用镜头 5285 万美元，制成的油画布 3895 万美元，冲洗照相胶卷及相片用化学制剂 1946 万美元，蜡笔、图画碳笔、粉笔及裁缝划粉 1207 万美元。其中，前两大门类产品的出口总额为 101683 万美元，占各门类文化产品出口总额的 85.8%（见表 8）。从增长率来看，文化产品出口总体为负增长（-26.19%），主要原因是前两大门类的文化产品均呈现较大幅度的负增长（-32.94% 和 -14.38%）。这说明，近年来由于发达国家经济不景气，外需疲软对无锡文化产业出口造成了一定的不利影响。

表 8　无锡 2013 年各门类文化产品出口情况汇总

排名	海关 HS 编码	出口产品门类	2013 年 12 月出口（万美元）	同比增长率（%）	2013 年累计出口总额（万美元）	同比增长率（%）
1	85258029	非特种用途的其他数字照相机（单镜头反光型除外）	5714	-23.31	80235	-32.94
2	84439990	其他印刷（打印）机、复印机及传真机的零件和附件	1820	6.23	21448	-14.38
3	90021139	其他相机用镜头	864	192.68	5285	2.00
4	59019010	制成的油画布	409	57.45	3895	9.79
5	37079010	冲洗照相胶卷及相片用化学制剂	102	-5.62	1946	19.53
6	96099000	蜡笔、图画碳笔、粉笔及裁缝划粉	98	-22.06	1207	13.70
7	95030060	智力玩具	44	-23.24	857	13.33
8	92059020	手风琴及类似乐器	41	-20.32	694	3.28
9	37011000	X 光用摄影感光硬片及平面软片	101	198.58	513	20.81
10	96081000	圆珠笔	35	-35.16	440	2.66
11	32131000	成套的颜料	37	30.02	340	42.74
12	48211000	纸或纸板制的各种标签，印有文字图画	25	267.50	234	11.89
13	69139000	陶制塑像及其他装饰品	52	1.16	216	-9.61

续表

排名	海关 HS 编码	出口产品门类	2013 年 12 月出口（万美元）	同比增长率（%）	2013 年累计出口总额（万美元）	同比增长率（%）
14	84433221	宽幅大于 60cm 的喷墨印刷设备	2	-97.17	209	6.09
15	92059030	口琴	8	-29.79	205	75.76
16	97011010	手绘油画、粉画及其他画原件	10	18.15	166	72.25
17	71131919	其他黄金制首饰及其零件	11	332.94	123	-24.66
18	32159090	绘图墨水及其他墨类	5	185.56	123	-72.23
19	96033010	画笔	5	-41.24	78	-22.73
20	92051000	铜管乐器	10	42.12	77	29.21
21	48209000	纸或纸板制的其他文具用品；书籍封面	5	-5.00	72	93.82
22	48201000	账本、笔记本、收据本、日记本及类似品	8	30.14	67	-23.82
23	32139000	其他颜料、调色料、文娱颜料及类似品	5	96.71	48	-62.42
24	71131911	镶嵌钻石的黄金制首饰及其零件	1	-	26	-52.96
25	92021000	弓弦乐器	0	-84.86	25	-2.20
26	69131000	瓷制塑像及其他装饰品	1	-63.12	14	15.24
27	49119100	印刷的图片、设计图样及照片	1	16712.64	13	23.27
28	48173000	纸或纸板制盒、袋及夹子，内装各种纸制文具	3	139.43	8	-36.49
29	49019900	其他书籍、小册子及类似印刷品	1	82.83	6	-23.90
30	49100000	印刷的各种日历，包括日历芯	1	321.69	3	59.74
		文化产品合计	9418	-8.99	118573	-26.19

注：各门类按出口额度从高到低排列。
资料来源：无锡市商务局产业处。

从企业来看，出口额在 200 万美元以上的文化企业共 22 家。其中，出口额排名前三位的企业为索尼数字产品无锡有限公司 60628 万美元、尼康光学仪器（中国）有限公司 24618 万美元、柯尼卡美能达商用科技（无锡）有限公司 15235 万美元，远远超过其他企业，三者的出口总额（100481 万美元）占前 22 名企业出口总额的 86.3%。从出口额的同比增长率来看，22 家企业中有 10 家企业增长率为负值，排名前 5 位的企业均为负增长。这说明，在外需不振的不利影响下，无锡文化企业的海外市场开拓能力还有待进一步提升。

表9　无锡出口额在200万美元以上的文化企业排名

排名	海关企业编码	出口企业	2013年12月出口额（万美元）	同比增长率（%）	2013年累计出口总额（万美元）	同比增长率（%）
1	3202341124	索尼数字产品无锡有限公司	4130	-12.12	60628	-26.15
2	3202340364	尼康光学仪器(中国)有限公司	2448	-19.65	24618	-42.41
3	3202340952	柯尼卡美能达商用科技(无锡)有限公司	1296	-4.84	15235	-11.85
4	3202340396	无锡菱光科技有限公司	246	100.04	2987	-24.11
5	320234026	敦南科技(无锡)有限公司	204	-1.35	2489	-26.84
6	3202342383	柯达(无锡)有限公司	102	-5.62	1946	265.84
7	3202961462	无锡凤凰画材有限公司	227	144.56	1904	20.59
8	3216941191	无锡天天文化用品有限公司	92	-27.62	1098	5.93
9	3202962844	无锡凤凰画材进出口有限公司	62	-30.85	982	-14.19
10	3202362333	无锡伊诺永利文化创意有限公司	129	213.39	771	819.94
11	3216940255	江阴杰麦尔乐器有限公司	44	21.32	531	3.57
12	3202330194	爱克发(无锡)影像有限公司	101	198.58	513	20.70
13	3202362017	无锡新杰仕贸易有限公司	0	-100.00	366	-57.51
14	3202340133	无锡派德文具礼品有限公司	25	-49.11	344	13.72
15	3222961643	宜兴市富润得进出口有限公司	29	448.71	340	30.83
16	3202341191	海斯福机电(无锡)有限公司	21	389.09	277	5.56
17	320256K002	无锡佳达仓储服务有限公司	0	-100.00	271	25895.29
18	3202946350	无锡禾记工艺玩具有限公司	9	-69.81	271	-11.50
19	3222961386	宜兴市经协进出口有限公司	20	-	261	-
20	3222961819	无锡市德赛数码科技有限公司	2	-96.49	216	-2.27
21	3202362246	无锡市耀邦印刷有限公司	2	-90.51	202	36.29
22	3216931046	江阴金杯安琪乐器有限公司	0	-99.36	201	-2.96

注：按照企业出口额从大到小排列。
资料来源：无锡市商务局产业处。

总的来说，无锡文化产业出口主要有以下特点。

(1) 文化用品、设备及相关文化产品（相关层）出口占比大。据初步统计，照相器材9.6亿美元，工艺美术产品出口约1875万美元，文化用品出口

5649 万美元，仅凤凰画材一家就出口 3233 万美元。江阴乐器、贺卡等工艺品出口创汇 3241 万美元（见表9）。宜兴陶瓷工艺美术品远销美国、墨西哥、加拿大创汇 2191 万美元。

（2）新兴文化创意产业加快发展。初步形成了动漫影视和网游创作生产链。动漫产业国内起步较早，从业人员超万，原创动漫分钟数突破 10 万分钟，位居全国前列，形成了九久动画、马良动画等龙头企业，2013 年有 5 家企业出口超过 30 万美元，其中九久动画出口 146 万美元。影视创意产业形成了以慈文影视、慈文紫光、好莱坞影视等为代表的原创影视产业集群，加大海外市场拓展力度。2013 年慈文传媒 36 集电视连续剧《非缘勿扰》出口东盟及非洲地区 131 万美元，好莱坞影视公司是集数码艺术产品研发于一体的创意技术服务企业，从事影视特效和电脑动画制作，2013 年出口 63 万美元。

（3）文化经济代理、广告会展等新兴文化服务业开始起步。凤凰画材在画材行业国内排名第一，世界排名第二。近几年凤凰画材依托产业优势，加快产业转型，签约国内著名青年油画画家（范勃、张新权、戴平均等人），对其作品开展国内外代理，并设立了凤凰艺都美术馆，与四川美院合作，实施产业链延伸，从事油画艺术品的海内外推广运营。积极参加欧、美等多种展会，拓展高端、精品油画海外市场。

（4）文化出口骨干企业加快发展壮大。江苏新广联科技股份有限公司、无锡慈文传媒集团有限公司、江阴杰麦尔乐器有限公司、江阴金杯安琪乐器有限公司、无锡凤凰画材有限公司 5 家企业及“凤凰画材”越南生产基地建设项目分别被评定为 2011 ~ 2012 年、2013 ~ 2014 年国家文化出口重点企业和重点项目，其中慈文传媒集团即将上市。无锡凤凰画材有限公司和无锡凤凰画材进出口有限公司主要出口产品为画笔、画架、画框等油画产品，2013 年斥资 200 万欧元收购西班牙巴塞罗那一家拥有 70 多年历史的画材经销商 75% 股权，建立了凤凰画材自主品牌进入欧洲市场的直接通道，一举覆盖南欧高端画材市场，公司出口总额 4210 万美元，排同类产品出口量世界第二；2013 年出口额为 3233 万美元，同比增长 4.31%。乐器企业发挥国家重点文化出口企业品牌优势，出口大幅增长。2013 年出口 1619 万美元，同比增长 20.8%，其中 4 家企业出口超百万美元，江苏杰麦尔乐器有限公司出口 532

万美元。包装行业的领头羊——无锡利特尔彩印包装公司出口印度尼西亚、俄罗斯等国家创汇 254 万美元。

3. 无锡核心文化产品贸易总量和结构

根据无锡市统计局提供的数据，2013 年无锡核心文化产品累计出口 6204 万美元，同比增长 10.88%，其中印刷品 2871 万美元，视觉艺术品 1215 万美元，乐器 1619 万美元，影视动画 508 万美元。

以两种出资形式（外资和内资）为切入点，可直观地分析无锡核心文化产品的出口结构。从外资和内资这两大类企业的比较来看，无锡外资文化企业的总体出口水平明显高于内资文化企业。外资文化企业中，排名前三位的企业年出口额［鸿兴包装（无锡）有限公司 1431 万美元、江阴杰麦尔乐器有限公司 532 万美元、江阴罗宾孙礼品有限公司 300 万美元］都要高于内资文化企业中排名第一位的无锡天辰技贸发展有限公司年出口额（299 万美元），说明外资文化企业的总体实力、对外市场开拓能力、市场竞争力都明显强于内资文化企业（见表 10 和表 11）。

然而，从年出口额的同比增长率来看，无锡内资文化企业的整体增长幅度要快于外资文化企业。特别是内资文化企业中的无锡市万里印刷有限公司同比增长 5889.39%、无锡天艺印刷有限公司同比增长 1091.61%，都远远高于外资文化企业的平均增幅。说明无锡内资文化企业近年来发展趋势迅猛、前景广阔、潜力无限（见表 10 和表 11）。

从出口文化产品的类别来看，外资和内资两类文化企业中，年出口额排名第一位的企业［鸿兴包装（无锡）有限公司、无锡天辰技贸发展有限公司）所生产的产品都是印有个人问候、祝贺、通告的卡片，且年出口额（1431 万美元、299 万美元］远远高于排名第二位的企业（江阴杰麦尔乐器有限公司 532 万美元、江阴市盛合国际贸易有限公司 208 万美元）。其他企业的出口产品主要集中在乐器、印刷品、雕塑、装饰品等门类（见表 10 和表 11）。

从出口目的地来看，占最大比重的四个国家或地区是美国（42.01%）、欧盟（19.40%）、日本（15.98%）和东盟（10.74%）这些经济体和经济区域。而出口额同比增长率最快的出口目的地则是中国香港（862.42%）和韩国

表 10　2013 年无锡核心文化产品出口排名前十位的外资企业年出口额和同比增长率

单位：万美元，%

<table>
<tr><th>排名</th><th>出口排名前十位的外资企业</th><th>企业核心文化产品</th><th colspan="2">年出口额</th><th>同比增长率</th></tr>
<tr><td>1</td><td>鸿兴包装(无锡)有限公司</td><td>印有个人问候、祝贺、通告的卡片</td><td colspan="2">1431</td><td>-5.27</td></tr>
<tr><td>2</td><td>江阴杰麦尔乐器有限公司</td><td>乐器</td><td colspan="2">532</td><td>3.59</td></tr>
<tr><td>3</td><td>江阴罗宾孙礼品有限公司</td><td>印刷品</td><td colspan="2">300</td><td>5.73</td></tr>
<tr><td>4</td><td>无锡铃木乐器有限公司</td><td>乐器</td><td colspan="2">209</td><td>22.94</td></tr>
<tr><td>5</td><td>江阴金杯安琪乐器有限公司</td><td>印刷品、乐器</td><td colspan="2">201</td><td>-3.04</td></tr>
<tr><td rowspan="2">6</td><td rowspan="2">赛西(无锡)装饰制品有限公司</td><td>印刷品</td><td>8</td><td rowspan="2">178</td><td rowspan="2">71.76</td></tr>
<tr><td>绘画</td><td>170</td></tr>
<tr><td>7</td><td>江阴信邦电子有限公司</td><td>视频游戏控制器</td><td colspan="2">169</td><td>202.06</td></tr>
<tr><td>8</td><td>无锡九久动画制作有限公司</td><td>手绘的设计图纸原稿和手稿及其复制件</td><td colspan="2">146</td><td>-31.40</td></tr>
<tr><td>9</td><td>江阴奇灵乐器有限公司</td><td>乐器</td><td colspan="2">143</td><td>108.08</td></tr>
<tr><td>10</td><td>无锡鸿发电脑刺绣有限公司</td><td>其他化纤制刺绣品</td><td colspan="2">133</td><td>10.94</td></tr>
</table>

资料来源：无锡市商务局产业处。

表 11　2013 年无锡核心文化产品出口排名前十位的内资企业年出口额和同比增长率

单位：万美元，%

排名	出口排名前十位的内资企业	企业核心文化产品	年出口额	同比增长率
1	无锡天辰技贸发展有限公司	印有个人问候、祝贺、通告的卡片	299	139.92
2	江阴市盛合国际贸易有限公司	印刷品、乐器	208	59.33
3	汇泽国际贸易有限公司	乐器	112	-7.17
4	慈文动画有限公司	声像制品	104	—
5	无锡市万里印刷有限公司	印刷品	102	5889.39
6	无锡伊诺永利文化创意有限公司	雕塑、装饰品	90	133.80
7	江阴海澜海悦国际贸易有限公司	雕塑、装饰品	62	13.20
8	无锡旭阳动画制作有限公司	印刷品	57	66.33
9	无锡天艺印刷有限公司	印刷品	55	1091.61
10	无锡市励展动画制作有限公司	印刷品	51	3.18

资料来源：无锡市商务局产业处。

（212.65%）这两个亚洲地区和国家（见表12、图4）。说明无锡文化贸易在发达经济体市场上占据一定的市场份额；同时，在亚洲市场上具有强大的开拓能力，未来发展的前景广阔；在拉丁美洲市场的份额和增长率非常有限，但进一步开拓这一市场资源也具有一定的潜力。与无锡不同的是，上海文化产品出口前三位的目的地分别是美国、日本和欧盟，说明上海与日本的文化贸易关系相对于上海与欧盟更密切一些。

中国国家主席习近平在中亚演讲时提出建设“丝绸之路经济带”的设想，这是中国政府首次就洲际经济合作一体化进程提出具体的构想。这一构想揭示了中国和中亚经济与能源合作进程中将如何惠及其他区域、带动相关区域经济一体化进程的新思路。出访东南亚期间，习近平又发表题为《携手建设中国－东盟命运共同体》的重要演讲，为双方共同建设21世纪“海上丝绸之路”指明了方向。自此，中国打造陆海两条“新丝绸之路”，加强与世界各国经济合作，同谋和平发展的政策格局已然成形。2013年10月9日，中国总理李克强在文莱出席第16次中国—东盟领导人会议，其所阐述的中国－东盟“2+7合作框架”成为会议点睛之笔。中国与东盟过去十年的交往被国际社会称为“黄金十年”，中国将东盟作为周边外交的优先方向，“钻石十年”则是对这一概念的升级。无锡对东盟的大量文化产品出口，可谓是对这些战略构想的积极回应，未来这一外部市场的发展前景将更为广阔，有望进一步带动无锡文化实体经济的发展。

表12　主要出口国别、出口额和同比增长率

主要出口国家或地区	出口额(万美元)	出口额占比(%)	出口额同比增长率(%)
美　国	2347	42.01	11.37
欧　盟	1084	19.40	23.59
日　本	893	15.98	-16.65
东　盟	600	10.74	34.61
拉丁美洲	396	7.09	0.52
韩　国	142	2.54	212.65
中国香港	125	2.24	862.42

资料来源：无锡市商务局产业处。

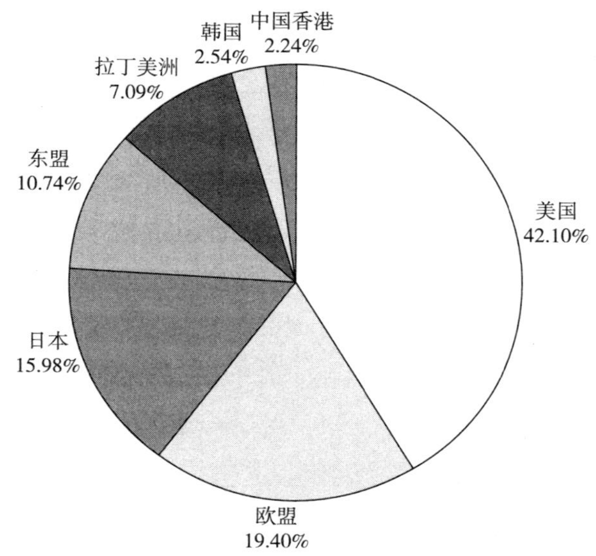

图 4　无锡核心文化产品出口到世界各国或地区的比重分布

资料来源：无锡市商务局产业处。

4. 无锡文化服务贸易进出口总量和结构

对于无锡文化服务企业对外贸易的统计，主要由两个系统实现这一功能——无锡外汇管理局 BOP 统计系统和无锡海关进出口数据库。外汇管理局 BOP 统计数据中，“体育、文化和娱乐服务”项下 2013 年的出口额是 160. 98 万美元，同比增长 212. 83%；进口额为 17. 14 万美元，同比增长 1249. 61%。其中，好莱坞（中国）数码艺术研发中心有限公司年出口额 112. 4 万美元，江苏宝鼎动漫软件制作有限公司年出口额 64. 78 万美元，在文化服务类企业中表现最为突出。2013 年通过海关出口的重点文化服务企业是慈文动画有限公司（出口额 104 万美元）和无锡九久动画制作有限公司（出口额 146 万美元）（见表 13）。

5. 无锡对外贸易的显著特色——贸易顺差

据初步统计，无锡 2013 年文化产品出口约 11. 8573 亿美元（含照相器材、包装印刷等），进口总额约 1. 746 亿美元，呈现出文化贸易顺差 10. 1113 亿美元；2013 年核心文化产品累计出口 6. 204 亿美元，进口总额仅为 0. 349 亿美元，

表 13　无锡文化服务企业出口不完全统计

<table>
<tr><th>排名</th><th>文化服务企业</th><th>企业门类</th><th>出口额（万美元）</th><th>数据来源</th></tr>
<tr><td>1</td><td>无锡九久动画制作有限公司</td><td>动漫类</td><td>146</td><td>海关统计库</td></tr>
<tr><td>2</td><td>好莱坞（中国）数码艺术研发中心有限公司</td><td>影视和动漫类</td><td>112.4</td><td>外管局 BOP 系统</td></tr>
<tr><td>3</td><td>慈文动画有限公司</td><td rowspan="9">动漫类</td><td>104</td><td>海关统计库</td></tr>
<tr><td>4</td><td>江苏宝鼎动漫软件制作有限公司</td><td>64.78</td><td>外管局 BOP 系统</td></tr>
<tr><td>5</td><td>无锡太观动画制作有限公司</td><td>62</td><td rowspan="10">海关统计库</td></tr>
<tr><td>6</td><td>无锡旭阳动画制作有限公司</td><td>57</td></tr>
<tr><td>7</td><td>无锡市励展动画制作有限公司</td><td>51</td></tr>
<tr><td>8</td><td>无锡马良动画制作有限公司</td><td>49</td></tr>
<tr><td>9</td><td>无锡天圣动画制作有限公司</td><td>34</td></tr>
<tr><td>10</td><td>无锡良品动画制作有限公司</td><td>31</td></tr>
<tr><td>11</td><td>无锡㚣尧动画有限公司</td><td>18</td></tr>
<tr><td>12</td><td>慈文传媒集团有限公司</td><td>影视类</td><td>13</td></tr>
<tr><td>13</td><td>无锡市樱花卡通有限公司</td><td rowspan="2">动漫类</td><td>13</td></tr>
<tr><td>14</td><td>无锡市中原动画制作有限公司</td><td>6</td></tr>
</table>

注：这两个系统仅统计了实现外汇收付和通过海关进出口的文化服务企业，还有部分以人民币来结算的企业不在这一范围内，可能会在统计中有所遗漏；且外管局 BOP 系统中的文化服务企业未完全列出，因而此表是不完全统计表。

资料来源：无锡市商务局产业处（无锡外汇管理局 BOP 系统和海关进出口统计库）。

呈现出核心文化产品贸易顺差 5.855 亿美元。而根据中国海关的统计报告，我国对外文化贸易在对外贸易中的比重偏低，核心的文化产品和服务贸易逆差仍然存在，文化企业参与国际竞争的能力还较弱。可见，无锡文化贸易发展已取得不俗战绩，走在全国的前列，其发展模式值得推广。但同时，与上海等一线大都市相比，仍存在一定的距离，文化产品和服务“走出去”仍任重而道远。

四　重点文化出口企业案例分析

（一）江苏新广联科技股份有限公司

江苏新广联科技股份有限公司（以下简称新广联）2013 年公司实现销售

收入42980.21万元，利税3000.67万元。新广联目前是国内规模最大的光盘复制企业，在国内光盘复制行业中拥有技术最先进、规格最统一的光盘生产线，最专业、齐全的检测设备，完善的现代化管理体制，是国内光盘复制行业的龙头企业。成立十多年来，通过可靠的产品质量和服务，在业内赢得了良好的口碑，客户涉及IT、文化教育、出版传媒、音像、健身器材等众多领域，产品出口至美国、墨西哥、澳大利亚、欧洲、日本、中国台湾、印度、新加坡等全球范围内多个国家和地区。以2013年为例，2013年光盘全年销售总量为2.85亿片。从客户性质方面来看，IT类客户的光盘需求约占全年总销售量的65%，教育类约占35%。从贸易方式方面来看，光盘内销数量约占全年总销售量的55%，出口数量约占45%。其中，光盘出口主要以进料深加工结转、一般贸易出口两种贸易方式为主。

新广联秉持传承和发展并存的观念，对外积极延伸光盘产品的价值链，并且注重新项目的开发和引进，多年来在市场上始终保持着较强的竞争力。公司领导提出寻求企业价值链延伸的指导思想，承接除光盘以外的组合包装或物流服务，以此来延伸价值链，拓宽业务范围，提高产品利润率，并使客户的合作关系更深入、更稳固。通过这种服务模式创新，新广联成为不少跨国企业或知名企业的首选，例如成为HP、Intel、Netgear的指定供应商，成为浙江电子出版社、南京大学出版社的唯一供应商，成为大英百科全书的全球供应商等。

（二）慈文传媒集团有限公司

慈文传媒集团（以下简称慈文传媒）是一家以影视剧制作、发行为核心，涵盖传统电影、电视剧、动画、新媒体业务，进军资本市场、推广品牌战略经营的综合性影视文化集团。近年来，慈文传媒的资产规模、营业收入快速增长，盈利能力进一步增强。2013年集团合并实现营业收入3.88亿元，净利润9000万元，其中，海外销售收入166.47万美元。公司每年制作并发行电视剧200小时左右，目前出品并拥有版权的作品有100余部（近3000集），包括古装、武侠、谍战、当代都市等系列影视作品，所有作品均在各大卫视及地面台播映，取得了良好的收视率及口碑。多部作品摘得国内各项大奖，并亮相国际知名展会。慈文传媒的发行网络覆盖中国大陆、港澳台地区、日韩与欧美等，多部作品出口新加坡、日韩等地。慈文传媒成功的秘诀在于，通过聚集优质资源、打造优秀团队，来提升其核心竞争力；通过提升以影视剧为代表的核心业务、做大以动画和新媒体为代表的新兴业务、发展战略业务，来打造全媒体产业链，以成为新媒体视频服务商作为最终目标，促进新媒体内容与传统媒体互动。同时，积极拓展海外市场，推进文化出口。

（三）无锡凤凰画材有限公司

无锡凤凰画材集团（以下简称凤凰画材）是一家以生产系列画材和画品为主导产业的出口型民营企业，遵循"一切皆为艺术"的宗旨，画材产业与艺术产业融合发展，市场从以往单一出口，发展为国际、国内市场同步发展。2008 年，启动凤凰画材国内销售市场，成立江苏凤凰艺都文化发展有限公司，进军国内艺术产业。至今，凤凰画材在国内已有 200 多家经销商，分布在 34 个省、市、自治区。在北京宋庄、中央美术学院和沈阳等地成立凤凰画材品牌直营店，形成了网络直销、品牌专营和经销代理的立体化品牌营销格局。集团有 6 个自主品牌：凤凰牌、幻色家牌、创造牌、毕加索牌、门采儿牌和塞尚牌。凤凰牌已在 30 多个国家注册商标，系列画材产品出口遍及世界 50 多个国家和地区，出口量占国内同类产品出口总量的 60% 以上；是世界第二大、中国第一大专业画材制造商。

过去 10 年，全球经济经历了巨大动荡，互联网从繁荣到萧条，欧洲增长趋于停滞，美国陷入债务危机，在这种背景下，凤凰画材品牌却显示出强大的稳定性，成为外贸出口的佼佼者。截至发稿，凤凰画材外贸出口较上年同期增长达 30% 以上，连续 5 年保持持续增长，凤凰画材集团也再次荣获国家文化部 2013 ~2014 年度"国家文化出口重点企业"及"国家文化出口重点项目"，走出了一条品牌发展的成功之路。

（四）江苏金一文化发展有限公司

江苏金一文化发展有限公司（以下简称金一文化）是一家以创意设计为核心的文化创意公司。其根据自身的特点和优势，运用价值链定位模式进行盈利模式的创新，通过在内容创意环节的价值挖掘，借助研发设计和工艺制作的

力量将其价值放大，再依靠营销团队和渠道合作的作用，将价值层层推进，最终转换输出到消费市场环节，形成了内容为王、渠道制胜、媒体推动、需求挖掘的创新盈利模式，取得了显著成效。2013 年实现销售额 26.29 亿元，相比上年增长 38%；2013 年销售收入中，纯金制品 17.15 亿元、纯银制品 2.7 亿元、其他 6.44 亿元。

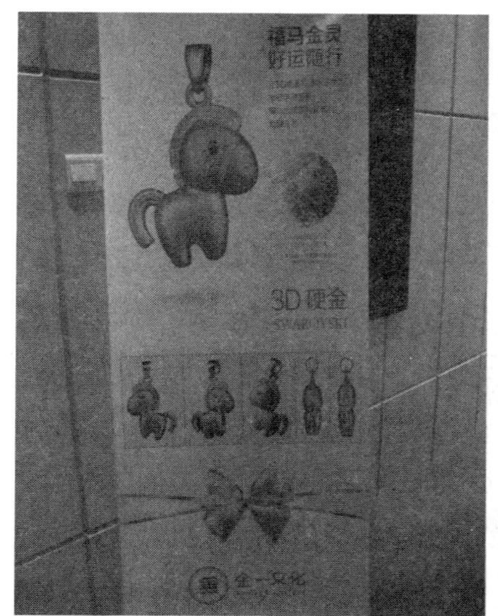

图 5　“金一文化”企业理念和产品

资料来源：由课题组自行拍摄。

（五）无锡九久动画制作有限公司

无锡九久动画制作有限公司（以下简称九久动画）是成立于无锡国家工业设计园的离岸服务外包型外商独资企业，主营业务范围涵盖动漫企划、形象设计、动画制作、动画着色、影像合成等。自成立以来，九久动画年均营收保持在 200 万美元左右，主营业务方向为日本动漫市场，100% 承接离岸外包，其主要业务范畴涵盖前期原画创作，中期动画以及着色，此外还涉及背景创作以及数据摄影环节。借助 10 多年的日式动漫加工制作经验，已经基本具备了整片制作的能力，依托设立在日本东京的海外制作营销中心以及根植于无锡的九久动画制作基地，在争取海外订单的同时，正计划组建开拓国内动漫市场的全新团队，从而实现由制作型公司向创作型公司的巨大转变。力争在3～5年内将九久动画打造成不仅在日本动漫市场具备一定知名度，而且在长三角地区，甚至国内专业领域也小有名气的专业动漫创意公司。同时，按照历年的数据来分析，九久动画目前的业务量基本占据整个无锡承接日本动漫外发业务量的10%～20%，因此可以推断整个无锡动画制作市场的大致业务水平。近年来，民间小作坊的兴起造成企业人员分流，而日元的持续贬值则对企业销售收入等指标产生不利影响，但企业总体产值仍在逐年上升（见表14）。

表14　九久动画2011～2013年销售收汇表

单位：万元

	2011年	2012年	2013年
员工人数(人)	158	142	119
销售收入	1595	1264	910
离岸外包收入	1595	1264	910
折合美元	253	201	146
收汇	1756	1506	1025
折合美元	271	240	146

资料来源：来自九久动画实地调研。

（六）江阴金杯安琪乐器有限公司

江阴金杯安琪乐器有限公司（以下简称金杯安琪）由一个作坊式的小企业发展成为我国目前最大的手风琴生产基地，公司不仅是中国乐器协会常务理事单位，同时也是中国乐器协会手风琴专业委员会会长单位。其产品“金杯牌”手风琴已经在国内及世界市场得到认可，它吸取了国际著名品牌的精髓，产品由8BS－120BS形成系列。为使产品精益求精，集中表现金杯乐器的独特魅力，金杯乐器融汇了国际先进技术之精华，致力于高档演奏手风琴的研制、开发。如今，金杯安琪产品年生产量达3万台。外销出口占60%，国外主要集中销往欧盟地区（60%）、美国（20%）、日韩（20%）等30多

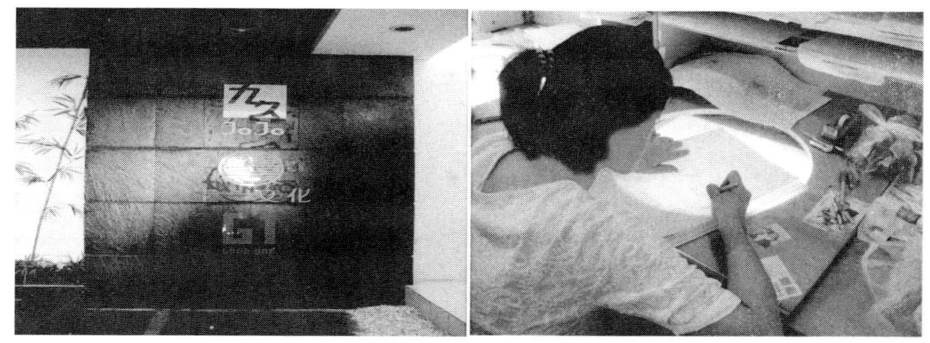

图6　左图为“九久动画”企业标志、右图为画师在勾勒轮廓

资料来源：由课题组自行拍摄。

个国家和地区。内销占40%，全国各地现有270多家经销商，连续十年全国销量第一。自2012年起，公司每年被评为“国家文化出口重点企业”。为了开拓国际市场，公司每年参加在美国、德国等地举办的大型乐器展览会，而国内的各大乐器展更少不了金杯的身影，同时利用阿里巴巴、中国制造、环球资源等网络平台，扩大品牌影响力，实现互联网销售。“经营产品（开拓市场）—经营品牌（引领市场）—经营文化（培育市场）”是金杯安琪成功的经营之道。

四　无锡文化产业“走出去”和文化交流

1. 无锡文化产业“走出去”和文化交流总体成果

2013年以来，无锡文化企业集团积极组织本地艺术产品走出去，无锡在文化交流方面获得不俗战绩。中国（无锡）国际文化艺术产业博览交易会由省文化厅和无锡市政府联合长期主办，成为省内唯一保留的文博会品牌，文博会坚持市场化运作，第三届文博会现场观展人数超12.6万人次，现场销售额达1.32亿元。第六届中国（无锡）国际汽车博览会参观人数超10万人次，成交总金额7.76亿元，均同比大幅增长30%以上。

从各企业来看，无锡利特尔彩印包装公司出口印度尼西亚、俄罗斯等国家创汇254万美元，宜兴陶瓷工艺美术品远销美国、墨西哥、加拿大创汇2191

万美元，江阴乐器、贺卡等工艺品出口创汇3241万美元。无锡凤凰画材有限公司2013年斥资200万欧元收购西班牙巴塞罗那一家拥有70多年历史的画材经销商75%股权，建立了凤凰画材自主品牌进入欧洲市场的直接通道，一举覆盖南欧高端画材市场，公司出口总额4210万美元，排同类产品出口量世界第二。广电集团投资拍摄的《不肯去观音》获得第37届蒙特利尔国际电影节"世界优秀电影奖"。海邻文化艺术发展有限公司10月在法国卢浮宫举办无锡文化展览，紫砂、文人画、瓷画等与卢浮宫的油画和雕像有了一次美丽的邂逅。

演艺市场有声有色，无锡演艺集团不断开拓海外演出市场，鼓励走出国门进行商演和交流演出，争创良好票房效益，同时坚持公益惠民送戏到乡村、社区、厂矿、社区等基层一线，还积极配合党和政府的中心工作，做好社会热点宣传演出。歌舞剧院近两年境外演出有新的拓展，先后赴日本、美国、加拿大、德国、土耳其和中国香港等国家和地区演出，不仅二度到美国、加拿大等国演出，还成为中国第一个进入肯尼迪艺术中心主剧场演出的文艺院团，反响强烈。又于2013年夏天，参赛第三届中国新疆国际舞蹈节，在西北地区巡演同样受到欢迎和好评。歌舞剧院在精品剧目和市场的对接上迈出了坚实的步伐；锡剧院坚持送戏到乡村、社区基层一线，进一步贴近群众接地气，演出景气指数不断上升；曲艺团发挥短平快的优势，反映社会热点，《三宝和谐曲》《梦醒归来》两出新戏巡演100余场，获得了社会效益和经济效益的双丰收。在持续多年的"文化惠民演出"的基础上，继续做好锡剧博物馆戏楼的"戏曲评弹天天演"，2013年5~8月演艺剧场又推出"夏季周周演"，这些演出活动得到了市文化引导资金的有力支持，连续两年举办"金秋演出季"。《绣娘》赴美国、加拿大进行文化交流和商业演出，成为中国第一家进入肯尼迪艺术中心主会场演出的艺术院团。

二　无锡文化企业"走出去"和文化交流经验总结

（一）树立"文商结合"的发展理念

无锡市充分发挥崇安区作为高端商贸集聚区的区域优势，依托200万平方

米规模的家居主题市场群，重点发展城市设计、家居设计和策划设计，以创意带动和促进设计环节的整体提升。2012 年 4 月，崇安区主办“无锡首届两岸装饰设计文化交流节”，全面推动两岸室内设计的文化交流；2012 年 5 月 26 日，参与承办了“2012 无锡工业设计博览会”和“中国—伊朗文化交流节”，充分展现了崇安家居创意设计产业引领国内潮流的水准，凸显了无锡文化创意设计产业在国内外的影响力和竞争力，走出了一条“文化 + 科技 + 创意”的产业新路径；2013 年组织参与了第二届“中国 · 苏州文化创意设计产业交易博览会”（苏州创博会），受邀参会的无锡国际城市 · 家居创意设计园，精心布置位于“创意城市展区”的无锡展厅，展厅面积 108 平方米，以“品位文化，创意无锡”为主题，以徽派建筑元素为基调，融入现代时尚设计理念，突出中国元素以及江南韵味，全方位展示了无锡及崇安近年来在创意文化产业领域所取得的丰硕成果；2013 年 4 月，崇安代表团赴台湾，参加由全市组织的经贸文化洽谈活动，对该区文化创意产业进行推介并举行千人计划文化创意产业无锡研究院台北交流中心揭牌仪式。

（二）跟踪培育重点文化交流企业和项目

1. 无锡一画楼文化交流有限公司

该公司（曹俊艺术馆）位于玉祁平湖新城，以艺术品、工艺美术产业为特色，经营范围涉及文化艺术经济代理、文化活动策划、字画、文具用品销售等领域。近年来，该公司获得 2012 年江苏省文化产业引导资金、2013 年盘活社会存量资源奖励等多个政府资助。每年一度的卢浮宫卡鲁塞尔艺术展是艺术品最高层次的展销会之一，艺术展云集了来自世界各地的艺术家、收藏家和高端艺术品交易的代表。该公司立足于中国艺术市场，抓住每年一度的艺术展契机，积极拓展海外市场。该公司收藏了旅居新西兰的著名华裔艺术家曹俊多年来创作的百余幅精品力作，市值估价近 2 亿元，主要包括泼彩山水、泼彩荷花、工笔画、写意虎四个系列在内的精品原作。依托无锡地区丰富的文化资源，该公司主打对外交流，并结合一画集团艺术创作基地，打造一个中国、新西兰、法国等国艺术家开展中外文化交流的重要平台。

曹俊是旅居新西兰的著名华裔艺术家，擅长书法和中国画艺术，并在绘画题材和表现形式上做了大胆创新。其作品形式多样、风格独特，具有国际化语境，在新西兰侨界及主流社会享有很高的声誉，被新西兰总理、种族事务部部长誉为“传播中国文化的使者”“为全体新西兰人做出了优秀示范的艺术家”。2013 年 3 月参展，被美国政府优才计划看中，作为杰出艺术家移居美国纽约。法国美术家协会组织专家团对曹俊的作品进行审核，专家团全票通过，并划出 60 米展线，由法国美术家协会主席米歇尔 · 金邀请曹俊参展，从而使其成为有史以来在卢浮宫卡鲁塞尔艺术展上拥有最大展览空间的艺术家。2013 年 12 月 12 ~ 15 日，巴黎卢浮宫卡鲁塞尔厅展出曹俊最新创作的布面综合材料空间系列绘画作品 26 件，曹俊由此囊括艺术展“金奖”和“评委奖”两项大奖。

无锡一画楼文化交流公司为曹俊作品亮相这一艺术展的海外市场推介做了精心准备。2012 年 12 月，为曹俊的创新题材——宇宙空间系列作品改造画室，准备画材；2013 年 5 月，出版大型画册《大匠之门》为曹俊最新创作的作品亮相卢浮宫做前期推广宣传；2013 年 10 月，为曹俊最新创作的作品在山东淄博举办画展，最新作品亮相国内市场，为曹俊最新作品进军法国卢浮宫做铺垫；挑选公司员工，为曹俊作品参展做前期工作及现场布置展览工作的培训。这次海外市场推介活动取得了初步成效，美国迈阿密艺术品经纪人当场签下 800 万欧元的订单，同时“犹太艺术基金”将曹俊列为美国抽象表现主义的后来者，并于 2013 年 1 月在纽约举办了曹俊与安迪 · 沃霍尔作品连展，可见曹俊已与国际艺术大师齐名。无锡一画楼文化交流有限公司以曹俊作品作为打开海外市场的突破口，从而在国际艺术品市场上占有一席之地，目前已打造成中西方文化交流的窗口和平台以及沪宁线上又一个展示中国当代艺术的亮点。

2. 无锡崇文文化发展有限公司

该公司旨在发挥冯其庸学术馆的文化引领作用，将依托冯其庸学术馆这个重要文化元素，以学术馆为中心，在周边建设文化街区、名人工作室、民间藏品交流中心、具有地方特色的博物馆等设施，建成与前洲锦绣园为一体的文化旅游中心。

3. 文化博览大厦

项目前期工作已做充分准备，即将动工建设。

4. 无锡凤凰国际文化交流中心

该中心是江苏凤凰出版传媒集团与无锡日报报业集团共同投资建设的项目，位于美丽的太湖岸边，利用无锡日报报业集团原培训中心地块，占地约1.7万平方米，总建设面积约1万平方米，总投资1.2亿元，集会议、培训、客房、餐饮、休闲、健身于一体，由凤凰文化酒店管理公司经营管理。江苏凤凰出版传媒集团是中国出版业资产和销售收入超百亿元的文化企业，也是中国规模最大、实力最强的出版产业集团。无锡日报报业集团则是无锡宣传舆论的主阵地、文化产业的主力军，实施宣传与经营“两分离”改革后，更是有效地激活了文化生产力，成为中国地方报业的排头兵。双方此次强强联手，将为无锡增加重要的文化交流、文化产业研发高地，推动数字出版、图书出版、书城、影城等全方位的合作，拓展无锡文化对外交流的渠道，增强无锡文化的国际影响力和竞争力，对支持文化产业发展、吸引战略投资者、提升文化服务业有着积极意义，也将有力促进国际、国内新闻出版业的交流、研发与合作，加快推进无锡文化产业发展。目前，该项目正在进展中，预计2015年完成建设。

图7 无锡凤凰国际文化交流中心

（三）注重大气，全力做优文化交流载体

1. 灵山佛文化博览园

无锡灵山文化旅游集团以该博览园为主要载体，提升佛文化旅游品牌影响力，打造中国最具魅力的当代佛教文化集聚区、世界佛教文化交流中心。总投资25亿元的灵山五期工程耿湾风情小镇全面启动建设。2014年上半年，无锡灵山公司营业收入超1亿元。

2. 国家数字电影产业园

该产业园针对剧本生产这一国内电影产业的关键瓶颈，设立剧本交流交易中心，汇集全球高水平剧本，为国内外编剧精英和影视企业提供畅通无阻的交流合作平台。园区现与美国旧金山电影学会、北京电影学院等单位共同发起成立了影视剧本工场，为入园企业搭建影视交易服务平台。为了提升园区的创新研发能力，打造数字影视自主原创制作研发高地和数字影视文化交流高地，园区企业与美国南加州大学电影学院、美国旧金山电影协会及国内知名高校共同创立了“影视剧本工场”，园区与青年企业家商会、市金融办、工行、农行等银行共同发起成立了“影视投资广场”。

3. 北仓门文化创意产业园

该产业园被评为全省首个省级文化创意留学人员创业园，集聚了一批特色鲜明、辐射带动力强的文化创意企业。北仓门董事长郑皓华作为无锡文化创意产业协会会长，多次带队出访海外，进行文化创意产业交流。崇安区引导北仓门生活艺术中心与台湾西门红楼等文化创意园区加强交流与合作，促进两岸文化创意产业园区共建；规划建设总投资达30亿元，总建筑面积超过30万平方米的无锡国际城市 · 家居创意设计园，不断推动城市 · 家居创意设计产业和产品附加值向“微笑曲线”两端攀升，奋力抢占价值链的高端环节，形成集销售、展示、设计、检测、会展为一体的全产业链发展格局。

4. 三蠡会馆

该会馆位于蠡园开发区，地处美丽的蠡湖风景区。三蠡者，蠡园、蠡桥、蠡湖也，是无锡著名的历史文化旧迹。会馆取名“三蠡会馆”也是意为要发扬光大无锡本土艺术与文化，为历史悠久的太湖流域文化产业发展做出积极贡

图 8　国家数字电影产业园——华莱坞

图 9　北仓门文化创意产业园

献。三鑫会馆以“弘扬传统人文精神，推动本土文化艺术”为理念，从事“守文人之土，培吾乡之壤”之事业，秉承弘既往之风规，导将来之器识的风范。会馆建成于 2013 年 2 月，占地面积为 600 平方米，主要内容为太湖赏石、紫砂和书画的鉴赏、交流、交易，定期举办各类文化艺术活动及本地书画家作品展览。依托“三鑫文化讲座”平台，定期举办国学公益讲座。开馆一年多以来，举办各类专题艺术展览 12 次，举办紫砂、古琴、明清老家具、书法、篆刻、竹刻、泥人、青铜器、锡绣等本土非物质文化遗产知识传承公益讲座35次，目前已成为“行知大学堂——市中小学生社会实践基地”。

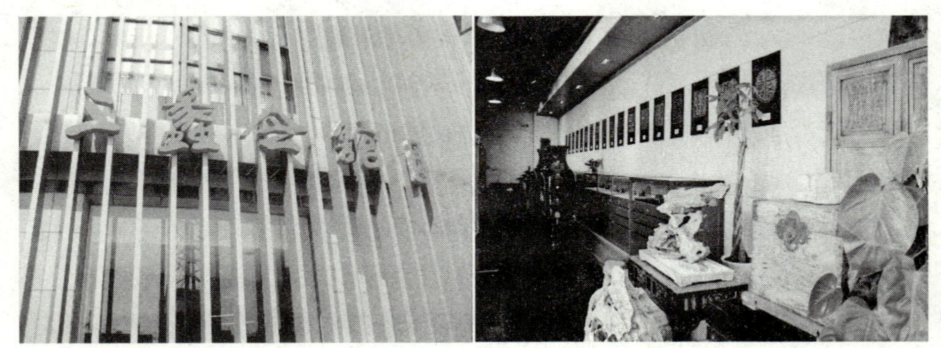

图10 “三鑫会馆”标志和内部陈设

5. 新世界国际文化广场

新世界国际纺织服装城有限公司向文化产业方向转型发展，在新区打造新世界国际文化广场，旨在打造长三角地区乃至全国民族文化交流、收藏、推广、旅游的集散地，做文化产业的新标杆。

（四）挖掘历史文化底蕴，强调特色文化传承和交流

1. 清名桥历史文化街区

该街区以清名桥为中心、古运河为轴，素有“江南水弄堂、运河绝版地”美誉，是中国著名的历史文化街区之一，还是中国大运河申遗的首批申遗点，被誉为“运河畔的露天博物馆”。2010年入选国家第二批“中国历史文化名街”。清名桥历史文化街区是中国近代民族工商业发祥地，也是京杭大运河申报世界文化遗产的典型风貌河段。街区内的文化交流基于品类丰富的文物遗址，集寺、塔、河、街、窑、宅、坊、弄、馆等于一体的众多人文景观，以及江南民俗文化、民族工商业文化、水弄堂文化、古建景观文化、宗教文化等多种形态的文化类型。修复改造后的清名桥历史文化街区具有独特的江南文化特色，延续了运河古韵的历史文脉，为无锡百姓寻求“老无锡味道”提供了丰富的精神享受和闲时的文化交流场所。近年来，政府以文化创意和休闲旅游为

产业定位，推进街区内文化产业项目建设，把街区打造成为文化要素聚集地、创意人才的栖息地和文化产业集聚地；加快运河文化艺术馆二期建设，围绕艺术创意的项目定位，发展各类文化会展、工艺美术交流、艺术品交易产业；依托窑群遗址博物馆，拓展建设窑群文化艺术村，结合伯渎路业态定位，发展形成手工艺坊集聚区；加快南长街二期产业培育，重点培育文化创意、工艺美术、大师工作室等产业形态；推进南下塘民宿体验区建设，重点发展民俗文化产业。

图 11　清名桥历史文化街区

2. 小娄巷历史街区

此街区位于市中心崇安寺附近，历史悠久，名人辈出，是知名度极高的历史文化名胜。小娄巷历史街区规划功能定位为无锡老城中富于活力的文化特色街区，无锡明清传统民居建筑展示地、艺术家居住与创作交流的创意工坊、江南文化交流传播基地；是一处以文化展示、文化交流、文化创意产业、文化休闲等为主的复合型功能的历史文化街区。规划以整体保护，修旧如故，改善环境，重现风貌，延续文脉，激发活力，凸显价值，永续利用为目标；恢复小娄巷街面貌。保护性修复工程有序推进，以修复建设历史文化街区的名义，通过价值结构重组和功能再造，塑造传统时尚化和生活创意化的街区风貌，建成以文化展演、文化交流、文化休闲、文化创意产业、文化创作与交流、工艺品设计与销售、文物收藏与拍卖为特色的无锡首个慢生活文化体验街区。

（五）积极推动文化人才引进和产业交流

无锡积极构建富有活力的文化产业领军人物、特殊人才、艺术创作等人才的引进激励机制，尤其重视引进国内外文化创意类优秀人才和创业团队，如南长区 2011 年聘请世界文化创意之父——约翰·霍金斯为清名桥街区文化创意总顾问；不断探索引进文化产业人才的新机制、新举措，并适时举办多种形式的文化产业发展交流会、研讨会等，对文化产业发展起到了积极的助推和引领作用。

专 题 篇

Special Reports

B.11

无锡文化体制改革的实践与探索

李湘云

文化体制改革是文化事业和文化产业实现跨越性发展的必然路径，然而，长期以来，文化体制改革面临着五难，即机制难换、市场难统、企事难分、关系难顺、资产难管。无锡文化体制改革自2005年起步，截至目前，已完成了文化行政管理体制改革、国有文化资产管理体制改革、新闻单位宣传与经营“两分离”改革、经营性文化事业单位转企改制、投融资体系建设五大重点改革任务，走在全国的前列，取得了实质性效果。

一　文化体制改革脉络

体制是制度的重要体现形式，有着上下之间层级关系的特征，这就意味着体制改革的起步之难和风险之大，无锡市委、市政府在文化体制改革上大胆创新、审慎起步。

（一）以“政事分开、管办分离”探索起步（2005 年）

2005 年，无锡市开始探索“政事分开、管办分离”的社会事业改革，城市文化体制改革也由此正式起航。当年底，市“文化艺术管理中心”正式挂牌，自此，政府职能开始从“办文化”转向“管文化”，文化局专司“五管”职责，即规划、政策、导向、市场、服务，全部工作重心转移到文化事业管理上。新成立的“文化艺术管理中心”，则具体承担政府办文化的职能，与市场接触，同时接受文化局的行业管理和业务指导。无锡市文化体制改革顺利地完成了破冰之旅，由此，一种新的科学合理的“政事分开、管办分离”的文化行政管理体制在无锡首创成功，全市“政事分开、政资分开、管办分离”的格局开始形成。改革的初步成效是，2006 年全市共实现文化产业收入 347.5 亿元，比上年增长 12.6%。

（二）以对文化组织机构的“分、合、转”深入推进（2007~2012 年）

2006 年 12 月，无锡是第二批被国家确定为文化体制改革的试点城市，是江苏省首批文化体制改革的试点城市之一。两个“试点”倒逼着无锡市的文化体制改革必须在“管办分离”基础上进一步深化。2007 年之后，“管办分离”改革继续进行，同时着重进行的是机构职能归并、单位转企改制和组建公司的改革。

1. 新闻单位的宣传与经营“两分离”改革

宣传与经营“两分离”改革是无锡文化体制改革中的重要内容，目的是做好做精宣传主业、做大做强文化产业。2008 年，改革按照“资源分离、机构分设、人员分开、管理分类”的要求，由市属国有文化资产监督管理办公室协调指导资产分离，划分宣传资源与经营性资产，将经营性资产从事业体制中剥离出来，组建注册资本均为 2.8 亿元的广电、报业两大集团，以现代企业制度的要求进行市场运作。

2. 职能归并，资源整合

此项改革目的是以资源共享、统一管理、功能互补，来减少运行成本、提高服务效能。原无锡革命陈列馆、无锡博物馆、无锡市科普馆“三馆合一”

组建而成的无锡博物院成立。文化行政执法方面，为了形成统一、规范和有效的文化市场执法力量，将原有的文化、广电、新闻出版的行政处罚和相关行政强制监督检查职能进行组合，于2008年组建了市文化行政综合执法支队，实现从分散执法向综合执法的转变。2007年，原文化、广电、新闻出版、版权等部门职能归并，组建了文化广电新闻出版局，挂“无锡市版权局”、“无锡市文化遗产局”牌子，并增设了广播影视处和文化产业处，同时将设在市广电局的市动漫办整体平移至市文广新局，与文化产业处合署办公。文化广电新闻出版局为市政府履行文化、广播电视、新闻出版、版权、文化遗产等行政管理职能。此次归并，改变了过去文化行政管理中多头管理、管理不力的状况。

3. 事转企改制

在文化单位实现“公益性”与“经营性”分离之后，无锡市文化体制改革的另一项重点任务是转企改制，即对经营性文化单位实现单位性质、劳动关系和运行机制进行事转企改革。

（1）文化企业出现。如市影剧公司、市新华书店，以及广电集团、报业集团实行宣传经营两分离改革后，其广告、印刷、发行、网络传输、影视剧制作及销售等经营性部门，都转制为企业，进行市场运作，自主经营，自负盈亏，自我发展。这项转企改制在无锡造就了一批有实力、有活力的国有或国有控股的文化企业。2010年7月，无锡市演艺集团有限公司正式成立，这是由原市属国有的无锡歌舞剧院、滑稽剧团、评弹团、锡剧院、锡剧团5家院团整体转企改制而来的，目前，无锡市演艺集团已是无锡文化演艺产业的支柱型企业，成为长三角地区一支举足轻重的文化队伍，当年的收入就突破3000万元。到2012年，全市经营性文化事业单位实现了事改企。

（2）“拨改投”、“拨改融”、“拨改股”的改革。在转企改制的同时，政府还尝试着把政府的财政拨款转变为对企业的艺术生产投资，“拨改投”、“拨改融”、“拨改股”，推进艺术生产和文化演艺市场的开拓。

（3）对国有文化资产监管体制的改革。2007年8月，无锡市完成国有文化资产监管机构的设立，市委宣传部会同市财政局成立了市属国有文化资产监督管理办公室（简称文资办），经无锡市人民政府授权，代表市政府履行出资人职责对无锡广播电视集团、无锡日报报业集团、无锡市文化艺术管理中心三大新闻文化集团（中心）近50亿元的国有文化资产实施监督管理；出台了《无锡市市属国有文化资产监督管理办法》和《无锡广电集团、无锡日报报业集团年度绩效考核暂行办法》等，制定了《综合绩效考核指标体系》并组织实施。

至此，无锡市的文化体制改革已开始走向纵深，收效颇丰，2010年和2011年两度荣获“全国文化体制改革先进地区”称号。

（三）以优化政策、创新投融资模式深化改革（2013年）

2013年是实施无锡“十二五”文化发展规划纲要的关键之年，也是十八大之后国家全面深化改革的起步年。这一年，无锡市深化文化体制改革在近年改革成效的基础上，对重点领域和关键环节进行了新的实践探索，改革以前所未有的速度和力度在推进，取得明显成效。

1. 优化文化事业政策，建设国家公共文化服务体系示范区

党的十八大和十八届三中全会关于“构建现代公共文化服务体系”精神，使提高城市公共文化服务水平，成为无锡文化体制改革的重要导向。2013年8月，无锡市成功入选第二批国家公共文化服务体系示范区创建资格名单，按照《国家公共文化服务体系示范区创建标准（东部地区）》，当年，市政府制定出台了《无锡市创建国家公共文化服务体系示范区建设规划》，在产品供给、服务能力、队伍建设、资源共享、标准建设等方面做了大量的体制和机制的创新。

（1）着力提升公共文化服务和产品供给水平，真正实现文化乐民惠民。深入推进公共文化设施免费开放和“全年无休”，全市四级群众性公共文化设施已全部实现免费开放，其中街道（镇）以上三级公共文化设施共102个已全部实现“全年无休”，628个文化活动室实现“全年无休”；建立完善全市重点公益文化活动公示预告制度，全市公益性文化活动每月在太湖明珠网和无锡新传媒网等媒体公示预告，区级以上重点公益文化活动在《无锡日报》和《江南晚报》等平面媒体上进行公示预告；开展农家书屋建设管理示范区创建工作等。

（2）加强政府资金扶持。启动2013年度引导文化消费专项资金项目申报工作，文化消费专项资金管理领导小组对113项申报项目进行评审，确定60个项目列入购买范围，购买总金额850万元；扩大群众文艺团队小额资助范围，实施优秀群众文艺团队小额资助政策，对442支申报团队，组织评审和媒体公示，确定306支团队获得本年度的小额资助，资助总金额达100万元；加强对群众业余文体活动团队的扶持，市文广新局联合无锡太湖文化发展基金会、江苏有线无锡分公司为群众业余文体活动团队免费提供便携式音响设备，对1153个申报团队进行审核，最后，1129支群众业余文体团队获得了音响设备。2013年，无锡购买公共文化服务60多项，拉动社会资金4000多万元。

2. 创建新型文化投融资体系，营造“不差钱”的发展环境

2013年是无锡市文化产业发展较快的一年，投资手段和投资规模有较大的变革和突破。具体做法是：探索建立一种文化产业发展的融资机制，加快速度组建新的投融资平台；对国有资本投资文化事业、文化产业的范围做重新调整，推动国有资本投资机制的转变；对中小型国有文化企业进行嫁接改造，构造一批以国有资本为主体的文化投融资运营主体；建立文化产业投资信息服务平台，吸引有实力的企业和民间资本投资文化产业。至此，以国有资本为主导的“投资主体多元化、投资方式多样化、投资机制市场化、投资准入差别化”为特点的新型文化投融资体系开始形成，为无锡打破文化企业发展过程中遭遇的资金瓶颈，以及文化企业做大做强营造了“不差钱”的发展环境，充分体现了文化产业深化改革后政策的释放效应。

（1）发挥文化产业专项资金的引导作用。2012年设立了1亿元的无锡市文化产业专项资金。为加强科技创新和产业升级，规范专项资金项目管理，2013年首次实行网上申报、项目网上评审和绩效跟踪评价等全过程管理，提升项目管理信息化水平，这也是全市20多个专项资金中，首个实现网上申报的资金。专项资金资助范围涉及重点园区、领军型企业、产业人才和原创作品播出奖励、原创研发项目等6大类16块内容。专项资金中还安排了1000多万元，用于文化产业投融资体系建设；安排了1000多万元的资金，用于面向本市文化企业的政府采购，以此培育市场和激活消费；还安排了部分资金，与社会资本合作，共同设立相应的专项股权基金，为本市中小文化企业提供融资服务。

在发挥无锡市文化产业专项资金的引导作用的同时，积极向上争取各类支持。申报省级文化产业引导资金，2013 年共获得省级资金支持 21 项 1640 万元，有效支持了文化旅游、工艺美术、广播电视、新闻出版、动漫网游等各个行业的发展。

（2）创新银企对接渠道。到 2013 年，无锡“文银牵手”已突破“授信”阶段，真正走向了“放款”层面，尤其是加大对成长型中小企业的信贷支持力度。2012 年 8 月，中国工商银行无锡分行为无锡市文化和相关企业提供 100 亿元的意向性融资支持，精心设计文化产业金融解决方案，先后推出“影视通”、“组合担保融资”和“投资基金信托计划”等文化金融产品；农行无锡科技支行为无锡妙思动画设计公司创新设计了股东信用贷款业务，江苏银行为慈文传媒集团等优质文化企业制定版权质押等新型融资方案。无锡市联合中小企业担保公司率先成立了“文化创意担保业务部”专营平台，到 2013 年底，累计为文化创意企业提供融资担保 1.67 亿元。另外，天津股权交易所首个跨省设立的区域运营中心即“长三角运营中心”、江苏省首家科技融资租赁公司即“通商科技融资租赁有限公司”等，都先后在无锡落户，这些金融机构为无锡中小文化企业股权融资、挂牌交易提供了便捷的新平台。无锡市内人保、太保、信保 3 家首批文化产业保险试点公司，正在积极探索适合文化企业特点和需要的保险业务。

2013 年，无锡银政合作，合力筹备省内首家文化支行——无锡农商行文化支行，该行推出了动漫网游之星、影视传媒之星等“文企星路”八大系列产品，并于 2014 年初挂牌。2013 年，市委、市政府还积极筹备由文化部、中国人民银行、财政部联合召开的全国文化金融合作会议，2014 年 3 月，全国文化金融合作会议在无锡如期召开，会议不仅揭晓了包括无锡灵山公司在内的全国优秀文化金融合作创新成果十佳名单，更重要的是对无锡近两年着力推动金融与文化互动融合的肯定，这必将进一步促进全市文化与金融产业深度融合发展的体制机制改革。

（3）拓宽社会事业融资渠道。1 亿元的无锡文化产业发展资金以“四两拨千斤”的效用，吸引社会资本向文化产业集聚。通过专项资金对具体项目的

资助实效，吸引和带动社会资本进入，从而充分发挥市场配置资源的基础性作用，到2013年，社会资本投入文化产业的现象逐步体现，力度逐渐加大，5个文化发展基金相继出现，7家金融单位为全市文化创意企业授信100亿元。根据市委宣传部改革办的数据：前三个季度，全市新增500万元以上的投资项目72个，超亿元的投资项目有18个，合计总投资突破400亿元，其中，80%以上是社会资本的投入。早在2011年，无锡广电携手华映资本，共同成立无锡华映文化产业基金，无锡第一个文化产业基金成立。到2013年，已有华映、擎辉、茅迪等5个文化发展基金，引导和繁荣无锡市文化市场。

为了更好地形成政府、企业、社会多元化和多渠道的文化投入格局，无锡市学习上海和江苏省募集社会资金发展文化事业的经验，从1亿元的文化产业专项资金中出资300万元作为引导资金，吸收了6家国有、民营企业共同募集设立总额为1000万元的无锡市太湖文化发展基金会，于2013年3月挂牌，这也是无锡首个地方性非公募文化艺术基金会，主要职能是募集社会资金，资助公益文化事业，扶持文化人才，推动文化创新等，基金会有效地减轻了文化事业发展对政府财政资金需求的压力。经过近两年的建设，全市初步形成政府投入、社会资本投资多渠道投入，政府专项资金、股权投资基金、文化产品交易所等并存的多层次投融资体系。

（4）推动重点文化企业上市融资。以国有文化资产为运行主体的无锡广电集团和报业集团上市进行资本运作，取得良好实效。2013年无锡市出台《关于进一步加快推进企业上市工作意见》，大力支持符合条件的文化企业在主板、创业板上市，无锡慈文影视传媒已经挂牌并申请在上海证券交易所上市，无锡兴港包装股份有限公司于2013年初在“新三板”挂牌上市。无锡还积极支持文化企业通过债券市场直接融资，对文化企业发行中长期债券（含中小企业集合债）和中期票据的，按实际融资金额的2‰给予一次性、不超过100万元的融资费用补贴；相关部门还积极鼓励风险投资基金私募股权基金等风险偏好型投资者进入新兴文化业态，先后建立大摩华莱坞基金、华映文化产业基金、华莱坞香港电影发展基金、中财文化－中小企业投资基金和耘杉创投基金等众多文化产业基金，五大基金的规模分别为10亿元、10亿元、1亿美元、2亿元、2亿元。

3. 做大企业集团，加快产业发展速度

2010 年无锡市文化产业增加值占 GDP 的比重为 2.07%，低于全省平均水平（3.34%），名列全省第七位，低于全国平均水平（2.75%），离省委下达的考核指标中“文化产业增加值占 GDP 的比重为 6%”的目标距离甚远。而邻近的苏州、常州、宁波、南京等地文化产业发展态势迅猛，因此，无锡市文化产业发展压力巨大。现状倒逼着无锡市委、市政府必须在文化产业的载体建设、公共服务平台建设、税费减负、市场环境建设、人才培育引进政策等方面进行改革，以改变文化产业总量规模不大、龙头企业不多、园区集聚度较低、地区发展不平衡、产业带动作用不够、贡献度不高等问题。

（1）做大龙头企业，发挥带动效应。以“高端激励、高效引领”的产业政策，引领无锡文化企业步入良性发展轨道，诸如报业、广电、演艺集团、江苏金一、慈文传媒等一批国有或民营龙头企业在利好政策的扶持下不断做大做强。2013 年，无锡在培育和引进现代大型文化企业集团方面收获颇丰，通过体制改革和政策优惠，大力引进和培育一批国内外知名文化企业和一批核心竞争力强及年营业收入超 10 亿元和 50 亿元的现代大型文化企业集团。2013 年 9 月，总投资达 360 亿元的万达文化旅游城项目落户无锡，意欲打造“航母级”大型主题公园，这是目前江苏投资规模最大的文旅项目，该项目的签约，是无锡深化文化体制改革、大力推动文化旅游产业发展的重要成果。

2013 年 11 月，无锡文化旅游发展集团正式成立，注册资金 20 亿元。集团有限公司直属无锡市国资委管理，由无锡市政府、国联发展（集团）有限公司、无锡市政公用产业集团有限公司、无锡太湖新城发展集团有限公司共同出资组建。其资产包括原本属于无锡市公园景区管理中心的管辖单位，诸如鼋头渚、锡惠公园、梅园、蠡园等，还包括原本国联集团所属的惠山古镇管理机构。无锡市公园景区管理中心原本拥有的行政管理职能则将划归无锡市政园林局，无锡市蠡湖惠山景区管理委员会将撤销，其行政管理职能同样划归无锡市政园林局。集团的职责是承担公园景区和文化旅游资源建设、开发、保护和旅游产业经营发展和建设融资职能，实现“建、融、管、还、投”一体化运作。集团的目的是积极依托项目带动，引导高端发展。集团按照现代企业制度要求，建立健全“产权清晰、权责明确、政企分开、管理科学”的企业制度体系，并完善与之相配套的公司法人治理结构，坚持以产业化发展、市场化导向、企业化经营为原则，打破事业化管理的传统模式，积极创新文化旅游体制和运营机制。

（2）以高开放度的政策，提升产业发展速度。2011 年底，无锡出台具有转折性发展意义的《无锡市加快文化产业发展的政策意见》（以下简称《政策意见》），以期推动城市文化产业跨越式发展。《政策意见》设立 1 亿元的市级文化产业专项资金，表明市委、市政府在发展文化产业方面的决心。虽然 1 亿元的文化产业专项资金规模在 2011 年全国经济实力前十强城市当中只能排第五位，并不算多，但却是一个零的突破，意义重大。另外，《政策意见》还从产业发展重点、培育市场主体、促进自主创新、加大投入力度、推动产业集聚、鼓励拓展市场、优化发展环境七个方面提出开放度很高的改革建议，从微观到宏观、从自主发展到外部环境建设的思路，包括对企业和园区的财税、土地供给等优惠政策，对内容生产、科技创新等方面的扶持奖励，对市场体系和发展环境建设的扶持等都给出了具体规定。

到 2013 年，《无锡市加快文化产业发展的政策意见》的政策红利已经显现，无锡市文化产业发展取得了突破性发展。具体表现如下。

其一，优势产业逐步形成亮点。影视制作、文化旅游、设计等在国内的影响力日益增强。截至 2013 年 10 月，无锡（国家）数字电影产业园已签约落户后期制作企业、影业公司等项目 103 家，完成注册 93 家，派拉蒙集团、VHQ 传媒集团等一批高端品牌项目正在跟进洽谈。园区累计完成申报影视剧项目 28 部，园区内影视剧拍摄制作项目达 108 部。由园区联合出品的影片《甜心巧克力》获第 13 届韩国光州电影节组委会大奖。

其二，一批规模企业成长壮大。2013 年，全市文化企业年产值 3000 万 ~ 5000 万元的有 91 家，年产值 5000 万 ~ 1 亿元的有 79 家，年产值 1 亿 ~ 5 亿元的有 97 家，年产值超 5 亿元的有 16 家，其中当当网营收超过 29 亿元，江苏金一超过 25 亿元。方圆寰球、泛亚信息、利特尔彩印以及新广联等一批文化企业在区级金融办指导下酝酿上市。由民营企业承办的第三届中国（无锡）国际文化艺术产业博览交易会汇聚国内外艺术精品，经济产出和影响力双双成功。

其三，新兴产业被培育。文化产业的大增长、大发展必须要靠新兴文化业态来带动。就文化产业发展现状看，包括工艺品、演艺乃至出版等传统文化产业的发展优势和市场潜力无论是在全国还是在无锡，都有逐步减弱的趋势。而包括创意设计、网络文化、新兴电视媒体、数字广播、数字电视、数字电影、网络游戏、动漫、流动多媒体以及手机媒体等在内的新兴文化业态具有发展潜力和极大的市场前景。据统计，2013 年，无锡八大新兴产业实现总产值 8073.73 亿元，比上年增长 14.1%，其中，文化创意产业、软件和服务外包与工业设计增长强劲。就文化创意产业来说，得归功于遵循文化产业发展规律，不断调整优化政策的结果。无锡广电集团依靠渐趋合理的产业体系和结构不断完善的产业运作机制，做强主业，培育新产业。无锡政府还开门合作，与南京艺术学院开展产业发展、艺术创作、文化遗产保护等方面 9 个项目的合作，不断激发产业发展创新动力。由于无锡文化产业政策的调整和完善，产业越来越表现为文化创新与科技创新的融合，传统文化产业与新兴文化业态的融合，所形成的战略性新兴产业越来越多，产业规模和水平越来越高，到 2013 年底，全市文化产业增加值占 GDP 的比重达到 4%。

4. 完善国有文化资产的监管体制

党的十八大报告指出，要加快完善文化管理体制和文化生产经营机制，基本建立现代文化市场体系，健全国有文化资产管理体制，形成有利于创新创造的文化发展环境。当前，随着文化体制改革进入攻坚克难的关键阶段，国有文化资产管理体制相对滞后的问题逐步凸显，成为制约下一步深化文化体制改革的瓶颈问题。所以，建立科学的国有文化资产管理体制，确保国有文化资产的安全完整和保值增值，成为“十八大”后无锡市文化体制改革的重要内容。

2013 年，市属国有文化资产监督管理办公室着手修改国有文化资产监督管理办法，进一步强化导向管理和过程监管。通过审计稽核、问卷调查、部门评价、现场考核等系列考核工作，完成对广电、报业集团 2012 年综合绩效考核工作。同时，对年度绩效考核办法进行了修改，简化考核内容和考核办法，增加对社会效益等方面的考核力度，推动媒体集团强化导向意识、大局意识、创新意识。

二　改革政策的特点与取向

在市委、市政府的领导下，无锡市文化体制改革走过了起步探索、大力度推进和深层次拓展的阶段，文化发展的体制机制障碍有所破除，难题逐一攻克，取得了一定成就。综观无锡市文化体制改革之路，表现出紧跟上级快速行动、勇于创新大胆实验、根据现状适度调整、攻克难关不断深化的特点，具体表现为敢于探索、系统推进、自觉到位。一是敢于探索。在被国家确定为第二批文化体制改革试点城市之前，无锡作为非试点城市，大胆探索，审慎起步，以事业单位的“政事分开、管办分离”改革着手，开始了文化体制改革，走在全国前列。二是系统推进。无锡市文化体制改革涉及文化体制和机制的方方面面，如文化管理部门的职能转变、公益性文化事业单位内部的制度改革、经营性文化事业单位的转企改制、国有文化资产的监督管理、文化企业的做大做强等。三是自觉到位。推进文化体制改革的目的，就是要通过体制机制的突破和创新，发挥市场和政府两个方面的作用，从而促进文化的繁荣和发展。无锡市认真领会中央精神，把握改革方向，努力探索，勇于突破，逐步革除文化发展中的体制性障碍，形成有利于城市文化发展的体制、机制和环境，为进一步深化改革集聚了强劲势能，打下了坚实基础。

（一）政府主导，有序推进

作为改革主体，市委、市政府除了表现出思想解放、敢于创新的精神外，更重要的是改革思路清晰、任务明确，使改革不仅少走弯路，且在全国形成示范效应，提升了城市影响力。无锡市文化体制改革的真正实践，是伴随着在全国率先对教育、卫生、文化、体育所进行的政事分开、管办分离改革而开始的。2006 年，无锡市正在申报全省文化体制改革试点城市的时候，就提出非常明确的改革方向、内容和手段。通过体制创新和机制转换，以发挥市场机制作用为目标，培育出一批具有一定市场竞争力的文化市场主体，提升无锡城市文化发展软实力。

第一，改革路径：由外向内、先易后难。从日常的外层经营管理制度入手，向中层的人事、财务管理制度推进，下一步将向核心的产权制度改革目标推进。

第二，改革步骤：从方法上来说，由原来单纯的行政手段管理逐步向综合运用行政、经济、法律等手段转变，创造良好的市场环境，提供到位的公共文化服务。从过程上来说，以推进文化行政管理体制起步，以公益性文化事业单位和经营性文化事业单位改革、新闻事业单位建立宣传与经营“两分离”促进事业和产业同步发展的机制逐步向前推进，探索一条“公益性文化社会办、经营性文化市场化”的新路子。

第三，基本思路：坚持把创新体制、机制作为改革重点，要在推进政府职能转变、创新国有文化资产管理体制、完善市场体系等方面实现新的突破；要坚持分类指导、循序渐进的基本原则，对公益性文化单位，要加大政府投入，调整资源配置，对经营性文化单位，要加快转制步伐，增强企业竞争力。

第四，具体任务：进一步深化文化事业单位的改革，大力发展公益性文化事业，深化文化事业单位内部改革，探索新闻单位宣传业务与经营业务“两分开”；加快推进经营性文化单位转企改制工作；着力提高文化产业发展质量和水平。

（二）改革内容，定位准确

无锡市文化体制改革主要集中表现在七个方面——文化行政管理体制、国有文化单位改制、现代公共文化服务体系建设、国家资产监管、投融资体系建设、培育文化市场体系、文化产业突破发展。到 2013 年底，无锡市文化体制改革的阶段性目标已如期实现，行政管理体制方面的政事分开、管办分离已具有全国示范效应；一般国有文艺院团、发行、出版、广电传输、电影电视剧制播和非时政类报刊出版单位等国有经营性文化单位大多数完成转企改制；文化市场综合执法改革基本完成；现代公共文化服务体系框架初步建立；一批销售额超亿元的骨干文化企业不断涌现。投融资体系建设初见端倪；文化产业对国民经济增长的贡献率不断提高，文化产业增加值占 GDP 的比重由 2010 年的

2.07%增加到2013年的4%。总体来看，文化领域实现了一系列重大转变，环境发生了重大变化，为无锡进一步深化改革集聚了强劲势能、打下了坚实基础。

（三）公益与经营，职责清晰

无锡市文化体制改革是以“政事分开、管办分离”的管理格局为起点，在使文化单位的“公益性”与“经营性”逐步实现分离的过程中，文化事业和文化产业发展的定位、目标和手段越来越清晰；提出“两手抓”“两手强”的发展要求，即一手抓公益性文化事业，一手抓经营性文化产业，实现经济效益和社会效益有机统一，并且把社会效益放在首位。

公益性文化事业的发展，以惠民乐民为目标建设公共文化服务体系。随着文化体制改革的加快，无锡书画博物馆、中国民乐博物馆、科技馆、无锡博物院集成电路体验馆、盲人图书馆，以及中国乡镇企业博物馆、中国丝业博物馆、窑群遗址博物馆、无锡大剧院、报业大厦等标志性重点文化工程随着文化体制改革的进程，陆续建成开放。

（四）文化与科技，融合借力

艺术创新无论是在观念上还是在内容和形式上，都需要借助信息革命和现代科技成果，才能大步前进。美国的一部《阿凡达》，创造了电影票房超过24亿美元的奇迹，不仅开创了一个科技与电影相结合的全新时代，还从科技与文化的关系上改变了艺术的创造思维空间。随着无锡市文化体制改革的深入，用技术提升文化产品的魅力、以文化借力科技才能实现跨越式发展，这一点越来越被管理者所重视。无锡灵山梵宫的三维立体舞台，便以现代声、光、电技术进行综合演绎，带给人们超乎寻常的震撼，灵山旅游产业由此迎来前所未有的发展速度。由于无锡较早地注重在文化发展中融入科技元素，因此，获得全国第二批文化与科技融合示范基地称号。下一步，无锡培育新兴文化业态也将主要由高新技术做支撑，无锡正在应验达·芬奇曾说的话：“艺术要借助科技的翅膀才能高飞。”

（五）政府与民间，合力协作

无锡市文化体制改革的一个特点就是，以各种体制创新鼓励民营资本投资参与文化建设，打破原先的政府在文化建设中单打独斗的现象。一方面把文化还给社会、还给民众，另一方面减轻政府的财政压力。为此，着力打造各种文化产业投资信息服务平台，吸引有实力的企业和民间资本投资文化产业。2011年，无锡大世界影城通过引资合作，投入千万元引进国际最先进的影像系统，成为全国第三家、江苏第一家拥有这种系统的影院，吸引了无锡及周边城市的观众，高昂的票价依然挡不住人们排队购票的热情，民间资本踊跃进入文化产业。

三　深化改革的政策建议

目前无锡市文化体制改革已进入到攻坚期和关键期，除了有老问题还需要进一步解决，更有深层次的新问题不断涌现。下一步，无锡市文化体制改革面临的问题是：如何从数量的扩张向质量的提升转变；如何解决文化类资源整合、结构优化、科技含量的问题；文化单位转制以后如何建立现代企业制度的问题；文化企业国有资产如何管理的问题；文化事业单位分类以后怎么改革才能提高服务效能的问题；文化产业如何解决所面临的提升质量、效益、增强总体规模和实力的问题；文化领域中政府与市场和社会的职能、界限如何更加清晰的问题；等等。这些问题要解决好，必须通过继续深化文化体制改革，进一步解放和发展文化生产力，冲破制约文化科学发展的体制机制障碍。所以，下一步改革的难度将更大、任务更重。城市管理部门要树立新观念、确立新目标、采取新举措，以更大勇气和智慧把改革推向深入。

（一）进一步解放思想，创新文化政策

文化体制改革道路都是以文化政策来体现的，强有力的政策和制度安排，会提供强劲的改革动力，文化政策成为影响文化体制改革进程的最大变量。改革开放以来，由于国家在文化政策的设计中，基本遵循的是“老人老办法，

新人新办法”的思路，这种双轨运行模式有利于减小改革阻力，但是，不利于体制改革的深度推进。这种全国性现象在无锡文化发展中也普遍存在，下一步无锡市深化文化体制改革首先需要文化政策的不断优化和持续创新。党的十八届三中全会就进一步深化文化体制改革专门做出明确部署，提出具体要求，无锡市必须按照中央要求，抓紧研究制定能体现中央精神的改革政策和具体方案。

第一，宣传政策的科学化。培育和践行社会主义核心价值观，是下一阶段文化建设头等重要的任务，因此，必须科学分析无锡市宣传思想文化工作所面临的新形势，认真梳理宣传工作中亟待解决的重点和难点问题，出台相关的实施意见和政策，进一步加强社会主义核心价值体系、社会道德和文明风尚的建设。以科学的宣传政策为引导，加大主流思想舆论宣传的力度，提高宣传思想文化工作的科学化水平。

第二，公共文化服务政策的惠民精神。以文化惠民为服务导向，进行政策优化。将公共文化服务体系建设与民生问题紧密联系起来，除了关注城乡全覆盖、保基本外，还要在实用高效、公平享受、充分服务上进行政策探索。在加大财政补贴、引导社会资本参与服务、文化资源配置效益最大化、文化服务产品科学化、文化体验形式新颖性、高新技术提升文化服务品质、文化需求征集反馈机制等方面，进行政策的设计和优化，真正实现以文化增强民众生活幸福感和安全感的文化惠民乐民目标。

第三，产业经济政策的开放性和连贯性。以提高文化贡献力为目标，进行文化政策的创新。在现代文化市场体系的完善、非公有资本、外资进入广播影视领域、国有文化单位制度的进一步改革、国有资产的监管和产出、培育新兴文化产业和文化人才的建设、原创产品知识产权的保护、健全文化产业法规政策、各部门协作融合、鼓励文化消费以及产业税收优惠政策等方面，放宽放开政策思路，实现文化经济效益和贡献力的最大化。

第四，文化政策的法规保障。以国家政策法规为导向，研究制定无锡市的工作实施细则，如无锡市公共文化服务保障办法、文化产业促进办法等。健全文化投入的稳步增长机制、各项资金基金的管理机制、市场公平竞争机制和激励机制等，以法律法规保障文化体制改革目标的顺利实现。

（二）进一步深化文化管理体制

目前，无锡市文化管理体制已进入“行业主管主办制度”与“出资人制度”并行的转型过渡阶段，这意味着文化体制改革开始进入到了“深水区”。

第一，国有文化单位的改革推向深入。继续深化国有文化单位的改制工作，推进非时政类报刊社（生活、科普类等）的转企改制，推进不具有独立法人资格的报刊编辑部的改革，或整合归并，或撤销退出。进一步探索文化企业发展过程中社会效益与经济效益相统一、社会效益放在首位的机制体制；探索加快国有文化企业公司制、股份制、现代企业制度的改造和建设；探索收购兼并、市场开拓和精品生产等做大做强的办法。与此同时，还要深化对党报党刊、电台电视台、时政类报刊等公益二类事业单位的改革和管理，在政府给予扶持的同时，研究增强其发展活力的具体办法，研究党报党刊和电台电视台拓展移动终端、发展新兴媒体的方法。对公共图书馆、文化馆、博物馆等公益类事业单位，探索法人治理结构、理事会制度，完善决策和监督机制，增强其服务功能，提升使用效率。

第二，深化国有文化资产的监管。建立管人、管事、管资产、管导向一体化的新机制。一是进行非经营性国有文化资产和经营性国有文化资产的分类管理。前者可由“监管办”直接管理，后者可由国有文化资产投资运营公司管理。二是对国有文化资产进行进一步的理清，主管主办与企业出资人职责明确，建立能够有机衔接的工作机制，强化导向管理、过程管理和正向激励管理，把管人、管事和管导向结合起来。三是严格执行《无锡市市属文化企业国有资产监督管理暂行办法》，认真修订国有文化资产监督管理暂行办法，健全国有文化企业绩效考核办法，可以出台相应的国有文化企业资产保值增值结果确认暂行办法、国有文化企业产权转让管理暂行办法等，完善国有文化资产的评估管理、产权管理、投资管理制度。四是建立运营管理责任、决策责任追究制度，严格执行重大资产运营决策程序，确保国有文化资产保值增值。

第三，建立现代企业制度。目前，我国文化产品生产已基本结束整体性短缺状态，部分领域，如影视基地、图书出版、动漫园区、主题公园、电影和电视剧生产、网络游戏等，甚至出现产品过剩现象。文化产业这种业态的变化，必然倒逼着现代文化市场体系的形成，要求调整传统的以生产管理为基础、行业管理为中心的管理模式，建立现代产业型管理模式，即以市场化资源配置为基础、以产权管理为中心。另外，目前，国有文化企业主管主办制在市场经济体制下存在功能性缺陷，必须尽快探索一条出资人制逐步替代主管主办制的路径。现代企业制度研究认为，有效的公司治理结构首先要符合“权责相等”“贡献与报酬相等”“风险与收益相等”的基本管理原则。目前，无锡在建立国有文化企业出资人制度方面已经取得了一定的成效，但是，如何精确体现“三相等”的管理原则，以激励机制带来企业发展的强劲动力，是相关改革中必须思考的一个问题。

（三）构建现代公共文化服务体系

以创建“国家公共文化服务体系示范区”为契机，以群众基本文化需求为导向，以实现基本公共文化服务的标准化、均等化和现代化为目标，大力提升公共文化服务的实用性和便利性，完善设施、丰富内容、改进方式，推动公共文化服务与群众需求之间有效对接，确保公共文化服务体系既“建成”，又“用好”。

1. 制定服务标准，完善指标体系，加强效果评估

公共文化服务标准体系的核心指标是什么？应满足基层群众哪些基本文化需求？这是无锡下一步健全公共文化服务协调机制所需要解决的问题。无锡应该根据城市财政状况、民众文化需求和示范区东部标准，科学地制定下一阶段的服务标准，包括政府保障责任和义务的标准化，公共文化设施建设、管理和服务的标准化，工作评价的标准化等。建立文化服务供需平台和反馈机制，以供需双方良好的互动提升文化服务的能力和效果。以科学的评估求取更大的工作效果，以需求原则、实效原则、多维原则、制度原则、动态发展原则来建立正确的评估标准。完善开放性评估系统建设，平衡好政府、公众、社会中介三大评估组织的主体作用，完善服务公示制度，开展群众满意度测评。

2. 资源整合协调利用，健全惠民保障机制

在公共文化服务均等化发展的基础上，逐步实现公共文化服务的现代化。

前些年文化发展的利好使无锡城市公共文化资源拥有量排在全省前列，下一步首先要做的是资源整合，提升公共文化设施利用率，盘活现有公共文化设施资源，这是无锡市文化事业改革发展的基础任务之一。如公共图书馆与社区公共文化服务互联互通和资源共享；逐步将市科技馆、工人文化宫、青少年宫等纳入免费开放范围；探索将属于市工会、共青团、妇联、科技、教育等系统的公共文化服务设施纳入免费开放范畴的科学化方法；探索以发放文化惠民卡、文化消费券等方式引导民众文化消费。在此基础上，建立稳定的公共文化服务保障机制，继续加大财政投入以便更好地为政府履行职能提供财力保障。对已有的重大惠民工程，进行数字化服务提升；加强基层文化队伍培训；增加对居委会（村）等基层自治组织文化管理员的财政补助；充分发挥广大文化志愿者的作用；等等。

（四）建设现代文化市场体系

1. 探索文化企业的混合所有制

党的十八届三中全会关于“积极发展混合所有制经济”、“鼓励发展非公有资本控股的混合所有制企业”、“推动文化企业跨地区、跨行业、跨所有制兼并重组”的精神，是无锡下一步建立健全现代文化市场体系改革的方向。鼓励已形成规模的国有文化企业探索进行跨地区、跨行业、跨所有制的兼并重组的改革，使国有文化企业向市场靠近，民营文化企业向规范靠近。国有文化企业通过整合，可以突破资本限制，实现规模化发展，提升整体实力；民营文化企业可以借助国有文化企业的品牌资源和管理资源，通过建立灵活的运营机制，赢得更广阔的发展平台和空间，最终形成一批具有核心竞争力的文化企业和文化投资者，推动无锡市文化产业向规模化、集约化、专业化方向发展。除此之外，以优惠政策吸引非公文化企业参与重大文化产业项目和文化产业园或文化产业基地建设，形成健康、公平的竞争发展环境。

2. 小微企业融资平台更科学化

文化更多地来自民间，文化产品更多地散落于各级市场，无锡文化企业更多的是小微企业于自在自为中发展，政府不仅要重视和扶持大的文化集团，更要重视小微文化企业的发展和生存。政府要创造更多更宽松的鼓励扶持政策环境，积极搭建中小企业的融资担保平台，主动为这些看似不起眼的小微企业提供担保，以解决目前无锡小微文化企业贷款门槛高（几乎无法获得信用贷款、知识产权质押贷款）和贷款期限短（基本不超过1年，均为流动资金贷款）的问题。

3. 以多层次文化产品，培育市场要素

支持有条件的文化企业上市，加强文化产业上市后备企业的辅导培育，积极创造条件扩大直接融资途径，降低融资成本；探索设立文化金融租赁公司，面向轻资产特征明显的中小文创企业，解决它们在创业初期没有充裕的资金去购买自己急需的文化设备等资金问题。当然，在这之前，必须建立文化企业金融征信系统，降低中小企业融资的成本和风险；重视全市文化流通网络的构建，加快文化产业物流基地建设，利用特许经营、电子商务等现代流通组织拓展大众文化消费市场。

4. 推行文化金融产品和文化科技产品

按照国家文化产业发展要求，要实现文化产业增加值由目前占GDP的4%左右上升至2015年的6%的目标，就必须加快文化产业与科技和金融的融合，在目前的文化产业中赋予“创意”“创新”的内核，实现文化产业发展方式转变和升级换代。具体方法：一是解决银行与企业对接的瓶颈问题，在银行如何开发适合的金融产品吸引文化企业和文化企业又该如何选择文化专项金融产品这两个问题上进行认真的研究；二是挖掘文化资源，主打文化资源品牌，吸引科技和金融进入，逐渐把文化资源优势变为文化产业优势。

（五）培育文化发展的环境和政策“土壤”

政策是文创产业加快发展的第一重要保障。自2008年以来，无锡市先后制定出台了一系列文化政策，以政策营造了好的文化发展环境，如文创产业的财政投入政策、税收政策、投融资政策、园区建设政策、人才开发政策、新兴产业培育政策、六年行动计划等，为文化产业发展提供了有力保证。但是，与第一方阵的城市相比，无锡在政策扶持的力度和针对性等方面仍存在着一定欠缺与不足。例如，文化创意产业发展专项资金偏少，支持的重点产业项目不多，平均单个项目扶持金额更少；有文化创意产业集聚区，但没有基础设施专项资金；后续的支持力不足等。下一步，优化产业政策、提高扶持效果是无锡文化体制改革关于文化产业发展的重要内容。

1. 完善机构，打造平台

目前，无锡文化创意产业正处在培育阶段，而文化创意产业往往又具有产业滞后的效应，这就需要我们静下心来，以求实的精神，踏实研究，务实发展。一是成立一个独立机构（如“无锡市创意产业中心”）来指导、协调无锡市文化创意产业的发展。机构的职责是整合全无锡发展创意产业的资源，制定全市文化创意产业的发展目标，推动文化创意产业的集聚发展，最终形成以创意产业企业和创意产业集聚区为支撑的现代产业体系构架，以此整体推进无锡市的文化产业发展。二是可考虑成立无锡市动画制片行业协会。此协会在众多中小动漫企业之间、企业与政府之间起联合、协调、沟通作用，实现政企双方的互动互赢。

2. 优化产业政策，提高扶持效果

（1）专项资金扶持从“天女散花”向“扶优扶强”转变。持续性的扶持政策和良好的创业环境，对文化企业发展来说最为重要。目前，无锡市文化创意产业处在培育阶段，一方面，在现有的基础上，政府进一步加大对文化产业的投入力度，确保市文化产业专项资金逐年以不低于市财政收入增长的速度递增；另一方面，提高资金扶持的针对性，着重培育无锡市文化产业的龙头企业和品牌企业，对文化与科技、文化与金融、文化与旅游等重组企业，对在商业模式、产学研和产供销模式、产业链集聚拓展模式等方面有创新的企业加大政策和资金的扶持力度。

（2）政策扶持更多关注中小企业。政府有关部门对中小文化创意企业的观念有待转变。目前无锡的文化创意产业，大多是作坊型的小企业团队，政府除了负责提供公共服务外，还有责任打造一个平台，以各种政策的利好促成企业间产业链的形成，帮助中小企业增强盈利能力，使企业逐步规模化，直至成为上市公司。其实，作坊型文化创意企业的优点在于：小型、扁平、个体、灵活，而这些特点又决定了出于节约空间交易成本的考虑，企业很容易聚合在一起，形成产业集群，政府所要做的就是给它们一个集聚的平台。另外，一部符合国际品质的动画片从前期研发到制作完成至少需要 3 ~ 4 年

的时间，其间需要投入大量的资金和人力，这对中小企业来说是个巨大的挑战。所以，在动画制作企业进入研发阶段时，政府应该给予一定的资助，可以是直接的资金扶持，也可以购买高端设备供这些企业廉价有偿使用，同时，在获得银行贷款和最大限度地减免税收方面给企业以帮助和支持。

（3）政策要更为自由开放。文化创意产业明显的特点是“跨界”，即打破产业之间界限、实现产业融合发展的业态，所以，需要政策的自由和开放。比如，动漫产业的效益必须要有完整的产业链做保障，漫画出版、动画制作播出、版权授权、衍生品生产及销售、部分动漫作品外销授权、成功动漫产品的深度开发、新动漫产品开发等，就涉及许多产业，政府必须着眼于一定的高度和开放度进行政策的设计，保证产业发展处于良性循环之中。为此，政府相关部门要对无锡市文化创意产业发展的瓶颈问题进行调研和分析研究，在文化创意产业链建设、人才发展机制、企业融资、创意园区特色等方面，梳理轻重，排序前后，形成发展战略报告，最后出台相应的缓解矛盾、解决问题的产业发展政策。

3. 探索更高平台的搭建机制

（1）搭建信息交流合作平台，实现宣传与产业的双赢。以提高文化开放水平为目标，扩大对外合作关系。如利用央视影视基地的优势，搭建与影视业的合作平台，实现城市宣传与影响产业的双赢。由于杭州市政府部门的努力，在冯小刚的两部著名电影《非诚勿扰》《唐山大地震》中成功地植入了许多“杭州元素”，对杭州“生活品质之城”的品牌做了成功的营销，实现了“城市”和“电影”的互动双赢。目前，“城市+电影”的合作营销模式越来越被重视。在这样的商业运作体系中，往往需要政府的支持和作为。近年来，电影《镇海保卫战》和电视剧《誓言今生》《红狐》等，虽充斥着无锡元素，但由于合作对象的选择、元素注入的方式等，没有形成太大的影响力和市场反应。再如，除了保持与中央媒体的高度一致，应注重加强与中央外媒体及境外媒体的合作，甚至鼓励无锡民间资本和民间艺术、艺人参与对外文化交流，扩大城市文化影响力，提高文化贡献力。

（2）搭建“政银企”合作平台，完善文化行业组织。2009年，深圳市在国内率先打造“政府、金融保险、文化企业”的合作平台，组建了“深圳文

化产权交易所”（深圳文交所），成为第一家服务全国文化产业发展的投融资平台。2010年4月初，中宣部、财政部、文化部、央行、广电总局、新闻出版总署、证监会、银监会、保监会九大部委联合发出《关于金融支持文化产业振兴和发展繁荣的指导意见》文件，明确提出对文化产权交易所的建设提供直接融资支持、保险支持和财政支持。文化市场的经纪、代理、评估、鉴定、推介、咨询、拍卖制度及文化贸易区的建设，即“政银企”合作平台的搭建，是目前无锡文化产业发展的弱项，也是无锡下一步深化文化体制改革的重要内容。通过体制机制创新和突破，建立诸如文化产权交易平台的行业组织或中介组织，或通过文化产业贸易示范区的建设，以高效的信息发布平台和电子交易系统，广泛征集卖家和买家，充分发挥市场价格调节作用，提高文化产权交易效率；通过文化产业投融资平台，面向投资人，设计开发符合文化产权交易特性的融资产品和投资工具，为各类文化企业及项目提供融资支持；以文化企业孵化平台，提供文化企业改制、重组、股权登记托管、融资等完善的服务，提高孵化效率，加速其成长，辅导其走入资本市场；以文化产权登记托管平台，承担文化产权登记职能，办理各类文化产权托管，提供交易见证、过户、质押登记等服务，最终提高文化产品和文化服务的市场化程度。

4. 引导文化产业园结构优化

随着经济结构调整速度的加快，无锡各种体现“文化创新”的文化园区、科技园区、主题街区应运而生，已建成各类产业园区23个，其中包括国家级文化产业园区6个、省级文化产业园区7个。这些“园区”项目的策划与建立，与市委、市政府对文化产业发展的扶持密不可分，目的主要是创造文化价值、获取经济效益。但是，巨大的投资有没有得到预期的回报，应该怎样得到回报，如何使文化创意产业园区（基地）呈现出分类发展的模式，多元化的产业格局怎样形成等问题，是无锡文化产业发展必须要解决的问题。

（1）产业基地（园区）必须走特色发展之路。文化创意产业通过观念、感情和品位的传达，赋予传统商品某种独特的意义，从而提升其附加值，所以，文化创意产业的最大特点是独特性。就全国来说，近年来，许多城市的文化产业园发展势头呈现减弱趋势，出现招商困难的情况。很大一个原因就是大杂烩发展思路，园区特点不鲜明，定位不准确，一味追求大而全的定位模式，设计、出版、艺术、休闲、动漫什么都做。虽然无锡市对下辖各区的文化产业园做了方向定位，如滨湖区以山水城科教产业园、国家工业设计园等为重要板块，以载体建设、企业引育、品牌培育为抓手，进一步创新拓优，做强集群；崇安区继续突出重点领域，着力推动创意设计、动漫游戏、服务外包、旅游休闲、文化艺术五大领域产业集聚；新区借助全国15家广电机构新媒体集聚无锡的效应，传播新理念，充分体现文化与科技的融合；惠山区及时排查全区情况，发现培育新的文化创意产业增长点，实行重点跟踪，并选择条件成熟的企业进行重点培育。但具体文化产业定位尚不是非常明确，与各区区域产业特点的联系和结合不明显，趋同发展、同质竞争的现象依然存在，这个问题必须通过市级层面上相应的体制机制改革来改变。

（2）产业基地（园区）必须突出文化元素。文化产业园发展势头呈现减弱趋势的另一个原因是，文化街区内容规划混乱，商业元素大于文化元素。尤其是一些新开发的文化街区，商业味偏浓，且表现为行业雷同，大量餐饮娱乐业态，使创意产业园区（街区）违背了当初的定位，稀释了文化创意氛围，更有变相进行商业地产开发的嫌疑。

产业园区配套产业不能成为主产业，否则将影响其发展。下一步，必须以体制机制的变革为契机，对文化产业园进行进一步的规范和界定，促进文化产业园区（街区）实现文化化而非商品化。创新文化内容，拓展文化空间，如在各大文化园区和街区注入更多中外艺术展、科技主题展、儿童艺术创意馆、各类讲堂书场等，让每个人都能找到自己所需要的文化产品，使园区规模与驻留时间呈正比。文化园区过度的商业化是留不住人的，这一点，可以借鉴上海宝山区经验，宝山区结合区域产业特点，在对原有厂房改造的基础上，建成了钢雕公园、工业设计博物馆、玻璃博物馆、半岛1919时尚文化产业园、上海动漫衍生产业园、海宝呼叫中心创意园、智力产业园、上海婚礼中心、炮台湾湿地公园、顾村公园、吴淞国际邮轮港母港等各自不同且很有文化内涵的项目建设，不仅突破了文化园区（街区）商业化的困境，而且实现了商旅文相结

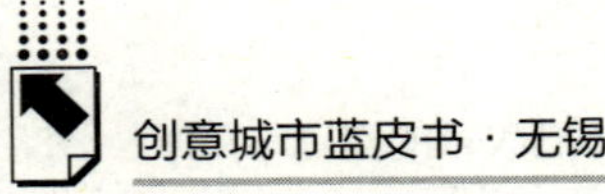

合、相互带动融合的发展目标。

此外，如何避免文化企业低价拿地后变相进行房地产开发，出现国有资产流失的问题，这涉及如何实现制度严控和政策完善。应对文化创意产业推进工作及签约项目进行跟进，引导和督促各部门、各市（县）迅速贯彻落实，还应有更为具体的评估、监控政策和措施出台。

B.12

无锡文化企业商业模式塑造与创新

吴文勤

当前，商业竞争已然进入商业模式的竞争阶段，企业都非常重视商业模式的打造，尤其是文化企业更要注重商业模式打造，提升企业的赢利能力。商业模式是指一个完整的产品、服务和信息流体系，包括每一个参与者和他在其中起到的作用，以及每一个参与者的潜在利益和相应的收益来源与方式。商业模式创新就是对企业的基本经营方法进行变革。一般而言，有四种模式：改变收入模式（Revenue Model Innovation）、改变企业模式（Enterprise Model）、改变产业模式（Industry Model Innovation）和改变技术模式（Technology-driven Innovation）。当然，无论采取何种方式，商业模式创新都需要企业对自身的经营方式、用户需求、产业特征及宏观技术环境具有深刻的理解和洞察力。这才是成功进行商业模式创新的前提条件，也是最困难之处。[①] 无锡文化企业在发展过程中积极进行商业模式创新，为企业的赢利和快速健康发展奠定了基础。

一　无锡文化企业的主要商业模式

（一）专业化商业模式

专业化商业模式就是进行专业化生产，对专业化技术要求高，使别人不容易进来竞争。而且其组织形式相对简单，管理也相对容易。在市场营销上，一旦市场打开，后期几乎不需要有更多的投入，也不用担心营销员把业务带走，

① 尹一丁：《商业模式创新的四种方法》，《销售与管理》2012 年第 8 期。

因为别人无法生产同类产品。因此，其管理成本和营销投入成本降低。同时，自己有定价权，占主导地位，企业利润大幅度提高。经测算，普通产品的生产者，如果其利润是15%，那么，一个专业化生产的产品，它的边际利润通常可以达到60%～70%。专业化生产模式，企业的成本多数用在产品研发、技术创新和产品创意阶段。因此，专业化生产模式对企业的前期投资和技术人才要求比较高，一般的企业难以具备这些条件。无锡文化企业中也有不少企业走的是这种模式。例如，无锡多乐影视艺术发展有限公司，自成立起，就致力于影视拍摄、后期制作的开发与研究，采用先进技术与实践研究相结合的方法，经过了大量的实验与试拍以后，掌握了大量高端的带有自主知识产权的特技拍摄手法和后期合成技术，已在国内影视创意产业中脱颖而出，在国内一直保持着领先地位，其无人机航拍技术尤为突出。作为华东地区最大的无人机航拍团队，多乐影视具备国际先进的技术水平及经验，依托华莱坞电影产业园的资源优势，立足影视行业，致力于无人机航拍平台建设，深化相关技术成果的应用，并创造更多的经济效益、社会效益。项目规划无人机载机、云台、飞控系统、通信系统等技术，自主研发系列产品及应用，专注打造“国际一流的无人机航拍平台”，并形成产业化发展优势。又如，无锡羿飞科技有限公司依托全球领先的专业技术和经营经验，研发了“球形显示系统和特种光学镜头”核心产品，形成了针对政府、教育、工程及娱乐等不同行业、不同规格、不同应用方向的系列产品和针对性解决方案。羿飞研发团队拥有多位国内著名光学专家，整合了多家科研院所的研发力量，陆续开发出特种球幕镜头、无缝投影球幕、多媒体球幕投影演示仪（数字星球）、娱乐影像球、广告数码球及球面播放器等一系列球形显示核心技术与产品，并部分达到国内和国际领先水平。

（二）价值嵌入商业模式

这种生产模式是以在产品中嵌入广告的形式来获取企业利润。这种生产模式，关键是要选择好的作品，通过创意将企业、企业产品、地方文化、地方旅游资源嵌入作品之中。这种模式有利于企业筹集资本，通过广告嵌入的方式可以吸引企业或地方政府进行合作开发并对作品进行投资，减少作品制作成本的开支。这种模式主要集中在影视和动漫产业企业。湖南卫视现在很红的节目《爸爸去哪儿》是这方面的成功典型。无锡的影视和动漫企业也在积极探索这种生产模式。例如，江苏漫瑞文化传播有限公司，主营原创动漫影视，其致力于挖掘中华民族文化中被世界普遍认知的符号，创作动漫精品，打造动漫品牌，实施动漫形象品牌化战略，形成具有独立知识产权的动漫产业链，并开拓海内外市场，肩负起弘扬中华文明和发展文化产业的双重使命。公司已完成《河小豚与江大鳄》系列、《延陵季子》三部总计 1152 分钟的原创动画片，并在央视和江苏优漫卡通卫视热播。目前正创作的是 1232 分钟的大型人文历史动画片《徐霞客》。徐霞客是明代著名的地理学家和旅行家，到过全国的许多地方，考察过许多名胜古迹。创作团队深挖这一题材资源，积极与一些地方政府进行合作，筹集资本，效果很好。再如，江苏大田牧歌文化艺术发展有限公司在制作微电影的过程中也在探索这种商业模式。

（三）服务大户商业模式

这类商业模式就是将本企业的产品为一些著名大型企业服务，通过服务大型企业获取利润。现在一些大型企业往往将自己产品的某些环节外包给其他企业，而且企业对产品的需求量大。因此，一些企业就瞄准这个市场，积极为大型企业做配套服务。一家企业只要找到 1～2 家这样的企业，本企业的产品就不愁没有销路。同时，这些大型企业对其配套产品质量要求高，一旦产品符合其要求就能建立长期合作关系，为企业带来可观的利润。这类生产模式对企业产品的质量和研发能力要求也高。大型企业提出的需求要能及时满足，否则就会丧失合作机会，导致企业亏损甚至倒闭。当然，这种生产模式也存在一定的风险，一旦上家企业出了问题就会牵连自己。无锡市方成彩印包装有限公司为百事可乐生产纸杯，公司拥有德国、日本等高速印刷机，拥有世界第一品牌——德国 Hoerauf 生产线 6 条，全自动制碗机生产线 30 余条，具备原纸淋膜、印刷、复合、模切、制桶、包装等全套制作成型工艺，拥有年生产环保型纸餐具 5 亿只的生产能力，市场占有率居全国之冠。海福印铁制罐有限公司为王老吉生产包装罐，公司如今拥有各种金属包装生产线30多条，其中防伪酒罐生产线12条，并已达到日产5万只的生产能力，在品种上已开发了各种酒罐模型30多种。宜兴青瓷陶艺厂与江苏洋河、双沟酒厂已保持近30年业务关系，成为信得过的酒容器具配套生产单位，近年来业务发展辐射到安徽、浙江、四川、贵州、新疆各地著名的大中型酒厂，成为良好的常年协作伙伴。

（四）中介平台商业模式

在某些市场，许多供应商与许多客户发生交易，双方的交易成本很高。这就会导致高价值中介业务的出现。这种业务的功能是在不同的供应商与客户之间搭建一个沟通的渠道或是交易的平台，从而降低买卖双方的交易成本。而提供中介业务的企业以及处于中介地位的供应商都可以获得较高的回报。这种方式也叫“拼缝”，就是弥补供需双方的缝隙，撮合双方交易，作为中介的企业也可以从中获得不菲的利润。因此，中介平台模式，就是一种作为中介的企业通过吸引供应商和消费群两方面的关注目光，而为他们提供沟通渠道或交易平台，从中获取不断升值的利润的商业模式。比如，网络信息、电子商务的阿里巴巴、携程等，也包括各种乐器交易、知识产权中心等。江苏后朴文化发展有限公司争取与上海文化产权交易所合作，成立了上海文化产权交易所苏南艺术财富管理服务中心。专注于移动互联网的在线零售平台——无锡买卖宝信息技术有限公司致力于为中国5亿草根人群提供物美价廉的商品和便捷高效的服务；有近20个分类频道，包括手机数码、服装、鞋、护肤品、箱包、饰品等10万余种商品，日均访问用户超过800万人；自建高科技现代化的仓储中心，仓储面积为10万平方米；拥有先进的物流配送体系，支持全国城乡范围的货到付款。

（五）战略领先商业模式

战略领先模式就是确保企业从起步时的飞跃领先到战略上的始终领跑，使企业获得源源不断的利润的模式。运用这种模式，一般从三方面着手。一是主业领先。创业者在决定企业核心主业时，千万不要贪慕虚荣，非选风华正茂的“绝代”佳人不可，不妨寻求暂时市场竞争和挑战不大，但有发展前途的领域。二是技术领先。有先进的技术，企业才会有生命力。三是人才领先。比如，灵动力量文化传媒有限公司就是目前中国3D视觉领域最优秀的企业，参与制作的国内外3D影视作品近20部，包括《一步之遥》、《十二生肖》和《画皮2》等3D巨制，在3D电影制作的数量和质量上，灵动力量都处于绝对领先地位。公司拥有300余位国际化3D数字艺术家。作为3D电影技术领域中的专家，灵动力量也是全球唯一一家同时提供3D电影实拍及后期转制综合解决方案的企业。灵动力量汇聚了一批立体设计师、制片人、特效总监和供应商。2013年，灵动力量成为中国乃至全球第一家提供3D拍摄服务以及3D转制服务的公司、中国第一家提供3D电影综合解决方案的公司、国内第一家在北美拥有直销机构的3D立体制作公司、中国唯一一家通过北美Studio 3D技术标准的公司、唯一一家参与广电总局电影局关于中国3D电影技术标准制定的民营企业。

（六）品牌塑造商业模式

品牌战略就是企业将品牌作为核心竞争力，以获取差别利润与价值的企业经营战略。从国内外成功企业经验看，一个企业只有建立了自己的品牌，才能取得竞争优势并逐渐发展壮大。企业的品牌也是提升企业产品价值的基础。同样质量的产品，其价值与其品牌知名度相关。品牌是一种消费者认知，是一种心理感觉，这种认知和感觉不会轻易改变。有了品牌就可以为企业的长期赢利和稳健发展奠定坚实的基础。因此，品牌是企业健康发展的根。凤凰画材集团在发展初期就意识到向价值链上游发展，从单纯的制造业务向品牌化业务转变。自2000年自营出口开始，集团高层领导就将品牌建设纳入全球化视野。10多年来，凤凰画材定期参加每年一届的法兰克福展、法国SMAC展、广交会、日本ISOT展、美国SHOPA展等，在国际市场上大力推广画材自主品牌“凤凰”。目前，“凤凰”品牌已在美国、加拿大、德国、英国、荷兰、澳大利亚等47个国家注册商标并在属地广泛使用，逐渐成为被属地消费者接受和认可的来自中国画材行业的优质品牌。良好的品牌口碑，创造了凤凰画材出口市场的刚性需求，年出口占国内画材出口总量的60%以上。2012年，凤凰画材集团在欧债危机期间，抓住绝佳的战略机遇，以200万欧元收购了西班牙本土历史最悠久的画材品牌Bonfil公司。Bonfil公司在画材行业具有南欧市场辐射力，拥有欧洲市场的销售渠道。凤凰画材收购西班牙Bonfil公司后，与其重组市场，构建合作联盟，先后成立了法国销售代表团队和西班牙、葡萄牙销售代表团队，大力推广凤凰画材自有品牌“凤凰”。短短一年多时间，该公司已在南欧成立“凤凰”品牌直销店20余家，一举覆盖了南欧高端画材市场，成功立足欧洲市场。同时，减少了“凤凰”品牌零售终端的中间环节，大幅提高了赢利能力。

（七）全产业链商业模式

产业链经营在文化产业商业模式建构中居于核心地位，而全产业链是产业链经营中一种最典型的形式，当然也是一种最能体现文化产业独特性的商业模式。文化产业的全产业链结构，是一种同一文化创意内容在空间和时间维度上都重复延伸使用的结构，它显示了更强的融贯性和扩展性。在空间上，文化产业的全产业链以创意内容为轴心，既可以实现纵向伸展，使上下游各产业要素有机地连接为一体，又可以实现横向打通和协同，使各个向周围辐射的产业内在地沟通起来，实现内容资源重复开发的价值增值，或者实现内容服务驱动硬件增长（如电子阅读器、存储器、手机等）。在时间上，全产业链以顾客需求为导向，使文化创意内容时刻跟随或者引导顾客生活方式以及消费方式的变化，保持文化产品生产过程的时效性和动态性。[①] 全产业链商业模式是让企业做大做强的手段，而不是为了构建全产业链而刻意追求。因为企业在追求全产业链的同时，很容易陷入盲目多元化的局面。比如，江苏新广联科技股份有限公司积极延伸光盘产品的价值链。为了应对现阶段光盘行业面临的市场逐渐衰退的趋势，该公司提出了寻求企业价值链延伸的指导思想，承接除光盘以外的组合包装或物流服务，以此来延伸价值链，拓宽业务范围，提高产品利润率，并使客户的合作关系更深入、更稳固。新广联全体员工对此进行了内外部的多方努力，通过这种服务模式的创新，新广联成为不少跨国企业或知名企业

① 张立波、陈少峰：《文化产业的全产业链商业模式何以可能》，《北京联合大学学报》（人文社会科学版）2011年第4期。

的首选。例如，新广联成为 HP、Intel、Netgear 的指定供应商，成为浙江电子出版社、南京大学出版社的唯一供应商，成为大英百科全书的全球供应商等。

（八）预售营销商业模式

预售模式就是企业正式的产品制作出来前已确定了买家，获得了预售款后再完成产品的销售模式。例如，当前的房地产销售。这样，企业生产的产品一方面有了买家，无后顾之忧；另一方面获得了产品制作的资金。当前，这种模式在文化企业中也开始使用。无锡今日动画影视传媒公司在这方面做得很好。正是预售模式使今日动画影视传媒公司有别于国内大多数动画企业，使其能够有效地规避市场风险、静心创作、精益求精，从而奠定了今日动画影视传媒公司的行业地位和国际影响力。国内 95% 的动画企业仍沿用先产后销的运营模式，即先制作动画片，再出售给电视台，这样的运作模式使得动画企业非常被动，甚至入不敷出。而今日动画采用的是一种完全相反的营销模式，即先制作样片，再拿到国际市场上去预售，获得预售款后才开始正式制作动画片。这使得今日动画影视传媒公司在创作生产过程中没有后顾之忧，并能根据市场的实际需求来创作。当然这也需要动画企业精良的制作水平和良好的信用。这种预售模式最大的优势就是真正做到了以产定销，根据用户的实际需求来进行制作，并且销售过程完成于制作之前，这也就避免了在销售过程中可能带来的未知风险，并保证了资源利用的最大效率。这也是今日动画开创并成功操作的新动画行业营销模式，对中国动画产业发展具有良好的借鉴意义。

二　无锡商业模式创新典型案例分析：江苏金一商业模式打造[①]

（一）公司发展概况

江苏金一文化发展有限公司（以下简称 JY 公司）是北京金一文化发展股

① 该部分内容由江苏金一文化发展有限公司提供。

份有限公司的全资子公司，于2008年落户江阴，其主营业务为贵金属工艺品的研发设计、外包生产和销售。自企业创建以来，以市场需求为导向，以创意设计为龙头，以营销网络拓展为重点，以供应链管理为支撑，以轻资产运营为核心，成为推动中国贵金属工艺品行业发展和产业升级的领先企业。2010年江苏金一被文化部命名为第四批“国家文化产业示范基地”，企业还先后荣获“江苏省优秀民营企业”“江苏省百强民营科技企业”“无锡市文化产业示范单位”等荣誉称号。企业拥有一支强大的研发设计团队，由亚运会会徽设计者张强博士领衔，成功参与了北京奥运会、广州亚运会、上海世博会、海阳亚沙会、深圳大运会、南京亚青会、南京青奥会等大型活动的标识，奖牌设计和授权产品的开发与销售。2013年，企业研发团队被评为“江苏省创新团队”，团队领军人物张强博士也同时被评为“江苏省双创人才”。2014年1月27日，金一文化（002721）在深交所中小板挂牌上市。

JY公司是一家以创意设计为核心的文化创意公司，归属于文化创意产业之贵金属工艺品细分行业，其根据自身的特点和优势，运用价值链定位模式进行赢利模式的创新，通过在内容创意环节的价值挖掘，借助研发设计和工艺制作的力量将其价值放大，再依靠营销团队和渠道合作的作用，将价值层层推进，最终转换输出到消费市场环节，形成了内容为王、渠道制胜、媒体推动、需求挖掘的创新赢利模式，取得了显著的成效。

JY公司在依靠价值链定位模式获得成长的同时，也出现了知识产权、品牌打造、价值链控制力及设计与工艺脱节等问题，给JY公司的持续发展带来了困惑。为解决发展中出现的问题，JY公司需要对公司结构、产品结构、人才结构及营销模式进行调整，提出创新赢利模式新思路，包括对产业价值链再定位、基于顾客价值创造、对价值链环节进行分解、构建产业价值链联盟战略，以及资源整合等探索，能有效弥补JY公司的不足，以达到健康运行的目的。对文化创意企业而言，研究和构建创新赢利模式是一个重点课题，需要在实践过程中不断推进和探讨。

1. 公司经营目标与战略分析

JY公司“以传承人类文化为己任，致力于缔造具有国际领先竞争力的世界级文化创意品牌，为消费者奉献具有深刻文化内涵和深厚艺术品位的产品和服务”为愿景，以“通过产业化思路把中华文化推向世界”为企业使命，以“整合、创新、竞争”为经营理念，立志成为中国贵金属工艺品行业创新者和领跑者以及中国文化创意产业的领军企业，以打造具有国际领先竞争力的世界级文化创意企业作为公司的长期战略目标。

面对此战略目标，JY 公司围绕管理升级、资源整合和渠道创新的总思路，多层次、全方位提高公司的可持续发展能力，增强成长性，提升核心竞争优势。

2. 营销网络建设规划

（1）银邮为主：巩固和加强现有的银邮营销优势渠道，和中国工商银行、中国农业银行、中国银行等国有银行形成全面战略合作关系，与 12 家股份制商业银行构建紧密的合作伙伴关系，市场覆盖 143 家城市商业银行的 30%；在现有业务及营销模式基础上逐步建立起一个全方位、多层次的现代化银邮营销网络。

（2）连锁居重：连锁加盟渠道的拓展有效地提升公司的终端渠道控制力、品牌影响力和公司利润率，对于公司建立多元化的终端渠道具有重要的战略意义。

（3）经销为辅：JY 公司已经与上海亚一、江苏宝庆银楼、浙江中金等全国数十家金店和东莞金叶、深圳翠绿等全国性大型经销商形成长期良好的合作关系，成为全国性、区域性金店和大型经销商的重要供应商，为其提供个性化、高品质、文化属性强的 JY 产品。公司将继续强化供应商的角色，发挥公司原创设计、文物开发及供应链管理优势，重点加强与全国性金店和经销商合作，市场覆盖率力争达到 10%，把公司打造成全国金店和黄金制品经销商的具有重要影响力的供应商。

（4）立体多元：电视购物和互联网购物等新型渠道是公司现有渠道的有益补充。JY 公司强化供应商定位，专注于贵金属工艺品的研发设计和销售，加强与上海橡果国际、湖南快乐购、北京 BTV 购物等众多专业电视购物运营商合作，不断提供高品质产品。同时，利用媒体宣传等多种手段加强市场推广力度，提升互联网购物在公司业务中的比重，适时开展目录邮购。

3. 产品研发设计规划

JY 公司坚定文化创意产业之路，视研发设计为公司的核心竞争力。自成立之始，公司就建立研发中心，走自主创新的研发道路，目前研发设计能力居国内同业领先地位。

JY 公司秉承“让黄金讲述文化，让文化诠释黄金”的产品研发理念，围绕“创意见真金”的品牌定位，依托江阴研发中心“创意亚洲”大厦，搭建高端研发创意平台，连横工艺美术大师、院校及知名收藏类博物馆等资源，集聚优秀人才资源和整合高端文化艺术资源，以中华传统文物开发和贵金属工艺品及收藏品的原创设计为基本出发点，以贵金属创意城市名片为新需求导向，围绕“传统文化、生肖、体育、博览、城市文化、时事节庆、生活及婚庆、个性化定制”八大系列，不断开发创意独特、高品质、文化属性强的贵金属工艺品，收藏品及衍生品。

4. 资源整合与开发规划

资源是 JY 公司的核心资产，“整合、创新、竞争”是公司的经营理念。通过资源整合构建公司的核心竞争力，实现可持续发展是公司发展的重要途径。

（1）优秀人才资源整合。公司将以“创意亚洲”大厦为整合平台，凭借一流的工作环境和先进的管理机制，吸纳国内高端研发设计人才和国际艺术大师加盟。

（2）高端文化艺术资源整合。联盟国内工艺美术大师，实现共同创作与开发，加强院校的产学研合作，与国内 20 ~ 30 家顶级收藏博物馆形成产品开发战略合作，整合高端文化艺术资源，走贵金属工艺品的原创设计和文物衍生品开发的产业化道路。

（3）城市文化资源整合与开发。截至 2008 年末，全国共有 34 个省级行政区，建制城市 655 座，其中国家历史文化名城 110 座。中国的城市均具有悠久的历史和深厚的文化积淀，文化定位与城市文化开发成为中国城市发展中的重要战略。JY 公司将以创意设计为核心，深度挖掘中国各城市的文化属性，整合中国城市文化艺术资源，以传统文化与现代设计思潮相结合的理念，开发中国乃至亚洲城市具有文化特色和个性化的文化创意产品、纪念品及衍生

品，用黄金等贵金属创意、演绎和张扬城市文化，推进中国城市文化创意产业化进程。

5. 人力资源管理规划

“创意是金，人才是一；诚信是金，合作是一”是JY公司的核心价值观。员工是公司最重要的资源，是可持续发展的基础。公司将根据总体发展战略目标，按照战略与结构相匹配原则，逐步建立适应于未来业务大规模发展、保障公司研销体系、高效扁平化的组织结构。公司实现人才招聘国际化，利用一流的环境和先进的人才合作机制，打造实现员工梦想的平台。

（二）JY公司产业价值链的构成

JY公司通过在内容创意环节中的价值挖掘，借助研发设计和工艺制作的力量将其价值放大，再依靠营销团队和营销渠道的作用，将价值层层推进，最终转换输出到消费市场环节，形成了一条完整的产业价值链，如图1所示。

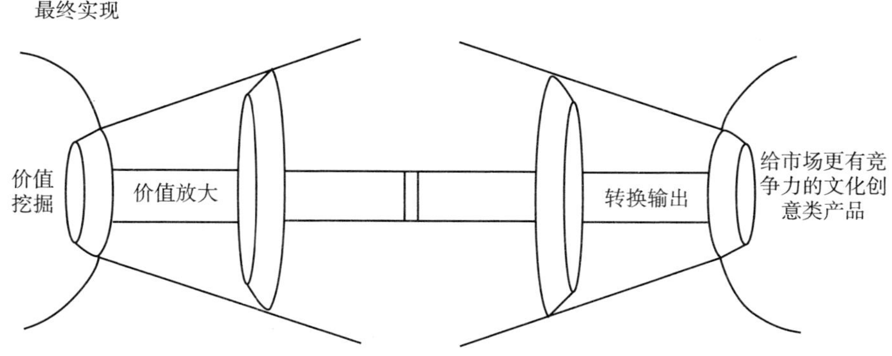

图1　JY公司产业价值链

1. 内容创意

在JY公司的产业价值链条中，内容创意环节一直作为企业的核心竞争力被全力打造。JY公司多年来致力于打造强有力的研发团队，不断培养和引进优秀的设计人才，初步形成设计人才高地。通过对中华传统文化的价值挖掘，用创意来满足消费者越来越丰富的物质层面的需求，并且将大量的文化元素和创意元素融入新品研发中，满足消费者精神层面的需求，形成知识财产的积累，使产品附加值大幅提高。

2. 生产制造

JY 公司产业价值链中生产制造环节采取外包加工的方式，企业则以轻资产运行为主。公司委托上海造币厂、南京造币厂这些国内权威的生产机构进行产品的加工生产，省去了繁杂的生产制造加工环节，使得企业在产业价值链的战略打造中能够重拳出击，根据自身的优势打造核心竞争力。

3. 营销推广

在 JY 公司产业价值链的营销推广环节，JY 公司已经逐渐建立起覆盖全国 100 余个城市的营销网络。JY 公司在北京、江苏、深圳、上海、广州等地设立公司平台，银行事业部现有服务人员 400 人，下设东北、华北、华东、东部、西北、川渝、湘鄂、云贵、深圳、华南十大营销中心，25 个常驻地方办事处，43 处配送网络，解决重要城市货品的安全快速配送，可覆盖中国 95% 的省会城市。通过一系列的营销策划和新媒介的介入，团队积累了丰富的产品营销成功经验。

4. 传播渠道及消费环节

JY 公司产业价值链的传播渠道环节，也是公司重点打造的核心环节。JY 公司找准了自身的价值定位，准确地切入了贵金属文化创意产品的细分市场，致力于“把创意变成生意，让智慧带来实惠”，寻求营销模式的创新，实现覆盖全国的，包括银行、邮政、金店、互联网、零售等多层次弹性销售渠道，迅速抓住了发展的先机，实现文化创意产品销售落地。同时通过市场的反馈，改变产品的研发方向，寻找更适合消费市场的营销途径和营销手段，极大地调动消费者购买欲，让产品引领市场，很好地实现了文化落地，成为 JY 公司的又一核心竞争力。

（三）JY 公司创新赢利模式的内容

根据自身的特点和优势，运用价值链定位模式理论进行赢利模式的创新是促成 JY 公司销售业务飞速发展的主要因素。在我们对 JY 公司的战略分析中，JY 公司依靠其两大核心竞争力形成了内容为王、渠道制胜的赢利模式。JY 公司依靠创意设计和艺术资源整合的优势率先在行业内崭露头角，但仅仅依靠设

计服务是不够的，同时以其独特的视角选择了特殊的原材料——“金、银”作为载体，通过创意设计形成文创产品后找到了权威渠道——“银行”去销售，这一创新的赢利模式开创了文化创意产业的先河。

1. 内容为王的创新

从价值链定位模式的理论中可以得知，“内容为王”赢利模式的实质是在价值链顶端取得竞争优势。因为企业的资源是有限的，并且消费者的需求也是多样化的，怎样细分市场、发现市场中的需求和购买欲望，以实现赢利，其过程是通过内容创意寻求最佳的利润点。

2007 年之前，中国的文化创意企业大多处在产品摸索的阶段，很多企业打着文化创意的旗号承接着一两单简单的设计服务，这种“空壳”公司没有形成自己的产品线，更谈不上内容的创新。JY 公司从故宫博物院陈列的贵金属工艺品中找到创意灵感，发现当前市场中消费者对文化金的喜爱与追求是永恒的，并且对黄金和文化的追求随着人们物质水平的提高而不断提升。因为黄金是唯一具有内在价值的金融资产，是世界各国金融储备的重要组成部分，是稀缺的全球战略性资源，在维护国家经济安全、金融安全中具有不可替代的特殊作用。尤其在当前世界经济复苏迟缓、欧洲主权债务危机不断升级的背景下，黄金对抗金融风险、保障资产安全的作用更加凸显，各国政府近年纷纷加大黄金储备力度。同时，黄金也是百姓进行合理资产组合、对抗通货膨胀、分散投资风险的重要工具，百姓对持有实物黄金的兴趣持续增强。2011 年，全国黄金消费量为 761. 05 吨，比上年增加 189. 54 吨，同比增长 33. 2% 。其中，黄金首饰消费量为 456. 66 吨，同比增长 27. 9% ；金条消费量为 213. 85 吨，同比增长 50. 7% ；金币消费量为 20. 80 吨，同比增长 25. 2% ；工业用金消费量为 53. 22 吨，同比增长 12. 3% ；其他用金消费量为 16. 52 吨，同比增长 93. 9% 。于是 JY 公司很好地抓住了贵金属市场这一目标市场，并通过内容创新率先在行业内开发出了文化贵金属这一产品线，创新了这个领域的赢利模式。

JY 公司围绕赢利模式中的四要素（见图 2）对企业价值链进行定位，对产品内容进行了深层次的开发和创新。

如图 3 所示，JY 公司的研发创新团队，通过对各种文化资源的挖掘提炼，

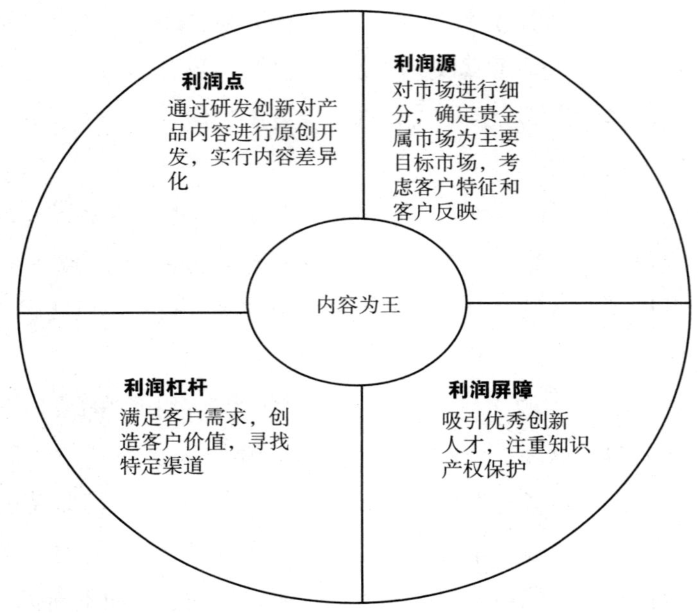

图2　JY 公司内容为王的创新要素

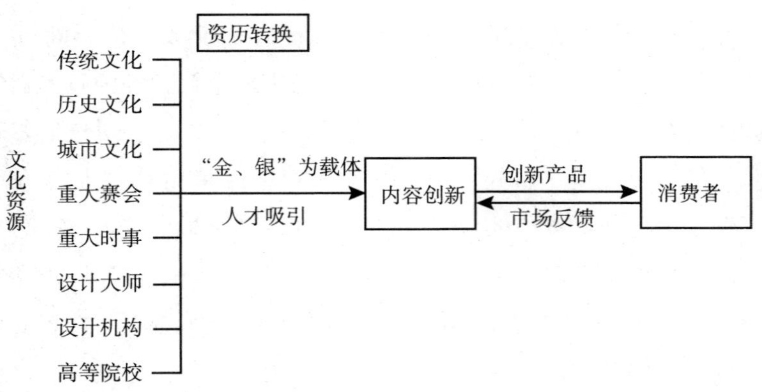

图3　JY 公司内容创新流程

吸收采纳从消费市场反馈的信息，以金、银等贵金属为载体，策划并开发出系列创意产品推向终端市场。值得一提的是，JY 公司在项目开发的过程中，将创意人才吸引和市场反馈调研作为重点，很好地保证了产品内容的创新性和价值性，也很好地掌握了市场的走向，及时满足和刺激了消费需求。通过内容创

新，JY 公司的文化创意产品形成了强大的产品竞争力，成立 5 年来市场占有率保持第一，成为行业龙头企业。

2. 渠道制胜的创新

根据价值链定位模式的理论，“渠道制胜”赢利模式是创意产业价值中重要的环节，如果没有畅通的传播渠道，再好的创意内容也无法转化成产品，更谈不上赢利。JY 公司在这个环节上充分体现了赢利模式的创新性（见图 4）。

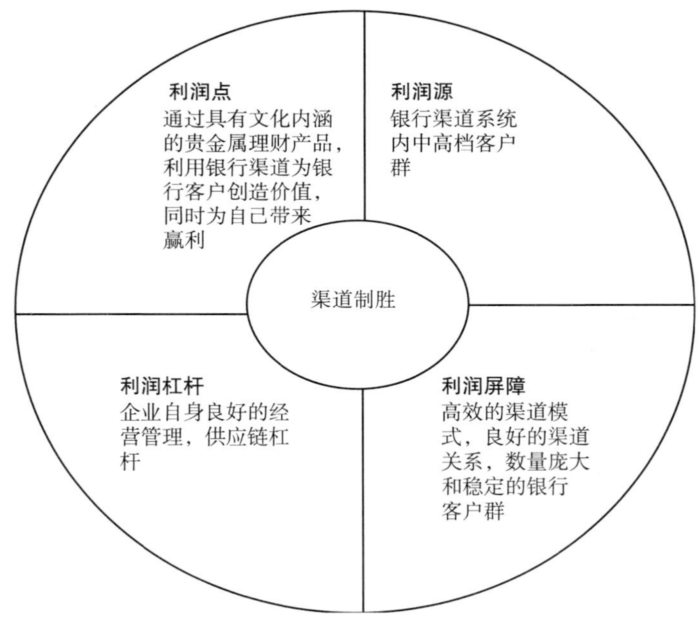

图 4　JY 公司渠道制胜的创新要素

2008 年以来，凭借强大的产品开发能力和营销实力，JY 公司与银行展开了全方位的合作。文化创意产业均有轻资产的特点，无担保无抵押往往无法突破资金瓶颈，发展阻力大。JY 公司与国内银行在贵金属产品销售合作的同时，尝试融资创新。因为产品原材料以黄金为主，2009 年开始，JY 公司与银行合作黄金租赁业务，将从银行租来的黄金设计制作成产品，再铺入指定银行渠道销售，借助银行广泛的客户资源和权威的品牌形象，JY 公司取得了良好的销售业绩。随着产业规模的不断扩大，JY 公司也取得了银行更多的租金授信。

例如，中国工商银行给予JY公司6亿元体内循环的租金授信，属低风险业务，根据订单提料。这种创新的赢利模式推动了银行产品和服务的创新，银行在取得代理销售手续费的同时，还取得了黄金租赁收入，在支持JY公司发展的同时，银行获得了很好的经营效益。

为了保证渠道的畅通，JY公司启用国际一流ERP供应商SAP的信息系统，定制了规范的ERP操作流程，同时系统运行已集成化，软件的运作跨越多个部门，可以时时反映项目进度、质量状况、销售数据、库存数据、货物运转状态、结算凭据等信息，为决策提供依据。通过ERP，各级业务部门优化了对接流程，降低了沟通成本，提高了工作效率。

同时，JY公司运用先进仓储物流管理系统，实现了条码批次、唯一化管理、智能货位管理、虚拟货位管理等，应对灵活，降低了管理成本，形成了安全有效的物流配送方式及相应的货品交接方式。通过一系列针对性强的模式措施，与银行合作变得高效，很好地维护和稳定了客户群。

3. 媒体推动的创新

在今天这个全球化的信息社会中，精心设计、策划的创意产品很有可能被淹没在泛滥的信息之中，而媒体是人们获得信息最主要的方式，媒体的运作将发现创意产品的价值，并推动价值的实现（见图5）。

JY公司探索出与银行合作赢利模式的同时，摸索媒体推动的创新。JY公司与银行合作的营销方式一般采取柜台常态化销售、小型巡展和集中营销等方式。可通过银行自有宣传资源（网站、网点LED、短信平台等）精准发布产品信息。同时，JY公司整合媒体和明星、专家资源，根据不同时间节点、不同产品内容，选择不同的地点和方式，由银行召集客户开设文化讲堂、投资收藏和明星签售等活动，注重营销策划，加大产品内涵的挖掘和传达，共同推动产品销售，取得了阶段性的成效。

4. 需求挖掘的创新

从产业价值链的含义中可知，“某种产业价值链之所以能够形成或发生变化，完全是为了提供能满足消费者某种需要的效用系统”。消费者的需求是产业价值链存在的基础。在过剩经济时代，顾客需求成为一种稀缺要素，具有很高的价值。

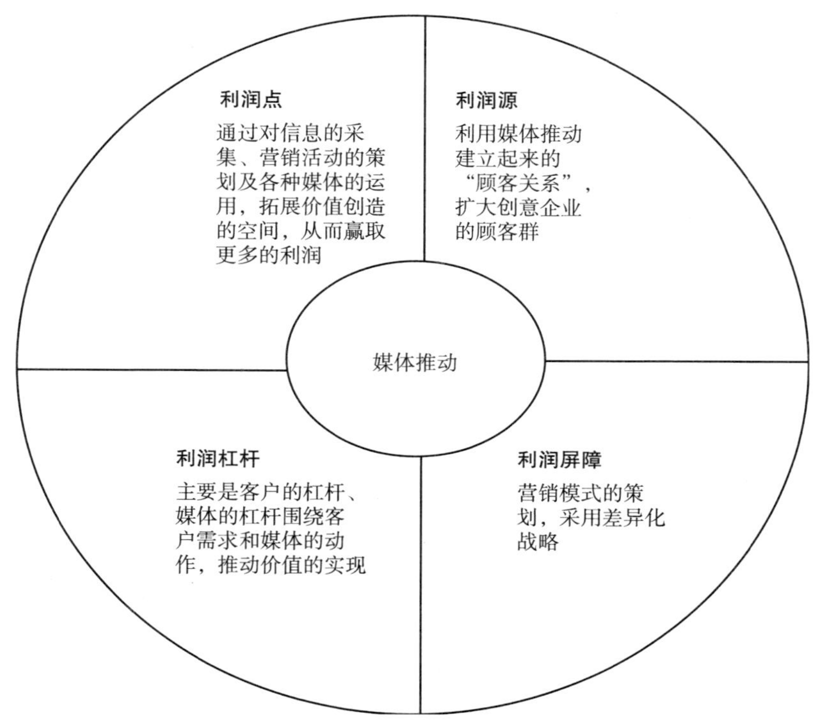

图5　JY公司媒体推动的创新要素

作为以创意设计为核心的JY公司，以“让黄金讲述文化”这一独特的视角探寻着文化产业化之路，其创新能力越来越得到客户的认可。“黄金”除了保值功能外，因为它“坚定、变通、高贵”的真品性，可以作为载体传承中华五千年文化，满足人们收藏、消费的需求。在奥运会、世博会等大型活动期间，JY公司开发的贵金属特许产品销售了几十亿元，深得国内外收藏爱好者的喜爱；配合银行“以客户为中心”的服务理念，根据地域和客户的不同，JY公司推出“个性化定制”业务，展开差异化渗透服务，使JY公司研发团队得到了很好的锻炼，业务能力不断提升，助力城市文化和企业品牌的推广，积累了越来越多的客户资源。当前，随着客户消费需求的成熟和宏观经济环境的变化，JY公司的研发方向转向“实用型”产品，可佩带、可使用，让贵金属文化产品与消费需求契合，从而使产品迅速进入消费市场，打造产品品牌，满足和挖掘更多的客户需求。

JY 公司利用自身研发和管理的优势，与各大银行全面合作，及时地了解了贵金属市场的潜在需求和现实需求，让其内容更丰富具体，并通过多样化的营销手段和媒体推动使产品迅速由畅通的渠道推向市场，在行业内形成了极具竞争力的战略优势（见图 6）。

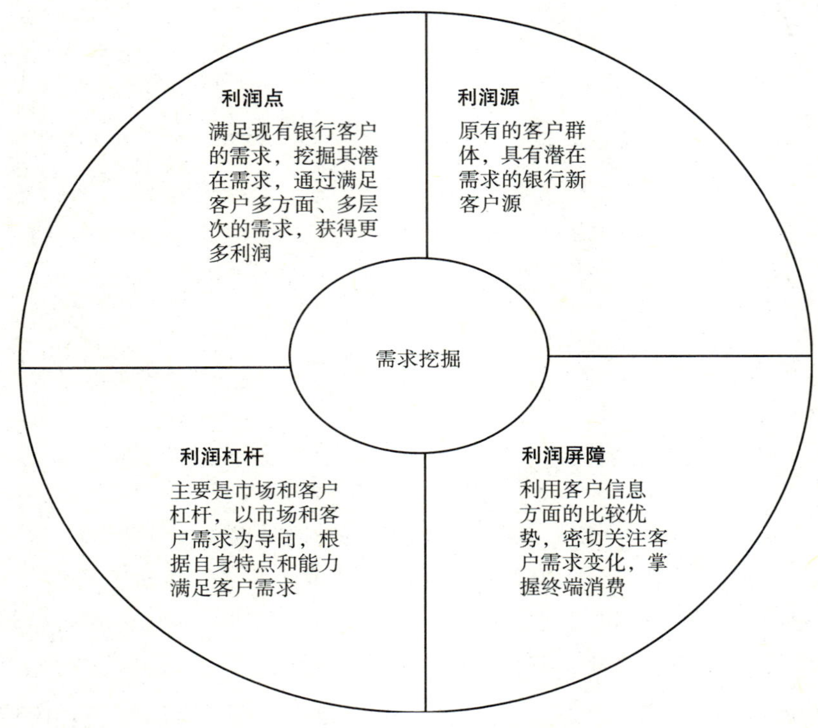

图 6　JY 公司需求挖掘的创新要素

JY 公司于 2011 年开始开发的百馆百宝项目，与百家博物馆（中国国家博物馆、南京博物院、陕西省博物馆等）合作，将“养”在深闺的一件件国宝珍品通过产业化的途径再现于世人面前。基于每件国宝的原型，项目开发出上千个大师纯手工打造的贵金属高级工艺品；通过创意，提炼国宝元素，创造出设计独特的贵金属产品及衍生品；项目产品涵盖贵金属收藏品、实用生活用品、饰品等多个内容和功能，利用研发设计平台将资源进行转换，并依靠银行渠道合作去推广，打造出一条“发现、整合、转换、输出、销售”的产值通

道，让不同年龄、不同背景的中国老百姓都能了解我们的国宝、喜欢我们的国宝，很好地满足大众不同层次的精神需求和物质需求。

（四）JY 公司创新赢利模式新思路

创新激发了 JY 公司的快速成长，在公司从无到有、日益发展壮大的过程中，JY 公司通过对价值链的明确定位，制定并有效实施了适合企业发展的赢利模式，使 JY 公司迅速成为行业中的领军企业。面对当前市场和行业的变化，针对企业面临的种种问题，JY 公司需要对公司结构、产品结构、人才结构及营销模式进行调整，提出创新赢利模式的新思路。公司目前的创新赢利模式主要是在运用产业价值链定位模式的基础上形成的，此模式本身有一个不断深化、细化完善的问题，同时创新赢利模式还有价值链延伸模式、价值链分解模式、价值链整合模式三种类型，它们各有不同的特点和优势，公司应结合发展需要和实际问题注重运用其他模式理论构建适应公司自身发展的创新赢利模式。

1. 在产业价值链上进行再定位的研究

产业价值链的战略环节会随着产业技术进步和消费需求结构的变化而变化，美国学者亚德里安·J. 斯莱沃斯基把这种现象称之为“价值转移”。价值转移会促使价值在产业价值链上的不同链节间发生转移或再分配，进而导致竞争优势在不同企业间发生转移。因此，企业要想获取和维持竞争优势，就应该从产业价值链角度审视各价值链环节的差异，研究产业的价值转移规律，进而把企业定位在产业价值链上恰当的、有利的位置。①

JY 公司之前在产业价值链的选择中，注重研发和营销渠道，中间环节采用外包的战略，在迅速崛起的同时也培育了一大批加工制造企业。但随着近年来贵金属生产加工技术的不断提高、消费者对题材类文化金向实用性需求的转移，加之研发创意被同行企业争相模仿、营销战线过长、过烦琐，缺失中间工艺技术环节的 JY 公司在“中国大妈”疯狂抢金潮中没能得到红利。这说明贵

① 王剑芳、缪素颖：《新经济形态下中小企业产业价值链经营模式创新》，《商业时代》2008 年第 35 期。

金属产业价值链战略环节在转移，越来越多的价值正在转移到工艺创新环节上。例如，千足金加工费为3元/克，万足金的加工费为15元/克，3D硬金工艺加工费为60元/克。为此，JY公司提出调整产业价值链战略环节的思路，从公司各部门抽出相关人才，成立特别项目领导小组，积极组建“JY智造”研究所和制造工厂，重点对黄金工艺做创新研究。通过“科技提升、文化提炼、工艺提高”三者有机的结合，打造“JY精艺”，着重突出5A级高工艺，全方位升级中国传统黄金的工艺性和艺术性，持续传承中华文化，挖掘文化内涵，创造出一批具有高设计、高技术、高工艺、高标准、高品质的黄金工艺品及饰品，以满足人们对产品的高诉求，完善JY公司在产业链上的价值洼地。

面对目前知识产权保护不力的现状，JY公司在积极整合资源和强大自身的同时，也通过创意产品保密机制和专利申请来保护自己创新的知识成果，并将继续通过法律途径来维护自身的权益。

2. 基于顾客价值创造的探索

基于顾客价值创造的探索主要是挖掘消费者的潜在需求和现实需求，遵循差异化原则，通过推出一个特定的新奇概念（新产品或服务理念、消费方式或消费观念），并且借助大众传媒向消费者传播产品所包含的时尚观念、文化特色、科学技术知识及其对生活的积极影响，从而获得消费者的认可，引起他们的共鸣，进而萌发对产品的需求。这就是我们常说的品牌的魅力。

（1）质量保证：企业产品想要获得消费者的信赖，质量是根本。JY公司围绕ISO9001：2008质量管理体系提出“质量至上”的管理理念。贯彻多项国家标准和省级行业标准，导入卓越绩效模式，规范和提高质量管理水平。公司应加强原材料检验、半成品检验、成品入库检验及出库检验四道环节的管理，全面杜绝质量问题的发生，公司进一步推行自检和国检双检机制，保证产品成色、克重合格。质量保证是赢得客户信任的基础。

（2）创意独特：“科技+文化，开启创意新篇章”，JY公司需要在原有传统文化创新的基础上，加入科技的元素，打造黄金“精艺”力量。通过采用点、线、面设计手法和多材质组合的设计结构突破传统产品的结构造型，将传统手法和现代审美视角有机结合，运用科技手段创新工艺技术水平，突破传统油压、倒模、浮雕等工艺的局限，更好地将设计理念注入产品中。

（3）品牌构建：品牌是给消费者带来溢价、产生增值的一种无形的资产，对于企业来说，品牌的构建对企业形象的树立和持续有效增长具有重要意义。JY 公司在继续推进黄金文化产业化的同时，需要着手构建品牌战略。基于公司研发和营销的优势，通过研究终端客户需求确立 JY 品牌定位；通过挖掘品牌核心内容，创建和设计统一品牌识别系统，从商标到产品立体展现品牌形象；规划品牌战略时间表和路线图，积极推进 JY 品牌体系的实现。

（4）媒体推动：JY 公司需要在媒体推动上加大力度，使 JY 品牌深入人心。目前国内传统产业转型升级压力巨大，各级政府对文化创意产业越来越重视，JY 公司应配合当地政府做好新闻报道，传播创新理念发挥示范作用，提升企业影响力。目前新媒体发展迅速，数据量大，传播快捷，合作方式多且成本可控，可以选择“微博营销”“事件营销”等多种形式扩大影响力，提高客户对 JY 品牌的认知度和忠诚度。当 JY 品牌加盟店在国内发展到 500 家时，需要在央视等主流媒体加大品牌宣传，以提高 JY 产品的市场占有率。

3. 对价值链环节进行分解的尝试

面对运营成本大、服务配套难等价值链控制力的问题，JY 公司需要对公司产业价值链进行重新梳理，对拉长的战线进行明确分解，对公司结构和人员结构进行优化调整，缩减那些业务不足、价值不大的办事处，采取价值链部分环节功能外协的方式实现产业价值链的资源调整。

JY 公司需要进一步发掘当地有实力能共赢的业务合作商来完成与银行的合作关系，并更好地开拓当地市场，把之前依靠自身营销团队执行的业务下放给业务合作商，缩减办事处和渠道服务人员，达到管理和资源的相对集中。这种“1 +2”的盈利模式（1 代表 JY 公司，其与银行签订协议，负责产品报批、管控、开户、回款，2 代表银行与当地业务合作商）可以较好地解决对银行而言服务跟不上，而对 JY 公司而言管理风险大、成本高等问题。JY 公司在此模式中需要做好以下几方面工作。①品牌输出，包括对商标、店面形象、产品等统一的配置和授权。②制定模式、设计流程，包括合作商与 JY 公司的对接方式，以及合作商与指定银行的对接方式。③培训与跟踪管控，包括对合作商进行系统培训，跟踪业务模式，规避风险。通过这种模式能使 JY 公司卸下包袱，轻装上阵；通过利益分成，让更多人参与到这个产业中来；通过分解压力，

JY 公司更能发挥优势，在产业做大的同时获得更多收益。

4. 资源整合的创新

面对当前模式存在的问题，JY 公司需要迅速调整经营战略，在产业价值链上寻求与其他企业，甚至开创性地跨行业进行资源整合的创新。

5. 艺术人才资源整合

为了强大自身，继续增强企业核心竞争力——研发实力，JY 公司需要加强人才结构的调整，认真制定“转型升级、人才为翼”的人才战略。

（1）规划先行打造人才高地。

作为人才队伍的骨干力量，创意人才及专业技术人才队伍为提升企业的自主创新能力，推动企业新的飞跃发挥了不可替代的重要作用。面对当前企业普遍存在的“人才难求”的局面，公司必须规划先行，着重做好两个坚持。一是坚持通过人才激励机制引进和留住人才。企业要建立有竞争力的薪酬绩效制度，实行年薪制、员工持股制，从内部人际到外部环境，全面营造优化人才的工作氛围。二是坚持围绕大平台、大产业、大项目、大企业建设，大力培养掌握核心关键技术、能支撑和引领产业发展的经营人才，通过规范的制度流程培养和合理使用人才。

（2）内外兼修，壮大高端人才队伍。

企业的发展，赖以支撑的是自身强大的创新能力。为此，JY 公司计划成立“JY 大学”，主要工作包括内部训练和外部进修两方面。一是邀请国际著名设计师、艺术家授课讲座，建立完善的人才培养体系，采取培养和引进的方式，内外兼修，壮大高端人才队伍。二是输送尖端研发设计师、技师、高管、运营等人才至高等学府深造；采用校企合作方式，JY 公司与中央美院、江南大学、广州工艺美院、南京艺术学院的国内著名艺术学府达成产学研合作，成立“JY 班”，让服务于企业的国内外艺术大师进入校园，成为其特聘教授，让企业在职的设计师得到再深造的机会，让在校的学生通过这种产学研合作的模式得到实践机会，了解市场。这种人才培养方式目的明确，针对性强，更容易达到人才集聚的效果，从而加强研发实力；根据人才特点，不断调整员工最优职业发展方向，提高员工整体素质，进而增强企业的综合竞争力。

6. 先进技术资源整合

面对JY公司当前设计与工艺脱节问题，JY公司组建JY智造团队对黄金工艺进行创新研究。更为大胆创新的是，JY公司需要在全国范围内进行黄金工艺资源的整合。目前，JY公司集团已在江阴璜土镇新成立JY黄金珠宝文化产业园。产业园将成为公司产业基地，并以JY公司的研发和渠道优势吸引整合上下游企业集聚孵化，提升黄金珠宝产业整体竞争力。通过资本和资源整合，提升园区企业整体竞争力。

B.13

无锡小微文化企业发展态势与政策建议

吴文勤

在文化产业发展中，众多小微企业扮演着重要角色。据估算，小微文化企业占整体文化企业数量的绝大多数，是市场的绝对主体。小微企业是小型企业、微型企业、家庭作坊式企业、个体工商户的统称，是产业经济中的“造血干细胞”，也是最有活力、对市场环境最敏感的市场主体。在以创意为核心的文化产业领域，小微企业的重要性更加凸显。各国政府对待微型企业的态度都很明确，在定义微型企业的时候，都是将其作为创业者纳入支持范畴。占全美企业总数98%的小企业，提供了56.5%的就业率，创造了55%的技术创新成果，完成了47%的企业销售份额；欧盟委员会称，99%的欧盟企业是中小企业，而其中的99%是微型企业；日本中小企业具有纵向交易关系多层次化的特点。有数据显示，我国近年来仅有12%的小微企业营业额增长速度在30%以上，其余大多数企业则发展缓慢。与此同时，小微企业具有经营波动性大、抗风险能力弱等特点，长期以来，其在经营、融资、人才、市场环境等方面面临很多困难，需要政府的大力扶持。

一　无锡助推小微文化企业发展

2013年，第三次经济普查结果显示，无锡市文化产业法人单位达到9532家。其中三上单位（规模以上工业、限额以上批发零售业和重点服务业）总数达到671家，三下单位总数为8861家。从文化企业的结构来看，中小企业的产值虽不如规模以上文化企业，但是其企业数量却占了文化企业总数的93%。因此，无锡文化产业在发展进程中，作为一股不可小觑的力量，社会文化民间团体和民营企业的力量开始凸显，它们找到了文化事业和文化产业相融合的节点，成为无锡文化产业发展中占据重要份额的“活力因子”。无锡小微文化企业能得到快速发展，得益于近年来无锡市政府大力发展文化产业，着力扶持文化企业的发展。

（一）加大政策支持，大力发展民营文化企业

近年来，无锡市政府出台了一系列相关政策扶持民营文化企业。2009 年，由市政府专门设立创业投资引导发展专项资金，规模为 10 亿元人民币，由市级财政预算安排，分 5 年逐步到位，按照“透明、高效、安全、务实”的原则进行管理运作，投资导向涵盖动漫产业等七大领域在内的初创期科技型企业，这对初创型文化创意企业的发展壮大提供了必要的资金扶持；市委、市政府各项政策的出台也明确了政府对民营企业向文化产业转型的引导态度和扶持力度，为民营文化企业的发展营造了良好的软环境，极大地调动了民营资本进入文化产业领域的积极性。2013 年文化产业引导资金加大了对成长型中小文化企业的支持力度，调整了文化示范企业评选数量，修订了动漫产业扶持政策部分条款。此外，2013 年继续兑现对国家数字电影产业园 2000 万元的专项扶持，还有 2000 万元用于与中财金控投资有限公司成立文化中小企业创新投资基金，帮助中小型文化企业融资。用于扶持企业项目的资金总额达 3818. 53 万元，约占总预算的 38%，共对 57 家企业 80 个项目进行了扶持。受扶持企业数占申报企业总数的 57%，其中国有企业 12 家，其余都是民营文化企业。

（二）加大金融支持，破解中小文化企业融资难问题

为了破解中小文化企业融资难问题，无锡市建立了多层次的贷款风险分担和补偿机制，在文化产业集聚区推广集合担保贷款模式，对区内的中小企业贷款实施集中集合授信、统一担保，鼓励文化产业通过再担保、联合担保以及担保与保险相结合等方式多渠道分散风险，并加快推动保险产品与服务方式创新，提高保险在文化产业中的覆盖面和渗透度，有效分散文化产业的项目运作风险。一是设立文化产业投融资体系建设资金。每年安排不少于 1000 万元，用于文化产业投融资体系建设，鼓励国有和社会资本发起或参与设立股权投资

基金，并推动重点创投企业加大对无锡市文化企业和文化产业项目进行风险投资。二是设立担保机构融资担保补贴。对为无锡市文化企业进行担保的市重点融资性担保机构，每年根据其为无锡市中小文化企业提供融资性担保（担保费率不超过1.8‰/月）的年日均担保额的1%给予补贴，对单家担保机构的最高补贴金额不超过该担保机构实收资本的10%，最高可补助300万元。三是实行融资费用补贴和上市奖励。对无锡市文化企业经批准发行中长期债券（含中小企业集合债）和中期票据的，按实际融资金额的2‰给予一次性费用补贴，最高可给予100万元的一次性奖励；对在境内主板、中小板、创业板和纽交所及纳斯达克上市的无锡市文化企业，最高可给予200万元的一次性奖励；对在境外其他资本市场上市的无锡市文化企业，最高可给予100万元的一次性奖励。2013年在产业专项资金中安排了2000万元，用于与中财金控投资有限公司成立文化中小企业创新投资基金，扶持中小企业健康持续发展。目前，无锡市已经设立科技支行2家、文化支行1家、科技小额贷款公司5家。与此同时，无锡市险企支持文化产业发展同样不遗余力，如人保、太保、信保无锡分公司被确定为首批文化产业保险试点公司，近年来推出了多款文化专属产品和服务。中国出口信用保险公司，也为本土文化企业和项目“走出去”提供了有力支撑。

（三）搭建发展平台，打造文化企业的集聚地

自2005年以来，借鉴北京、上海、香港等地成功运营经验，无锡大力发展文化创意园区，建成了一批国家级、省级和市级文化创意产业园，在产业聚集和规模效益上取得显著成效，成为文化企业的集聚地。2013年，慈文传媒集团有限公司成为第四批省级文化产业示范基地。无锡国家数字电影产业园等四个园区成为省重点文化产业园区。目前，全市已拥有5个国家部委授牌的文化产业相关园区（基地）和7个省级文化产业园区（基地）与一批市级文化产业园区。这些产业园区为无锡的中小文化企业发展搭建了平台。这些园区各有特色，如北仓门根据城市功能定位、特定人群，合理调整园区主题——文化艺术、创意设计并举；N1955南下塘文化创意产业园的园区特色定位为创意、网络和休闲；新区创新创意产业园区则将动漫网游、创意设计、软件外包、信

息服务确定为园区主题；滨湖科教产业园将动漫、创意设计和影视制作定为发展的主业；北塘科技创业服务中心，以科技研发、软件外包为主；无锡数字动漫创业服务中心成为融创意、培训、制作于一体的动漫服务平台。中国版权保护中心与市政府共同负责建设和运作的专业性平台——“中国动漫作品版权服务平台南方中心”，为动漫作品、人才和商业机构提供从线上电子商务到线下对接活动的全方位服务。无锡（国家）数字电影产业园的“影视云计算平台”，以特效制作、软件开发、数据服务等为核心业务，全力搭建影视服务专业化平台。无锡文化产业协会成为政府和企业沟通的纽带。目前，市文化创意产业协会已吸纳会员企业200多家，通过建立协会官网、微博平台，组织举办了“世界创意产业之父”霍金斯先生见面会、“城市休闲与文化创意产业”主题研讨会，协办了“两岸四地文化产业发展论坛”等活动，日益成为政府、企业加强沟通的桥梁和纽带。

（四）加大人才培育，构建文化企业的人才支撑

无锡文化企业的发展，急需一批专业化、操作能力强的人才队伍。为此，无锡积极发展职业教育，并把产学研作为文化产业人才培养的重要模式。近年来，无锡把职业教育放在突出的战略位置，整体规划，强化职业教育在提高城市竞争力、推动产业升级、改善民生方面的重要地位和作用。“十一五”以来，无锡职业教育经费年均增长19.8%，总投入达到136亿元，职业教育办学条件显著改善。同时，发展职业教育事业的任务也被细化到各市（县）、区政府的工作重点中，列为民办实事项目，确保各项职业教育优先发展落到实处。目前，无锡的职业院校发展到47所，在校生突破23万人。其中，高等职业技术学院10所，五年制高职校和中等专业学校22所，技工院校15所。一批学校成为国家和省职业教育改革发展示范校，被确定为国家技能型紧缺人才培养基地和省级高技能人才培训基地。目前，无锡深化产教融合、校企合作、工学结合，切实提高人才培养质量，增强职业教育服务能力。围绕全市确定的物联网、新能源与新能源汽车、节能环保、生物、微电子等战略性新兴产业以及装备制造、电子信息等传统优势支柱产业，在无锡职业院校加强专业和课程建设，培育了一批重点品牌专业，促进“育人链”与“生产链”的无缝对接。

此外，以专业和产业为纽带，以行业和企业为依托，以校企合作为重点，无锡还组建了物联网、服务外包、商贸物流、数控、旅游、微电子、建设、艺术设计、汽车、焊接10个市级职业教育集团，发挥各方资源优势，合作培养技能人才。建立职业院校实习实训定点企业制度，60家大中型企业成为“无锡市职业院校实习实训定点企业”。

（五）政府购买服务，拓宽文化企业的发展空间

从2012年开始，无锡市财政每年统筹安排不少于1亿元资金设立市文化产业发展专项资金，并随着市级财力的增长而相应增长。市文广新局负责人介绍，其中9000万元主要用于鼓励文化园区的聚集、大文化企业的培养，以及推动文化企业的市场配置；还有1000万元用于事业性的政府购买，旨在培养市民的文化消费意识，激发公众的文化消费热情，推动文化消费。具体由市文广新局与承办单位签订政府购买协议，市财政局按协议约定付款。购买经费的支付，原则上采取分期付款的方式，签订协议后首期支付30%。凡在市区注册并提供文化产品和服务的文化企业、民办非企、社团、民间组织等法人单位，以及部分承办政府有特殊要求的文化产品和服务的市级文化事业单位，现在均可根据申报程序进行申报。这是一种“政府采购、项目补贴、定向投资”的政府提供的新型公共服务方式。政府将原来由其直接举办的、为社会发展和人民生活提供服务的事项交给有资质的社会组织来完成，并根据社会组织提供服务的数量与质量，按照一定的标准进行评估后支付服务费用。购买对象以本市（不含江阴、宜兴）文化企业、民营机构为主，少数特殊项目面向文化事业单位；购买项目以公益性文化项目为主，力求贴近实际、贴近群众，以较小的财政投入获得较大的社会效益，鼓励社会力量积极参与到公共文化服务体系建设中来。2012年购买项目共需投入财政资金800万元，购买了45个项目，2013年增加到60个项目，2014年又增加到69个。这将有效吸引民间资本、社会力量进入服务领域，为那些热衷于公共文化事业的民营文化单位提供更广阔的生存和发展空间，多方面、多层次地满足了人民群众文化需求。

二　无锡小微文化企业发展存在的不足

无锡市近年来大力扶持小微文化企业的发展，且前景和空间都值得期待。但是，与全国其他地方一样，当前无锡小微文化企业面临的发展形势依然比较严峻。2013 年第三次经济普查结果显示：三下单位 8861 家，比上年减少 465 家，下降 5%；三下单位完成文化产业增加值 86.47 亿元，比上年下降 16.2%。无锡小微文化企业面临的规模小、融资难、赢利能力弱、人才队伍薄弱等方面的问题还比较突出，亟待解决。

（一）企业规模小，发展基础弱

目前，中小文化企业大多单一做某个环节，缺乏整个产业链的打造，赢利能力很弱。据统计，2011 年，无锡市规模民营文化企业数约占规模文化企业总数的 25%，仅相当于全国平均水平的 30%。另外，民营文化企业的雇工人数偏少，2010 年平均雇工人数更少，仅为 12 人。民营文化企业大多是以家族经营、合伙经营等方式发展起来的，许多民营中小企业没有建立起现代企业制度，投资规模与市场竞争力不足，抗风险能力低。民营文化企业大多是以家族经营、合伙经营等方式发展起来的，许多民营中小企业没有建立起现代企业制度，产权单一，创建时间短，普遍“小、散、乱”，经营行为短期化，积累少，投资规模与市场竞争力不足，抗风险能力低，容易遭到市场的淘汰。在变化多端、竞争激烈的大市场背景下，小规模的民营文化企业只能在夹缝中求生存谋发展。

（二）企业融资难，成长空间小

文化企业轻资产、高风险的特点，让金融机构望而却步。以 2013 年数据为例，从贷款余额总量看，无锡文化产业在全部贷款余额中占比仅为 0.8%，远低于文化产业增加值占 GDP 的比重（4%）；从获得贷款方式看，除无锡广电集团等少数几家企业获得过信用贷款、知识产权质押贷款外，不动产抵押和保证等传统担保方式占比超过 51%；从贷款期限看，小微文化企业贷款期限基本不超过 1 年，均为流动资金贷款，不能满足中长期贷款需求。[①] 无锡小微文化企业大多是靠自身积累来维持企业生存和发展的。由于文化产业投资的风险大，一旦一个项目投资失败就导致企业无法生存。很多项目首次收入低，后续价值实现及可持续化经营需要大量的资金支撑。而地方政府的支持主要集中在大型文化企业，中小文化企业心有余而力不足，制约了其产品质量的持续提升。文化产品的创新，如同高新技术创新，需要大量研发投入，通过塑造品牌来实现。创作与经营主体激励不足的矛盾，亟待采取新举措加以解决。在调查中，我们也发现，有些企业发展状况不错，自身也想扩大规模生产，但由于融资困难，无法把企业进一步做大做强。

（三）企业人才缺，发展能力弱

文化企业相对于其他企业而言，对专业人才、高端人才和经营管理人才的依赖性更高。从全国来看，中小文化企业人力资源需求与人才培养水平不相称。无锡作为二线城市，在企业人才需求方面显得尤其突出，无锡现有的人才结构、类型、素质与层次不能适应文化企业发展需要。一是专业人才缺乏。在现有文化企业中，各类专业技术人员数量严重不足。以动漫产业为例，无锡是日式动漫产业加工制作基地，无锡承担了日本动漫外包制作业务的 70%，对动画制作的人才特别需要。虽然无锡已形成了一批制作人才，但远远无法满足产业发展需要。在调研中，文化企业家普遍反映无锡现有职业学校的培养模式有问题，培养的人才无法满足企业需要。二是高端人才紧缺。创新型人才、复合型人才和国际化人才属于企业的高端人才，是文化企业发展的关键力量，在企业中发挥着核心作用。对无锡这样的大学本来就不多的二线城市来说，这种高端人才异常紧缺，严重制约了无锡文化企业的发展。三是经营人才缺乏。由于历史和现实的多方面原因，无锡市民营文化企业经营者的整体文化素质不高，主要表现为，除了一些集团化发展的企业及一些高科技企业外，大部分中小型文化企业的管理人员学历偏低。绝大多数的民营文化企业经营者从未

---

① 《企业缺少抵押物，银行担心资金安全》，《人民日报》2014 年 4 月 1 日第 12 版。

接受过任何系统的管理培训，中高层管理者缺乏现代企业管理的基本知识，不懂得按现代企业制度管理企业，专业结构单一，复合型人才少。目前，无锡市民营文化企业经营者初高中文化程度的比例约为58%，大专与本科学历占37%，研究生学历占5%，绝大多数的民营文化企业经营者从未接受过任何系统的管理培训，这就导致企业经营者在经营管理理念、战略决策能力和管理手段上都存在较为明显的短板，这在一定程度上也制约了民营文化企业的进一步发展。

（四）产业链条短，赢利能力弱

从文化产业链条上看，与西方发达国家相比，我国文化产业链条总体上都比较短，而且较为松散。多数企业处于产业链和价值链的低端，产品技术含量不高，附加值低，缺乏核心竞争力。文化产业要想得到快速发展，提高自身的赢利能力，就必须具备相对完整的产业链，通过上下游去延伸产业链条，使相关产业和企业集聚，产生整体效应，从而得到快速健康发展。从无锡的情况来看，无论是传统的文化产业，还是动漫、软件、休闲娱乐、广告会展、文化创意、影视传媒等新兴文化产业，其产业链都比较松散，产业组织集约化程度都不高。以动漫产业为例，美、日、韩等国的动画产业成功不是单一链条的成功，而是本着协同运作、价值增值、竞合竞争的原则构建产业链所创造的辉煌。由于其产业链长，而且相互协作，其文化产业的附加值高，赢利能力强。而目前无锡动漫企业比较分散，集聚程度不高，且企业之间缺乏横、纵、混合等各个方面的协作与分工，资源缺乏有效整合，尚未形成一条完整的产业链。因此，无锡的文化产业必须在前期创意策划，中后期制作、宣传发行、衍生产品开发和销售等各个环节进一步完善，形成比较完整的产业链。这就需要站在大文化产业的高度，通过融合、嫁接、衍生、升级等多种方式，推动产业发展由“链条”向“网状”发展，实现文化产业的大生态圈，促进文化经济的平衡流动和能量转换。①

① 丁康权：《无锡民营文化企业的发展对策研究》，《江南论坛》2011 年第 12 期。

（五）企业税费重，利润空间小

税费是文化产业发展中需高度重视的问题，也是目前制约产业发展的瓶颈问题。对于无锡市已有的文化产业专项资金和财政补贴政策，许多企业也获得了项目扶持资金，对进一步发展公司创意业务起到了直接支持的作用。在调查中发现，对于文化企业而言尤其是文化创意类企业，其业务模式主要为员工创意服务，不像其他企业在生产过程中消耗的是有形资源，更多的是无形资源的消耗，因此其可用于抵扣的项目很少。现在，我国“营改增”正在全国推开。然而，在推进过程中没有充分考虑和照顾到文化企业的自身特点，没有在税率税制方面做出适合文化企业自身特点的制度安排，致使文化企业税负不减反增，这就导致文化企业的利润空间减小，不利于小微企业的发展。

（六）经营管理滞后，发展后劲不足

小微文化企业大多处于初创时期，更多地依靠企业创始人拼搏和个人的人格魅力，在企业管理模式上更多采用的是家族式的管理模式。管理者集权、家族化管理现象严重，任人唯亲。经营管理人员的年纪偏大，文化素质低，对科学管理的知识缺乏了解，不具备超前意识、长远意识和全局意识，受传统观念的束缚严重，缺乏自主创新意识。部分中小企业不是依靠健全的机制来管理人而是凭借经营者的主观经验，任人唯亲，通过简单的信任和亲情去约束人，用人情代替制度，其代价必然是管理的不规范造成重大的经济损失和亲情的失落。缺少完善的组织机构，大多数企业没有建立现代企业管理机制，组织结构简单，企业管理缺乏明确的分工，没有相应的规章制度和完善的管理组织。生产经营不够规范，所有者凭借经验和感觉进行管理，没有采用更为先进有效的管理方法、组织形式、激励机制等。所有者经营管理企业的现象普遍存在，在管理过程中集权现象严重，企业经营管理决策基本上是“一言堂”，以个人决策取代了集体决策，没有相应的监督约束机制，企业领导的专制和集权化容易导致战略决策的失误和短期投机行为的产生，企业难以吸纳和利用专业人才。[①] 企业

① 李明彦：《企业家精神与中小企业竞争力》，《济南职业学院学报》2009 年第 6 期。

发展没有规划，经营管理盲目无序。企业经营行为经常表现出短期性、投机性和片面性，无法保证企业持续健康的发展。家族式的管理模式，随着文化企业的不断发展，其弊端就日益凸显。因为文化企业的发展更多的是依靠文化创意，需要专业性人才和高层次的创意人才。这就迫使文化企业要有发展战略，要运用先进的管理模式来激发创意，留住人才。但从调查的情况来看，当前小微文化企业大多没一个完善的企业发展战略，管理模式还相对滞后，发展后劲不足。

三　进一步扶持小微文化企业的政策建议

作为文化产业发展中不可或缺的民间力量，小微文化企业在初创阶段，不仅需要社会的宽容，更需要政府的强力扶持。而只有培育出刺激民间力量投资文化产业的良好机制，营造一种自觉重视文化消费的良好氛围，小微文化企业的生长才真正有了肥沃的土壤。

（一）进一步加大小微文化企业政策扶持力度

数据显示，目前我国小微文化企业数量已占到文化企业总数的80%以上，从业人员约占文化产业从业人员总数的77%，实现增加值约占文化产业增加值的60%，成为推动我国文化发展的重要力量，是激发全民族文化创造活力的重要源头，同时也是保持和发展当代中国文化多样性的重要载体，更是广大文化创业者实现梦想的广阔舞台。[①] 因此，一方面要大力引进和扶持大型文化企业和龙头文化企业，发挥其引领作用。同时也要看到，没有小微文化企业的繁荣与健康发展，就不可能真正繁荣文化产业。因此，必须要增强大力发展小微文化企业的意识，进一步加大小微文化企业的政策扶持力度。扩大文化产业发展资金受惠面，加大对成长型企业的扶持力度，保证文化产业发展资金的一定比例用于成长型文化企业。加大对本地企业文化产品的扶持，在同等条件下优先使用本地企业的文化产品。发挥无锡市传统产业优势，通过政策引导扶

① 《小微文化企业迎来全新发展机遇》，《中国文化报》2014年8月20日。

持，鼓励纺织服装企业向时尚艺术产业转型，鼓励电子科技企业向文化消费产品转型，鼓励传统文化企业向内容提供商转型。继续支持和鼓励行业协会在信息咨询、市场调研、理论研讨、招商引资、项目合作、人才培训等方面发挥更大作用。积极筹建文化金融平台和文化支行，加大对新兴产业成长型中小企业的信贷支持力度，建立风险补偿机制，创新知识产权质押贷款、股权质押贷款、担保通、信用保险贸易融资等金融产品。建立和完善产业统计监测制度，研究制定《无锡市文化产业绩效考核奖励办法》，形成长效机制。

（二）提升文化产业园区企业聚集度

文化产业园区的功能主要是为中小文化企业提供方便条件，为创意设计人才提供活动的空间，提供人才招聘、信息服务、融资渠道、产权交易等方面的公共服务。近年来，文化创意产业园区迅猛发展，数量不断增加。但不少产业园区的功能和定位不清晰，重复建设严重，集聚效应不明显；园区内集聚的文化创意类企业数量少，企业之间的关联度低。文化创意产业园区局限于地理空间意义上的集聚，而非产业集聚，没有形成完整的产业链。同时，不少开发商主导型的文化创意产业园区出于功利心，放宽进入门槛，一些非创意类企业入驻园区，严重破坏了园区内文化创意生态环境，没有达到产业集聚的效果。各地文化产业园区建设应从数量型向质量型转变，从做“壳”到做“核”转变，通过加快产业集聚、搭建孵化平台、完善扶持措施等提升文化产业园区的质量和效益，逐步形成文化产业发展的良好平台。① 因此，要引导现有文化产业园区和基地创新运营管理模式，提升服务小微文化企业发展的水平，要促进文化企业、文化资源向以国家、省级文化产业园为核心的重点文化创意产业集聚区和以历史街区为核心的文化与旅游集聚区集聚。要支持合理利用闲置厂房、场地和废弃工业设施用地等，将其改造建设成为具有较强创业辅导服务功能，运作规范、业绩突出的小微文化企业创业基地。对小微文化企业自发集聚形成的特色文化产业集群，要加强规范和引导，完善基础设施建设，提供相应配套服务，改善企业集聚发展环境。鼓励互联网创业平台、交易平台等新兴创业载体

① 吴群：《中小文化企业发展面临的困境及应对策略》，《经济纵横》2012 年第 11 期。

的发展，拓宽小微文化企业的互联网创业发展渠道。实施“成长型小微文化企业扶持计划”，培育一批具有发展潜力的小微文化企业和孵化效果显著的小微文化企业创业发展载体。

（三）构建全方位的小微文化企业金融支持体系

要摆脱小微文化企业融资困难的窘境，需要金融机构、政府以及小微文化企业三方的共同努力。首先，要创新文化金融合作模式。要深入贯彻落实《关于深入推进文化金融合作的意见》，支持具备高成长性的中小文化企业通过发行集合债券、区域集优债券、行业集优债券、中小企业私募债等方式拓宽融资渠道。引导私募股权投资基金、创业投资基金等各类投资机构投资文化产业。要支持发展文化类小额贷款公司。银行要通过挖掘企业的核心价值，衡量无形资产，弱化财务报表分析，对小微文化企业敞开大门，不断改善小微文化企业的融资环境。其次，要本着“平等准入、公平待遇”的原则，放宽民营资本等社会力量进入文化产业的准入政策，积极鼓励和支持民营企业进入文化产业；按照“谁投资、谁所有、谁受益”的原则，引导民营文化企业通过发行股票、债券、转让产权等方式直接融资，广辟融资渠道。再次，要加快建立完善版权评估机制。当前，银行贷款仍以担保、有形资产抵押等传统方式为主，在知识产权等无形资产质押贷款及其他配套金融服务方面创新明显不足。这与我国文化企业评估机制和版权保护机制缺失密切相关。由于文化企业几乎没什么可抵押的资产，金融机构为规避风险，通常主动回避贷款需求。因此，在银行创新服务的同时，国家应该尽快建立版权评估机制，有了科学、合理的版权评估和版权交易市场，金融机构才能更放心地为文化企业贷款。要设计推出“创意贷”“智权贷”“软件贷”等特色融资产品，解决小微企业“轻资产、弱担保”难题。最后，搭建银企对接平台，组织开展“融资洽谈会”“版权交易会”等活动，有效拓宽企业投融资渠道。要加强民企与银行、担保公司之间的信贷联系，拓宽融资渠道，缓解民营企业融资难的问题。

（四）加大文化企业人才培育力度

中小文化企业对人才质量有特殊要求。只有加强文化企业管理人才队伍建设，优化文化产业人才培养模式与发展环境，完善相关待遇等，才能有效吸引高素质文化人才来中小文化企业创业和就业，推动文化产业跨越式发展。实施文化产业高端人才培养计划，培育骨干人才，为文化产业实现跨越式发展提供强有力的人才支撑。鼓励高等院校、职业院校、行业协会、小微文化企业创业载体和社会教育服务机构对小微文化企业经营者和创业者开展有针对性的知识教育和技能培训。在高校建立文化产业人才培训基地，鼓励和支持高校优化专业结构，与文化企业共建常态化培养基地，设立定向就业特色专业等，强化中小文化企业在高校的影响力，做好高校潜在从业者的储备工作；构建文化产业人才数据库，为文化人才提供科学管理；加大知识产权保护力度，引导中小文化企业建立创新人才激励机制。加强人才引进培养，打造创意文化人才梯队。借鉴国外先进经验，将设计、传媒、艺术等融入各个阶段的教育中，注重培育全体市民的创意能力，孵化更多的文化产业人才。要大力营造尊重知识、尊重人才的良好氛围，确立以业绩为取向的人才价值观，在职称评聘、成果评奖、工作考核等方面，打破学历和资历的界限，以创新能力、创作研究成果和经营管理实绩为主要衡量标准。要深化分配制度改革，积极探索实践艺术、学术、技术要素和管理要素参与收益分配的办法，对取得重大成果、做出突出贡献者实行一次性奖励、成果入股等多种激励方式，充分调动优秀文化人才创作生产、创新创业的激情。

（五）着力培育文化企业的企业家精神

企业家精神是中小企业发展的引擎。企业家精神是反映企业家独特的个人素质、价值取向以及思维模式并且在实践中应用的经营意识、理念、胆魄和魅力等综合的精神品质。企业家精神说到底也就是企业家或创业者敢为人先、勇于冒险、富有创新、充满激情的创新和创业精神。小微文化企业没有“铁饭碗”，每天都要面对着生与死的选择。不断创新和适应变化的市场需求，是广大小微文化企业寻求生存的不二法则。依靠政策优惠并不能实现企业家精神的充分激发，必须依靠市场与政府的良性互动，改善创新创业环境，把激发企业家精神、促进企业家创业作为企业发展的根本动力。因此，要着力培养企业家的创新精神、冒险精神和进取精神。企业家的创新精神体现为能够发现企业发

展机遇，能够通过引入新的产品、提供产品的高质量、实行新的管理模式、采用新的生产方法、开辟新的市场来寻找企业的发展机会。文化产业具有高风险的特点。文化企业要想获得成功，必须要有冒险精神。对企业和企业家来说，不敢冒险才是最大的风险。进取精神就是指企业家的锐意进取、艰苦奋斗、敬业敬职、勤俭节约的精神。要在困难面前不气馁，积极进取，顽强奋斗。同时要发展社会支持体系，明确企业家职业身份，拓展职业化空间；加快人才评价和人才流动市场的建设，让企业家的素质适应中小企业发展的形势，也让快速发展的中小企业催生更多高素质的企业家。

（六）着力提升文化企业经营管理水平

提高经营管理人员的素质，加强对企业经营管理人员的教育培训。定期安排经营管理人员参加财政部门组织的培训或利用休息时间参加高校的工商管理课程的学习。如果有条件可以聘请经营管理方面的专家来企业对经营管理人员进行培训。建立健全企业用人机制，改变任人唯亲的用人机制，对于不能满足岗位需要的管理人员要坚决予以更换。建立对经营管理人员培养、选拔、管理、考核、监督的相关制度，使人才管理逐步实现制度化、规范化，真正做到人尽其才、物尽其用。完善企业经营管理人员的激励机制，积极推进企业经营管理人员的激励机制。坚持公开、公正、公平的原则，将经营管理人员的报酬与企业的经营业绩挂钩。规范经营管理者的监督约束机制。规范经营管理者报酬、增加透明度，要做到奖罚分明。积极推进产权改革，建立规范的企业产权制度。通过产权制度改革，形成多元化的产权结构，明晰产权，防止“一股独大”；建立“两权三层”的现代企业的治理结构，建立与现代企业制度相适应的组织架构和决策机制，实行集体决策制度。建立与发展阶段和发展目标相适应的管理制度，创新管理手段，提高信息化管理水平，提升企业发展活力。鼓励小微文化企业运用电子商务、第三方支付平台等拓展经营领域，降低企业经营成本，提高资源使用效率。推动文化行业标准化建设，制定并推广一批文化产品、服务、管理等标准，支持小微文化企业提高管理水平。支持创业服务机构、管理咨询机构面向小微文化企业提供管理咨询服务。

B.14

无锡历史文化资源的保护与利用

姚忠伟

历史文化资源是指人类为开辟、发展和完善自己赖以生存的环境，在改造利用自然、维系社会规范和塑造人类自身的长期实践过程中所创造的物质文化、制度文化和精神文化资源。一个城市可以依靠丰富悠久的历史文化资源形成自己特有的城市形象和城市文化，提升城市魅力，并据此形成特有的促进社会经济发展的文化平台。

无锡作为吴文化的重要发源地、中国近代民族工商业的重要发源地和中国乡镇企业的重要发源地，素有“勾吴古都”“太湖明珠”之称，地理环境优越，山水独特，人文荟萃，2007 年被国务院正式批准为国家历史文化名城，积淀了丰厚的历史文化资源。历史文化资源是无锡城市的根脉，更是无锡文化产业发展的宝贵财富。

一　无锡历史文化资源保护与开发的现状分析

无锡是文化大市，近年来，无锡市高度重视历史文化资源的开发和利用，切实加大对文化遗产内涵和城市文化形态的系统考证、发掘力度，不断充实、丰富城市的文化内涵，于 2007 年创成了国家历史文化名城。无锡市委、市政府十分重视历史文化资源的保护与开发。已制定 9 个国家级非遗项目的中长期保护性计划（2014～2024 年）；拨出专项经费开展了重点非遗项目“老师带徒班”活动；从今年起给予市级传承人代表一定的奖励补贴，同时评出示范性传承基地并给予补贴。各级领导政绩考核都列入了文化遗产保护一项，同时还成立了全国第一个文化遗产局。在坚持“保护为主、抢救第一、合理利用、加强管理”的方针基础上，编制了包括历史街区保护在内的发展规划，进行文物普查，制定管理办法与保护措施。相继出台了《无锡市历史街区保护办法》《无锡市历史文化名城保护办法》等文件。这些关于创建文化名城、增强无锡文化软实力的诸多文件体现了无锡政府对历史文化资源的重视，丰富的历史文化资源极大地提升了无锡市的文化内涵与魅力，提高了无锡城市的竞争力。

（一）无锡历史文化资源开发利用的主要样式

1. 文化展示样式

这是一种将有形历史文化资源进行整理，供人们参观的样式。博物馆是这种样式的代表，目前无锡已建成无锡博物院、中国吴文化博物馆、中国乡镇企业博物馆、中国泥人博物馆、民乐博物馆、书画博物馆、紫砂艺术博物馆、丝业博物馆、窑业博物馆、运河文化陈列馆等公益性博物馆，还利用工业遗产，建成中国民族工商业博物馆。名人故居也是这种样式，近年来无锡先后投资20多亿元，全面修缮了薛福成故居、东林书院、留耕草堂、顾毓琇故居、惠山园、祝大椿故居、阿炳故居、钱钟书故居等120处文保单位，以及茂新面粉厂、申新三厂、开源机器厂等工业遗产。这种样式公益性比较突出，这些博物馆、名人故居很少收取门票，以财政供养为主，虽然很少带来经济效益，但对于人们了解城市文化底蕴，具有不可替代的作用。

2. 文化旅游样式

这是一种以历史文化资源为依托，与旅游相结合的商业样式。最典型的当数灵山胜境的开发：灵山当年以一座破旧的祥符寺、一棵垂死的银杏树、一口枯竭的古井为文化依托，近年来不断挖掘历史文化内涵，拓展发展空间，大力发展佛教文化旅游业，2011年接待游客量达326万人次，综合旅游收入超过6.2亿元，成为依托文化发展旅游产业的典范。南长区打造清名桥历史文化街区、北塘区打造惠山古镇历史街区、滨湖区打造荣巷历史文化街区也是这种模式。

3. 文化地产样式

这是一种通过开发历史文化资源，提高周边地产价值的样式。以西水东中央生活区为例，无锡盛联房产开发有限公司毗邻中国民族工商业博物馆，他们并没有将项目地块内的原国棉一厂的厂房完全拆除，而是将工业遗产进行二次设计装修，现在独具特色的锯齿状屋顶的建筑和烟囱不仅是无锡工业发展历程的见证，而且成为现代生活区的文化元素。西水东房产项目比同类地产的价格高出20%左右，也是消费者对于历史文化资源的认同。清名桥历史文化街区、惠山古镇历史街区和荣巷历史文化街区，在一定程度上也以文化地产实现价值增长。

4. 文化再生样式

这是一种将历史文化资源再次物化，变成艺术品和商品的模式。宜兴市加强宜兴紫砂制作技艺的挖掘、整理工作，定期组织开展宜兴紫砂专业讲座、学术交流、研讨展评等活动，指导并规范宜兴紫砂专著、刊物等的编撰工作，鼓励从事宜兴紫砂研究、设计、生产的单位和个人。政府还搭建各种平台，为紫砂艺术品的商品化提供便利。目前，紫砂艺术已成为宜兴文化产业的重要支撑。这种模式的另一代表当数北仓门艺术中心，一位民营企业家租用工业遗产北仓门仓库，进行整体装修，并转租给其他文化创意企业。①

（二）无锡历史文化资源开发利用的主要问题

虽然无锡在历史文化资源保护与开发方面成果丰硕，在工作手段和方式上也进行了不少有益的尝试和探索，但由于现实和传统的因素，开发利用工作仍存在一定的问题。

1. 开发利用理念亟待提高

加强对历史文化资源的保护和开发利用，使传统文化和现代文化互动，带动旅游业和文化产业的发展，优化投资环境，增强城市综合竞争力，这是现代城市发展的必然要求和各地的经验做法。然而，片面的城市建设理念制约了对历史文化资源的保护和开发利用。近年来，虽然全市上下对历史文化资源的价值和开发利用的认识不断提升，但决策者、投资者、专家、市民的价值观仍存在差异。人们往往只注重历史文化资源的文化属性及意识形态属性，而忽略了历史文化资源的产业属性和产品属性，没有形成文化产业市场

---

① 娄子丹：《挖掘历史文化资源　促进魅力无锡建设——兼谈历史文化名城保护利用“绍兴模式”的启示》，《江南论坛》2012年第12期。

化的观念。这种状况导致了历史文化遗产保护工作中存在的许多问题因为缺乏共识而难以处理。

2. 管理机制体制不够顺畅

无锡历史文化资源分散于全市各地，在历史文化资源的保护与开发利用上存在条块分割的现象，许多资源由旅游、园林、文化、建设、宗教、区（县）等各管一块，主体利益不清晰，所有者与获利者不一致，投入者与受益者不一致。近年来，全市文化体制改革虽已有一定进展，但很难适应新形势下历史文化资源开发利用工作的大发展。一些制约和影响无锡历史文化资源开发利用的深层次问题还没有得到根本解决，文化产业管理体制与不断变化的文化经济形势和环境不相适应的矛盾依然存在。多头管理、条块分割的局面，导致资金不能系统投入，发挥不了整体效应作用，许多优秀的传统文化产品无法打入市场，因而无法突出其内在的文化价值。

3. 资源规划力度还需加大

长期以来，无锡丰富的历史文化资源深藏闺中，由于缺乏统一规划和经营意识，无锡在对外宣传历史文化名城方面，始终没有抓住最具魅力的一面，无法给外地游客留下深刻的印象，无法让人们认识到无锡是一座具有悠久历史文化的名城。其实，历史悠久的无锡，随着时代的变迁，在不同的历史阶段有着不同的特点。例如，吴文化、近代民族工商业、乡镇企业的三大发源地，“太湖明珠”和“运河名城”等称号，没有得到应有的包装和规划，无锡城市的核心魅力没有得到全方位的宣传和推介。

4. 产业发展后劲不足

近年来，无锡市历史文化资源开发利用出了一批精品力作，但总体而言，由于缺乏创新意识和经营意识，特别是科技和人才力量不足，未能把丰富的文化资源转化为产业优势。具体表现在非物质文化遗产的开发利用上，许多文化产品加工和制作水平不高，缺乏原创性或具有个性的历史文化产品。许多独具特色的历史文化产品，如锡绣、锡剧、惠山泥人等，文化内涵挖掘不深，导致产业开发单一，后劲不足。特色文化资源缺乏相关产业的联动，未能形成有效的产业链，缺乏深度创意，制约了历史文化资源产业的快速发展。

二　无锡历史文化资源保护与开发的对策思考

合理开发利用历史文化资源，有利于营造和谐宜人的自然生态环境和社会人文环境，对于推动无锡社会经济发展、丰富城市文化内涵、塑造城市文化形象、提高城市文化品位、增强城市的集聚效应、提高城市的综合实力等发挥着独特的作用。

开发利用无锡历史文化资源，必须厘清无锡的文化脉络，保存好、传承好、利用好城市的文化基因，保护和发展城市的历史人文环境，推进古今文化资源和文化名城资源的融合，全方位多视角地展示无锡的文化魅力。

（一）加大力度挖掘资源内在价值

悠远深厚的历史文化内涵是无锡文化发展的特色优势和灵魂所在。历史文化资源的开发、利用是以相关的学术研究成果为基础的，没有研究，就谈不上开发；研究不深入，也会极大地制约开发利用的深度。要加大无锡历史文化的研究，形成尊重历史的良好氛围，树立全民保护历史文化资源的意识，对历史文化资源进行很好的保护与继承，完善历史文化资源管理体制，整合充实文化资源保护与研究力量，形成历史文化资源保护、研究、开发的新机制，实现保护与开发利用的平衡发展，促进城市文明的进步与发展。

（二）有效整合历史文化资源

坚持以人为本，深入挖掘整合无锡历史文化资源，以增强文化中心功能为主线，充分发挥历史文化遗存的作用，对吴文化、工业遗存、名人故居等历史文化资源进行全方位的整合，使之产生聚合效应，充分利用各类历史资源的文化价值，带动旅游业、文化休闲产业和特色商业的发展，发掘历史资源潜在的经济价值，形成文化品牌。同时，通过整合历史文化资源，培育“尚德务实、和谐奋进”的城市精神，为无锡人民在率先基本实现现代化的征程中提供历史的智慧，使“与时俱进、锐意创新”成为无锡城市发展持久的精神动力。

（三）科学编制发展利用规划

要强调依法保护，科学编制发展利用规划，杜绝历史文化资源开发利用过程的随意性，为无锡市的历史文化开发利用提供更完备、更有力的法律基础和规划依据，使历史文化资源的开发利用更具刚性。同时，将全市历史文化资源（包括物质文化资源和非物质文化资源）保护列入政府的中长期规划和年度计划，较大幅度地增加对开发利用项目的财政投入，加大对开发利用项目的政策支持。广泛吸收各种社会力量投资历史文化资源开发利用项目，探索建立多元投入机制。同时，建立健全有关管理规章，把保护、利用、管理有机结合起来，明确历史文化资源开发利用不以短期盈利、直接盈利为目标，特别明确历史文化街区的建设以保护为主题，改变局限于本地块、单一项目经济平衡的要求，更加着眼于社会效益、长远效益。加大非物质文化遗产保护的经费投入，注重抢救性开发利用和保护并举原则。除家庭式传承外，探索非物质文化遗产保护与学校教育相结合等多元路径，努力培养传承人。

（四）加快发展旅游文化产业

要在科学保护的前提下重点开发旅游文化产业，挖掘无锡发展潜力，适应社会发展潮流，提升城市品位和形象，激发全市人民干事创业的积极性，加快率先基本实现现代化的历史进程。要充分认识文化是旅游的魂，旅游是文化的形，两者相得益彰。一要适应全市产业结构升级趋势，推动旅游文化产业的发展和转型升级。二要创新机制，统筹各方要素，通过市场化的运作方式，实现投资多元化，走出一条政府引导、市场发展的旅游文化产业之路。三要打造旅游文化品牌，突出鸿山、彭祖墩、阖闾城三大遗址公园的引领作用，坚持以科学规划为先导，切实加强旅游开发与管理的宏观调控。发挥自然山水资源优势，积极打造融自然风光、历史文化为一体的主题遗址公园。四要根据历史文化资源的分布情况和交通状况，立足本地资源优势，因地制宜，加大开发力度，形成工商业文化、名人文化等特色鲜明、布局合理的旅游协调发展新格局。

（五）积极打造文化精品力作

文化产业是利用历史文化资源的重头戏，只有发展文化产业，推出一批有较大影响力和市场竞争力的文化精品力作，才能使历史文化资源保护发掘和利用走向更深层次。要利用产业结构转型的契机，引导企业向文化产业领域转型，开发和发展与历史文化资源关联度较高的文化产品或文化产业，成立组织化、规模化较高的文化发展公司，全盘经营操作与市场联系密切的文化艺术活动。

（六）全面彰显无锡文化魅力

在开发利用历史文化资源的同时，提高全社会对保护和开发历史文化资源的认识，注重保护利用非物质文化遗产等无形人文因素，全方位多视角地展示城市的文化底蕴，让丰富的历史文化资源成为现代城市生活的组成部分。同时，让历史文化资源成为推动文化发展繁荣的积极力量，成为促进经济社会率先发展的积极力量，成为让人民共享文化发展成果的积极力量，成为提升城市竞争力和影响力的积极力量，让无锡在率先基本实现现代化的征程中展示出迷人的魅力，绽放出夺目的光彩。

三 无锡非物质文化遗产保护与传承

非物质文化遗产是指各种以非物质形态存在的与群众生活密切相关、世代相承的传统文化表现形式，包括口头传承、传统表演艺术、民俗活动和礼仪与节庆、有关自然界和宇宙的民间传统知识和实践、传统手工艺技能等以及与上述传统文化表现形式相关的文化空间。非物质文化遗产是以人为本的活态文化遗产，它强调的是以人为核心的技艺、经验、精神，其特点是活态流变。[①]

（一）无锡非物质文化遗产现状

无锡市在政府主导与推动下，已初步建立起四级名录保护体系，截至

① 百度百科，http：//baike. so. com/doc/227948. html。

2013 年底，无锡已向社会正式公布了三批市级非物质文化遗产保护项目，其中省级以上 30 项，30 项中又有 9 项列入国家级保护名录。国家公布的三批共 9 项国家级非物质文化遗产项目分别是无锡道教音乐、无锡留青竹刻、锡剧、惠山泥人、吴歌、无锡精微绣、梁祝传说、宜兴紫砂陶制作技艺和江阴致和堂膏滋药制作工艺。省级项目为江南丝竹、凤羽龙、男欢女嬉、茶花担舞、渔篮虾鼓舞、段龙舞、无锡纸马、宜兴手工刻纸、宜兴陶堆花技艺、无锡酱排骨烹制技艺、玉祁双套酒酿造技艺、观蝶节、泰伯庙会、惠山庙会、二胡艺术、渔舟剑桨、无锡评曲、龙舞、宜兴青瓷制作技艺、宜兴均陶制作技艺、宜兴彩陶制作技艺。这些非物质文化遗产，是无锡人民千百年来在社会生活实践活动中凝聚的智慧结晶，是无锡弥足珍贵的精神财富。2014 年 7 月 16 日，文化部在其网站上公示了第四批国家级非物质文化遗产代表性项目名录推荐项目名单，无锡市申报的“泰伯庙会”和“宜兴均陶制作技艺”两个项目入选推荐名单。2014 年 6 月 25 日，江苏省文化厅公布了“首批非物质文化遗产研究基地”名单，无锡市江南大学和无锡商业职业技术学院成功入列，在全省 13 个地级市范围内评出的 14 个研究基地名单中占据 2 个席位。两所高校入选首批省级非遗研究基地，标志着无锡市非物质文化遗产保护和研究工作又迈上一个新的台阶。同时，无锡还有一个国家级以及两个省级生产性保护基地，国家级的生产性保护基地为江苏省宜兴紫砂工艺厂（宜兴紫砂陶制作技艺），两个省级生产性保护基地为惠山泥人厂（惠山泥人）、江苏大众医药连锁有限公司（致和堂膏滋药制作工艺）。

（二）当前无锡非物质文化遗产存在的问题

虽然无锡非物质文化遗产正在蓬勃发展之中，但是我们也不能忽视某些非物质文化遗产（如无锡道教音乐、无锡真丝绢花等）正面临没落甚至失传的窘境。无锡非物质文化遗产主要存在两个方面的问题，一是非物质文化遗产本身存在的问题，二是在保护非物质文化遗产中政府工作存在的一些瑕疵。

1. 部分非物质文化遗产与现实生活脱节，面临淘汰窘境

在最新版的《无锡市级非物质文化遗产名录》中我们可以看到，无锡第一批市级非遗项目的公布时间是在 2007 年 12 月 4 日。在当年公布的 30 多项市级非遗项目中，那些具有表演展示功能和欣赏价值的传统舞蹈项目，像荡湖船、马灯舞、狮舞等，以及与人们日常生活紧密结合的项目，如王兴记小吃、清水油面筋、宜兴乌饭等传承情况良好，大多数都成为老百姓日常生活中的一部分。而有些非遗项目作为一种独特的文化样式，与现实生活脱节严重，已被时代淘汰，濒临绝境，而它们的命运似乎也只有顺应历史——进博物馆、档案馆了。

2. 部分非物质文化遗产后继乏人

无锡首批市级非遗项目——无锡碑刻的传承人黄稚圭先生，已过80岁高龄。他的女儿、儿子虽都会刻碑、拓碑，但此项技艺操作起来要求很高，经济回报却太低，因此没能很好地实现家族传承，很少有人愿意花钱收藏拓片。因此，更不要说有人肯以此为业、专职传承这项冷门的手艺了。和无锡碑刻相比，同样也是无锡首批市级非遗项目的真丝绢花境况更糟。无锡地区真丝绢花的制作始于19世纪，由李宝英夫妇借鉴北京绢花和扬州通草花等制作方法，自行研制一套绢花制作工艺。这一手艺是家族的独门技艺，传男不传女。由于其子不愿学，到这一代真丝绢花就要失传了。对于这种情况，非物质文化遗产可能就难逃失传命运，很多流传不广、未形成产业化的非物质文化遗产也存在这个问题。

3. 政府申报非物质文化遗产时积极但后续支持不足

2014年7月15日，无锡市文广新局非遗保护中心为第四批无锡市级非遗名录的公布起草文件。经市政府常务会议审批后，无锡市级非遗最后一次大规模申报的最后一个程序宣告完成，在拥有110个“兄弟姐妹”（含扩展项目）的无锡市级非遗大家庭中，又将新增33个成员。但同时我们也需要认清现实：申报时火热，公布后乏人问津，确是多地非遗传承面临的普遍问题，无锡也不例外。无锡部分非遗项目迄今已名存实亡。

4. 非物质文化遗产本真性改变

近年来，申遗变成政府文化工作的重要部分之一，自然为迎合某些需要，无锡对非物质文化遗产的改编也在持续升温。作为活态文化的非物质文化遗产，随着历史的演进和时代的发展不断地变化、更新，并在变化中求得生存和发展，这种变化是必然的，因为非遗作为活态文化，本身就会与时俱进。所有的非遗项目都是历史发展的结果，非遗项目的保护主要有两个方向：一是已无社会基础的项目随着历史发展而进入博物馆、档案馆，以便后人研究或了解这段历史；二是在现实生活中具有土壤的项目，可继承发展下去，但不排斥其材质和形式的更新，只要未完全改变其原有的工艺流程和制作手法就可以算是一种良好的传承。比如，无锡一些工艺美术类非遗，正在逐步用新型材料和机器制作替换传统材料和手工制作。但目前非遗项目传承过程中也部分存在着以牺牲其本真性为代价的发展，存在过度开发与“单一化”“西方化”思想问题。比如，无锡一些工艺美术类非遗，正在逐步用新型材料和机器制作替换传统材料和手工制作，甚至有些地方戏剧搬上舞台后将现场乐队改为录音伴奏，传统音乐中加入迪斯科、电钢琴、架子鼓等西洋元素，把仪式性的内容删去，将原始道具改为舞台道具，更有甚者用专业演员来取代本地民众，使民众由表演者变为旁观者。人民群众是非物质文化遗产的创造者、传承者，也是非物质文化遗产的保护者和成果享有者，非物质文化遗产的传承和发展最终应该落实到群众的参与中，而不是将艺术表演与群众脱离开来，也只有将人民群众融入其中的非物质文化遗产才具有长久的生命力。总之，由于上述这些原因某些非物质文化遗产的本真性改变，这与消亡无异。

（三）无锡非物质文化遗产保护和传承的对策

1. 推动非物质文化遗产与时俱进产业化

推动非物质文化遗产与时俱进产业化，是非物质文化遗产保护与传承的路径之一。无锡的一些非物质文化遗产本身需要根据产业化需求做出改进，面向市场，开发出符合时代需求的文化产品。很多非物质文化遗产传承人需要在不破坏本质的前提下与时俱进，改进非物质文化遗产本身的一些属性，从而使非物质文化遗产适应产业化的需要。为此，对于需要进行市场化开发的非物质文化遗产项目，要进行合理规划、科学布局，实现产业集聚化发展，谋求非物质文化遗产项目规模经济效应的产生，避免分散、零散、封闭式布局以及资源的不合理配置造成的规模不经济。同时，无锡需要对非物质文化遗产项目进行各环节资源要素的集聚和整合，构建非物质文化遗产项目产业化经营与发展的平台。为了利用好已有的非物质文化遗产，一方面无锡要积极申报国家级、省级非物质文化遗产项目，另一方面选择非物质文化遗产项目集聚能力较强、文化底蕴深厚、具有一定产业发展基础、具有良好营销环境的地区，加快建立非物质文化遗产项目产业发展基地。

2. 积极培养非物质文化遗产传承人

面对无锡非物质文化遗产传承后继乏人的现状，一方面，生产性保护可以大大扩大非物质文化遗产传承人的选择范围，也可以保证非物质文化遗产传承人的经济收入。所以，对于可以进行非物质文化遗产生产性保护的项目，要研究非物质文化遗产生产性保护的特点，建立健全符合非物质文化遗产自身规律的传承机制。另一方面，对于不宜或无法进行生产性保护的非物质文化遗产项目，制定非物质文化遗产生产性保护传承人培养计划，建立传承人培养激励机制，增强代表性传承人履行传承义务的责任感和荣誉感；为代表性传承人开展生产、授徒传艺、展示交流等活动创造条件、提供服务；对年老体弱的代表性传承人，抓紧开展抢救性记录工作，详细记录代表性传承人掌握的精湛技艺和工艺流程；对传承工作有突出贡献的代表性传承人给予表彰、奖励；对学艺者采取助学、奖学等措施，鼓励其学习、掌握传统技艺；遵循非物质文化遗产项目生产方式的个性和特征，鼓励和支持代表性传承人设立个人工作室等。当然，某些非物质文化遗产“传男不传女”的传统规则也应当与时俱进加以改进。

3. 加强非物质文化遗产申报后扶持成长工作

随着现代社会的深刻变革和工业化生产方式的不断更新，大量手工技艺类的非物质文化遗产面临失传的境地。保存这些承载着我们祖先高超智慧和辛勤汗水的独特的文化技能，是无锡市政府义不容辞的工作。非物质文化遗产是无锡人民世代相承、与群众生活密切相关的传统文化表现形式，是民间的历史，是无锡这个城市的文化韵味，事关无锡市未来的长远发展。因此，政府应在规划、立法、政策等方面加大对非物质文化遗产这种弱势文化形态长久扶持的力度，避免出现“申报时火热，公布后乏人问津”的状况，对于非物质文化遗产项目，不能止步于“一次性”抢救性保护或“一步到位”完善重建。政府或有关机构要加大宣传，扩大非物质文化遗产的影响力，让百姓了解、关心非物质文化遗产；创造条件、创新机制，使有条件的非物质文化遗产实现产业

化、市场化，尤其对于工艺类的“非遗”项目，在保护的同时，最好能够加以开发，从而面向市场，形成文化产业。要制定有利于非物质文化遗产项目实施产业发展的优惠政策，把非物质文化遗产项目产业作为新的经济增长点纳入国民经济发展总体规划。要降低非物质文化遗产产业化的门槛，对于适宜进行产业化开发的非物质文化遗产，积极吸引社会资本和境外资本进入，为非物质文化遗产项目产业化注入活力、积累后劲。对较难实现市场化、产业化的非遗项目则要加大扶持力度，尽可能在与学校、社会协作的基础上，建立非物质文化遗产保护基地。

4. 制定非物质文化遗产保护法律法规

非物质文化遗产区别于物质文化遗产的一个基本特性，在于它是依附于个体的人、群体或特定区域或空间而存在的，是一种“活态”文化。与物质文化遗产相比，非物质文化遗产在保护的手段、方式上既有相同之处，又有很大的差异性。相同之处在于，对一切文化遗产而言，“保护”的首要意义就是“保存”。区别之处在于，非物质文化遗产作为一种“活态”文化，除了需要收集整理保存那些物质性的载体或通过记录等手段将其物质形态化外，更重要的是要对掌握、表现优秀非物质文化遗产技艺或形态的人加以有效保护，使之不断延续和发展。实践经验表明，保护非物质文化遗产，实现优秀传统文化的传承发展，立法保护是行之有效的举措。

无锡市具有地方立法权。对于无锡非物质文化遗产完全可以采取地方立法的形式加以保护，制定无锡非物质文化遗产保护的地方性法规，明确非物质文化遗产传承人权益，明确传承人以及其他组织和个人主动传承的措施与机制，也为无锡非物质文化遗产的保护建立长效机制。

5. 培养群众保护意识

6 月 14 日是我国文化遗产日，无锡要加大文化遗产日的宣传，借鉴国外的成功经验，以此为依托开展文化遗产的宣传展示活动，提高无锡人民的保护意识，提高各级政府和社会组织对文化遗产的保护意识。号召人民群众保护非物质文化遗产，培养群众保护意识，会对保护和发展无锡非物质文化遗产产生长远的影响。

板 块 篇

Plates Reports

B.15

强集聚 抓项目 优服务 稳步推进江阴文化产业发展

根据江阴文广新局提供的材料整理

2013 年，江阴市文化产业工作以率先基本实现现代化、建设现代化滨江花园城市为总体目标，以园区和基地建设为核心，龙头企业和中小文化企业同为抓手，借助国家省级产业引导资金，发挥各级文化产业扶持政策作用，推动全市文化产业稳步推进、持续健康快速发展。全市文化企业 2100 余家，从业人员 29200 余人，资产总值约 92.5 亿元。2013 年全市新增文化企业 253 家，“四上”企业新增 49 家，其中，江阴文化创意产业园新增文化企业 16 家，11 月底文化类企业开票销售约 9600 万元，入库税金 506 万元；扬子江文化产业园新增项目 13 家，注册资本共 6 亿元，其中超千万元项目 5 家，开票金额约 2 亿元，入库税金 800 万元。

一 加强园区和基地建设，提升文化产业集聚效应

目前，江阴市共有 4 个文化产业园区（基地），即“一区三园”。一区，

即北大街历史文化街区，重点发展特色文化旅游业和人文历史传承开发。三园，即江阴文化创意科技产业园，重点发展影视动漫和工业创意设计等产业；江苏江阴文化创意产业园，重点发展艺术品设计、城市形象和企业产品形象设计、轻工产品设计等产业；金一文化黄金珠宝产业园，重点发展集创意、设计、检测、制造、加工、营销、体验于一体的贵金属艺术品产业链。

2013 年，江阴市委、市政府积极指导已建成园区基地完善服务，以良好的投资环境和务实的服务吸引文化企业和领军人才来江阴市创业兴业；并协助新建文化产业载体进行创意世界、创意港湾等项目招商，推荐企业入驻园区。扬子江创意产业园及时关注并跟踪企业内部的运行发展情况，积极与税务、工商取得有效联系，及时帮助解决企业发展中出现的状况和问题；虚心听取企业提出的意见和建议，不断调整服务管理不足之处，及时完善和优化园区管理与服务。

同时，积极鼓励、协助企业用好国家政策。江阴文化创意产业园成功申报江苏省“双创计划”人才 2 名，“双创团队” 1 个；园区重点企业江苏隆天文化产业有限公司和北京华人天地影视策划有限责任公司江阴分公司联合出品的影片《八文钱的保镖》于 2013 年 6 月在央视电影频道黄金时间段播出，获得良好反响。

二　继续优化服务，进一步深化发展模式创新

一是专门建立文化产业发展领导小组，并建立专门工作网络体系，包括主管部门的工作人员和园区、企业、行业协会或产业联盟的工作人员，并建立办公室工作制度，包括例会制度、联络员制度、信息报送制度等。

二是充分发挥政府部门服务职能作用，在行政服务、审批咨询以及资金申报等方面给予文化企业贴心帮助。努力提高省级和市级发展文化产业引导扶持资金申报质量，加强对申报工作的协调，加强对申报单位的具体指导。组织园区（企业）申报省首批重点文化产业园区（重点文化科技企业）。江苏江阴文化创意产业园、江苏金一文化发展有限公司和江苏远望神州软件有限公司荣登

首批江苏省重点文化产业园区（重点文化科技企业）入选公示名单。组织文化企业积极申报上级引导资金，4 家企业申报国家文化出口重点企业，3 个项目申报中央文化产业发展资金，7 个项目申报省文化产业引导资金，另外 1 家动漫企业参加国家动漫企业认定工作。

三是切实加强对引导扶持资金跟踪问效式监督管理。建立完善项目评审、跟踪管理、竣工验收和绩效评估等各项监督机制。牢固树立“为企业办实事、解难题、促发展”的信念，通过靠前服务、主动服务、个性化服务，积极为重点园区、相关企业和项目发展创造优越的外部环境。

三　狠抓重点项目，推动产业发展壮大

集中力量推进重大产业项目，进一步提升重大项目对全市文化产业的引领能力、服务能力、竞争能力和创新能力。新建项目 2 个。一是新广电中心建设工程：投资 5.78 亿元，2012 年 12 月主楼封顶，2013 年 9 月竣工。项目投运建成后将进一步巩固在全国县级广电集团中的领先地位。二是三房巷影院改造工程：总投资 6000 万元，建筑面积 1.6 万平方米，2012 年 11 月开建，2013 年 12 月开业。项目引进国内知名电影院线，5 个放映厅，设有 IMAX 巨幕厅，集影视、文化教育、美食、娱乐、购物于一体。

推进项目 5 个。一是橙天嘉禾 66 影城：投资 6 亿元，占地 35 亩，计划建设 30 个影厅（其中包含 3D 及 IMAX 影厅）以及超五星酒店、特色餐饮、文化休闲区、顶级影音体验场所、艺术家 STUDIO 等配套设施。项目建成后将成为城市文化带动商业、社会效益和经济效益并举的综合文化地标。二是海澜马文化旅游区：以海澜中国马术产业基地为中心，形成以马术训练表演、企业文化旅游于一体的马文化休闲旅游区。项目推进工作列入市级目标绩效考核内容。海澜集团专门成立了 4A 景区项目，计划总投资 16 亿元，规划面积 500 亩，整个工期预计 2014 年元旦前竣工。三是江阴凤凰文化广场：投资 8 亿元，建设江阴书城，精心打造江阴文化市场标志性工程。四是中凯 - 金马文化综合体：项目规划面积约 430 亩，总投资约 62.8 亿元，计划在 6 年内完成全部工程建设，项目集绿色生态文化宜居生活社区、主题文化精品会所、亲子文化主

题游乐区、数码特效影院/院线、时尚娱乐中心等多业态于一体。五是创意金岛（黄金珠宝文化产业园）：一期占地 70 亩，投资 5 亿元，打造长三角首个复合开放型贵金属设计加工及旅游基地。

四 发挥骨干企业带头作用，积极引领文化企业发展

2013 年，江苏金一文化发展有限公司连续第二年被评为“无锡市文化产业示范企业”，研发团队荣获 2013 年江苏省“创新团队计划”引进团队，领军人物张强博士也获评 2013 年江苏省“双创计划”引进人才。企业以金一研发创意设计和渠道优势吸引整合产业核心技术集聚，提升黄金珠宝产业整体竞争力，计划用 3 ~5 年的时间，在江阴璜土镇完成集研发、生产、检测、销售、旅游等多功能于一体的金一产业基地，提升企业竞争力，带动地区产业结构调整和经济发展。截至 2013 年 11 月，企业销售收入为 235865 万元，同比增长 24.04%；利润总额为 9828 万元，同比增长 85.26%；上缴税金为 8100 万元，同比增长 45.55%。

五 服务本地文化消费，突破文化产业新领域

一是健全文化设施。新增公共文化设施面积 2770 平方米，镇（街道）文化服务中心全部达到省级示范区标准。全市加入城市主流院线的影院 4 家，荧幕总数 23 块，座位 3700 个。16 个流动放映队全部配备流动数字电影放映机。

二是提质文化服务。春节联欢晚会《暨阳春潮》独自策划、创作、排练，成为文艺集团综艺演出的优势项目。“文化惠民周”和“文化欢乐行”等文化品牌进一步打响，举办第 17 届“书香江阴”读书节，引进交响乐、越剧、人偶剧等演艺项目演出，联合举办第二届“我心中的美丽家园”文艺创作作品征集活动；系统下辖文化国企积极为市民提供品质文化服务，充分发挥宣传文化主阵地作用，上半年业务态势良好，其中新华书店上半年完成全年目标任务的 62%。

三是文艺创作发力。动漫影片《神秘世界历险记》票房突破2000万元，《神奇的大运河》获得国家广电总局2012年少儿精品二等奖；动画片《徐霞客》和家庭喜剧《小神来了——流星的魔法夜》正式开拍；戏剧《小桃西望那人家》等创作作品获得国家有关奖项；水粉画《站在高处说爱你》获省级奖项；广播剧《快乐小天使》获无锡市广播剧大赛一等奖。江阴市民不同的文化需求得到满足和释放，文化生活得到进一步丰富。

B.16

增动力　多借力　聚合力 推动宜兴文化产业发展“稳中有进”

根据宜兴文广新局提供的材料整理

2013年，作为国家历史文化名城，作为确立“产业、城市、生态、文化”四位一体战略的地区，宜兴注重发挥独特的文化资源优势，科学谋划发展思路，积极化解制约因素，加大政策扶持力度，不断提升服务质量，文化产业发展呈现“稳中有进”的良好态势。

一　文化产业取得的成绩

（一）结构布局日趋合理，贡献份额进一步提升

宜兴重视保护、传承以紫砂为特色的“陶文化”，恢复“陶艺节”，劲吹“陶都风”，“中国陶都”品牌日益响亮。截至2013年底，全市拥有文化产业单位1700个，从业人员6万多人，基本形成了紫砂陶艺、书画收藏、文化旅游、歌舞娱乐、图书报刊、影视演艺、广告传媒、文体健身等具有宜兴特色的文化产业群体。2012年，实现文化产业增加值32.97亿元，增幅为58%；2013年，实现文化产业增加值47.5亿元，增幅为43%。

（二）骨干企业不断壮大，示范效应进一步显现

通过培育扶持，一批有较强成长力、竞争力、影响力的自主创新型的文化企业和集团发展壮大，成为宜兴市文化产业的领航者。亿元以上文化企业从12家上升为16家，营业收入达55亿元，占全市文化产业经济总量的1/3。葛宜翔被推荐申报江苏省文化科技企业家培育对象，史小明、裴俊荣获“无锡

市唐鹤千卓越青年文化创意人才奖”，申乾、彩陶荣获无锡市文化产业示范企业称号。

（三）重大项目有力推进，支撑力度进一步增强

2013年，新增投资额超500万元的文化产业项目有5个，一批重点文化产业项目开工或建成运营。吴冠中艺术馆建成后，向全社会免费开放。投资近20亿元的文化中心主体工程即将完工，是宜兴市文化蓝图上的标杆之作。大剧院由文化巨舰保利集团经营管理，把更多国际和国内一流的演出团体引入宜兴，提升演艺档次，繁荣文化消费市场。商业巨头万达集团在宜兴投资35亿元建造的“地标”万达广场已经开业，既是商业综合体，也是集影视、娱乐、休闲于一体的文化综合体。投资超8亿元的中国宜兴艺术家村进展顺利。方井紫砂文化城、氿龙国际文化创意中心积极推进。阳羡湖文体旅综合体、中超利永紫砂陶、江苏宜兴文博园、大型文化MALL、全国纪录片影视交易基地等一批特色鲜明、富有活力的储备项目进入规划论证和立项审批程序，即将开工建设。

（四）扶持政策不断完善，发展环境进一步优化

在2012年政策基础上，宜兴积极向无锡市发改委建言献策，宜兴市委、市政府下发了《关于促进经济和社会持续健康发展的意见》（宜发〔2013〕19号），新增了对高雅艺术演出和民办博物馆建设的奖励内容，进一步加大了对文化产业的扶持力度，奖励资金达440万元，受奖励文化企业为26家，有效调动了社会资本投资文化产业的积极性。

（五）服务工作扎实推进，发展基础进一步夯实

继续积极争取扶持资金。彩陶厂申报国家文化产业奖励资金项目，获得奖励300万元。江苏东来文化产业集团申报江苏省文化产业引导资金项目，获得50万元补助。努力为文化企业协调、解决生产经营中遇到的困难和问题。宜兴向无锡市文广新局提出申请，通过江苏省文化厅，力争把“中国宜兴艺术家村”列为文化部文化产业司向中国进出口银行推荐的重点文化产业贷款项目，以便早日落实资金，推进项目建设。为锡剧研究会、民族乐团、文化市场

行业协会、美术场馆联合会、民间文艺团队联合会、义工演出队六个团体申报了“政府购买社会组织公共服务”项目，扶持培育民间团体发展壮大。通过实地走访，对全市广告、陶瓷（紫砂）、艺术品拍卖行业税率负担问题进行了调研，并形成了调研报告。在报告中厘清了三大行业现行的税费征收标准和征收方法，提出了存在的问题和针对性建议，为广告、陶瓷（紫砂）、艺术品拍卖行业的发展创造更优的环境。赴杭州考察文化创意产业，并形成了考察学习报告，供领导决策参考。研究答复人大代表、政协委员的提案9件。文化产业统计趋于规范，新入库和变更行业代码的文化企业46家，文化产业信息库全面建立。文化市场繁荣有序，营造了有利于文化产业发展的优良环境。

二　文化产业发展取得成绩的原因

（一）增动力，让“全市上下”都热起来

加强行政推动，调动各方力量，最大限度提升市镇两级和政企双方共谋产业发展的“热度”。一是发挥好规划的导向作用。精心编制规划，加快出台《宜兴市文化产业发展规划纲要（2011～2020）》，明确“三园（陶瓷产业园、文化创意产业园、文博园）、一城（中国陶都陶瓷城）、一村（中国宜兴艺术家村）、一中心（文化中心）”的基本布局，以科学规划引领文化产业健康发展。大力宣传规划，用美好前景和可行路径，激发全市上下发展文化产业的热情。二是发挥好政策的激励作用。落实市“持续健康”发展意见，对文化产业重点企业、专业市场和特色载体加大政策激励力度，努力实现财政资金杠杆效应的最大化，为产业加速发展创造优良的政策环境。三是发挥好考核的鞭策作用。在“新办文化企业数”“文化产业占GDP比重”两项指标已经纳入镇级考核的基础上，加大督查力度、优化考核机制，更好地将责任落实下去、压力传递到人，真正在全社会营造热气腾腾的文化产业发展氛围。

（二）多借力，使“市域内外”联动起来

充分利用市内和市外两种资源，借梯登高、借力发展，努力实现文化产业

加速壮大。一是借民间资本之力。按照规范与促进并重、硬件与软件齐抓、“输血”与“造血”互动的要求，积极鼓励引导民间资本投资民办博物馆建设，重点加快文博园、明清家具博物馆等载体启动，2013 年内中国宜兴艺术家村主体工程竣工。二是借高端平台之力。围绕紫砂特色资源，推动行业与荣宝斋等知名机构战略合作，改变家庭作坊式经营模式，走“制作规模化、经营品牌化、交易连锁化”的道路。围绕书画特色资源，推动行业与中国美协、徐悲鸿艺委会等著名协会战略合作，以展览带动交易，更好地活跃和繁荣文化市场。三是借上级支持之力。在资金方面，继续帮助企业积极争取上级扶持资金，为企业做大做强争得更多资源要素。在政策方面，进一步加强与上级统计部门的衔接，力争将部分特色行业纳入文化产业统计口径，全面反映宜兴文化产业的总量规模。

（三）聚合力，将“产业之间”融合起来

强化“融合发展”导向，充分发挥文化“融合剂、催化剂”作用，助推文化产业提速发展。一方面，加快文化与旅游业融合。挖掘和整合文化、旅游资源优势，大力推进“文旅结合、以文兴旅”，千方百计将文化因子更多地融入旅游业。以重大活动为媒介，精心筹备“陶都风·宝岛情”系列活动，致力实现文化传播和旅游推介共赢。以重点项目为载体，不断丰富竹海、云湖、善卷洞等旅游景区的文化内涵，加快推进中交阳羡湖旅游小镇、苏宁文体旅游综合体等龙头型项目，打造生态文化旅游业融合发展的示范和标杆。另一方面，推动文化与制造业融合。按照“特色发展、差别发展”思路，推动文化产业与宜兴优势产业有机融合。引导陶瓷、文具行业延伸产业链条，深化与高等院校、专业机构的对接，培育壮大创意设计等新兴业态，提升产业整体竞争力。引导印刷行业提升技术层次，鼓励申乾食品包装、海福印铁制罐等骨干企业发展绿色印刷，努力实现企业提档升级。引导投影产业扩大集聚效应，加快开发区投影产业园发展步伐，力争早日创成省文化产业园区（基地）。

总之，宜兴紧紧围绕打造文化名城、建设文化强市的目标，立足新起点、寻求新突破，努力开创文化产业发展的新局面，为宜兴加快经济增长和打造城市品牌提供更有力的支撑。

B.17

重扶持　促融合　速崛起
锡山文化产业发展取得新飞跃

根据锡山文体局提供的材料整理

2013 年，锡山区紧紧围绕“文化名区”建设目标，坚持从区情出发与市场导向，聚焦重点、战略突破，大力发展创意设计、动漫网游、文化旅游、文化遗产开发利用、数字出版与印刷、影视传媒、广告会展等产业，培育骨干文化企业，积极构建结构优化、竞争力强的现代文化产业体系。着力推进文化与科技、金融、旅游、体育等产业融合发展，重点扶持和推动无锡数字动漫产业服务中心、开发区 V－PARK、商务区文化创意产业园、荡口历史文化街区等园区及载体建设，构筑有锡山特色和竞争优势的文化产业发展格局，实现全区文化产业实现新的飞跃。截至 2013 年底，锡山全区拥有各类文化生产经营单位 841 家，从业人员近 2 万人。

一　文化产业取得的成效

（一）产业扶持力度不断加大

确立锡山区文化产业的发展定位，制定近期、中期、远期目标和城区发展战略布局，提出了操作性强的重点发展的产业和项目。先后出台了《关于扶持无锡数字动漫创业服务中心加快发展的若干政策意见》《锡山区文化创意产业调整与提升行动计划（2010～2012 年）》《中共锡山区委锡山区人民政府印发锡山区关于加快文化产业发展的意见的通知》等一系列文件，使文化原创能力明显提升，涌现了一大批优秀的文化艺术作品，原创动漫片《快乐奔跑》获中国政府最高奖——“华表奖”。

（二）文化创意产业加速崛起

不断加快提升全区创意设计水平，努力形成特色鲜明、设施完善、相关产业聚集程度高、文化氛围浓郁的创意设计品牌。载体建设不断加快，无锡数字动漫创业服务中心、高铁商务区文化创意产业园、开发区 V－PARK、荡口历史文化街区等文化产业载体建设正加快推进。其中，无锡数字动漫创业服务中心已初具规模，为创意企业研发、创作、经营提供了良好的环境。江苏新广联科技股份有限公司、无锡广新影视动画技术有限公司、无锡海邻文化艺术发展有限公司、无锡利特尔彩印包装有限公司 4 家锡山区重点文化企业获得总额 200 余万元无锡市文化产业发展扶持资金。无锡海邻文化艺术发展有限公司与中国文化部对外文化集团公司、法中文化艺术交流中心联合举办的“美丽中国”中法建交 50 周年城市文化展，每日接待游客上千人，中外媒体也给予了充分报道和积极评价。无锡华顺画艺布料科技有限公司、门德尔松钢琴（江苏）有限公司等多家大型企业入驻锡山。

（三）文化休闲旅游业日益壮大

坚持将文化促进和旅游发展相结合，以锡山怡人的自然风光和丰厚的人文资源为重点，以名人、名居、名园等为主要内容，打造农村休闲旅游干线。投入约 2.3 亿元的荡口历史文化街区得到保护性开发并已开街，日接待游客超万人，永泰和艺术馆等文化企业已入驻荡口古镇。同时，安镇农博园、斗山农业生态园、绿羊温泉农庄、东港山前家园、厚桥谢埭荡休闲旅游等重点旅游项目蓬勃发展。中国乡镇企业博物馆开馆运营，羊尖严家桥古村落建设也即将启动，为锡山文化休闲旅游品牌增添了亮色。

（四）优势产业集聚效应明显

积极优化印刷资源配置，加快培育印刷包装龙头企业，加快印刷包装企业的技术升级。目前，锡山区依托鹅湖印刷包装基地、江苏太湖国际包装印刷城的建设，形成了具有锡山自身特色和优势的产业格局。同时，文化龙头企业江苏新广联科技股份有限公司被科技部认定为“国家级高新技术企业”，被商务

部、文化部、新闻出版总署等六部委认定为“国家文化出口重点企业”，并获国家新闻出版总署颁发的新闻出版“走出去”先进单位奖，显示出了其旺盛的生命力和强大的竞争力。主要从事绿色环保印刷的江苏利特尔绿色科技有限公司，2013 年销售额近 2 亿元。无锡广新影视动画技术有限公司原创项目“无锡文化旅游移动应用集成”也将成为其新的经济增长点。

二　文化产业成效取得的举措

锡山区将紧紧抓住文化产业发展面临的重要机遇，着力打造“文化强区”和“文化创意高地”，加快构建具有较大影响力和较强代表性的文化产业集聚基地、文化创新创意集群、文化资源配置高地。重点支持和推动文化产业与文化企业市场化、集聚化和专业化发展，力争 2014 年全区文化产业增加值占 GDP 的比重达到 4.8%。

（一）立足发展，全面促进产业集聚

根据锡山的区域特点和现有文化产业的发展基础，重点打造创意设计、动漫网游、文化旅游、文化遗产开发利用、数字出版与印刷、影视传媒、广告会展等园区，重点扶持和推动无锡数字动漫产业园、开发区 V－PARK、商务区文化创意产业园、荡口历史文化街区等园区及载体建设，构筑有锡山特色和竞争优势的文化产业发展格局。大力培育市场主体，努力打造一批主业突出、富有特色的规模型、龙头型骨干企业群体，力争打造一批年营业收入超 10 亿元的现代大型文化企业集团。

（二）立足创新，积极扶持文化产业

根据区情，不断完善对文化产业企业的扶持政策，鼓励文化企业与国内外高校、科研院所以及金融机构、各类基金开展战略合作，实施成果转化，形成优势互补、利益共享、风险共担的“产学研资”合作新机制。鼓励文化企业在与科技、金融、旅游、体育、信息、物流等产业融合中创新产业业态，不断提高新兴文化业态在文化产业中的比重。依托新广联光储业生产基地、印刷包

装基地，积极发展高新技术印刷、特色印刷，推动电子音像和光盘复制业的发展。以荡口历史文化街区为核心，复合化打造集历史文化观光、休闲度假、餐饮购物、游憩娱乐、生活居住、参与体验于一体的独具江南水乡风韵的旅居小镇、长三角古镇旅游目的地、宜居宜游度假胜地。

（三）立足特色，努力培育文化产业品牌

积极鼓励各类文化创意活动，大力支持原创文艺创作生产，促进文化产业与旅游休闲产业相嫁接，与工业开发设计相结合，与锡山历史文化相交融，着力推出一批优秀作品，培育一批知名企业，打造一批特色景点，打响以“锡山创意”“锡山数字”“锡山休闲”等内容为主的整体品牌，发挥品牌的引领与示范效应。大力实施品牌拓展计划，加强品牌的宣传和推广，鼓励支持有实力的企业与项目实施“走出去”战略，不断扩大锡山文化创意产品与产业的知名度和影响力。

（四）立足规范，不断加强文化市场管理

加快繁荣文化市场，积极发展文化中介服务市场，加快文化行业协会建设，在区印刷业协会和娱乐行业协会协同配合下，将实现印刷企业原材料集中采购，大大降低企业生产成本，为企业更快、更好、更强发展提供了良好的基础条件。加强文化市场管理，全面贯彻落实文化、新闻出版市场法律法规，进一步完善市场准入和退出机制，促进形成依法经营、违法必究、公平交易、诚实守信的良好市场秩序，创造公开、公平、公正的市场竞争环境。

B.18

重引导　实基础　强培植 推动惠山文化产业持续健康发展

根据惠山文体局提供的材料整理

惠山区通过搭建文化产业发展平台和载体，挖掘重大项目，不断增强发展后劲和动力，推动文化产业发展。全区文化产业机构数为485个，从业人员达到5432人。2013年，完成文化产业投入6亿元，实现销售收入20亿元，其中文化创意产业收入5.5亿元，引进文化创意产业项目8个，引进注册资本超500万元的文化产业项目11个。

一　围绕加快文化产业发展所做的具体工作

（一）制定文化产业政策

区文体局通过走访、发放调查表、座谈等方式，对全区文化产业发展情况做专题调研，形成调研报告，在此基础上，2013年正式出台《惠山区关于促进产业转型升级，扶持企业持续健康发展的意见》（惠发〔2013〕1号），在每年设立的总额为1亿元的转型升级专项资金中，安排文化产业发展方面的财政资金扶持，引导扶持区域内优质高效的文化产业发展项目，进一步鼓励和支持文化创意、动漫等新兴文化产业发展壮大。

（二）夯实文化产业基础

一是成立产业转型升级领导小组。由区委、区政府主要领导挂帅，文体局分管文化产业工作，形成全区上下齐心协力共抓文化产业发展的良好局面。

二是建立重点企业数据库。排查区域内年产值超千万元的文化企业，形成一套重点企业名录。

三是建立重大项目数据库。汇总梳理一批在建、拟建和储备的重点项目，切实增强惠山区文化产业发展的后劲。

四是建立文化产业招商队伍。明确区商务局的文化产业招商职能，利用其队伍和资源优势，加大惠山区文化产业招商力度。

（三）培植重点文化企业

首先加强做好对上争取工作，指导企业积极申报上级各类产业引导资金，2013 年组织 17 个项目申报省、市文化产业引导资金，其中 6 个项目入围 2013 年无锡市文化产业引导资金扶持项目，获得扶持资金 133.7 万元。

其次，制作文化产业政策和招商推介 PPT，到各镇、街道和企业宣传产业政策，为文化产业招商做好资料准备。

最后，通过政策扶持和宣传引领，引进培植一批业态多样、具有较强竞争力的文化企业。

一是文化创意产业。这批以手机游戏、网络游戏及原创动漫研发为主的企业，主要集中在惠山软件外包园（O-Park）和江苏数字信息产业园。无锡汉风网络科技有限公司是一家以网络在线游戏研发及运营为主的应用服务提供商，该公司在全国手机游戏前 30 强中排名第 3。无锡光年动漫文化有限公司主要从事动漫项目整合营销、版权内容的投资出品、动漫图书及衍生产品策划发行等业务，该公司出品的《爱吃爱健康》《乐乐镇的故事》《夺宝幸运星大电影之金箍棒传奇》三部动画片在以央视为首的全国各大电视台及全国院线上映后反响热烈。江苏拉阔网络科技有限公司在全国手机游戏前 30 强中排名第 2，是中国移动指定的十大手机游戏开发商，是国内手机游戏开发商联盟（CPU）理事会成员之一，在行业内荣获多个奖项。

二是艺术品、工艺美术产业。曹俊艺术馆位于玉祁平湖新城，收藏了旅居新西兰的著名华裔艺术家曹俊多年来创作的百余幅精品力作，市值估价近 2 亿元，已打造成中西方文化交流的窗口和平台，以及沪宁线上又一个展示中国当代艺术的亮点。

三是演艺娱乐产业。《梦回江南》大型山水实景剧是由无锡市梦回江南文

化演艺传媒有限公司打造的，该项目总投资5000余万元，结合西高山的生态环境，以吴文化的历史背景、人文历史和典故传说为题材，用现代的“声、光、电”高科技手段精心打造，凸显惠山区深厚的历史文化底蕴。无锡惠山万达广场的万达国际影城、大歌星KTV等成为丰富群众精神文化生活的又一载体。

四是文化旅游产业。玉祁礼社古村文化旅游综合开发项目依托礼社古村取得的“中国历史文化名村”的荣誉，通过举办系列文化展演活动、特色文化旅游活动，编制古村保护规划，进一步凸显古村的历史风貌，扩大古村的知名度。阳山桃文化旅游综合开发项目一期规划面积为5平方千米，总投资为30亿元，包括桃文化展示区、桃园农家体验区、桃源火山温泉休闲区、桃花源宜居社区4个功能区。现园区旅游设施和旅游项目日趋完善，每年接待游客上万人，使阳山真正成为无锡的“后花园”和无锡生态休闲度假旅游的“闪亮名片”。

二　培育与引进并举的经验

（一）加强重点项目的跟踪培育

与区发改局、商务局、经信局等相关部门联手，排查全区情况，努力发现培育新的文化产业增长点。

阳山“花间堂”项目：坐落于风景秀美的阳山桃花岛，该项目投资3亿元，占地83亩，建设规模为“花间堂”国内连锁店之最，也是无锡进驻的首个高端人文客栈品牌。目前，该项目已进入国际招标阶段。

平湖城民间博物馆：已在玉祁街道平湖新城启动建设，预计投资超亿元，建筑面积4500平方米，分3年建设完成。一期工程建设博物馆，约2500平方米，内部陈列明清古家具和室内赏石，采用徽派建筑风格，将呈现原汁原味的皖南古建筑风貌；二期工程建设文化会所，目前东侧景观已经完成，古建部分正在施工中。

酒文化博物馆：由无锡市玉祁酒业有限公司投资1650万元建设，建筑面积约3000平方米，将连接厂内生产车间，预计2014年底建设完工，2015年正式对外开放，旨在弘扬玉祁双套酒悠久的酿造历史和独特的酿造技术，打造工业旅游基地。

无锡崇文文化发展有限公司：依托冯其庸学术馆这个重要文化元素，以学术馆为中心，周边建设文化街区、名人工作室、民间藏品交流中心、具有地方特色的博物馆等设施，将建成与前洲锦绣园为一体的文化旅游中心。

耘杉文化创意基金：由上海杉杉创辉创业投资管理有限公司和无锡市耘琳艺术品交易中心有限公司联合成立的私募基金，已落户无锡职教园区，成立无锡耘杉投资管理有限公司，注册资本为500万元，基金总规模为1亿~2亿元，主要面向广播电影电视服务、文化创意和设计服务、工艺美术品交易等。

江苏大田牧歌文化艺术发展有限公司：于2013年落户无锡惠山软件外包园，注册资本500万元。该公司专注于影视及节目策划、制作与发行、人才培训与管理、会议及展览服务等，拓展与国内主要媒体、艺术专科院校的全面合作，参与举办全国乃至国际性的艺术类赛事，适时推广无锡市人文历史、旅游、餐饮、非遗项目等。

无锡凤羽龙文化传媒发展有限公司：是一家集文艺活动策划、公益活动宣传、影视专题制作、视觉艺术设计、品牌策划推广、商务会展等于一体的综合性专业传媒机构，于3月成立，注册资本为3000万元。该公司凭借良好的资源背景、精湛的技术，拟与南京理工大学合作筹建舞龙培训基地，将洛社凤羽龙发扬光大。

无锡舜皇文化传播有限公司：是钱桥街道打造的文化产业发展公司，注册资本580万元，旨在挖掘钱桥地区的历史文化底蕴，计划引进民间资本规划建造舜皇庙，并进行配套的舜柯山水旅游开发。

（二）加强与重点企业的沟通联系

继续保持与重点文化企业的沟通联系，经常走访企业，了解企业的生产运行情况、面临的困难及需区政府协调解决的突出问题等，向这些企业宣传省、市、区出台的一系列支持文化产业发展的政策文件，努力营造良好的企业发展环境。鼓励企业积极申报各级文化产业发展引导资金，用足用好省、市各级扶持政策和配套资金，充分发挥财政资金的引导和放大作用。

（三）加强对文化产业的招商引资

依托惠山软件外包园、江苏数字信息产业园、阳山桃文化博览园及社区广场、特色街区等载体，积极推动传统文化产业转型提升，重点培育动漫游戏、数字电视、创意设计、文化旅游等核心产业链，打造文化产业的核心竞争力。依托专业招商队伍，计划每年赴国内重点城市开展专题文化产业招商活动，大力宣传惠山区的创业环境和优惠政策，着力引进一批具有产业特色和带动效应的文化产业项目。举办文化产业发展论坛和推介说明会，营造良好的文化产业发展环境。

（四）加强对文化品牌的扶持培育

文化品牌是文化企业的无形资产，也是安身立命之本。要依托惠山区历史文化资源以及地方特色创品牌，要组织力量对文化资源进行全面的调查和价值评估，制定出符合惠山实际的具有时代特征的历史文化遗产保护开发规划，正确处理好继承与创新的关系；要在研究区域文化上下功夫，努力发展地方特色；要在研究地方历史上下功夫，努力发展历史特色；要在研究人文风俗上下功夫，努力发展风情特色，着力打造区域文化的特色品牌。

（五）加强对文化消费的宣传引导

针对不同层次、不同群体市民的文化消费需求和能力，通过社区活动、媒体引导、业务宣传等多种途径和形式，加强对市民的文化培养和教育，培养广大市民对文化的兴趣爱好，积极引导文化消费行为，转变文化消费观念，使市民在物质文化生活不断改善的前提下，不断提高文化消费占消费总支出的比重，培育、扩大文化消费市场。同时，适应现代生活的需要，加强对高雅艺术的宣传、推广工作，不断提高市民的艺术鉴赏水平和文化品位。

B.19

山水形　文化魂　产业根
打造滨湖为文化影视之都

根据滨湖区文体局提供的材料整理

2013年，滨湖区在加快推进区域经济转型发展过程中，牢固树立“山水为形、文化为魂、产业为根”的理念，以无锡国家数字电影产业园为先锋，以灵山梵宫、荣巷历史街区、阖闾古城、国际培训基地等一批精品项目为载体，基本形成了影视文化、佛文化、吴文化、工商文化四大文化交相辉映、新兴文化生机勃发的良好格局，文化产业取得了突破性进展，对经济的支撑作用越来越明显。

一　文化产业取得的主要成绩

（一）项目建设成效明显

紧紧围绕滨湖区“影视文化、吴文化、佛文化以及工商文化”四大文化主题，加快各重点园区及项目建设。6月25日启动了“光影之夏，追梦之旅”活动，无锡国家数字电影产业园一期正式对外开放，日均接待游客达到五六千人，二期也正加快启动建设，目前设计方案在积极完善中。阖闾城遗址公园多媒体互动体验厅基本建设完毕，博物馆年底进入试运行。灵山五期——耿湾禅意小镇全面启动建设，力争再创新的灵山精品工程。代表无锡工商文明的周新老街建设节奏不断加快，周舜卿故居修复已启动，俞文彬故居修复已批复，施工图已完成。总建筑面积110万平方米的蠡湖国际培训基地与新华传媒签约合作，加快基地建设及招商工作，年初以来已有12家企业入驻。总投资1.2亿元的无锡凤凰国际文化交流中心正加快土建工作，年内完成建设。此外，受到

市区领导高度关注的万达追梦城项目落地滨湖，各项建设前期准备工作正在紧锣密鼓地进行当中。

（二）产业总量不断攀升

三经普清查库显示，截至目前，滨湖区共梳理各类文化企业 1337 家，营业收入超 1000 万元的重点文化服务业达 41 家，销售额超 2000 万元的文化工业企业 45 家，限额文化批零企业 4 家，涵盖影视制作、文化旅游、动漫网游、出版发行、演艺娱乐、创意设计、广告会展、文化用品开发制造等多个行业领域。文化产业增加值完成情况良好。全年文化创意产业营业收入预计达 43 亿元。营业收入（或产值）超 5000 万元的文化企业数达 21 家，其中无锡凤凰画材有限公司、软通动力信息系统服务有限公司、无锡灵山实业有限责任公司等营业收入（或产值）超亿元，规模支撑作用明显。在全市文化示范企业评选中，滨湖区灵山文化旅游集团、凤凰画材集团、方成彩印、中粮工程以及广电发展有限公司 5 家企业被评为全市文化示范企业，数量在全市排名第一，文化产业已逐步成为滨湖区经济发展新的增长点和重要支撑。

（三）招商力度继续加大

今年以来，已有惊蛰影视水下摄影棚项目、Base FX 项目（工业光魔项目）、亿和传媒、海润盈峰影视基金等 10 余个重点文化产业项目完成签约或在谈，其中投资额超亿元的项目有 8 个，新引进或新注册 2000 万元以上的文化企业有 8 家，另有 3 家正在办理工商注册。作为滨湖区文化产业重点招商引企的无锡国家数字电影产业园自建园以来，共有 102 家企业落户，今年该园区在“光影之夏，追梦之旅”启动仪式期间，现场签约影视剧 13 部，年内有 30 余部影视剧在园区及企业拍摄制作。

（四）扶持体系加快完善

一是积极利用现有文化产业引导扶持政策，帮助企业做好项目申报工作，今年滨湖区共有 19 个项目申报省文化产业引导资金、46 个项目申报市文化产业引导资金，在市文化产业引导资金评选中，24 个项目（企业）入围，总金额近 1700 万元。4 个项目获得省级文化产业引导资金，扶持金额为 420 万元。3 人获唐鹤千卓越青年文化创意人才奖。

二是积极做好对上政策争取工作。为进一步加快无锡国家数字电影产业园的建设发展，针对园区入园企业的税收优惠、企业奖励、产品播出奖励、人才贡献奖励等都做了重点调研，并提交上级部门，争取得到相关的政策支持，扶持园区快速成长壮大。

三是积极研究区内优惠政策。文化产业作为一项新兴产业，引起了政府部门及社会各界的广泛重视和关注，也是近年来人大、政协提案的重要内容之一。目前，滨湖区在服务业、工业等大类的扶持政策中已经涵盖了文化产业，为进一步促进文化产业的发展，滨湖区也正在积极研究系统的文化产业政策，争取能够尽早出台。

二　文化产业发展取得成绩的主要原因

（一）注重时尚，全力做强影视文化

以无锡国家数字电影产业园、阖闾城影视基地、中视基地等为主要载体，打造集电影后期制作、影视剧拍摄、影视文化体验、影视教育培训等于一体的影视之都。无锡国家数字电影产业园积极申报国家 4A 级景区，联合出品的影片《甜心巧克力》获得第 13 届韩国光州电影节组委会大奖。持续两个月的“光影之夏 · 追梦之旅”活动圆满成功，首日接待游客突破 1.2 万人，日均接待游客超 5000 人；保利影城首日观影人次达 1500 人。

（二）注重大气，全力做优佛文化

以灵山佛文化博览园为主要载体，扩大佛文化旅游品牌影响力，打造中国最具魅力的当代佛教文化集聚区、世界佛教文化交流中心。总投资 25 亿元的灵山五期工程——耿湾风情小镇全面启动建设。仅上半年，无锡灵山公司营业收入就超过亿元。

（三）注重传承，全力弘扬吴文化

以阖闾城遗址公园为主要载体，融合历史古迹、影视拍摄、文化休闲旅游于一体，再现吴都古城的内涵与魅力。阖闾文化村年内开工，影视基地项目已完成70%的建设，多媒体互动体验厅基本建成，博物馆即将对外开放。阖闾城遗址公园晋升国家级文保单位。滨湖区与中影集团合作拍摄的电影《阖闾王》已经开拍。

（四）注重精致，全力挖掘工商文化

以荣巷历史街区、周新老街两大历史街区为重点载体，通过善文化、商文化、住文化、水文化等元素，全方位展现无锡工商文明。荣巷历史街区善文化街已开街运行，招商入驻率超60%。周新古镇核心区一期工程完工，周舜卿故居、俞文彬旧宅等历史建筑修复工程全面启动。

（五）注重潜力，全力培育新兴文化

滨湖区与新华日报社的合作项目“中国国际培训产业基地”成功落户，总建筑面积达110万平方米，致力于打造国内第一个培训产业总部集聚地和培训产业配套高地，并带动教材出版、网络媒体、会议会展等相关产业发展。由中国最大的文化企业“航母”万达文化产业集团投资近400亿元打造的“追梦城”项目即将落户滨湖区。总投资1.2亿元的无锡凤凰国际文化交流中心将于年内完工。

三　进一步拓展文化产业发展的路径

下一步，滨湖区将以提升文化产业发展质态为目标，以科技进步与创新发展为支撑，以重大项目和品牌带动为路径，以发展环境和载体建设为基础，全面推进文化产业快速健康发展。

（一）“抓大”不“放小”，培育壮大市场主体

把发展文化企业、培育合格市场主体作为关键点和着力点，扎实推进、抓

紧抓好。一是着力培育骨干文化企业。加大招商力度，优化投资环境，完善政策保障，努力引进一批技术含量高、发展前景好、市场竞争力强的龙头企业落户滨湖区。加强对企业的沟通服务，鼓励有实力的文化企业实行兼并重组、融资上市。二是扶持中小文化企业。注重挖掘培育一批以前端内容创意、后端交易服务为主业的中小文化企业，形成富有活力的中小企业群体，进一步扩大产业规模。

（二）“量变”转“质变”，提升文化生产效益

加快由注重数量扩张的规模增长转变到更加注重质量效益的内涵提升，从根本上提升文化生产的品质和效益。加快集聚发展，提升现有文化产业园区功能，打造一批新的文化产业示范基地，培育一批特色鲜明、主导产业突出的特色文化产业集群。加快产业融合，促进文化与旅游、体育、会展、商贸、休闲等行业融合，确保年内文化产业增加值占地区 GDP 的比重达到6.4%。

（三）“独秀”变“齐放”，实现差异化发展

充分挖掘潜力，发挥区位优势，加快特色化、差异化、集聚化发展，努力形成影视文化、吴文化、佛文化、工商文化与新兴文化共同发展、共同繁荣的良好局面。加快国际培训产业基地发展，力争通过3～5年的时间，汇聚国内外一流培训机构总部100家以上，实现年产值50亿元以上。借助无锡大剧院、太博中心等载体资源，加快构建起以影视制作、文化旅游、动漫网游为龙头，集会展、演艺、出版传媒、文化商业等于一体的全文化产业价值链。

B.20

抓重点 抓载体 抓人才 做大做强崇安文化产业

根据崇安区文体局提供的材料整理

近年来，崇安区坚持把文化产业作为全区发展的支柱产业来抓，积极构筑产业载体，培育骨干文化企业，注重引进文化人才，努力做大做强文化产业。

一 文化产业取得成绩的举措

（一）凝心聚力抓重点领域

崇安区树立“文商结合”的发展理念，充分发挥自身作为无锡高端商贸集聚区的区域优势，结合国际和国内发展趋势，确定创意设计、动漫游戏、服务外包等文化产业重点发展领域。依托200万平方米规模的家居主题市场群，重点发展城市设计、家居设计和策划设计，以创意带动促进设计环节的整体提升。2012年4月，主办“无锡首届两岸装饰设计文化交流节”，全面推动两岸室内设计的文化交流；2012年5月26日，参与承办了“2012无锡工业设计博览会”和“中国－伊朗文化交流节”，充分展现了崇安家居创意设计产业引领国内潮流的水准，凸显了无锡文化创意设计产业在国内外的影响力和竞争力，开拓“文化＋科技＋创意”的产业新路径。2013年组织参与了第二届“中国·苏州文化创意设计产业交易博览会”（苏州创博会），受邀参会的无锡国际城市·家居创意设计园，精心布置位于“创意城市展区”的无锡展厅；展厅面积108平方米，以“品位文化，创意无锡”为主题，以徽派建筑元素为基调，融入现代时尚设计理念，突出中国元素以及江南韵味，全方位展示了无锡及崇安区近年来在创意文化产业领域所取得的丰硕成果。2013年4月，区委书记刘亚民带领崇安代表团赴台湾，参加由全市组织的经贸文化洽谈活动，对文化创意产业做推介，并举行千人计划文化创意产业无锡研究院台北交流中心揭牌仪式。2013 年 11 月，赴台进行文化交流，无锡北仓门生活艺术中心与台湾文化创意产业联盟协会在台北华山 1914 文创园区成功签约。北仓门将通过与台湾文化创意产业联盟协会的交流与合作，与西门红楼、华山 1914、松山等文化创意园区加强互动，探索建立两岸文化创意产业交流试验基地，结合双方共同优势，在创意市集、文化演出、非遗产品、创意设计、文化展览、创意生活、旅游产品等领域重点发展，形成优势互补的双赢局面。随后，团队还参观考察了台湾知名文创品牌日出旗舰店，就文化创意产业发展做了友好交流，并初步达成合作意向。团队拜访了诚品书店信义旗舰店，就双方合作进行了进一步讨论。

（二）扬长避短抓载体建设

科学规划、合理布局，加快推进文化创意载体和配套设施建设，进一步夯实文化创意产业发展基础。截至 2013 年底，全区累计建成文化创意载体超过 40 万平方米，形成了“特色园区 + 主题楼宇”的“三创”载体格局。依托广益家居城突出的市场资源优势，加快实施无锡国际城市·家居创意设计园二期东扩工程，努力向家居产业高端环节拓展；成立无锡崇安电子商务产业园，引进电商类企业 15 家，注册资本达 1.57 亿元，园区企业入驻率超过 70%，并建立无锡电子商务协会培训基地和淘宝大学无锡网商学院培训基地；小娄巷历史街区保护性修复工程有序推进，将成为以文化创作与交流、工艺品设计与销售、文物收藏与拍卖为特色的慢生活文化街区；北仓门文化创意产业园被评为全省首个省级文化创意留学人员创业园，集聚了一批特色鲜明、辐射带动力强的文化创意企业；东方广场 B 座等楼宇资源包装整合，被打造成为以发展动漫设计、服务外包为重点的主题楼宇集群。

（三）引优做强抓企业培育

一方面，坚持把业界龙头企业作为重点目标，想尽一切办法全力引进，带动文化创意产业迅速壮大。亿唐动画设计有限公司作为中国最大的原创动画制

作公司之一，落地不久即彰显效益，当年完成原创电视动画片 1484 分钟；2010 年增加到 15904 分钟，占无锡全市国产电视动画片产量（30350 分钟）的 52.4%，占江苏省国产电视动画片产量（52309 分钟）的 30.4%，排名全国第一；2011 年被文化部列为国家文化创新工程企业；2012 年原创电视动画片累计达到 47614 分钟，共创作 41 部动画片。另一方面，通过商会平台协调政府、企业和市场之间的关系，促进人才、资金、技术等资源有效整合，推动产业融合发展。中拓信息是腾讯公司的合作伙伴，拥有全国最大的中小企业在线法律服务平台“企法网”，会员数突破 3 万家；亲民网络是中国最大的区域 B2C 企业和江苏省最大的 B2C 电子商务网站运营商，在全国 300 余个市、县级城市开设分站；饭店网在天津股权交易所成功挂牌，整体业务向华东地区延伸。截至 2012 年底，全区文化创意企业达到 711 家，营业收入达到 75 亿元，其中营业收入千万元以上企业达到 38 家，超亿元的企业达到 5 家。截至 2013 年 8 月，全区共引进各类文化企业 75 家，引进企业注册资金总额超 1.4 亿元。

通过发放《崇安区文化企业调查表》的形式广泛了解情况，通过电话沟通的形式进一步倾听企业诉求与想法；先后走访了新华书店、大世界影城、北仓门等多家文化创意企业，了解企业开发项目和经营情况，搜集信息，牵线搭桥，协调解决重点企业在生产经营过程中遇到的困难和问题。2013 年顺利完成引进文化企业 100 家的目标，其中注册资金 1000 万元以上的文化企业 3 家，注册资金 500 万元以上的文化企业 11 家，注册资金 100 万元以上的文化企业 38 家，新引进企业注册资金总额超 2 亿元。

（四）筑巢引凤抓人才集聚

坚持“高端引领、整体开发”的原则，切实加大文化创意人才引进力度。2012 年，全区新增引进人才总数 2125 名，新增引进高层次人才 52 名，新引进海外高层次人才 22 名，新增本科以上文化创意人才 514 名，新增硕士以上文化创意人才 62 名，新增民营企业引进经营管理人才 56 名，培养引进企业高技能人才 500 名。目前，崇安区已建立海外人才工作站 3 家，累计引进文化创意产业领域“530”创新创意团队 18 个，初创式人才 18 名，嫁接式人才 3 名，省双创人才 1 名，省“333”培养对象 1 名；施向东先生入选国家“千人计划”，荣获中组部授予的“千人计划国家特聘专家”称号，成为我国文化产业领域极少数顶尖千人计划专家之一；亿唐公司施向东团队荣获2012年江苏省创新团队，施向东及北仓门郑皓华获无锡文化产业人才贡献奖。2012年，区政府整合优势资源，成立全国首家“千人计划”文化创意产业研究院，搭建由5名中央“千人计划”专家和5名教授职称专家组成的创新团队，建设全国一流的文化创意产业研究基地、高层次领军人才服务平台和项目孵化加速器。

二　进一步发展的具体举措

下一步，崇安区将以更大力度优先发展文化创意产业，以“创新、创业、创意”为主题，推动产业集聚、增强企业能级、加快载体扩容、构筑人才高地，着力提升文化创意产业的关联度和辐射力，带动和促进现代化精品城区建设。

（一）加快文化产业集聚，进一步构筑发展体系

重点发展以动漫游戏、创意设计、服务外包、文化艺术为重点的文化创意产业。围绕“专业化、多元化、产业化”目标，重点扶持发展起点高、企业实力强、作品质量好、市场运作灵的动漫游戏企业；探索动漫与网游融合，积极发展网页游戏动漫，丰富拓展产业链条；依托无锡制造业优势，加大对动漫衍生产品的开发与生产力度，打造动漫产业链条，提升动漫产业综合竞争力。2013年，崇安文化产业增加值占地区生产总值比重比上年提高0.7个百分点，到2015年力争达到或接近2020年江苏省现代化发展指标要求，使文化产业成为区域经济发展的支柱型产业，充分体现崇安区率先发展的决心。

（二）加快文化载体建设，进一步完善基础保障

坚持“集中、集约、集聚”的基本原则，按照“做大、做特、做精”的总体要求，通过政府主建、政企合建、企业创建、整体租赁等多种途径，加快载体建设。促进特色鲜明、辐射力强的文化企业和文化资源向以北仓门、俱崇安等为核心的重点文化创意产业园区集聚，引导北仓门生活艺术中心与台湾西

门红楼等文化创意园区加强交流与合作，促进两岸文化创意产业园区共建；规划建设总投资达30亿元、总建筑面积超过30万平方米的无锡国际城市·家居创意设计园，不断推动城市·家居创意设计产业和产品附加值向“微笑曲线”两端攀升，奋力抢占价值链的高端环节，形成集销售、展示、设计、检测、会展等于一体的全产业链发展格局。

（三）加快文化企业培育，进一步增强竞争实力

通过“以强引优、以大带小、以新促旧”等各种途径，形成一批创新能力领先、规模优势明显的龙头企业，培育一大批经营定位合理、创意特色鲜明的中小企业集群。以亿唐动画、北仓门、淘商科技、汇洋科技等企业为重点，培育10家拥有自主知识产权和知名品牌、主业突出、核心竞争力强、带动作用明显的文化创意企业。每年新增文化创意企业不少于100家，企业总数到2015年力争突破1000家，相当于前六年累计新增数量的3倍。

（四）加快文化人才引进，进一步蓄足发展后劲

依托“千人计划”文化创意产业无锡研究院，建设全国一流的文化创意产业研究基地和高层次人才项目服务和孵化平台。加快“文化创意人才特色区”建设，实施七大人才工程，倾力打造高层次人才大规模集聚、综合环境更为优越的文化创意产业人才特区。到2015年，新增文化创意本科以上人才3000名、硕士以上高层次人才300名，引进海外留学归国和创业型领军人才30名，形成20个具有国际视野、擅长资源整合、精通项目运作、巧于营销策划的高水平文化创意团队。人才总量相当于2009年底累计数量的1.5倍，其中，高层次人才相当于前六年累计新增数量的3倍。

B.21 整链条 重融合 强市场 推进南长文化产业跨越式发展

根据南长区文体局提供的材料整理

近年来，南长区把发展文化产业作为支柱产业来精心培育，通过政策引导、项目带动、资源整合等途径，文化产业发展规模总量不断扩大，产业影响逐步提升，在引领转变经济发展方式、提升区域文化品位、满足市民精神文化需求等方面的作用日益凸显，逐步成为南长经济发展新的增长点。文化产业呈现蓬勃发展的势头，各项促进文化产业发展的实施意见、措施和扶持政策已初显成效。

一 文化产业取得的成绩

（一）文化产业产值不断增加

2012 年，全区文化产业增加值为 7.27 亿元，比上年增长 133.8%，比上年提升了 1.81 个百分点；服务类文化企业（不含行政事业单位和非营利组织）营业收入为 9.5 亿元，营业利润为 1.3 亿元。

（二）文化产业后劲蓄势待发

截至 2012 年底，全区共有各类文化企业 836 家（含相关文化企业）。2013 上半年，新引进文化企业 135 家，一批文化、娱乐和康体培训业的快速兴起，促进了多层次、多门类、多种所有制并存的文化产业体系的形成。

（三）新兴文化业态快速发展

在巩固并引进传统龙头型印刷企业、演艺娱乐公司等传统文化企业的基础上，一批广告会展业、动漫网游业、影视传媒业和文化旅游业等文化产业企业相继落户南长区。值得一提的是，随着投资环境的不断改善，一些过去搬出去的文化企业相继回迁，通过洽谈，与天朗伟业控股集团有限公司合作的“运河古城整体开发项目”、与北京精典博维文化传媒有限公司合作的“严巷地块开发项目”已顺利进行。

（四）重点文化园区初具规模

清名桥古运河文化创意产业集聚区和N1955南下塘文化创意园区得到大力发展。清名桥古运河文化创意产业集聚区规划面积5.2平方公里，核心区规划面积18.78公顷。该集聚区先后荣获中国历史文化名街、中国著名商业街、国家4A级景区、中国创意产业最佳园区奖等国家级称号。项目启动以来，已投入近19亿元打造清名桥街区，完成可招商面积12万平方米。现入驻书吧、画廊、文化产品零售、酒吧、画室、KTV等文化、创意企业共计150余家。现有各类商家3000余户，年均接待游客达600万人次。N1955南下塘文化创意园区是古运河历史文化街区的重要节点，位于无锡城南古运河畔，该项目通过对创立于1955年的无锡压缩机厂的老厂房进行改造并完善内部主要设施的装修、外部绿化改造，运用修旧如旧的原则，借助现代设计表现手法，打造集历史展示、商务办公、观光旅游、风情体验、时尚文化、餐饮娱乐、购物休闲等功能于一体的无锡文化创意的新名片，赋予历史老建筑新的功能定位，塑造无锡文化产业转型创新的标杆。项目用地面积24306平方米，建筑面积19713.25平方米，投资总额6300万元。目前入驻企业47家，其中文化企业35家，文化企业约占入驻企业的75%。目前该项目正在和天朗伟业控股集团有限公司合作，进行重组合并。

（五）文化原创能力明显提升

近年来，南长区高度重视对文化企业原创研发能力的培育，增强文化企业原发创作能力。一批文化企业新立项的原发项目相继投入运营，如江苏南禅寺企业管理发展有限公司的“江南水弄堂”MV研发项目、无锡市穆桂英美食广场有限责任公司的“江南食俗文化体验展销中心”项目、无锡高派科技有限公司的“基于分布式虚拟现实的联网数字健身器材及网络平台”项目、江苏梦想方舟儿童体验教育科技有限公司的“咭米之家·儿童文化生活馆”等；无锡正邦国际会展有限责任公司成功举办的“第二届中国（无锡）国际文化艺术产业博览交易会”以其创新、创意设计平台项目受到与会中外客商的一致好评。

二　文化产业取得成绩的主要原因

（一）加强与企业的联系沟通，掌握文化产业发展基本情况

一是组织区主要领导和部门负责人走访、慰问文化企业活动；二是组织协调市政协孙志亮副主席率市政协委员参观考察南长区重点文化企业并召开文化企业发展座谈会；三是组织召开由政府职能部门领导和重点文化企业负责人参加的文化产业工作推进会等。通过多种途径，了解掌握文化企业在发展中遇到的实际困难和问题；倾听企业对政府职能部门的工作意见；鼓励企业为文化产业繁荣发展献计献策等，从中为政府相关职能部门开展好文化产业工作提供依据。同时，积极帮助企业分析文化产业发展的形势，拓宽企业发展思路和渠道，增强企业发展信心。

（二）强化政策支持，优化文化产业发展环境

在认真贯彻中共十七届六中全会精神，大力落实无锡市文化产业系列政策的基础上，进一步完善南长区文化产业扶持政策，加大资金投入，改善文化产业发展环境，加快招商引资步伐，全面推进南长区文化产业发展升级。截至2013年11月，南长区新增文化企业136家。

（三）强化资金保障，增强文化产业发展动力

用好、用足、用活优惠政策，加大对上争取力度。2013年上半年南长区为4家文化企业申报了4个项目的江苏省文化产业引导资金，申报总额为1000万元；为7家企业申报了11个项目的市文化产业引导资金，申报金额

为 1730 万元。2013 年全年南长区共申请到国家、省、市引导资金 586 万元。与此同时，南长区注重吸引社会资金投资文化产业开发，探索建立多元化的文化产业投融资体系。

（四）强化园区建设，构筑文化发展集聚平台

近年来，南长区共投入资金 70 亿元对古运河历史文化街区进行保护、修复和整体升级改造，积极探索“文商旅”产业联动发展的综合模式。以南禅寺观光旅游、南长街南下塘休闲旅游、清名桥文化旅游为总体定位，打造休闲旅游和文化创意两大产业集群，逐步形成以清名桥、古运河旅游圈为主体的南长文化旅游框架。据统计，2012 年历史街区已接待游客超过 500 万人次，2013 年元宵节当天接待游客超过了 41 万人次。2013 年又投资了 10 亿元，用于清名桥历史文化街区文旅产业开发项目，着力解决定胜桥河道及日晖桥 - 虹桥河道整治、南下塘管线改造、水景舞台设计建造、彭家大院老宅设计建造等重大项目的治理和开发利用。

（五）强化人才队伍建设，夯实文化产业发展基础

南长区积极构建富有活力的文化产业优秀人才、特殊人才的引进激励机制，尤其重视引进国内外文化创意类优秀人才和创业团队。从 2011 年南长区聘请世界文化创意之父——约翰·霍金斯为清名桥街区文化创意总顾问以来，南长区不断强化人才引进机制，适时举办多种形式的文化产业发展交流会、研讨会等，对南长区的文化产业发展起到了积极的助推和引领作用。

南长区文化产业发展虽然取得了一些成绩，但是，还存在着一些薄弱环节，如文化产业发展对南长区经济社会发展的贡献率不大；园区集聚度不高，具有核心竞争力、影响力的文化企业较少；新兴业态的发展潜力挖掘不够；文化产业的复合型经营管理人才缺乏；等等。

三　完善发展的具体措施

为进一步推进文化产业的发展，南长区应坚持突出重点，加大投入，优化

环境，着力打造规模型、龙头型的领军企业，优化产业布局，提升产业集聚度和影响力，提速文化产业发展。

（一）进一步培育核心文化产业链

加大规划、建设力度，以优势的产业载体加快文化产业集聚，拉动文化产业加快发展。一是加快清名桥历史文化街区建设。以文化创意和休闲旅游为产业定位，推进街区内文化产业项目建设，把街区打造成为文化要素聚集地、创意人才的栖息地和文化产业集聚地。加快运河文化艺术馆二期建设，围绕艺术创意的项目定位，发展各类文化会展、工艺美术交流、艺术品交易产业。依托窑群遗址博物馆，拓展建设窑群文化艺术村，结合伯渎路业态定位，发展形成手工艺坊集聚区。加快南长街二期产业培育，重点培育文化创意、工艺美术、大师工作室等产业形态。推进南下塘民宿体验区建设，重点发展民俗文化产业。二是加快专业园区提升发展。加强 N1955 文化创意产业园区规划和建设，提高入园企业产业门槛和产出门槛，优化入园企业结构，积极创建市文化产业重点园区。三是加快重大文化产业项目建设。加快时代上河星汇创意天地项目、水景舞台项目、彭家大院老宅建设项目等进程，按照微商微企文化科技综合体的产业定位，规范运作，加强招商，培育形成小微文化企业孵化创业的载体。加快五星大厦产业规划，培育打造文化产业主题楼宇。

（二）进一步提升文化产业规模层次

坚持特色发展、重点集聚，打造南长区文化产业发展特色和竞争优势。一是重点发展数字网络产业。依托人民西路数码文化街区的产业基础以及二泉网、金逸影城、橙天嘉禾影城、教育传媒的企业优势，加快发展数字视听、动漫游戏、网络技术产业。二是重点发展创意设计产业。大力培育引进国内外知名大师工作室，培育艺术创作、创意设计、新兴媒体等新兴文化产业。三是重点发展广告会展产业。充分利用太湖广场、体育公园广场、南禅寺广场会展空间，着力打造品牌会展，做大做强会展经济。四是重点发展传统特色文化产业。提升发展南禅寺图书音像、艺术品、花鸟、佛事用品、婚庆用品等交易产业，创新业态，提升档次，增强集聚度。结合打造“十分钟文化生活圈”，加

快发展社区娱乐游艺、文艺表演、视听艺术、体育健身等休闲康体产业，做大传统文化产业规模。

（三）进一步发展壮大骨干文化企业

积极培育壮大骨干文化企业数量，争取有更多企业进入全市文化产业示范企业名录。一是推动文化企业创新发展。积极引导企业加大原创文化产品生产、原创文化项目研发，支持企业加大对文化产业专业人才培养和引进力度；支持文化企业在与其他产业的融合中创新产业业态，鼓励文化企业加强品牌建设。二是推动文化企业拓展市场。加强专题推介，结合全年招商工作计划，采取“走出去”和“引进来”相结合的方式，积极组织文化企业参加动漫节展、文化产业博览会，举办产业合作恳谈会、产品宣传推介会，拓展招商空间，大力引进国内外知名文化企业来南长区投资创业，大力引进各类成熟型、成长型文化企业来南长区落户发展，鼓励吸引各类知名企业以独资、合资、合作、参股、特许经营等各种形式参与文化产业发展。三是推动文化企业自我完善。针对南长区文化产业小微企业众多、基础管理薄弱、运行不够规范的情况，重点指导企业创新发展理念、经营方式和管理手段，提升企业素质，拓展发展空间。

（四）进一步推动文化与科技、旅游等产业的融合

加快文化与旅游的融合发展，突出文化旅游、休闲旅游和观光旅游，进一步整合南长区文化资源和旅游资源，重点打造 11 个旅游项目，建设一批星级酒店和特色街区；重点打造南禅寺、西水东、永兴寺等一批景区，以南禅寺和古运河“水弄堂”为主体，加快产品开发，促进文化旅游一体化发展，打造清名桥古运河景区为国家 4A 级旅游景区，着力建设运河文化遗产休闲度假区、太湖广场休闲度假区以及梁塘河湿地公园生活体验度假区。

（五）进一步繁荣南长文化消费市场

积极引导、扶持文化企业创新商业模式，开发特色文化消费产品，不断提供个性化、分众化的文化产品和服务。进一步倡导以“乐娱、乐购、乐游、

乐品、乐居”为重点的“乐活文化”，坚持政府倡导、企业联动、市民参与的可行模式，加强文化市场整合与开发，引导娱乐业走品牌化、多元化、大众化的发展道路。重视娱乐产业配套发展，引进和开发一批现代时尚文化休闲娱乐项目。加强文化消费与商贸、餐饮等的联动发展，加快建设集购物、娱乐、休闲、餐饮于一体的城市综合体项目，不断培育新的文化消费增长点，努力增加文化消费总量。结合公共文化事业发展，继续推进面向本地文化企业的政府采购，主动引导文化消费。切实加大文化市场执法力度，严厉打击各类违法经营活动，整顿和规范文化市场秩序，营造良好的文化消费环境，保护文化经营者和文化消费者的合法权益，加快形成统一开放、竞争有序的文化市场体系。

B.22

强服务　重考核　聚人才 做实北塘“南文北产”发展战略

根据北塘区文体局提供的材料整理

2013年，北塘区紧紧围绕“南文北产”发展战略，积极推动文化产业工作，文化产业取得了长足发展。根据统计数据，全区现有文化企业653家，文化创意企业448家。2012年全区文化产业增加值为7.5亿元。其中，文化创意产业营业收入6亿元，比上年同期增长20%。2013年上半年，文化创意产业营业收入3.03亿元，比上年同期增长12.6%，文化产业增加值占比为3.6%，力争到2014年达到4.8%，到2015年要达到6%，成为北塘区国民经济的重要支柱产业。

一　文化产业取得成绩的具体做法

（一）积极完善产业领导机制

根据要求，北塘区建立区文化产业发展领导小组，确定区委宣传部为主管部门，领导小组办公室设在区文体局，并配备专门人员，建立基础台账。一是建立一个工作网络体系，包括主管部门的工作人员和园区、企业、行业协会或产业联盟的工作人员，并建立办公室工作制度，包括例会制度、联络员制度、信息报送制度等。针对文化产业发展阶段的特点，北塘区努力提高省级和市级发展文化产业引导扶持资金申报质量，加强对申报工作的协调，加强对申报单位的具体指导。三是切实加强对省、市、区引导扶持资金跟踪问效式监督管理。建立和完善项目评审、跟踪管理、竣工验收和绩效评估等各项监督机制。

（二）积极推动文化园区建设

近年来，北塘区先后启动了惠山古街、总部商务园、北创园、文创中心、凤翔软件园、凤嘉产业园、“559 文化创意产业园”等重大项目，目前已经相继建成并投入使用，在一定程度上提高了文化产业发展的集聚与规模效应，增强了北塘区文化产业的发展后劲。由于各产业园区文化企业入驻数量和集聚度不高，北塘区以“559 文化创意产业园”为龙头的文化产业园区建设力度需要进一步加强，为实现文化产业跳跃式发展奠定基础。

（三）积极培育产业重点项目

积极推进在谈、拟谈的重大项目，加强对项目的跟踪，动态掌握项目推进情况。深入走访调研，解决项目要素保障、项目审批、资金需求等实际问题。目前，无锡华西文化产业集团有限公司注册 5000 万元进驻“559 文化创意产业园”。江苏泛亚信息咨询有限公司、艺谷无锡创意设计有限公司进驻总部商务园。目前，北塘区文化企业主要集中在数字出版、创意设计、动漫制作、包装印刷等几个门类。龙头企业包括江苏睿泰科技有限公司、江苏泛亚信息咨询有限公司、科虹标牌有限公司等。2012 年，江苏泛亚信息咨询有限公司营业收入为 1.9 亿元，科虹标牌有限公司营业收入为 1.53 亿元，江苏睿泰科技有限公司营业收入为 9800 万元，科虹标牌有限公司入围无锡市文化示范企业收入 20 强名单。2013 年上半年，北塘区营业收入为 3000 万～5000 万元的文化产业有 1 家，超 5000 万元的企业有 5 家。

（四）积极推动招商引资工作

2012 年，北塘区先后 3 次赴北京、上海、深圳等国内重点地区及城市举办专题文化产业招商活动，其中包括无锡文化创意产业（北京）合作恳谈会、无锡市北塘区上海招商说明会等。通过招商引资和产业推介，2013 年上半年，江苏泛亚信息咨询有限公司、艺谷无锡创意设计有限公司、无锡华西文化产业集团有限公司等知名文化企业入驻北塘区。

（五）积极发挥政策引领作用

2013 年上半年，北塘区继续实施《北塘区促进城市产业发展扶持政策》相关办法。按此项政策规定，以开办奖励、贡献奖励、置业奖励、项目建设补助、宣传推介补助、人才培训补助等方式支持在北塘区注册的独立核算的文化创意企业 7 家 10 项目共计 73.41 万元。北塘区还积极认真做好《2013 年度江苏省文化产业引导资金项目申报》《2013 年度无锡市文化产业引导资金申报》等申报工作，为惠山古镇开发有限公司、“559 文化创意产业园”、无锡华西文化产业集团有限公司、无锡耘林艺术品交易中心有限公司、无锡多乐影视动画传媒有限公司、江苏睿泰科技有限公司、华谊兄弟影院管理无锡有限公司、江苏泛亚信息咨询有限公司、艺谷无锡创意设计有限公司、科虹标牌有限公司等重点骨干企业争取政策扶持。

（六）积极做好引办企业服务

2013 年上半年，北塘区紧紧围绕文化产业发展目标任务，积极做好对企业的跟踪服务工作。一是充分发挥职能优势，积极主动为江苏泛亚信息咨询有限公司、艺谷无锡创意设计有限公司做好经营许可证的申报和办理，协助文化招商引企的顺利完成。二是协助企业做好重点项目的规划、调研工作，促进企业开发新项目。积极引导无锡华西文化产业集团有限公司做好公共信息平台的调研和开发工作，促进企业加快项目的推进落实，实现市场营销。三是扶持企业做大做强。积极培育企业做好主营业务，打造龙头企业。2013 年上半年，无锡多乐影视动画传媒有限公司进入无锡市动漫企业十强，被评为文化部重点动漫企业。无锡科虹标牌有限公司营销收入进入无锡文化企业销售收入 20 强。

（七）积极开展统计考核工作

2013 年上半年，进一步建立健全了统计体系、推进文化企业直报制度。将文化产业增加值作为文化发展绩效考核指标和率先实现现代化指标，纳入党委政府考核指标，并分解到各部门、街道，实行领导负责、部门分工一系列措施，确保文化产业发展任务圆满完成。由区委宣传部、区文体局对区45家重点骨干文化企业进行跟踪服务，定期对北塘区文化产业各项政策的执行落实情况进行检查，对实施过程中发现的问题，及时组织相关部门进行调研分析，提出解决办法和对策，并总结经验，确保各项任务落到实处。

（八）积极促进高端人才集聚

北塘区积极实施《北塘区促进城市产业发展扶持政策》相关办法。按此项政策规定，以人才培训补助等方式支持在北塘区注册的独立核算的文化创意企业。北塘区既注重内部专业技能人员培养，更注重对外合作，进一步提升公司软实力及核心竞争力。一方面积极引进优秀人才，另一方面与各大高校、专业院所等联合开展各类培训活动，如南京邮电大学、无锡市高技能人才公共实训管理服务中心等，充分保障企业人才、技术、知识的持续创新发展。

（九）继续扶持龙头企业，争取早日实现上市突破

进一步深化有关扶持政策，通过政策倾斜，为骨干文化企业在税费减免、财政扶持、银行贷款、上市融资、土地使用等方面提供更大的优惠；进一步落实骨干企业区级领导挂钩联系责任制，及时掌握企业发展动态，协调解决制约企业发展壮大的实际困难；建立健全对重点文化企业的激励和约束机制；积极做好国联集团与江苏睿泰科技有限公司、艺谷无锡创意设计有限公司的沟通联系，推进金融与文化科技紧密协作，积极培育江苏睿泰科技有限公司成长壮大，力争实现文化企业上市突破，打造一批年营业收入超5亿元的现代大型企业集团，目前江苏睿泰科技有限公司和江苏泛亚信息咨询有限公司已被列入上市计划名录。

二　进一步推进文化产业发展的具体举措

（一）进一步强化文化产业政策扶持工作

充分发挥《无锡市关于加快文化产业发展的政策意见》和《北塘区促进

城市产业发展扶持政策》的政策引导作用。充分利用省、市、区各级产业引导资金，推动园区集聚、企业做大做强，加快文化产业发展步伐。

（二）进一步加强园区建设

加快推进文化企业、资源向以惠山古街、总部商务园、北创园、文创中心、凤翔软件园、凤嘉产业园、“559 文化创意产业园”为核心的重点文化创意产业集聚区和以惠山历史文化街区为核心的文化与旅游集聚区集聚。充分利用北塘区的政策优势和区位优势，加紧在外地寻找大企业落户园区，提升园区竞争力和集聚度。力争到 2013 年底，总部商务园文化创意产业年产值超 5 亿元，加快推动“559 文化创意产业园”建设，力争建成年产值超 10 亿元的文化创意园区。

（三）进一步加强招商服务工作

一方面要把握招商方向和重点。针对北塘区文化产业重点发展行业，紧盯国际与国内行业领军企业、知名企业，制定招商目录，研究招商战略策略，务求招商见成效，着力引进龙头型、领军型、高成长性文化企业。另一方面要拓宽招商渠道。围绕北塘区发展文化产业重点载体招商制订统筹计划，开展专题招商活动；围绕北塘区发展文化产业的重点行业，把文化产业招商纳入赴国内外各地开展集中招商的系列活动；对于区域内文化产业的重点企业，优化对接服务，通过靠前、主动、个性化的服务，促进大项目、好项目的顺利运行，以加快对现有文化企业的培育壮大。

（四）进一步完善产业统计考核，加强资金管理绩效

一是加强绩效考核和产业统计力度，依据《无锡市文化产业绩效考核奖励办法》，制定《北塘区文化产业绩效考核奖励办法》。根据产业总量、招商引资及综合服务等核心指标完成情况，对各板块进行考核奖励。同时加强产业统计工作力度，依据产业目标分解任务，做好月度产业统计数据分析上报工作，加强企业直报。二是积极运用政策杠杆作用，充分发挥广播、电视和网络

等宣传作用，促进北塘区文化企业广泛了解文化产业发展资金扶持政策，扩大文化产业发展资金受惠面。在扶优扶强的同时，加大对成长型企业的扶持力度，确保一定比例的文化产业发展资金用于成长型文化企业，强化资金绩效管理，提高资金使用效率。

B.23

高起点　重力点　固支点
推动新区抢占战略制高点

根据新区文体局提供的材料整理

党的十七届六中全会指出，加快发展文化产业，推动文化产业成为国民经济支柱性产业。无锡新区党工委、管委会高度重视文化产业的发展，根据党的十七届六中全会精神，按照科学发展观的要求，突出高新技术开发区的创新特色和高新技术优势，调整文化产业结构，力促文化与高新技术融合，推动新区文化产业跨越发展。

一　文化产业取得成效的具体举措

（一）落实政策带动产业结构调整

在对上争取政策扶持方面向文化创意产业倾斜。充分发挥政策的激励和扶持作用，大力发展以影视、动漫游戏、网络信息传播、广告、电子商务、文化旅游产业为主的文化创意产业。指导、组织企业申报2013年省文化产业引导资金，共上报12个项目；申报2013年市文化产业引导资金，共上报46个项目；申报省科技企业家、省文化创新团队各2个项目。这些项目全部集中在文化创意产业领域。新区还配套制定了扶持文化创意产业政策，2012年兑现引导资金657.97万元，2013年区级政策扶持资金也正在组织申报中。

鼓励文化企业参与公共文化服务，扩大文化消费。继新区图书馆实行服务外包的经营管理模式取得成功后，新区文化馆也推行服务外包，属全国首创，积极促进文化产业与文化事业的互相推动与发展。

（二）引领园区建设提速增效

园区（基地）运营业绩增效显著。负责国家软件园运营的无锡软件产业发展有限公司2013年上半年营业收入为14362.6万元，实现利润总额5543.3万元。园区聚集了央视国际网络、易视腾、慈文传媒集团、买卖宝等众多大型文化创意企业。吴博园以打造具有吴文化特色的国家级休闲旅游度假区为总体定位，园区运营呈现较快发展的态势。截至目前，梁鸿湿地入园客流量近3万人，同比增长46%；收入182万元，增长47%。赏石园实现门票收入5.5万元，同比增长50%。丽笙酒店实现经营性收入886万元，逢节假日入驻率达90%以上，休闲度假酒店特色日益彰显。

园区（基地）载体建设不断加强。吴博园今年的重点项目游客中心－文化旅游商业街已完成规划论证及项目立项等工作。新世界国际纺织服装城有限公司向文化产业方向转型发展，在新区打造新世界国际文化广场，旨在打造长三角地区乃至全国民族文化交流、收藏、推广、旅游的集散地，做文化产业的新标杆。无锡紫光星域投资管理有限公司建设紫光动漫园项目。软件园正在打造国家级广告创意产业园，已聚集了以CNTV、BigTV为代表的互联网广告媒体企业，以TVM、迈思奇为代表的互动广告展示企业，以华尔兹、好特克、博翱传媒为代表的新业态广告展示企业，以慈文传媒、好莱坞数码、世纪宏柏为代表的数字广告制作企业。

（三）龙头企业加快成长

龙头文化创意企业数量不断增多。目前新区年产值超过5亿元的企业有当当网1家，年产值超亿元的企业有5家，年产值超5000万元的企业有6家。

龙头企业产值增幅不断加大。2013年上半年，当当网实现产值14.96亿元，同比增长8.4%，实现主营业务利润1.2亿元。慈文传媒集团实现产值8180.4万元，同比增长17.1%，实现主营业务利润250万元。央视国际网络无锡有限公司实现产值5561.8万元，同比增长148%，实现主营业务利润3417.9万元。

龙头企业原创项目质量不断提高。2013年上半年新区企业投资5000万元

以上的原创研发项目有3个，即当当网的“基于数字出版云存储技术的新一代电子阅读装置技术研发与产业化”项目、央视国际网络的“国家网络视频数据库平台”项目、易视腾的“基于云+端互联网电视服务平台”项目。这些项目是文化与科技相结合的项目，产值高，技术含量高，对整个产业的带动能力强。

（四）加大项目招商引资力度

引进优秀企业和项目。引进“星空国际文化城”项目，提升新区文化传媒产业的聚集度和档次，并使新区逐步发展为文化会展活动的目的地；引进无锡博弘艺术发展有限公司，该公司注资1000万元，6月博弘艺术网上线启动仪式在北京隆重举行，率先在全国开创了艺术品金融化和连续交易的新模式；引进中亚国际、七禾股份、银邦股份等发展文化旅游产业项目。

举办和参加招商活动。党工委管委会领导带队赴广州、北京等地进行广告、旅游招商和推广活动。同时，新区积极举办和承办各类招商和会展活动。无锡新区工业博览园、江苏省吴越文化研究会和深圳新世界国际集团等单位共同举办2013年新世界国际文化艺术博览会。新区承办“2013中国电子商务创新发展峰会”，吸引大型电商企业落户。

（五）加强产业统计监测分析

建立企业库扩大统计口径。与宣传部、统计局积极交流沟通，实现数据共享，继续坚持改进统计方法，扩大统计口径，扩大企业库，提高文化创意产业增加值在文化产业中的占比。做好各季度全区文化创意产业统计工作。

坚持企业直报确保数据真实。每月进行文化创意产业的产值统计，并且要求重点企业进行直报，目前新区的产值统计90%来自企业提供。

（六）促进高端人才有效集聚

新区重视培育人才，建设“人才特区”。制定了《无锡新区人才特区建设行动计划》《无锡新区关于引导和鼓励以企业为主体引进和培育人才的实施意见》。园区内也搭建了人才服务平台，园区文化创意人才规模从2007年的800

多人发展到现在的近万人。

加强企业创新人才和创新团队建设。利用省、市各项人才政策扶持企业创新人才和团队。帮助申报省文化创新团队和市文化人才贡献奖，激励企业加强引进高端人才。

二　实现跨越式发展的经验

无锡新区作为国家级高新技术开发区，经济发展以创新为根本动力，以高新技术为主要支撑，发展文化产业具有独特的竞争优势。新区将立足新区优势，创新发展思路，实现文化产业跨越式发展。

（一）保持高起点

新区传统文化产业的经济存量相对较小，进行文化产业结构调整的阻力小。新区将积极向科技含量高、富有创意、竞争力强的现代文化产业注能量、增容量。加快发展广告创意、数字出版、信息传播、移动多媒体、影视动漫游戏等新兴文化产业，推动文化产业与旅游、体育、信息、物联网等产业融合发展。

（二）加重着力点

着力进行园区（基地）发展规划，推动产业集聚。做好新区的文化旅游发展规划，大力推进吴博园省级旅游度假区、国家水利风景区申报。依托国家动漫游戏产业振兴基地、国家动画产业基地、国家级文化产业基地，以无锡新区创新创意产业园为核心带动，推动新区文化创意载体园区向特色化、品牌化方向发展，不断提升各园区专业服务能力，优化综合发展环境。着力加大招商引资力度，千方百计抓项目。重点引进产业带动性强的大型、龙头型文化企业，通过大型企业落户，带动产业链条上游、下游企业在新区落户发展。

（三）牢固支撑点

发挥文化与科技的互相促进作用，鼓励企业进行原创技术研发，增强自主

创新能力。培育一批特色鲜明、创新能力强的文化科技企业，使之做大做强。培育和引进文化产业发展急需的各类中高端人才。加强政策激励和扶持，加大对国家、省、市各级申报项目和扶持资金的争取力度。

文化产业是绿色的、知识型、智慧型产业，是转变经济发展方式的重要着力点。新区将贯彻落实市委、市政府的决策部署，大力发展文化产业，调整文化产业结构，抓创新、提效益，为苏南现代化示范区建设当好排头兵。

附　　录

Appendix

B.24

附录一　市政府贯彻国务院办公厅关于金融支持小微企业发展实施意见的通知

锡政发〔2013〕198号

各市（县）和各区人民政府，市各委、办、局，各有关单位：

为深入贯彻落实《国务院办公厅关于金融支持小微企业发展的实施意见》（国办发〔2013〕87号），加强小微企业金融服务，支持小微企业良性发展，结合我市实际，现就有关工作通知如下。

一　加大信贷支持，推动小微贷款“两个不低于”

（一）信贷政策向小微企业倾斜。提高小微企业信贷在目标考核中的权重，在新增信贷中增加小微企业贷款份额；推动银行机构单列年度小微企业信贷计划、单独配置资源、单独信贷评审、单独进行会计核算，并将任务合理分解，确保全年小微企业贷款增速不低于各项贷款平均水平、增量不低于上年同期水平。

（二）加大结构调整力度。大力发展贷款转让市场，盘活信贷资金，引导金融机构将盘活的资金主要用于小微企业贷款；支持符合条件的小贷公司、中介机构积极参与票据代理、承兑等业务，促进银行票据、商业票据加快流转。

（三）适当提高小微企业贷款不良容忍度。引导银行机构改进绩效考核机制，根据自身风险状况和内控水平，适度提高对小微企业的不良贷款容忍度，并制定相应的小微企业金融服务人员尽职免责办法。

二　促进创新提升，丰富小微企业金融服务方式

（四）完善推广小微科技信贷服务模式。总结“银行＋担保＋风险补偿”的小微科技信贷服务模式的工作经验，进一步完善工作流程和服务功能；鼓励金融机构加强与地方政府、园区管委会、专业化市场、行业协会开展合作，着力加强对小微科技企业的金融服务，到2014年末争取全市50%的镇、80%的园区按“银行＋担保＋风险补偿”模式开展业务。

（五）创新小微企业信贷产品。培养高素质信贷专业团队，开发适应小微企业特点的信贷产品和抵（质）押方式，不断提高小微企业信贷创新产品占比；积极开展知识产权质押、应收账款质押、动产质押、股权质押、订单质押、仓单质押、保单质押等抵质押贷款业务。

（六）发展特色金融服务。针对不同类型、不同成长阶段小微企业发展特点，为其量身订制特色产品，大力发展产业链融资、商业圈融资和企业群融资；有序开办商业保理、金融租赁和定向信托等融资服务；不断扩大贸易保险项下的融资规模。

（七）探索互联网金融创新。充分利用互联网等新技术、新工具，研究发展网络融资平台，不断创新网络金融服务模式；依托云计算、e消费和国开金融，大力推广“开鑫贷”等网络金融业务。

三　加快整合提升，强化小微企业增信和信息服务

（八）提升担保服务能力。促进融资担保机构（主要是国有融资担保机

构）整合，提升单个担保机构规模实力，拓展企业债、公司债、再担保等业务承接能力；积极吸引国内优秀担保机构在我市落户，鼓励有条件地区成立非营利性的政策性担保机构，充实完善融资担保体系，为我市广大小微企业提供优质服务。鼓励担保机构研究推出适合小微企业，特别是新兴产业企业的担保产品，加快推广。

（九）开展小额贷款保证保险和信用保险。落实《市政府办公室关于印发无锡市小额贷款保证保险业务试点办法的通知》（锡政办发〔2013〕232号）。根据市区、江阴、宜兴各自情况，因地制宜加快推进贷款保证保险业务，鼓励取消反担保措施，逐步替代可能形成系统风险的联保连带方式。稳步扩大出口信用保险对小微企业的服务范围，提升小微企业统保平台功能，降低统保平台费率，提高单一客户最高赔付金额和单笔损失赔付比例。推动具备业务开展资质的保险公司，利用各自优势，错位竞争，创新国内贸易信用保险产品和服务模式，共同做大市场业务规模。

（十）搭建小微企业综合信息平台。深入实施“中小企业金融支持服务三年规划”，借助互联网技术和现代物流管理，加强对资金流、信息流、实物流的有机整合，重点加大对小微企业的金融支持；建设科技金融服务联盟，整合政府、金融机构、中介服务和实体企业的各类信息资源，建立全市统一的融资信息对接平台，促进企业和项目融资信息传递，有效缓解银企对接中信息不对称的问题。

四　推进资源集聚，加快小微企业金融服务网点和渠道建设

（十一）探索设立新型金融机构。鼓励和推动由民间资本发起设立自担风险的民营银行、金融租赁公司和消费金融公司等非银行类金融机构；探索发展融资租赁公司、商业保理公司等；全力推进锡商银行的报批及后续跟踪服务；支持无锡农商行在江阴、宜兴设立分支机构；积极支持在小微企业集中的地区设立村镇银行。

（十二）丰富小微企业服务机构。引导金融机构增强“支小助微”服务理

念，鼓励各银行业金融机构增设小微企业金融服务专营机构，增加对县域分支机构的信贷授权；动员更多营业网点参与小微企业金融服务，重点加大对单户授信500万元以下小微企业的信贷支持力度。

（十三）创新发展小额贷款公司。通过探索发行私募债、开展资产转让、设立小额贷款批发投资基金、成立小额贷款再贷款公司等方式，积极稳妥地拓宽小额贷款公司融资渠道；推动符合条件的小额贷款公司积极开展应付款保函、票据贴现、开鑫贷、应收账款质押、商业保理等新业务；充分发挥科技小额贷款公司贷、投结合的优势，重点支持科技型初创企业创新发展。

五　拓宽直接融资渠道，大力推进小微企业直接融资

（十四）推动小微企业债券融资。推动小微企业通过银行间市场融资，提高银行间市场融资额在地区生产总值中的占比；各地区、有关部门和单位要在完善风险控制、信用增进的基础上，推动符合条件的小微企业发行集合债券、集合票据和集合信托计划；要加快储备和培育一批适合发行私募债券的小微企业，扩大私募债发行规模。

（十五）推动小微企业股权融资。依据我市《关于进一步加大企业上市工作力度意见》（锡政办发〔2013〕234号）精神，优先支持高科技、高成长中小微企业、小型金融机构进入市级上市后备企业资源库，享受上市后备企业的优惠扶持政策。推动小微企业在全国中小企业股份转让系统挂牌和定向融资，力争三年挂牌100家。进一步完善《无锡市创业投资引导专项资金管理办法》，加快引导创业投资产业集聚发展；发挥无锡市种子基金跟进投资功能，进一步引导创业投资向科技型小微企业投资。

（十六）推动小微企业利用区域性场外市场多渠道融资。支持和推进无锡产权交易所建设，为小微企业价值发现、股权交易、定向融资提供服务。加强与江苏省股权交易中心等其他区域性股权交易中心的合作，支持小微企业通过各类区域性场外市场实现定向私募融资、股权质押融资和股权流动。以“新三板”挂牌为契机，加快推动“保、投、贷”一体的科技金融服务联盟建设，形成“券商保荐＋股权融资＋信贷融资”多渠道融资创新。

六 规范收费行为，切实降低小微企业融资成本

（十七）进一步规范银行收费。推动商业银行建立科学合理的小微企业信贷风险定价机制；探索实施贴现票据询价和价格引导制度，促进金融机构降低贴现利率，适度让利于小微企业；严格执行《关于支持商业银行进一步改进小微企业金融服务的补充通知》（银监发〔2011〕94 号）有关规定，除银团外，不得对小微企业贷款收取承诺费、资金管理费；严格限制银行对小微企业及其增信机构收取财务顾问费、咨询费等费用；严禁银行在发放贷款时附加不合理的贷款条件。

（十八）进一步规范担保收费。强化对融资性担保机构的日常监管，通过行业协会自律和政策激励，规范、引导担保机构合理定价和合规收费；对低费率的小微企业担保业务、科技担保业务、新兴产业担保项目分级给予补贴，对担保业务发生风险的给予一定的补助。

七 强化政策引导，用好用足各类政策工具

（十九）发挥政策导向作用。实施小微企业升级扩面工程，引导金融机构切实加大小微信贷投入，逐年扩大小微企业首贷、首投、首保户数；充分发挥再贷款、再贴现和差额准备金动态调整机制的导向作用，引导金融机构信贷支持符合产业政策的小微企业；完善小微企业贷款统计及考核，对金融机构支持小微企业的贷款增长情况、小微企业贷款覆盖率、小微企业综合金融服务覆盖率和小微企业申贷获得率等指标按月监测、按季考核和通报。

（二十）做好专项试点工作。积极稳妥开展小微企业风险互助基金试点、借新还旧试点工作，根据实际情况不断分析调整，促进试点工作面上推开、纵深推进。

（二十一）设立转贷应急基金。设立由市、区两级政府财政共同出资的中小企业转贷应急资金，用于帮助解决我市中小企业转贷过程中的资金需求。

（二十二）设立风险补偿资金。整合设立市级科技信贷风险补偿资金池，

对科技小微企业贷款造成的损失给予一定补偿；支持各级政府建立小微企业信贷风险补偿资金池，对金融机构、小型金融机构、担保机构因小微企业信贷产生的风险，依照规定予以补偿。

（二十三）用好税收优惠政策。对金融机构与小微企业签订的借款合同免征印花税；对科技小贷公司取得的主营业务收入减按3%税率缴纳营业税；允许中小企业信用担保机构和小贷公司，按照不超过当年年末担保责任余额1%的比例计提担保赔偿准备金，允许在企业所得税税前扣除，同时将上年度计提的担保赔偿准备金余额转为当期收入；按照不超过当年担保费收入50%的比例计提未到期责任准备金，符合条件的中小企业信用担保机构在企业所得税税前扣除，同时将上年度计提的未到期责任准备金余额转为当期收入。

八　优化金融环境，有效提升小微企业发展水平

（二十四）营造守信、用信环境。广泛开展诚信建设，普及信用知识，培育诚信文化，推进小微企业信用体系建设全国试验区授牌；贯彻落实《无锡市科技中小企业信用体系试验区建设实施方案》，积极推动科技型中小企业信用体系试验区建设；组织有关部门与金融机构、投资机构、信用评级机构等相互配合，开展对小微企业的信用评级工作，建立信用档案，树立守信企业典型；积极推广使用信用信息核查、信用基准评价、信用报告等信用产品。

（二十五）防范、化解金融风险。推动银行实施《授信总额联合管理办法》，防止盲目授信、过度授信。充分发挥金融法庭和江苏资产管理公司的作用，加大对小微企业不良贷款诉讼、打包处置的力度，加快案件审理速度。在小微企业不良贷款核销中，给予银行、小贷公司财税政策优惠，降低门槛，简化手续，减少税赋负担。

无锡市人民政府

2013年12月12日

B.25

附录二　市政府印发关于支持无锡国家数字电影产业园建设发展若干意见（试行）的通知

锡政发〔2013〕195号

各市（县）和各区人民政府，市各委、办、局，市各直属单位：

《关于支持无锡国家数字电影产业园建设发展若干意见》（试行）已经市政府同意，现印发给你们，请认真贯彻执行。

为进一步加快无锡国家数字电影产业园发展，加快部、省、市、区共建，全面做大做强我市影视文化产业，经研究，特制定以下扶持意见：

一　建立专项扶持基金

自2013年起三年内，每年设立总规模为5000万元的数字电影产业专项扶持基金，专项扶持资金由滨湖区政府和山水城管委会负责设立和筹集，市级每年安排2000万元支持无锡数字电影产业园建设和发展。专项扶持基金包括产业扶持基金和投资基金两部分。产业扶持基金主要用于对企业入驻奖励、税收贡献奖励，以及本政策规定的各项奖励的兑现；投资基金主要用于对入驻园区企业进行股权投资、项目投资。

二　对入园企业奖励扶持（此为园区对企业的扶持）

（一）实行税收奖励。对入园后的影视公司、传媒公司、后期制作公司、影视基金公司等影视相关企业，根据其对地方税收贡献予以奖励。其征收的增

值税、营业税、所得税按照市级以下留成部分的 80% 由专项扶持基金进行奖励，后两年按 50% 奖励。

（二）实行租金补贴。对入驻国家数字电影产业园核心区的知名影业公司和后期制作公司，给予 3 年内 500 平方米以下部分免租金、500～1000 平方米租金减半的扶持；对入驻电影产业园影视配套区的影视工作室、入驻数码影视基地的影视文化企业，给予 1 年内 500 平方米以下部分免租金、500～1000 平方米租金减半的扶持。

（三）实行品牌企业引进奖励。对落户国家数字电影产业园的国内外知名品牌后期制作公司，注册基金不少于 1000 万元，经认定后给予 50 万～100 万元奖励。

（四）实行平台设备投资奖励。对社会资本投资影视制作关键产业链平台建设，公共平台设备、器材当年完成固定资产投资超过 2000 万元的，经认定后，按照实际投资额的 5% 给予奖励，最高不超过 500 万元。

（五）实行名人工作室奖励。在园区设立工作室（工商注册）的影视行业知名演员、导演、制片人等高级人才，经认定后给予 30 万～50 万元的一次性奖励。

（六）实行影视作品获奖奖励。对在园区内立项或主要后期制作在园区内完成，并获得国际、国内重要电影节影片或技术类奖项的影视作品，经认定后给予最高不超过 100 万元的一次性奖励。

（七）实行企业上市奖励。对园区内入驻企业在境内外交易所首发股票上市的影视企业，按照市、区关于企业上市相关政策进行奖励。

（八）实行企业总部及整体入驻奖励。对引进的总部型企业符合市级总部企业认定标准，按市总部政策进行奖励；其他达到标准的企业，参照区级总部政策执行。总部企业政策和园区各项扶持奖励政策重叠，按就高不就低的原则进行扶持奖励。国内影视企业整体搬入园区，年实缴税收 300 万元以上的影业公司或实缴税收 100 万元以上的后期制作公司视同总部企业。

三　园区建立专业影视投资基金

国家数字电影产业园成立专业影视投资基金公司，寻求和社会各类专业投资基金的合作，扩大基金规模，并实行专业化运作，对入驻影视企业的参股、影视项目投资。对申请需园区进行投资的影视项目，经论证后符合投资要求的，投资比例控制在5%～10%。对新注册落户园区，申请需园区进行股权投资的企业，经论证后符合投资要求的，投资比例不得超过20%。

四　提升园区服务功能

（一）建立园区影视服务中心。园区成立“影视服务中心”，对接省级行政主管部门，负责办理园区影视剧项目报备、审批等事项，建立影视行政服务绿色通道，优化审批流程，减少审批环节，为园区影视企业办理相关手续、证件，提供“一站式”服务。

（二）建立全市外景拍摄联盟。由国家数字电影产业园作为发起人，牵头成立由全市影视基地、景点景区等相关单位共同参与的影视文化产业外景拍摄联盟，为全市范围内所有拍摄业务提供拍摄场地、群众演员、摄影配套等相关服务，提高我市影视产业的综合服务配套能力。

（三）打造“国际剧本交易工场”。由国家数字电影产业园联合国内外大型影视公司及省剧本中心，牵头建立国际化的剧本交易工场，集聚国内外剧本创作资源，完善剧本交易功能，打造集国际剧本经纪服务、剧本创作大师班、剧本创作定制、原创剧本征集、剧本营销交易等功能为一体的“国际剧本交易平台”。

五　附则

（一）按本意见有关精神，由园区制定相应的实施细则。

（二）对基金投资、税收奖励、企业引进过程中特别重大的项目，通过“一事一议”的方式，制定专门的方案，经充分论证后实施。

（三）相同项目已经获得国家和省、市其他扶持政策支持的，按照“就高不重复”的原则，不重复支持。

（四）建设园区专项扶持奖励领导小组，具体负责专项扶持资金的奖励实施。

（五）本意见自 2013 年起试行，试行期暂定三年。

无锡市人民政府

2013 年 12 月 11 日

B.26
附录三　市政府贯彻落实国务院办公厅关于金融支持经济结构调整和转型升级指导意见的工作意见

锡政发〔2013〕163 号

各市（县）和各区人民政府，市各委、办、局，市各直属单位：

为深入贯彻《国务院办公厅关于金融支持经济结构调整和转型升级的指导意见》（国办发〔2013〕67 号，下称“国十条”），切实推动我市实体经济发展和转型升级，现结合我市实际，就贯彻落实“国十条”提出以下意见：

一　进一步明确全市金融工作的指导思想和发展目标

（一）指导思想。以中央经济工作会议和金融“国十条”精神为指导，紧紧围绕市委、市政府建设“四个无锡”、打造“三地三中心”的工作目标，全面落实稳健货币政策，充分发挥金融对经济结构调整和产业转型升级的支撑作用，全力推进无锡产业金融发展之路。

（二）发展目标。一手抓金融业的改革、发展、创新，盘活存量资金，用好增量资金；一手抓金融风险的防范、化解、处置，营造优良和谐的金融生态环境。结合建设苏南现代化示范区的相关要求，主动对接上海国际金融中心，积极彰显无锡区域发展特色，着力把无锡打造成为区域性金融资源的集聚区、金融创新的先行区、金融运行的安全区。

二　进一步优化金融资金的结构与投向

（三）坚持有保有压原则。增强资金支持的针对性和有效性，全力支持

“项目建设提升年”活动，保证在建、续建重大项目和重点工程的合理资金需求，积极支持城市基础设施、保障性安居工程等民生工程建设，加大对战略性新兴产业、传统优势产业等领域的信贷支持力度，对产能过剩行业实行差别化信贷政策，对行业龙头企业、产能向境外转移的企业、开展兼并重组的企业加大信贷支持，严禁向产能严重过剩行业违规建设项目提供任何形式的新增授信和直接融资。

（四）建设融资信息平台。搭建政府部门、企业和银行之间统一的融资信息对接平台，完善企业信用信息体系和产权交易市场，建设科技金融服务中心和服务联盟，促进企业和项目融资信息传递，疏通银企融资对接。

三 进一步加大金融支持小微企业可持续发展的政策力度

（五）加大对小微企业金融支持力度。适当提高对小微企业的不良贷款容忍度，降低小微企业抵、质押门槛，拓宽小微企业融资渠道，缓解银行减贷压力，有效化解联保连带风险；推动法人金融机构完善利率定价机制，努力降低小微企业融资成本；积极支持江阴、宜兴两地开展小微企业风险互助基金试点，缓解小微企业在转贷、续贷过程中面临的高成本、高风险压力，鼓励其他有条件的区自行开展试点。力争全年小微企业贷款增速不低于当年各项贷款平均增速。

（六）开发符合小微企业特点的金融产品。大力推进应收账款、知识产权、排污权等质押融资，在信用评级的基础上有条件推进信用放款；鼓励符合条件的银行机构积极向上争取由总行发行无锡小微企业专项金融债。

（七）建立小微企业信贷风险补偿机制。各级政府建立小微企业信贷风险补偿资金池，对金融机构、新型金融组织、担保机构因小微企业信贷产生的风险，依照规定予以补偿。

（八）进一步完善银行业金融机构考核奖励办法。积极发挥政府考核引导作用，鼓励银行业金融机构创新金融产品和服务，支持实体经济发展，支持科技中小企业和小微企业发展，降低融资成本。

四　进一步加快农村金融改革创新步伐

（九）推进农村法人金融机构加快发展。推动无锡农商行、江阴农商行、宜兴农商行3家农村商业银行做强做大，支持其向上争取信贷规模，扩大信贷投放，服务地方经济；推动无锡农村商业银行办好江阴、宜兴支行，扩大“三农”金融服务覆盖面；推动有条件的农村商业银行尽快上市。

（十）推进农村金融产品创新。鼓励各银行创新金融产品，服务高效农业、设施农业、特色农业和城镇化建设；支持农村商业银行创新发行“三农”专项金融债，力争无锡农村商业银行在全省率先发行“三农”专项金融债。

（十一）加快建设农村金融综合服务站。在宜兴市试点的基础上，加快增点扩面工作，打造一批集现金支取快捷站、费用缴纳便利站、钞票调剂中转站、金融知识宣传站等各类信息站于一体的农村金融综合服务站。

五　进一步推动消费金融发展

（十二）创新消费金融服务。积极向银监会争取，支持本地区法人银行或骨干企业在全省率先开设消费金融公司创新试点，向各类消费者提供消费贷款等金融服务，培育和壮大新的消费增长点；支持商业银行与市民卡公司加强合作，做好相关自助机具社区布点工作。

（十三）优化消费金融环境。推进现代化支付环境建设，推进第三方支付业务发展，丰富业务品种，拓展业务范围；加快金融IC卡发行进度，逐渐替代磁条卡，拓宽行业应用范围，建设安全用卡环境；全面深化金融消费权益保护工作，探索建设无锡市金融消费者教育体系，建立健全银行、证券、保险消费权益保护协作机制，建设互信、和谐的金融消费市场。

六　进一步向上争取将我市列入外汇管理试点城市

（十四）加强对外合作。积极推进海峡两岸金融与科技结合试验区建设，

打造具有无锡特色的涉台金融经贸品牌；吸引外资金融机构来锡发展，设立分支机构。

（十五）积极参与外汇结算业务试点。开展外资股权投资基金结汇试点工作，积极向外汇管理局争取额度，实施外资股权投资基金“意愿结汇”；积极争取中资企业境外担保项下境内贷款额度，方便企业运用境外资金，规避汇率风险，降低企业财务成本；开展跨国公司外汇资金集中运营改革试点工作，选择试点企业开展经常项目集中收付汇和货物贸易轧差净额结算，并集中调配境外成员企业外债和对外放款额度，实现集中运营管理便利化，提高跨国公司外汇资金使用效率。

七 进一步强化资本市场对我市经济发展的促进作用

（十六）推动企业上市融资。研究出台《关于进一步加大推进企业上市工作力度的意见》，积极推动企业在主板、中小企业板、创业板市场和境外证券市场首发上市，鼓励企业在证券市场开辟多种渠道直接融资；抓住国家将全国中小企业股份转让系统试点扩大的机遇，推动我市面广量大的中小企业到全国中小企业股份转让系统挂牌，争取 3 年内全市在“新三板”挂牌的中小企业达到 100 家。

（十七）努力扩大债券融资。鼓励金融机构和有关中介机构积极参与我市符合条件的企业发行企业债、公司债、中短期票据和中小企业私募债，帮助企业利用多种融资工具筹措发展资金。

（十八）规范发展投资基金。建立风险投资引导机制，发起设立和吸引境内外更多符合产业发展规划方向的专业投资基金落户无锡；探索联合有实力的大型金融机构、大型国企和大型基金发起设立并购基金，利用资本市场积极开展兼并重组，实现产业整合。

八 进一步探索创新保险工作的思路与举措

（十九）创新开展保险业务。充分发挥保险控制、分散风险和偿付的能力，探索开展小额贷款保证保险业务，推动小微企业通过采用小额贷款保证保险，逐步替换风险较大的联保方式，切实降低因联保连带导致企业成片出险的隐患；推动相关保险公司扩大国内贸易信用保险业务规模。

（二十）扩大保险资金利用规模。筛选符合保险资金投资条件的项目，加强与保险机构总部对接，力争吸引更多长周期、低成本的保险资金投资无锡。

九　进一步支持民间资本投资金融行业

（二十一）创新发展新型金融机构。支持本地区符合条件的民营企业发起设立民营银行、金融租赁公司、消费金融公司；推动农村商业银行发起设立金融租赁公司；推动发展互联网金融；积极争取符合条件的农村小额贷款公司申请转制村镇银行。

（二十二）规范发展小额贷款公司、担保公司、典当公司。推动已批小额贷款公司加快筹建开业；鼓励符合条件的小额贷款公司开展业务创新，增加业务品种，做大业务规模；加大农村小贷公司对“三农”的支持力度，提高“三农”贷款比重。出台《无锡市小额贷款公司奖优限劣管理办法》，从风险管控、财税优惠、业务叫停、公司整改和淘汰等方面对小贷公司实行量化考核、分类监管，促进小额贷款公司行业健康可持续发展。进一步加强对担保公司、典当公司的规范管理。

十　进一步做好金融风险的妥善化解与长效防范

（二十三）加大风险处置力度。坚持政府主导、银行主体、科学监管的原则。加快化解钢贸、光伏等产业领域的突出金融风险，支持金融机构通过核销、资产打包等方式尽快甩掉包袱，腾出增量规模；重点关注光伏行业、中小微企业信贷风险蔓延，协调银行机构稳定全市重点光伏企业贷款存量，对中小微企业不抽减贷款，严防发生新的系统性信贷风险；推动江苏资产管理公司规范运作，加强与各银行机构及四大金融资产管理公司业务合作，积极参与区域性金融风险化解。

（二十四）切实加强金融监管。进一步规范银行的经营行为，不得以贷转存、不得存贷挂钩、不得以贷收费、不得借贷搭售，切实降低企业融资成本，缓解企业融资难、融资贵问题。加强对政府公共服务购买保险的监管，发挥好政策性保险的保障作用。

（二十五）完善风险防范机制。进一步摸清全市信贷风险底数，有针对性建立风险预警机制和预防措施；建立政银企风险共防机制，支持金融机构通过法律途径防范化解风险，积极发挥金融法庭作用，探索建立失信企业黑名单制度，坚决打击逃废金融债务行为，维护我市优良的金融生态环境。

无锡市人民政府

2013 年 10 月 8 日

B.27

参考文献

[1] 徐建伟:《吴文化与无锡旅游业发展初探》,《无锡商业职业技术学院学报》2004 年第 1 期。

[2] 肖瑜:《有关非物质文化遗产旅游开发模式的构建——以大连市为例》,《文化学刊》2010 年第 1 期。

[3] 沈晓敏:《惠山古镇旅游开发现状及对策》,《河北旅游职业学院学报》2012 年第 3 期。

[4] 李萍:《泥土的异趣——试析无锡惠山泥人的兴起》,《东南文化》2012 年第 5 期。

[5] 郑丹:《无锡惠山泥人非物质文化遗产保护与开发研究》,《江苏商论》2012 年第 6 期。

[6] 张一等:《基于 IPA 分析的无锡惠山古镇旅游目的地形象感知研究》,《安徽农业科学》2012 年第 33 期。

[7] 刘小泉、袁金宏、于涵:《江西非物质文化遗产旅游开发模式探析》,《广西职业技术学院学报》2013 年第 1 期。

[8] 袁青霞:《无锡市惠山古镇旅游开发模式及对策研究》,《城市旅游规划》2013 年第 2 期。

[9] 郑丹:《非物质文化遗产生产性保护发展趋势及对策构建——以无锡惠山泥人为例》,《商业经济》2013 年第 4 期。

[10] 顾江:《文化产业规划案例精析》,东南大学出版社,2008。

[11] 范建华:《文化与文化产业发展新论》,人民出版社,2011。

[12] 任广军、张鸣年:《无锡文化创意产业发展报告(2012)》,中国城市出版社,2013。

[13] 庄若江、张鸣年:《无锡文化创意产业发展报告(2013)》,社会科学文

献出版社，2013。

［14］肖刚：《体验经济视角下的非物质文化遗产旅游开发模式研究》，西北师范大学硕士学位论文，2010。

［15］朱莎：《非物质文化遗产的旅游开发模式与绩效评价——以张家界土家风情园为例》，湖南师范大学硕士学位论文，2011。

［16］李喆：《非物质文化遗产保护与旅游开发》，西北师范大学硕士学位论文，2012。

［17］秦艳培：《非物质文化遗产保护性旅游开发路径探讨》，《洛阳师范学院学报》2012 年第 10 期。

［18］《城市旅游新景：无锡惠山古镇，露天的历史博物馆》，中国经济网，2010 年 11 月 29 日。

［19］石琼：《无锡惠山古镇：当之无愧的祠堂博物馆》，新浪国内旅游，2013 年 3 月 25 日。

［20］《保护与发展的双重抉择——无锡市文化旅游发展集团集思广益探索惠山古镇的发展之路》，中国文化传媒网，2014 年 1 月 16 日。

［21］《无锡文化产业集群发展研究》，http：//www. wuxi. gov. cn/zt/wxdk/2013n10yk/ldlt/6569723. shtml。

［22］《无锡历史文化资源开发利用研究》，http：//szw. chinawuxi. gov. cn/szzz/6320401. shtml。

［23］《挖掘历史文化资源　促进魅力无锡建设——兼谈历史文化名城保护利用“绍兴模式”的启示》，《娄子丹江南论坛》2012 年第 12 期。

［24］李怀亮、闫玉刚：《当代国际文化贸易综论（上）（下）》，《河北学刊》2005 年第 11 期、2006 年第 1 期。

［25］李小牧、李嘉珊：《国际文化贸易：关于概念的综述和辨析》，《国际贸易》2007 年第 2 期。

［26］张海涛、张云、李怡：《中国文化对外贸易发展策略研究》，《财贸研究》2007 年第 2 期。

［27］张斌：《当前的国际文化贸易格局之研究》，《学术论坛》2010 年第 4 期。

[28] 梁昭:《构建我国文化贸易统计指标体系之研究》,《国际贸易》2010年第11期。

[29] 张抒:《我国文化贸易发展的问题与潜力》,《学术交流》2011年第5期。

[30] 李嘉珊:《我国国际文化贸易学术研究现状分析与展望(2001~2011)》,《国际贸易》2012年第3期。

[31] 田祖海:《西方国际文化贸易的研究进展及其对我国的启示》,《国际贸易》2012年第3期。

[32] 陈文敬、米宏伟:《中国文化贸易发展现状、问题及对策》,《国际贸易》2013年第1期。

[33] 周升起、兰珍先:《中国文化贸易研究进展述评》,《国际贸易问题》2013年第1期。

[34] 花建:《中国对外文化贸易体系构建研究》,《学习与探索》2013年第7期。

[35] 杜超、王松华:《文化资源转化与文化产业业态创新》,《同济大学学报》(社会科学版)2008年第4期。

[36] 施炎平:《从文化资源到文化资本——传统文化的价值重建与再创》,《探索与争鸣》2007年第6期。

[37] 周正兵:《文化产业的金融支持》,《投资北京》2011年第10期。

[38] 胡志平:《产业融合视角下我国文化金融服务的兴起与创新》,《求索》2013年第5期。

[39] 张扬:《我国文化金融创新为何面临特殊困境?》,《中国文化报》2013年12月21日。

[40] 无锡市统计局:《无锡统计年鉴2013》,中国统计出版社。

[41] 刘义圣:《我国资本市场发展的系统方略探研》,《东南学术》2003年第12期。

[42] 段桂鉴:《加快文化金融服务创新》,《中国党政干部论坛》2011年第10期。

[43] 黄亮:《我国文化产业投资基金研究》,中国艺术研究院博士学位论文,

2013。

[44] 刘丽娟：《文化资本运营与文化产业发展研究》，吉林大学博士学位论文，2013。

[45] 文化部：《2014年文化系统体制改革工作要点》，2014年4月。

[46] 孟菲：《江苏无锡市文化体制改革基本经验谈》，中国文明网，2010年9月9日。

[47] 陈鸣：《当代西方国家文化管理体制的基本转型》，载叶取源主编《中国文化产业评论》（第三卷），上海人民出版社，2005。

[48] 于平、傅才武主编《中国文化创新报告（2014）NO.5》，社会科学文献出版社，2014。

[49]《无锡市加快文化产业发展的政策意见》，2011年12月。

[50]《以文化体制改革提升国家治理能力》，新华网发布，2014年3月13日。

[51] 赵刘：《基于文化创意的无锡旅游业优化升级研究》，无锡市社科招标课题，2012。

[52] 杨祥民：《无锡影视基地的建设与发展策略研究》，无锡市社科招标课题，2012。

[53] 时春风：《无锡数字文化品牌建设研究》，无锡市社科招标课题，2012。

B.28

后　记

《无锡文化创意产业发展报告（2014）》（“十二五”国家重点出版规划项目）历时半年多紧锣密鼓的工作，终于面世了，这是无锡文化人的一件盛事，也是中国“创意城市蓝皮书”的盛事。受无锡市文化创意产业协会委托，中共无锡市委党校承担了这个课题，并迅速成立了课题组。课题组从年初开始酝酿，搜集资料，逐渐形成了“文化创意产业与相关产业融合”这一报告主题。5 月底 6 月初，大家又紧紧围绕融合这一主题，出谋划策，进行构思、策划，形成写作框架，课题组成员放弃暑假休息时间，冒着酷暑，用近一个月的时间，密集走访了相关部委办局和重点文化创意企业，获得了大量宝贵的第一手资料，随后大家进入了紧张的撰写工作之中。经过多轮完善，9 月中旬，来自上海、南京与本地的专家对书稿进行了严格的论证，获得了一致好评。正是紧张而有效的工作，保证了本报告的及时出版。

发展报告之所以能够顺利及时出版，得益于各位领导和专家对无锡文化创意产业发展和本报告的深切厚望与关心支持。在此，课题组对十一届全国政协副主席、民革中央原第一副主席、著名经济学家、博士生导师厉无畏教授，中共无锡市委常委、宣传部王国中部长，无锡市人民政府华博雅副市长，无锡市政协孙志亮副主席，无锡市文化广电新闻出版局党组书记、叶建兴局长，无锡市文化广电新闻出版局副局长、市动漫办主任贺军，上海社会科学院文化产业研究中心主任花建研究员，无锡市文化创意产业协会施雯会长，无锡市文化广电新闻出版局文化产业处蒋星处长，中国创意产业研究院沈晓平助理研究员，社会科学文献出版社经济与管理出版中心恽薇主任等领导专家表示衷心的感谢！无锡文广新局文化产业处的石杰等同志也为课题组的调研走访、统筹安排等提供了支持！

文化创意企业是无锡文化创意产业发展的坚强后盾，只有它们的不懈追求与奋发创新，才有无锡文化创意产业的繁荣。对此，课题组对所有工作、奋战在文化产业战线上的领导、企业家、员工致以深深的敬意！尤其要感谢市委宣传部、市发改委、市经信委、市商务局、市科技局等政府部门以及市属各文化集团、各市（区）文广新局（文体局）的相关领导与工作人员和相关企业负责人，他们的积极配合与无私奉献，使课题组获得了大量鲜活真实的第一手资料，使课题组的编撰工作得以顺利完成。

在调研中给予课题组帮助的集团、企业有：无锡广播电视集团、无锡日报报业集团、无锡演艺集团、无锡文化旅游集团；江阴金杯安琪乐器有限公司、江苏金一文化发展有限公司、江苏漫瑞文化传播有限公司、江苏远望神州软件有限公司、江阴后朴文化发展有限公司、江苏瑞庆文化传播有限公司、江苏圣澜服饰创意有限公司、无锡博棠电子商务有限公司、北京佳运阳光文化有限公司江阴分公司；无锡羿飞科技有限公司、宜兴中超利永紫砂陶有限公司、田申艺术·供春陶业等；无锡九久动画制作有限公司、国家数字电影产业园（华莱坞）、无锡灵山文化旅游集团有限公司、无锡今日动画影视传媒有限公司、无锡灵动力量文化传媒有限公司、无锡市方成彩印包装有限公司、无锡市多乐影视艺术发展有限公司、无锡传视文化投资发展有限公司、无锡凤凰画材有限公司等；央视国际网络有限公司、七酷网络科技有限公司、无锡艾德思奇科技有限公司、无锡知谷网络科技有限公司、无锡雪豹十月数码动画制作有限公司；倶崇安家具设计园、北仓门生活艺术中心、江苏睿泰教育科技有限公司、无锡市科虹标牌有限公司；无锡利特尔彩印包装有限公司、江苏新广联科技股份有限公司、广新影视动画技术有限公司；大田牧歌文化艺术有限公司、无锡市中威投资集团有限公司；等等（排名不分先后）。

感谢人员与企业难免有所遗漏，在此对关心、支持本报告的所有朋友一并表示感谢！由于各方面条件和时间的限制，本报告中的疏漏在所难免，请各方专家和同行批评指正！

课题组

2014 年 9 月

社会科学文献出版社

皮书系列

“皮书”起源于十七、十八世纪的英国，主要指官方或社会组织正式发表的重要文件或报告，多以“白皮书”命名。在中国，“皮书”这一概念被社会广泛接受，并被成功运作、发展成为一种全新的出版形态，则源于中国社会科学院社会科学文献出版社。

皮书是对中国与世界发展状况和热点问题进行年度监测，以专业的角度、专家的视野和实证研究方法，针对某一领域或区域现状与发展态势展开分析和预测，具备权威性、前沿性、原创性、实证性、时效性等特点的连续性公开出版物，由一系列权威研究报告组成。皮书系列是社会科学文献出版社编辑出版的蓝皮书、绿皮书、黄皮书等的统称。

皮书系列的作者以中国社会科学院、著名高校、地方社会科学院的研究人员为主，多为国内一流研究机构的权威专家学者，他们的看法和观点代表了学界对中国与世界的现实和未来最高水平的解读与分析。

自 20 世纪 90 年代末推出以《经济蓝皮书》为开端的皮书系列以来，社会科学文献出版社至今已累计出版皮书千余部，内容涵盖经济、社会、政法、文化传媒、行业、地方发展、国际形势等领域。皮书系列已成为社会科学文献出版社的著名图书品牌和中国社会科学院的知名学术品牌。

皮书系列在数字出版和国际出版方面成就斐然。皮书数据库被评为“2008~2009 年度数字出版知名品牌”;《经济蓝皮书》《社会蓝皮书》等十几种皮书每年还由国外知名学术出版机构出版英文版、俄文版、韩文版和日文版，面向全球发行。

2011 年，皮书系列正式列入“十二五”国家重点出版规划项目；2012 年，部分重点皮书列入中国社会科学院承担的国家哲学社会科学创新工程项目；2014 年，35 种院外皮书使用“中国社会科学院创新工程学术出版项目”标识。

法律声明

“皮书系列”（含蓝皮书、绿皮书、黄皮书）由社会科学文献出版社最早使用并对外推广，现已成为中国图书市场上流行的品牌，是社会科学文献出版社的品牌图书。社会科学文献出版社拥有该系列图书的专有出版权和网络传播权，其 LOGO（ ）与“经济蓝皮书”、“社会蓝皮书”等皮书名称已在中华人民共和国工商行政管理总局商标局登记注册，社会科学文献出版社合法拥有其商标专用权。

未经社会科学文献出版社的授权和许可，任何复制、模仿或以其他方式侵害“皮书系列”和 LOGO（ ）、“经济蓝皮书”、“社会蓝皮书”等皮书名称商标专用权的行为均属于侵权行为，社会科学文献出版社将采取法律手段追究其法律责任，维护合法权益。

欢迎社会各界人士对侵犯社会科学文献出版社上述权利的违法行为进行举报。电话：010－59367121，电子邮箱：fawubu@ssap.cn。

社会科学文献出版社